汉·译·管·理·学·世·界·名·著·丛·书

第二辑

Marketing Fundamentals

Geoff Lancaster, Frank Withey

市场营销基础

[英] 杰弗·兰卡斯特　弗兰克·卫斯　著

刘现伟　陈　涛　译

经济管理出版社
ECONOMY & MANAGEMENT PUBLISHING HOUSE

北京市版权局著作权合同登记：图字：01—2004—4364号

图书在版编目（CIP）数据

市场营销基础/(英)兰卡斯特，(英)卫斯著；刘现伟，陈涛译. —北京：经济管理出版社，2011.5
ISBN 978-7-5096-1448-8

Ⅰ. ①市… Ⅱ. ①兰… ②卫… ③刘… ④陈… Ⅲ. ①市场营销学 Ⅳ. ①F713.50

中国版本图书馆CIP数据核字(2011)第090251号

出版发行：经济管理出版社
北京市海淀区北蜂窝8号中雅大厦11层
电话：(010)51915602　邮编：100038

印刷：三河市海波印务有限公司　经销：新华书店

责任编辑：杜　菲　技术编辑：杨　玲
责任校对：静　洁

787mm × 1092mm/16　23.75印张　478千字
2011年8月第2版　2011年8月第1次印刷

定价：48.00元

书号：ISBN 978-7-5096-1448-8

《英国皇家特许市场营销师资格认证教材》丛书编委会

前 言

欢迎阅读市场认证系列参考书

市场认证协会最近实施了更新的专业测试课程大纲，并指出了这些测试发生了哪些结构性的变化。这本课程参考书涵盖了市场认证考试中涉及的新市场理论基本大纲，并且是指定的系列参考书之一。这里有必要在开始时就指出，这本书不是一本教科书，而是由市场认证协会所推荐阅读的考试参考书。

在许多研究领域，尤其是在市场研究领域，存在许多有待于进一步认知的问题，并且常常会有不同的观点，所以尽可能地围绕这个科目广泛地阅读书籍。而且，我们强调这本参考书要配合市场认证协会课程考试大纲所推荐的其他参考书目一同使用。这门课程全部的任务报告详见附录 3。另外，在每一个单元的结尾，有该单元所涉及的考试大纲参考书目和进一步阅读向导。建议你参考这些书目来学习研究。

实质上，这本参考书，像其他系列参考书一样，包含了市场理论基础大纲的主要概念和理论方法。这一点体现在这本参考书的“市场发展和市场导向”单元到“市场关系”单元里。除了复习这些主要的概念和理论方法之外，通过一系列的案例，市场活动和考试测试问题，可以让你把概念和理论方法应用到真实的市场环境中。另外，每一个单元包含了主要概念和思想应用的案例研究，都和真实的市场环境紧密相联。在每一个单元中对市场活动行为和考试问题的深入研究构成了这本参考书的主要认知驱动力，你应该努力完成它们。正如你对专业市场机构的期望一样，对于广大市场认证考试的考生们来说，他们都希望把学到的市场工具和理论方法应用到实际中去。案例研究就是有别于这些应用技巧的讲解。本参考书不仅使你得到理论的应用技巧并且使你对应考有了更充足的准备。

我们希望你在市场研究和职业生涯中取得成功！

杰弗·兰卡斯特
弗兰克·卫斯

学术发展指导员的说明

在过去的两年里我们看到了市场认证协会编著的市场认证丛书所取得的显著

变化。这种变化是在年复一年的不断努力中取得的，随着阶段一（认证)在2002年发生了变化，去年阶段二(市场高级认证)也发生了变化，今年2004，阶段三(研究生文凭)的变化我想将会得到实现。

权威学术小组、巴特沃斯•海涅曼和我，目标是修订和更改系列参考书，使他们的内容更有助于辅助学习和研究以及精确的贴切市场认证协会课程大纲。

2003年的这一系列修订本涵盖了阶段一的持续发展过程以及研究生文凭系列丛书，并且针对市场认证课程考试大纲在阶段二做了一些调整。被指定为市场认证考试系列丛书中有许多新作者和高级主考官，他们有着丰富的教学和应试经验，以及对相关课程领域的深入研究和渊博的最新市场知识体系。

我们确信这些参考书的内容将会对你非常有益，既为市场认证考试做准备也对你做持续综合的评定研究有帮助。我们将通过详细的课程大纲的说明以逻辑而有组织的方式引导你，为你提供所需的基础知识以及理论见解和应用。

编纂小组和作者希望你们能在考试和研究上取得成功。

凯伦•邦必美
学术发展指导员

如何使用这些参考书

每一个对这本书有贡献的人都以应试思维来组织这本书的构架，每一个单元都涵盖了课程大纲的考试要点，你需要系统地阅读全书，以涉猎你所要了解的全部考试范围。

这本参考书分成了几个单元，每一个单元选择性地包含了下面几个标准元素：

- **学习目标**　告诉你涉及到课程大纲的哪一部分以及需要了解的内容是什么，比如包括所有活动，考试问题等等。这些目标和课程大纲的知识点相关联，同时也包含了课程大纲所涉及的重要知识成果以及相关技巧。
- **学习指南**　包括单元中所涉及内容的简短介绍，告诉你这个单元有多长以及需要多少项活动。
- **问题**　设计问题来进行实践；所有的问题都和考试中的相类似，所以把它们放在单元中进一步研究部分。使用的是以前考试用过的问题。在单元中的所有实际考试问题在任务报告附录中给出了一个简短的提示。你要注意，对于这些真实的考试题，你可以从网页www.cimeduhub.com上的相关文章获得一个参考范例答案，这些文章的细节在单元中会得到体现。

- ○ **答案** 在这本书的结尾，对问题回答给了一个建设性的方案。记住，对任何问题不可能存在一种标准答案，你应该把这些案例仅仅作为指导。
- ○ **活动** 给了你一个应用所学知识的机会。
- ○ **任务报告** （在活动和问题的结尾）会把相关活动的方法论清楚明白地显现出来。
- ○ **考试提示** 是有经验的考官给出的如何避免先前应试者所犯的错误的提示。
- ○ **学习提示** 给你关于改进知识基础的指导。
- ○ **营销实践：案例** 设计案例可以帮助你理解在课程大纲中出现的重要市场概念和技巧是如何应用于真实的公司运作中的，这对于开发你的实际应用能力以使你成为一个商人很有必要。
- ○ **关键定义** 给出了你必须了解的关于课程大纲的重要概念和术语。
- ○ **案例研究** 案例使用了市场中的实际例子，帮助你们理解和鉴别每章中讨论的重要概念和技巧是如何与现实生活中的公司和市场格局相关联的。
- ○ **总结** 概括你应该从单元中得到的内容。
- ○ **参考书目** 列出了所有应用于本单元的参考书、杂志、报纸和网站。
- ○ **进一步研究** 目的是帮助你巩固你所学的知识。它给出了进一步阅读的建议，强调你最好使用这个向导阅读，而且阅读面越广越好。当你发现课程大纲的每一部分已经体现在这些内容之中时，你或许会察觉题目的顺序有所改变。这是因为把某些特定的题目组合在一起更有利于你学习研究，尽管这些题目也许出现在课程大纲的不同部分。如果你按照单元顺序进行研究，完成所有的活动，进行了额外的阅读和研究，并以单元问题为基础做了测验准备，你基本上已经全面地复习了课程大纲。

关于营销在线

不仅出版了今年的参考书，巴特沃斯•海涅曼出版公司还为读者免费提供了课程大纲及相关内容在营销在线（www.marketingonline.co.uk），这是我们为市场认证协会市场课程提供的在线支持手段。你可以从我们的站点获得如下内容：

- ○ 每两个星期会出一些关于关键题目的指导，全面的修订材料以及政策性的变化通知——这受到参加市场认证协会课程的应试者们高度赞赏。
- ○ 根据参考书订制的完全电子版本——注释、剪贴部分内容来创造你自己的相应认知观念。
- ○ 迅速获得关于参考书的站点支持。

○ 在线查找参考书内容，迅速获得定义和重要概念。

登录注册

在进入营销在线之前，你需要先获得密码口令。登录网站 www.marketingonline.com，你会在网站上看到参考书购买者的注册指令，一旦获得密码口令，你就可以在网站上看到你想要的学习研究内容了。

使用营销在线

当注册登录到系统之后，你会看到营销在线共有四部分内容，你可以在网页上选择需要的部分。

1. *关于市场认证协会* 市场认证三个层次的参考书目分别位于主页上，选择相应的层次，你会看到每一层次有四本参考书目。点击需要的参考书目，可以获得完全的在线内容(按章节划分)。在书的每一页上，你可以通过相应的屏幕指令添加电子书签或者注释，也可以粘贴拷贝相应的内容到空白文档中，建立你自己的学习笔记。

2. *修订材料* 点击“修订材料”链接选择相应的市场认证协会考试层次以获得修订材料。

3. *有益的链接* 点击“有益的链接”可以获得一系列其他站点的列表以进行进一步阅读和研究。

4. *术语表* 点击“术语表”可以获得关于营销术语的在线词典。

如果你对使用营销在线还有疑问，可以参考我们的常见问题解答部分，这可以通过网站首页的链接访问。请注意通过点击站点网页的链接，可以下载一个完全的使用向导。

目 录

附录

第一单元 营销和营销导向的发展

学习目标

通过本单元的学习你将会：

- ○ 把营销的发展历程理解为一种交易过程，一种商业哲学和一种管理职能(1.1)
- ○ 把营销当成一种创造顾客价值的工具以及当做一种竞争形式(1.2)
- ○ 把营销导向的重要性归结为组织业绩以及鉴别促进和阻止营销导向应用的因素(1.3)
- ○ 理解营销在调整营销职能内部与外部组织资源中所扮演的角色(1.4)
- ○ 理解营销活动对社会的影响以及营销者以一种伦理性和社会责任性的态度开展活动(1.5)
- ○ 认识到在营销中买卖关系的重要性以及营销关系在促进顾客忠诚度中所扮演的角色(1.6)

学习指南

本单元介绍了在当代组织中营销的发展、意义，以及所扮演的角色，反映其必然会发生在组织中的过程，如果组织想要改进营销业绩，那么第一步要改进的是对营销手段的理解以及如何贯彻实现。我们首先着眼于营销定义，接着再考虑所谓的“营销观念”和“营销导向”。我们将会把营销发展和营销观念当做一种交易过程，一种商业哲学和一种管理职能，来介绍营销导向对于创造组织业绩的重要性，以及通过创造和提高营销文化在实现营销导向的过程中所遇到的问题和结果，其作为创造顾客价值和竞争形式的手段，所起的重要作用，以及在调配营销职能内外组织资源中所扮演的角色，这些都值得研究。我们还会介绍营销所发生的角色转换，尤其是在当今社会营销拥有了更广泛的应用范围；在营销中发生环境、伦理、社会问题的重要性；以及所谓的“营销关系”的成长。最后，我们会向你介绍当今营销中新技术的重要性在不断加强。这本参考书每一个单元会研究一个主题。

我们期望你能花大约 3 个小时的时间来研究第一单元，以及建议你再用 3～4 个小时来实践本单元建议的不同种类活动。除了笔记本和书写工具，你不需要其他的东西就可以完成这个单元的学习了。

第一单元也帮助你熟悉这本参考书的研究方法和风格。当然如果你正在使用巴特沃斯•海涅曼出版的参考书研究其他课题，你或许会对我们的研究方法很熟悉。然而，如果你刚刚接触我们的参考书系列，你将会发现这些参考书不仅仅可使你获得成功通过考试的知识技能，而且也会得到知识应用技巧，使你在考试和未来的工作中，成为一个有着丰富经验的营销者。在参考书开始阶段概述的一些要素、活动和问题等，设计出来可提高你的应用技能。记住，这些活动，对于本书结构设计非常重要，建议你不要撇掉它们。

什么是营销

在这一阶段我们不会给出一个正式的定义，但是你真的想知道什么是营销吗？

学习技巧

从课程的开始就要组织好你的学习材料：

- ○ 使用文件分隔工具，在广泛的题目范围中搜寻相关的材料和做相关文章的笔记。
- ○ 寻找相关的文章、新闻报道等，也就是有关参考书中提到的重要概念和优秀技巧案例，你会发现这些对于理解考试题非常有帮助。

活动 1.1

用你自己的话描述你所认为营销都包含哪些内容。

不同的人对于什么是营销有着不同的理解，但是令人惊奇的是许多人的描述都不包括以下几个内容。

营销是关于：

- ○ 销售；
- ○ 市场研究；
- ○ 广告。

或许对于从事营销工作的人来说，营销是把产品销售给顾客而不发生退货。

对于那些更喜欢一个正式定义的人来说，营销是“为了发展一种竞争优势而进行的分析、计划、执行和控制”。

对于营销包含哪些内容的不同观点有着一个共同的主体，也就是营销是一系列活动，或者更明确地说，是一系列在组织中执行的管理活动或者职能。当然，营销包含了销售、研究市场、吸引和保持顾客，以及开发和执行计划等活动。简而言之，这是一种管理职能。事实上，市场认证协会对营销的定义是通过其管理职能描述的：

关键定义

营销——是有效地并有利可图地鉴别、预期和满足顾客需要的管理过程。

我们看到，尽管市场认证协会的定义，除了把营销确认为一种管理过程之外，也强调这样一个事实，这个过程的中心焦点是顾客，目标是满足他或她的需要或要求，最后，所有这些必须以一种非常有效的并能达到收益最大化的方式来进行。

事实上，正如你所预料的，大多数关于营销的正式定义都是非常相似的，这里，举另外两个例子供你参考。

关键定义

营销——是由个体或组织的活动组成，并在一个动态的环境中，通过货物、服务和观念的生产、分发、促销和定价等方式，推动或促进这个令人满意的交易过程(蒂等人，2000)。

关键定义

营销——意味着让市场产生交易，以达到满足人们之间的需求和愿望的目的。在这个过程中，个人或群体通过创造或交易产品和价值，从而获得了他们的需要(科特勒等人，2000)。

所以，如果我们想要了解营销的基本原理，我们必须理解这个管理过程都包含了哪些内容，我们必须知道营销管理的重要任务，以及应用于这些任务中的营销工具。的确，在下面的单元里，我们将更深入地探究这些任务和工具。然而，营销不仅仅是一种管理职能或者一系列的活动。首先是一种思考方式，或者说是所谓的商业运作的概念。一些人认为营销是一种“哲学”，这种观点是通过理解和接受这种思考方式（概念或者哲学），公司开始发展一种营销文化或者营销导向，从而在市场上最终变得很有效率。

那么这种所谓的市场概念是什么呢？或者它是如何与营销文化相关联的？

营销观念：营销导向

仅仅简单地把营销观念归结于顾客。采用营销概念的公司常常会把顾客放在所有的商业决策和计划的中心位置，而不仅仅是营销部门的决策和计划。使用这种方法的公司被称为营销导向公司。为了理解营销导向的意义，我们需要简要地认识一下营销概念发展以及营销导向和生产、产品，或者销售导向的公司之间的区别。开始我们将强调不同公司导向之间的差异。

活动 1.2

营销导向与其他可能的组织导向相比较，一个公司可能是：

- 产品导向；
- 生产导向；
- 销售导向；
- 营销导向。

使用以下我们假想的组织，并对其中的管理进行描述，你会发现下面这四种可能的公司导向哪一种会最适合以下陈述的公司。阅读每一项描述然后把适合的数字填在括号里。

1. 公司是营销导向的
2. 公司是销售导向的
3. 公司是产品导向的
4. 公司是生产导向的

公司 A

“我们相信我们的产品是市场上最具有创新性的，品质是一流的并且我们在商业中培养了最棒的产品设计小组。”

（　）

公司 B

“我们的销售人员理解如何使顾客全部接受我们的产品，大多数顾客看到我们的产品时，都会有想要购买的欲望；仅仅需要一点点动力他们就可以作出购买决定。”

（　）

公司 C

“顾客常常是变化莫测的。因为顾客常会在最后几分钟改变主意，所以我们不得不随之而改变标准，这就影响了生产进度表以及我们的产品递送部门，并且还要重新计算成本。尽管如此我们大家都在齐心协力地努力着。”

（ ）

公司 *D*

“只要它是黑色的顾客就有需求。”

（ ）

当然关于公司 *D* 你们也许会联想到亨利•福特——福特轿车公司的创始人。亨利•福特是世界上汽车大规模生产的发起人。

在 20 世纪 20 年代，福特正确地估计到当时存在着巨大的潜在市场，他所关心的主要问题是如何以这个潜在市场能够接受的价格，进行轿车大批量生产。福特并不关心轿车的颜色，而是以更大的产量和更低的成本只生产一种颜色的轿车。

有趣的是，在当时福特把精力集中于生产而不是对颜色的偏好是正确的，当时的顾客很少对颜色在意，而实用性和可购买性是他们关心的主要问题。亨利•福特的方法在当时是正确的。

这是一个重要案例。对营销导向的需求（我们举的例子里的公司 *C*）是公司所面临的市场和竞争环境所造成的。另一方面，市场导向是许多公司，也许不是所有公司，随着社会制造业经济和顾客本身的演进，而持续发展变化所得到的结果。

发展阶段见以下简表：

大概年代	导向 / 重点
1900～1930	生产导向
1930～1960	销售导向
1960～至今	营销导向

以下对产品、销售、营销概念之间的差异有很好的总结(由科特勒提出)：

产品观念强调产品和分销经济。这种观念是说消费者在可选择的范围内会以更低的价格购买产品。

销售观念认为消费者需要通过积极销售和推动等行为来劝导其购买。

营销观念认为组织通过重视顾客需求并用比竞争对手更好地满足这种需求的方式就可以达到他们预期的目标。

总是已经存在或者将来会有这么一些发明家或者公司，他们把生产导向当做商业成功的秘密。

事实上，正如我们后来看到的，社会和市场正在发生变化，营销观念和实践也同时发生了演变。例如，许多发达经济现在已经变成了服务经济，在“服务市场”中产生了额外的报酬。同样的，许多消费者都非常关心环境和营销活动可能产生的效果，从而产生了“社会营销”。最终，除了惟一以利润为目的的组织，其他组织也都正在采用营销观念和营销实践。慈善团体、教堂、政党和个人可能是营销更广泛的应用范围。

我们在这个单元以及之后的单元将会研究这种营销文化演进的含义。除了营销得到了更广泛的应用之外，营销实践也正在发生着不断演进和变化。在这方面，最近几次的发展尤其值得注意，它们分别是：所谓的“关系营销”的成长和“网络营销”的发展。由于信息技术得到越来越多的应用，或许影响所有营销管理者最显著的变化之一，是营销性质的改变。在许多商业领域，如 IT 领域，以它自有的方式，对管理实践产生了极其重要的影响。在营销领域，这种影响主要包括：互联网应用于家庭购物和市场沟通等领域；数据库也越来越多地应用于营销领域，如邮寄领域；使用强大的计算机技术来分析顾客和市场，如市场分割和定位，以及品牌定位。接着，我们会在这一单元以及接下来的单元更加详细地介绍营销实践性质的变化和发展。

考试提示

这是基础营销知识考试，考官并不期望你对更专业的营销知识能很精通应用。然而，考官希望你能很好地领会在当代营销及其应用是如何发生着剧烈变化的。因此，重要的是你要努力获取最新的营销知识。考官希望的是你能对当前的营销思维和实践很熟悉。这本参考书，尽量体现和反映这种观念和实践，但是营销世界是动态的，你要时刻与行业最新态势保持紧密联系。为营销实践者设计的通用杂志，如《当代营销》，或者一些质量高的报纸财经版，都可以帮助你获取最新的知识，而且提供了大量的案例，为你在考试中获取高分提供了帮助。

营销导向需求的促进因素

在当今商业环境中许多因素有助于产生营销导向需求，但是为了获得更有价值的信息，在开始学习之前你要完成以下的活动。

活动 1.3

市场导向需求的强化因素

以下列出了一些有助于产生营销导向需求的关键因素。为了帮助你更好地理解，我们描述了每一个因素的状态，正如亨利·福特年代，组织适宜采用产品导向一样。

你要做的是估计当今这些因素的状态，这些因素加强了对营销导向的需求。

仔细观察产品导向时代的每一种因素，然后决定在营销导向时代这些因素会发生哪些变化。

因素	产品导向时代	营销导向时代
需求	潜在的一高需求	
平均可支配收入	少	
总体教育水平	低	
大众媒介／信息的可获取性	未开发／少	
供给／生产能力	不充分	
竞争	可以忽略的／地方性的	

把你的描绘与任务报告中的每一个因素进行比较。

规模经济、政治、社会和技术因素都有助于营销导向的发展，然而，如果我们说，总结这些因素，对营销导向需求起决定性的原因是顾客选择，你也许不会惊奇。十分简单，更有效地识别并满足顾客需求的组织会得到商业良机。

接着需要指出的是，产品和销售导向在它们的那个时代也许是正确的方法。但是，有必要把商业的全部内容，如产品设计、定价政策、分销等因素都集中于顾客需求的认真分析之上，比如有针对性地制订个别需求计划过程。在当今市场导向的环境中这对于组织生存和发展成功非常必要。商业机会应以顾客为起始点也应以顾客为终止点。

一会儿我们将会看到营销计划，虽然在当今时代是相关的，但是有必要区分营销计划和商业计划是不同的。

商业计划，或许正如你所预期的，与整个组织相关联，并且体现整个公司职能和活动的目标和战略。营销计划，也正如你所预期的，与营销目标和战略相关联，主要包含了营销部门的职能和活动。人们可以很容易地理解营销计划以顾客为起始点和终止点，但是在营销概念的影响下，组织中存在着一种营销文化，相对于商业计划，尽管范围要广泛得多，但是必须以顾客为起始点和终止点。简单的原因是，对顾客需求以及鉴别和满足这些需求的认真分析，是导致商业计划成败的最终原因。

于是，应该承认商业计划比商业中的营销计划部分范围更广，并且在组织中必须协调各个部门。然而，在一个有着真正营销文化的公司里制定商业计划所考虑的因素必须以顾客需求为准则。

真正营销导向型的组织会把顾客和他们的需求摆在首要的位置。不仅仅营销者和营销职能部门必须接受顾客至上的观念并制定计划和活动来满足他们的需求，而且在营销导向组织中的每一个部门和每一个人必须意识到满足顾客需求的重要性。之后我们将会回到这一点的论述上。

接下来是关于什么是营销导向的定义。

D 关键定义

营销导向——是一种哲学思想，它把满足顾客需求放在组织计划和行为的中心位置。

作为一种竞争形式的营销：创造顾客价值

正如我们所看到的那样，尽管营销和营销导向认为分析顾客并把公司所有的努力和资源都集中于顾客需求以及他们的满意度上，这一点是重要的，但是越来越多的营销者们意识到，竞争对手也看到了顾客导向的重要性。这并不会降低顾客导向的重要性，而仅仅是一种观念，随着当今竞争的加剧，以及如此多的竞争对手采用了顾客和营销导向，成就组织和市场目标将会依赖于一个公司是否能够负担竞争。负担竞争，要从顾客的角度来看，当顾客认为一个公司提供的产品或者更确切地说是比竞争对手提供了更多的价值，那么竞争对手必将遭遇失败。在这个意义上，尽管所有的导向都围绕顾客，但是营销可以被认为是一种竞争形式。营销者的任务是通过有效地应用营销组合来创造和维持竞争一流的顾客价值，从而击败其他潜在的供应商。很明显一个公司可以有很多方式来创造一流的顾客价值，例如低价格、更好的服务、高品质、速递等等。公司创造一流价值的方式应该针对顾客需求，而且优于竞争对手的营销物资和能力，在市场环境中需要具有防卫性和持续性。营销者认为这个过程创造了一个持续的竞争优势。在当代组织中，持续的竞争优势是成功营销活动的目标。

建造一种营销文化

我们已经看到在当前的环境中，采用营销导向是非常有必要的。但是我们也看到，尽管识别顾客需求以及开发计划和程序来迎合这些需求是营销职能部门的责任，但是组织中所有的职能部门和个人都需要重视顾客。换句话说，我们需要建立和鼓励在公司中建立正确的观念(营销导向)，所需要的是一种营销文化。显而易见，说的比做的容易。当大多数管理者，甚至非营销管理者，虽然接受了顾客或者客户对于组织是极其重要的观念，但在实践中许多管理者并不把客户放在他们的日常进程或者长期计划中考虑。因此问题是：

○ 我们具备了怎样的条件可以在组织中建立一种营销文化？

○ 我们如何估计这种文化渗透到组织思想和计划中的程度？

○ 如果必要的话，我们在组织中如何灌输和增强营销文化？

这些都不是简单的问题，尤其是最后一个问题，很不容易解决。让我们依次考察这些问题。

商业定义和营销文化

最初在组织中建造一种营销文化仅仅是考虑到顾客的行为。或许以这种考虑顾客的行为来进行组织管理的方式需要评估组织处于何种类型的组织之中。

活动 1.4

尽量使语言简洁，概括下列组织处于何种类型的商业之中：

○ 福特汽车公司

○ IBM

○ 马克思·埃克特

○ 天主教教堂

○ 你自己的公司(或者一个你熟悉的组织)

接着，我们或许会对活动中所列的组织处于何种商业类型有不同的观点，但是真正重要的是我们定义每一种商业类型的观点或者基础原理。非市场导向型的管理者对这些组织的定义会基于他们所生产的产品或者提供的服务。因此，例如福特等于汽车和卡车；马克思·埃克特等于化妆品香水；IBM 等于计算机；天主教教堂等于宗教等等。然而，在营销导向型的公司里，商业定义会基于顾客观点，也就是说，定义会源自顾客所获取的利益。因此，现在福特就等于运输(或许是为了一些产品或身份地位)；马克思·埃克特等于美丽；IBM 等于商业问题的解决；天主教教堂等于信仰和拯救心灵。

营销实践：案例

IBM 已经认识到商业定义在建立一种营销文化以及制定营销计划和预算时的重要性。IBM 反复审视他们的商业定义，以使它与营销环境或者在这种环境中所发生的变化相关联。尤其是，通过不断的市场研究和顾客跟踪调查过程，IBM 评估变化着的顾客要求和需求来确保他们的商业定义是顾客导向的。

任何没有把商业定义基于顾客利益的组织，在建立一种营销文化的过程中，都走错了第一步。一个根据生产来定义商业的组织必将会遭受由著名的营销博学者和作家，西奥多•列维特提出的“营销近视”。

关键定义

营销近视——导致一个公司在商业上视野短浅并且狭隘，因为它没有基于顾客需求而是生产或服务来进行商业定义。

知识延伸

营销思想的重要发展 / 关键人物

注释：营销近视 / 西奥多•列维特

营销近视的观点和商业定义的重要性，在建立一种营销文化中是非常重要的概念。在这一领域西奥多•列维特的作品是非常经典的。

如果你有机会的话，应该读读西奥多•列维特的经典文章“营销近视”(1960) 哈佛商业评论，7～8 月，第 45～46 页。

活动 1.5

管理者的商业定义

如果你有机会的话，和高层管理者谈谈，这个组织或许是你所在的，或许是你可以接触到的。

问问这些管理者“你感觉这个组织处于何种类型的商业之中？”最好询问组织中的营销经理以及其他职能部门的管理者。

他们的答话可以使你推断出组织在多大程度上开始通过研究顾客来建立一种营销文化。

可供选择的 / 额外的活动

如果你很难接触到组织，作为替代，你可以获取一些上市公司公开的年报，阅读这份报告，注意那些公司研究顾客的任何信号或迹象。

考试提示

在这一单元中你需要重视商业定义这个概念，这是一个重要的研究领域。你或许希望营销近视和商业定义是考官常考的知识点，他确实在以前的试卷中常常出现。

评估营销文化的程度

通过我们是如何看待和定义商业来“研究顾客”，是建立营销文化的第一步。但是，正如我们所看到的，“研究顾客”必须渗透到组织的各个职能部门以及各个层次当中，不仅仅是营销职能部门或者高层管理。当然和来自不同职能部门的管理者谈话来评估他们是如何定义商业(正如这一单元前面活动中所提到的)，可以使我们认识到营销文化是怎样传播的。然而，考虑到在公司范围内发展这种文化的重要性，并不奇怪的是，可以有更多正式的方法来评估一种营销文化渗透到组织研究和计划中的程度。许多组织现在开始使用这种评估于每年的市场审查，部分组织还常常评估他们的市场和顾客文化深入程度。一些评估包括使用正式的调查问卷来对营销有效性的评价。这些评价涉及许多方面，包括如下：

- 市场和顾客研究证据；
- 基于顾客需求的职能部门之间的协调配合；
- 长期与短期计划证据；
- 基于顾客需求的全公司范围内交流。

拓展知识

尽管本书的篇幅不可能列出一个完全的营销有效性调查问卷，但是研究一个关于全面的广泛应用的调查问卷，对于理解这一领域的知识非常有帮助。

一个以调查问卷为基础的市场有效性测量工具的经典例子见菲利浦•科特勒所著的《营销管理》(2001)第八版，第 756～757 页。如果你有机会的话，读读这本书，并以你选择的组织为基础完成这项问卷调查。

逐步灌输和加强营销文化：促进和阻止采用市场导向的因素

我们看到一种营销文化常常意味着把顾客放在第一位并且研究顾客，我们也看到这种思想必须渗透到组织的各个职能部门以及各个层次之中，最终，我们还看到有可能评价组织中的一种营销文化的深入程度。但是，假如我们发现组织中不存在这种文化，那么我们会想在组织中怎样逐步引入这种文化？或者，组织中已经存在这种文化，我们会想在组织中怎样加强并深入这种文化？正如早先所提到的，这对于大多数公司是非常困难的一步，尤其当谈到逐步把这种文化引入到非营销机构中去，但是可以采取许多措施来培育营销文化。

活动 1.6

研究一个你知道的组织，任何组织都可以。使用下列问题来促使你思考建立一种营销文化的关键步骤：

- ○ 组织中的高层管理者是否致力于顾客和营销改进？
- ○ 对于加强组织中的营销文化是否组织中的每一个人都有明确的职责和权力？
- ○ 除了营销部门，其他职能部门的工作是否包括考虑到了顾客满意度？
- ○ 营销人员是否有规律地接受当今营销概念和技巧的培训？
- ○ 非营销人员是否接受了关于顾客偏好和兴趣的培训？
- ○ 非营销人员和销售人员是否能得到满足顾客和客户需求的机会？
- ○ 奖赏和激励措施是否鼓励员工更好地服务于顾客？

如果对活动中的任何问题给予否定回答，那么就是要在组织中加强营销文化了。

有必要注意到这种文化不可能在很短的时间内造就，而且在营销或销售部门之外的部分员工之间确实存在着对抗情绪，应该合理地预期和应对这种对抗情绪。具有威信的高层行政主管的说服力(而不是权威性)对建造营销文化是必不可少的。

建立一种营销文化，尤其是培训和激励组织内部所有的员工来建造这种营销文化，常常被称做内部营销。

关键定义

内部营销——是营造一种内部环境，即为在组织中所有的个体培养顾客意识和销售观念(克里斯顿·古鲁斯)。

内部营销在建造营销文化和帮助建立持续的竞争优势等方面所具有的重要价值已经为组织所认同。只要组织中所有的员工都致力于建造顾客满意度，一个组织就有可能真正具有市场导向型的组织文化。反过来说，成就这项内容，需要高层领导通过组织的市场职能部门在整个公司的职员中传达顾客导向和顾客满意度问题。内部营销通过识别顾客导向是如何与组织中非营销部门员工的需求相关联，以及这些需求通过供给顾客满意度是如何得到满足的。从根本上说，雇员通过迎合顾客需求帮助公司在商业中生存，也为自己继续在公司里工作提供了机会。内部营销需要更进一步的努力，让员工相信只要他们能满足顾客需求，那么他们的工作满意度和工作积极性就会大大提高。内部营销的另一方面是在组织中使用营销工具如市场细分和定位，也就是说，识别不同类型的员工群体或商业中的职能范围有不同的要求和需要，并满足他们的这些需要。另外，通过营销组合要素的应用来进行内部营销，这主要包括，例如使用员工培训；配备相应的制度和技术来帮助员工在他们的工作范围内提高顾客满意度；把顾客满意度与相应酬劳和报酬制度相关联等等。最后，营销计划应该包括针对营销内部和外部的目标、战略和活动。

尽管内部营销对于整个组织是极其重要的，但是证据表明内部营销尤其适用于服务性组织，例如银行、旅馆等等，这些组织中存在大量与顾客直接接触的员工。非盈利性组织也开始广泛使用内部营销的思想。在一些自发的非盈利性组织中存在的特殊问题会在第九单元中详细讨论，但是内部营销的事实是，许多自发的非盈利性组织存在大量雇员与顾客和客户接触，公司和顾客的交互过程常常是复杂的并具有多面性，努力使所有雇员具备顾客导向并尽力向他们传输重视顾客满意以及顾客价值是非常重要的。

拓展知识

对在服务和非营利性组织中应用内部营销的非常实用的研究，见布莱斯顿(Brassington)和派特(Petlitt)(2000)所著的《营销原则》一书第二版，第962～969页。

营销实践：案例

作为建立营销文化和使用内部营销的重要一步，英国街道零售商戴博汉姆斯给每个员工提供了一张印有组织任务目标的卡片。在任务的部分描述中，戴博汉姆斯强调所有的公司雇员的目标是提供高于平均质量水平和应有价值的产品来奉献给顾客。而且，他们也非常致力于吸引、保持和激励能以顾客为中心的高水平员工。在组织中开始实行内部营销主要是通过向雇员传达他们所扮演的角色信息以及使他们认识到他们在提供顾客满意度和成就公司业绩方面所具有的重要性。

引进顾客导向文化中所发生的管理问题

需要指出的是，建立一种顾客导向型的文化并不容易。引进这种文化的主要困难和障碍如下：

○ 管理者没有意识到或理解这个概念的真正含义；

○ 需要改变组织结构并且这会影响到一些管理者的地位和个人收益；
○ 人们感到恐慌并且不情愿改变；
○ 组织中不同部门之间的权力斗争阻止了这个进程，例如产品部门；
○ 在一些组织中营销战略的制定和执行相分离，这就会发生很多问题。

营销的协调角色

当考虑营销计划和营销组合管理时，有效的营销需要营销职能中所有的营销和销售活动相互协作。不幸的是，在一些组织中销售和营销职能部门之间的协作程度，没有达到预期的理想状态。例如在一些组织中，销售部门常常与营销部门脱节。这是因为传统的组织结构和销售职能在组织中所处的位置，以及一些组织不是真正的营销导向等原因造成的。销售活动应该属于营销综合协调工作中的一部分。建立一种营销文化，可能会在营销和销售部门之间产生冲突和对抗等问题。公司的高层管理者需要令销售人员理解他们与营销的关系以及所有的营销活动，包括销售，需要由营销部门领导，这个过程是顾客导向型。这并不是说销售在任何情况下都要低于或服从于营销，而是强调营销的协作角色。其他的营销活动，也需要具有协作性，包括进行营销调研活动，促销和广告，顾客服务以及营销组合等。

另外，常常有问题的是，营销在协调营销职能部门之外的组织工作和资源方面具有责任和义务。营销尤其需要帮助协调组织中其他与顾客紧密接触的关键性职能部门的工作和活动。这包括，如产品和质量控制部门、会计和财务部门、研发部门，甚至包括个人。这并不是说其他职能部门应该服从于营销，而是说营销应该在这些职能部门间扮演协调角色，集中集体的力量来营造顾客满意度。

最后，营销不仅仅要协调组织中营销职能部门之外的资源和活动，而且要协调组织之外的资源和活动。营销战略和计划常常涉及和包含组织之外的个人与组织。一个简单的例子是需要协调分销商的活动和资源。毕竟，分销商在实现营销目标以及成就顾客满意度的过程中扮演了一个重要的角色。事实上，有效的营销需要组织内外多方协调配合共同努力。有时，外部力量有外部营销机构，如市场研究公司，广告代理商，或者上面提到的分销商和中介人。但是营销者必须在这条综合价值链上扮演一个协调配合的角色。事实上，越来越多的营销者在制定他们的营销策略和计划时综合考虑并协调配合了价值链上的各个活动要素。

在营销职能部门内外以及组织和机构内外达成协调配合，需要营销者具有清晰的目标以及计划进程。营销者必须保证与顾客满意度有关的各个方面都能意识到顾客的需求以及公司的目标和计划，并努力迎合或实现他们。其他各方需要清楚或明白他们在完成这些计划和活动中所扮演的角色及需要付出的贡献。营销者需要分析和计划技巧，以使其他各方合理使用资源努力营造顾客满意度。另外，为了协调其他各方共同努力，当代营销者必须要有很好的沟通和交流技巧。组织内外营销在协调顾客和各方之间所扮演的角色关系，如下图 1.1 所示。注意图表中的逻辑顺序，说明了与顾客协调配合的过程。

顾客

↕

营销职能 / 活动

↕

公司内部其他职能部门 / 活动

↕

外部因素 / 活动

图1.1　营销的协调角色

技术与营销文化

技术发展影响着营销的各个方面。的确，技术发展是对营销实践具有重要影响的因素之一。请记住，我们将会在这门课程的整个单元中看到这种重要的技术发展。针对这一点，需要指出的是技术尤其是信息技术对于帮助公司营造顾客导向型的文化具有及其重要的价值。

技术主要是通过以下几种方式来营造顾客导向性文化的：

- ○ 计算机信息技术产生的更有效更直接的内部交流；
- ○ 对于顾客需求和市场变化的更快速反应；
- ○ 对市场和顾客情报更充分的统计与分析；
- ○ 更强大的数据库，帮助进行顾客分析以及生产针对顾客需求的产品；
- ○ 使用企业内部互联网和国际互联网来为员工和供应商提供信息并管理价值链；
- ○ 如上所述，使用电子数据交互系统来促进整个价值链的信息沟通；
- ○ 改善的库存控制和管理系统通过计算机使顾客服务递送更加有效；
- ○ 自动化电话和中央呼叫系统能潜在地改善顾客态度；
- ○ 组织通过增加渠道的数量来达到与客户和股东沟通交流的效果；
- ○ 互联网和网页的开发使顾客有了多种购物方式，便于顾客选择购物，也使全世界的贸易往来更便利；
- ○ 使用数据库系统来促进更加有效的顾客关系管理，例如开发忠诚度卡片系统。

营销作为一种管理职能

在这一单元的前面部分，我们看到了关于营销的定义，包括营销认证协会推荐的定义。我们认为营销所有定义的一个共同的主题就是营销是一种管理职能。而且，我们认为在学习营销管理的任务之前，我们需要把营销作为一种思维或哲学思想来研究，并研究所谓的营销概念和在组织中建造一种营销文化的重要性。做完这些，我们就可以把注意力转移到营销管理的任务和工具上来了。

活动 1.7

看看下面这个营销职位广告。仔细研究研究它，并写出你认为这个职位所具有的关键活动。

营销经理

- 这个新职位的挑战性工作是通过强烈的基层运作经验和相当的专业营销知识应用能力，开发创造性的方法和长期营销计划，为集团运营带来直接商业价值；
- 需要领导整个零售服务群体在超过 100 个国家营业额达到 10 亿美元的范围内占领市场；
- 开创一个有影响力的营销职能部门的责任包括市场分析、建造顾客数据库、开发新产品和新服务、公司认同、商业计划以及发展与供应商的合作关系；
- 让公司全体成员为两个事业部门发展负起责任；
- 年龄要求大约在 35～45 岁之间，研究生学历或者 MBA，在零售业、服务业等行业有过成功运作经验，优先录用有管理经验者；
- 需要具备值得信赖的战略性眼光和商业计划技巧，并能灵活对付偶然性事件，并需要具备处理不同员工之间关系和应对变革的能力；
- 敏感而强有力的领导风格，具有创造性和果断性，具备与高层领导保持良好关系的沟通能力，具备驾驭全局的能力。

很明显一个营销管理者在不同组织中具有不同的具体任务。但是你可以在招聘广告中发现对大多数关键活动的分类具有以下特点：

- 分析；
- 计划；

○ 执行；

○ 控制。

回到这一单元的活动 1.7，就会发现任务都包含了哪些内容。参考一些其他的例子看看他们对有关任务的工作描述。

现在你已经看到活动 1.7 的任务报告，下面我们把注意力转向以上所提到的每一项关键性活动上。

分析

分析包括评估影响和帮助形成营销计划的内外部因素，还包括对更广阔的营销环境分析评价，例如经济、政治、社会文化和技术因素，以及对身边的环境因素分析，如竞争者，还有顾客。有效的营销来自于有效的分析，营销者必须理解市场运作和趋势是如何营销他们的工作，营销管理者需要运用导致营销信息系统发展的营销研究工具和技巧对环境进行分析。

计划

营销经理有责任通过认真分析来制定营销计划。

尽管营销经理要执行以上所列的全部四种关键性活动，但是计划因素在这四种活动中处于中心地位，你理解计划过程的关键步骤以及他们是如何切入系统框架中去的，这一点至关重要。

学习提示

你会注意到，营销计划过程在第二单元“营销计划和预算”中有更详细的说明。而且，我们觉得，给出这一阶段整个过程的基本观点，对于帮助你了解不同的营销元素怎样组合在一起是十分有作用的。

关于营销计划的基本观点，见图 1.2。

拓展知识

营销基础计划步骤在许多不同的营销教科书里有不同的内容。为了能领略到不同风格的书，建议你多读几本我们推荐的教科书。这方面有益的教科书，包括布莱斯顿和派特的《营销原则》(2000)，第二版，以及兰卡斯特等人的《营销原理》(2002)，第四版。

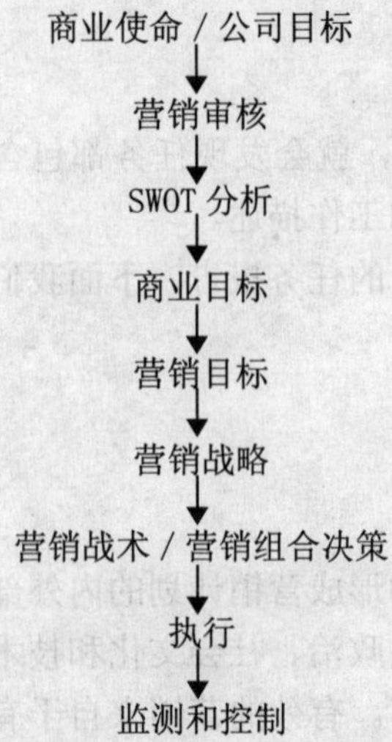

图1.2 营销计划的关键步骤

执行

正如我们在图 1.2 中所见到的，执行是计划过程的倒数第二阶段。这里我们单独把它列出来。实际上，执行是非常重要的一个阶段，这也是它成为四项关键性活动之一以及营销管理责任之一的原因。执行就是要贯彻履行具体事情。这个过程包括，营销管理者确保资源和预算足以执行营销计划，确保计划已经向下传递并为人们所接受，以及能够使营销职能和商业内外其他职能领域的人员得到有效激励。

控制

控制也是图 1.2 营销计划框架的一部分，这部分内容也非常重要。实际上，在关于营销活动的文献和许多组织中，营销活动的监测与控制都常常是一个为人们所忽视的领域。营销人员的责任是评估营销战略和计划的执行效果，以一个可以接受的成本达到既定的目标。另外，控制过程还包括，对营销做必要的调整，以及针对变化的环境制定有效的计划。这些是营销管理者的基本职能和活动。对于这些广阔的活动领域，营销管理者在组织中有几项具体的职责和活动要执行。这些重要的活动中有市场细分和所谓的营销组合发展和应用。我们现在来研究营销管理者所从事的这两项极其重要的工作。

市场细分

许多人认为市场细分处于当今营销管理者所从事任务的中心位置。它反映了营销导向型组织的重要侧面，代表了一种营销文化。市场细分除了在营销计划过程中被提及外，市场细分所包含的相关定位，将会在第二单元“营销计划和预算”中详细论述。我们认为非常有必要向你介绍市场细分的概念。因为它对于营销文化来说是一个极其重要的概念和技巧。当然，市场细分认为在大多数市场中，所有顾客的需求和愿望不尽相同。市场细分是针对顾客的不同需求和愿望进行鉴别和分类的过程。通过市场细分，营销者可以以此为基础，为顾客或细分群体提供更佳的服务。尤其是，有效的市场细分可以使营销者制定营销组合矩阵，来更好地迎合不同顾客的需求。我们看到，营销者是如何通过市场细分把市场概念运用于营销实际过程。正因如此，市场细分成为了当代营销者强有力的工具之一。

营销管理工具：营销组合

营销管理者在执行关键任务时，可以使用他们所熟悉的大量工具和方法来制定营销计划，营造顾客满意度，以及最终为组织盈利。营销组合也常常包括在这些工具或方法之中。

关键定义

营销组合——即 4P 组合，它们是营销者在制定营销计划和程序时使用的一套可控变量。

由梅尔·波顿首先提出的营销组合基本要素是：

○ 产品；
○ 价格；
○ 渠道；
○ 促销。

在这个单元接下来的部分里，我们将详细了解它们的内容。

关键定义

延伸的 3P 组合——最近，由于服务营销的发展，又在原始营销组合的基础上，增加了 3P 组合，它们分别是：

○ 人员；
○ 过程；
○ 有形设施。

在之后的单元里，我们还会观察这些更进一步的营销组合，在这部分里你仅需要知道它们的名字。

营销过程概述：营销是一个交换过程

在这单元里，我们已经看到了营销概念的发展及含义，以及在组织中营销导向或营销文化的发展。我们也看到了营销管理者的任务以及执行这些任务时所运用的基本工具和方法。然后，在这部分里，我们将简要概括出整个营销过程。

这个过程可以用一个简图来概括地描述（图 1.3）。

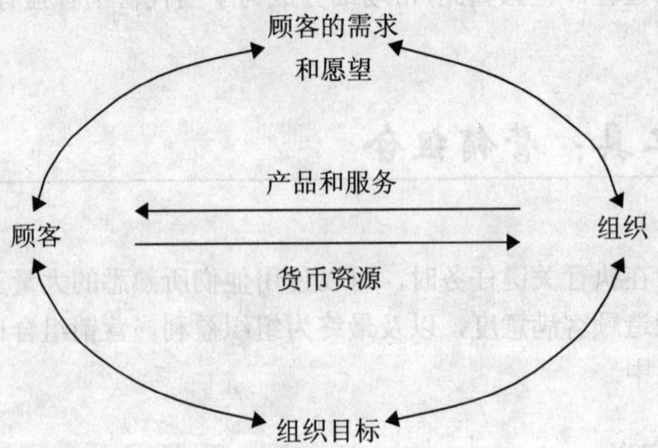

图 1.3　营销过程

我们可以从图 1.3 中看到，在营销过程中这种公司与顾客之间的交换过程是怎样发生的。戴伯等人 2000 年提出的，发生一项交易过程需要有很多条件存在。首先，两个或更多方需要参与其中。一方必须拥有另一方需要的某种价值，并且一方必须情愿放弃某种价值来换取由另一方拥有的价值。上边的图表显示了顾客用货币或资源来与公司交易货物或服务的过程。只有在两方(顾客和供应商)都愿意接受某种价值的条件下，这个系统才起作用。如上所示，图 1.3 中显示了货物或资源与货币或资源之间的交易，但是这些不是组织与顾客之间交易的惟一类型。交易过程的性质取决于组织和顾客的类型。然而，重要的是我们不能把这种交易过程理解为仅仅与盈利性组织相关。正如我们已论及的，越来越多的人们开始认识到，伴随着营销原理和技巧的推广，营销文化可以运用到任何希望与他们的顾客建立交换过程的组织之中。盈利型与其他类型的组织不同之处不是是否需要交换过程，而是顾客与组织之间交换的内容不同。

这就是为什么越来越多不同类型的组织开始重视营销。正因为如此，在这一单元的最后部分，我们将详细讲解营销角色转换的问题。我们将看到营销的应用范围不断扩大，它已经从最初只应用于针对大众消费者购物之上的营销扩展到如下领域：商务对商务的营销；服务行业的营销，在自发非盈利组织中的营销，如当地政府、政党、慈善机构和教堂等。在之后的单元中，还将会介绍和讨论在不同类型的组织中应用和执行营销文化的几项关键因素。在一个组织中运用和执行营销的几个关键性策略如下：

○ 顾客导向；
○ 通用商业定义；
○ 消费和研究；
○ 既定的营销程序；
○ 整合的营销工作；
○ 长期计划。

营销角色转换

我们在这单元的前面提到了营销概念的演进。同时，我们也指出，正如人们所预料的那样，营销思想和实践还在不断的发展。事实上，在过去的10年里，营销已经发生了巨大的变化。很明显，这里不可能也不适合对已经发生的显著趋势和变化做详尽的介绍。但是下面将对一些更重要的内容做简要的介绍，而那些趋势和变化将在书的后面单元里做详细的讲解。

更广阔的营销应用范围

如上所述，营销已不仅仅应用于针对大众消费者购物的制造商之中，它已经波及商务市场，服务市场，并最终影响到非盈利性组织市场。下面我们将简要介绍这些市场。

商务对商务市场

这个市场上的顾客与针对大众消费者购物市场上的顾客不同。这个市场上的顾客发生购物行为是为了实现组织目标，而不是个人动机或目的。

当前有许多组织意识到营销概念和技巧的重要性，并把其恰当地运用于商务对商务市场中。

惠普——电子计算机跨国公司，已经把过去运用于针对大众消费者购物市场上的营销工具成功地运用于自身。工具包括重点群体研究，全球性媒体广告和有效的公共关系，它们与其他重要营销工具和概念一起为惠普所用，从而在市场上建立起强大的实力。

这些市场中发生的经济活动在经济体中占有了大部分市场份额，他们包括生产商或制造商和分销商或中介机构。营销文化和营销通用原则在这些市场上同样重要，并以和消费者货物市场同样的方式得到应用。然而，在这些市场上，也有许多不同之处。这主要是因为这些市场上的购买者性质和购买过程发生了变化。这种变化为营销者带来了许多新问题。一个主要的问题是营销组合要素的设计和使用。我们将在第九单元“不同背景下的市场营销”里介绍商务对商务市场上的变化与不同。

服务营销

我们已经好几次谈到服务市场的成长。这几年服务营销的成长在许多国家已经成为普遍现象。的确，在许多发达国家，如美国或英国，服务行业（相对于制造业）已占优势地位。服务行业包括了许多不同类型的内容，如金融服务，包括银行、社区建设、保险公司等，还有如度假、快餐、管理咨询、清洁服务等。人们已经意识到，服务产品相对于有形产品生产有许多不同的特征。在之后的单元里，我们将详细介绍这种差异及含义，例如由于服务产品相对于实物产品是无形的，所以服务营销有许多不同之处。这就意味着，营销者该如何提高服务营销效果。营销者很难向顾客传达他们会享受到哪些服务利益。同样，产品的无形性产生了例如品牌和包装等额外的问题。像商务对商务市场一样，服务组织和他们的顾客之间的交易过程如图 1.3 所示，属于服务与货币之间的交易。

若要提出一些有效率的服务营销者的名字，许多人都把快餐店——麦当劳摆在首位。当然，麦当劳是第一批意识到当代营销概念和工具重要性，并持续贯彻实施的服务性公司。然而，许多服务营销者都和他们的营销对手一样有效率。有效地服务营销例子包括艾森(Accenture)，因特布兰迪纽厄尔和索若(Interbrand Newell and Sorrell)，假日旅店(Holiday Inns)，新加坡航空公司(Singapore Airlines)和星巴克咖啡店(Starbucks coffee shops)。

关于服务组织的营销概念，这里非常有必要提出服务的特性、如无形性、不可分割性、瞬时性。这些内容我们将在之后的单元里和其他一些重要的服务特性，如不可分离性和无所有权等一起详细研究。这一阶段应该充分注意到这些特性意味着需要对营销导向进行有效的管理。

尤其是在服务组织中，有规则的顾客审查需要鉴别顾客对服务质量和速递的期望。这意味着服务质量需要得到有效管理，这其中包括组织的信誉度、可信赖度、反应快慢、承诺以及敬业等内容。在这单元前面部分已经提到以及在第九单元“不同背景下的市场营销”里还会重复介绍以下内容，即营销者需要考虑在服务营销中运用扩展的营销组合，主要包括“人员”、“过程”和“有形设施”等额外要素。

发展一个营销导向型的服务组织，常常暗示了现存的管理风格，组织结构，以及营销战略。而且还需要考虑信息系统，员工态度和技巧，以及组织中的共享资源等要素，来确保营销导向型的服务组织有效运作。

非盈利性组织

有时也把它称做“非商业性组织”，这些组织建立的目的不是为股东谋求利润，而是为了其他一些目的建立起来的。和商务对商务以及服务市场一样，非盈利性组织和市场包含了大量类型的组织和市场实践行为。例如，它们包含了如地方政府、医院、内阁、大学和教堂等机构。慈善机构和社会包括，如牛津饥荒救济委员会(Oxfam)、饥荒救济会(Famine Relief)和乡村信托(Countryside Trust)。

由于存在众多类型的非盈利性组织和市场，所以很难用几句话来体现在这种组织中应用营销文化的差异性。然而，只要我们认识到这种归纳概括的困难性，那么就有可能提出几条在这些组织中应用营销概念和工具的关键性差异，例如：

- 这些组织常常在一种更严格的制度框架下运作，并应用营销概念和工具。
- 服务产品的许多特性，如在之后的单元里介绍的无形性，也应用到了大量非盈利性组织之中。
- 营销组合要素及其应用在这些组织和市场上常常有差异。我们将在单元9“不同背景下的市场营销”里详细介绍这些差异。例如我们不难理解在这种环境下营销组合的“价格”要素有不同表现形式。的确，常常是营销者并不制定价格，顾客也不支付货币。我们拿一个政党为选举而营销为例子来看，顾客(选民)不需要按某个价格为“产品”进行支付，而是需要他们“支付”自己的选票。实际上，这个例子说明了非盈利组织和他们的顾客之间交易过程性质的特殊性。正是这种差异化的特殊性吸引了我们的注意力。
- 回顾这单元前面提到的营销过程。图1.3显示了这个交易过程的核心内容。尽管对于任何市场来说这个过程的实质都是一样的，而且都提出了一个特定的营销概念，尽管在这个过程中价值概念只是相关而已，但是非盈利性组织与顾客之间交换内容和价值的组成都不同于盈利性组织。图1.4以简化图表的形式显示了发生在不同类型的非盈利性组织和顾客之间交易的例子。
- 非盈利性组织最大的差异或复杂之处在于他们的顾客是由不同性质的，常常存在潜在利益冲突的群体所构成。例如我们拿一所大学来举例，它的顾客包括：学生；潜在的雇主或行业；当地政府；当地社区以及国家政体。正因如此，非盈利性组织常常要区别于顾客和公众，公众是组织营销不断努力的对象。

活动 1.8

选择一个非盈利性组织，例如教堂、慈善机构、政党，并努力挖掘出它的市场、产品和服务是什么。

非盈利性组织的类型	组织交换		顾客交换
博物馆	文化 教育 娱乐	←→	时间 兴趣 捐赠品 门票
大学	教育 认证 就业	←→	学费 时间 承诺
政党	生活标准 生活方式	←→	选举 时间 党费
当地政府	地方服务 生活方式	←→	地方税 选举
慈善机构	自尊 幸福	←→	货币 时间 帮助

图 1.4　非盈利性组织的市场进程和交换

对环境和社会营销不断增长的认识：道德和社会责任

营销者不再单单追求满足“需求”和获取利润，他们现在需要在保护环境和满足顾客和社会利益之间维持平衡。

施乐公司曾经并没有想到在办公用纸行业生产和营销再循环用纸。像许多公司一样，随着时代的发展，施乐开始逐渐意识到环境问题，尤其是这个例子里提到的世界上最具消耗性的稀缺资源：森林。当前，施乐公司建立了广阔的生产线，来生产再循环用纸产品。像施乐公司一样，许多公司在营销上非常重视绿色环保。下面将简单介绍一下绿色营销。

很明显，营销所造成的社会和环境影响已经为人们所认识，并直接影响到消费过程。营销者也感到这种社会舆论所产生的压力。在过去的 10 年里，许多发达国家的社会舆论发生了很大变化，社会群体现在更关心如环境，幸福和顾客安全等因素以及产品消费和营销对这些因素的影响。消费者权益保护和绿色营销的概念已经越来越为人们所重视。我们应该仔细研究这些重要的观念发展。

考试提示

尽管消费者权益保护和绿色环保问题对于许多营销者来说是相对较新的概念，尽管在世界其他地方由于经济发展水平等因素，这些问题并不为人们所重视，但是这部分却是试卷常考的知识点。所以千万不要因为这些问题与自己的生活环境不相关而忽视了这部分考试内容。

问题 1.1

肯尼迪总统在 1962 年著名演讲中提出的四项消费者权益是什么？

活动 1.9

尽量多地列举营销者在保护环境方面所做的努力，例如开发无铅汽油。

活动 1.10

拿出一些时间来研究一下你们国家里的某一个组织或机构，然后评价购买方相对于卖方所拥有的权益。

这些组织或机构或许是由政府建立的正式的，或许是非正式的。除了列出这些组织的名称，还应尽量了解这些组织，例如它们的目标和业务。

学习提示

单元里的许多活动都需要你搜集许多信息来完成它们。很明显不同的活动有不同的相关信息源。然而，许多信息，包括上面这个活动，需要你寻找一些公司和市场的信息，包括你所在公司。有许多关于市场和公司的信息源，但是更有用的信息，主要有：

○ 公司年报和会计账目；
○ 网页；
○ 商务印刷宣传页；
○ 营销商业杂志和期刊，如营销周刊，活动等。

例如你可以从以下网页找到特定的活动：

www.ftc.gov

www.consumer-action.org

www.coalitionforconsumerrights.org

www.consumer.gov.uk

活动 1.11

努力思考一些产品和服务是如何在营销上满足消费者的健康和安全的不断增长的需求。

绿色营销

我们第二个以社会为基础的相关营销概念发展是关于产品和服务在环保方面的增长性认识。顾客不仅仅更加关心保护自己的权益，而且越来越多的人开始关心保护环境，他们尤其关心产品营销对环境的潜在影响。

活动 1.12

努力思考有关不断引起环境问题的营销案例。

活动任务报告里出示的案例非常具有预示性。你可以思考其他一些有关营销者的绿色环保问题。像在一些国家的消费者权益活动一样，绿色环保活动的重要性也在不断增长，而且越来越有影响力。在几个欧洲国家，这种活动带有政治色彩。候选代表向选民们发表有关绿色环保的见解和主张。关注绿色环保的人不再是少数，而且有更多的人开始意识到产品和服务的生产和消费所造成的潜在环境污染。

像消费者权益活动一样，绿色运动，导致相关法律的出台以防止环境污染。甚至在没有相关法律的地方，越来越多的自发条例已出台来减少污染。具有远见卓识的营销者都会积极地应对绿色运动，不仅仅遵守了相关法律而且采取超前性的措施来生产和营销绿色产品。在一些国家，环保小组开始制定产品环保安全指南，从而给营销者们提供了一系列认证标准。这些标准被营销者应用于广告，包装和促销之中。

有必要指出的是绿色问题在世界上不同的地方有不同的影响。欧洲和美国是营销者感受冲击最强烈的地方。毋庸置疑，这种重要性和影响在不断增长和扩散，并将波及未来绝大多数营销者。非常容易找到一些关于绿色环保问题对营销所造成的影响，例如应用于一些产品和服务上的材料问题，以及这些产品和服务是如何制造，如何促销，以及如何设计使用和进行废物处理的。

活动 1.13

努力思考一些受到绿色环保问题影响的产品和服务，以及针对这些问题设计出来的相应营销组合。

尽管用户至上主义和绿色环保问题是关于营销概念，哲学和活动变化趋势的最佳例子，但是也有其他一些作用和因素导致人们更加关注以社会为基础的营销概念。未来越来越多的营销者开始把营销利益和商业利益，顾客需求和广泛的社会利益作为一个整体来考虑。

营销实践：案例

保护和改善环境的义务，以及对组织股东利益的认知导致许多公司在他们的任务目标里都体现绿色环境问题和股东利益等问题。这就直接影响到营销目标和战略。车身修理公司从一开始就致力于环境保护以及社会和股东问题。车身修理公司的伦理态度体现在它的任务描述以及公司的社会责任描述中。而且，这些价值观直接转换成具体的决策，例如产品开发和测试，引进来自低工资国家的产品以及公司的促销和定价措施。

对品质、服务和顾客喜好等方面的重视不断得到提高

市场竞争越来越激烈，营销者认识到顾客现在想要得到的是持续稳定的高品质。不仅仅是产品品质、递送、售后服务等等也需要持续稳定的服务，而且，顾客在购买产品和服务之后，都期望得到供应商提供的高质量顾客服务。

研究显示品质是导致利润率差异化的重要因素之一。能够生产出持续稳定的高品质产品的公司比那些不具有持续稳定品质的公司更具有盈利性。另外，对高品质产品的需求反映了在发达国家人民越来越富裕以及可支配收入增加等现象。但是，我们不要忽视在世界上许多地方高品质的产品是没有需求的，并且在许多地方更找不到这种产品。营销者必须确保品质和价格水平在特定的市场上没有超出消费者的承受水平。

由于全世界的制造工艺过程发生了巨大的改变，品质，尤其是持续一致的高品质，已经越来越为人们所重视。尽管日本人首先在制造过程中使用准时制和看板系统，但是至今这种系统已经流传遍布整个世界。准时制的意思是使用准时制系统的公司可以确保自己的供应商零缺陷。因为在准时制系统中零部件和原材料都是不经过检查就直接送入生产过程之中，所以对品质的要求极其重要。品质以及其他相关因素，如顾客服务和顾客关怀将会在第八单元“营销组合：服务和顾客关怀”中详细研究。越来越重视品质和顾客关怀是营销文化的最重大的发展之一，这被称做关系营销概念的应用发展。

关系营销的发展

已经有越来越多的营销者开始认识到顾客关怀的重要性。对于建立起长期的顾客关系，尤其是建立起公司和品牌的忠诚度，比只把这次交易当做一次性的买

卖更重要。关系营销是用来描述建立顾客长期信任和忠诚度这个过程的。关系营销可以定义为，组织用来建立、维系和发展顾客关系的一系列活动。关系营销的概念是最近几年营销者在如何看待营销以及如何进行营销实践中所发生的重要变化之一。然而，关系营销在交易的前提下得到发展。需要指出的是，在交易过程中，买者和卖者为了某种目的而相互交换价值。关系营销的目的是最大化买者和卖者所接受的价值，以确保顾客和公司都得到真正的满足。在某种程度上，关系营销是营销概念的应用和发展的升华。然而，对于关系营销来说，重要的是要建立起组织与顾客之间互相信任的关系。在两方的交易过程中需要建立起长期的忠诚度。关系营销首先应用于商务对商务市场上，接着扩展到大众消费者市场。例如，许多英国食品零售商建立了一个顾客忠诚度表，以此来奖励那些持续购买的顾客。在英国这样的例子有泰斯克(Tesco)以及塞恩斯伯里(Sainsbury)。在美国有沃尔玛(Walmart)，在法国有麦莫斯(Mamouth)。

我们不能把关系营销看做是运用了不同营销方法的营销，因为关系营销也要强调交易的概念。正如我们所知，尽管传统营销基于鉴别和满足顾客需求，但是它也是有假设前提的，那就是一旦通过两方的交易，这些需求得到满足，那么营销过程就会完成。在传统营销中这个概念是基于实现与顾客之间交易这个想法的。因此，强调完成一次个人交易是交易成功的测量尺度。并不令人惊奇的是，这种方式称为交易营销方式。这种方式被认为是非常短期的处理顾客关系的无效方法。关系营销的目的是建立起买卖者之间相互受益的长期关系。

在交易营销思想的指导下，组织所有的活动都用来建立、维系和发展顾客关系，保持顾客忠诚度，以及吸引顾客。关系管理通过提供适当的营销组合，顾客服务和品质来发展和维系顾客。需要认识到两方都要从长期而不是一次性交易中获得利益，才能使关系营销发挥作用。关系营销的重要因素，是发展顾客和供应商之间相互受益的长期关系。从关系营销上我们看到了供应商和顾客之间互动式的亲密关系。这就导致发展更具个性化的营销策略以及互动交流，来确保持续的竞争优势。关系营销也拓宽了交易的概念，因为它考虑到各方的利益。因此，关系营销考虑到组织的各个合作伙伴，如供应商、横向整合、内部成员以及买者和消费者。

关系营销需要在营销交易中运用不同的方法。为了确保关系营销获得成功，需要一个相应的组织文化作为支撑，并且公司成员要时刻注意成就顾客满意度。因此，内部营销对于建立成功的关系营销是非常有必要的。关系营销的成长是与信息和数据库发展有关的。因为信息和数据库能使营销者更加详细地了解顾客的期望和需求。顾客数据库可以使营销者倾听顾客的呼声以及解决他们的问题。在当代营销文化中应用顾客数据库已经显得非常重要。在之后的单元里，我们将研究营销数据库的作用和应用。下面将重点介绍信息和数据库营销的重要发展历程以及在营销中新技术的运用和发展。

信息和数据库营销的成长

在这本参考书的所有单元里我们都会看到，营销者广泛应用信息技术。我们将看到在营销中技术应用的现象。信息，尤其是数据库营销，产生了更强有力甚至节约成本的效果。例如我们在直销的发展，细分以及市场定位等领域都看到这种效果得到体现。我们以市场定位为例，改善的信息和数据库使营销者可以精确地鉴别和定位更小范围的顾客群体。大量媒体的应用有助于进行更详细的目标定位。我们看到这种营销细分使营销者能够更准确地定位群体顾客，甚至是个体顾客。信息和数据库营销对营销应用产生了巨大的影响。总的来说，新技术巨大地影响了营销和营销管理。

学习提示

因为营销处于动态商业和社会领域，所以它在不断地变化和发展着。尽管我们介绍了营销领域所发生的许多重要发展趋势，但是我们不可能涉及所有已发生的变化和趋势，尤其是不可能提到将来会发生的变化和趋势。我们提到的其他一些发展趋势，包括品牌影响力的不断增长，市场和媒体的不断细分，网络营销的不断增长。尽管考官并不期望你在正在变化和发展着的营销领域成为专家，但是你要时刻紧密关注最新的发展趋势。除了这本教科书，你要广泛阅读营销出版物和杂志。营销认证考试提供了大量营销发展趋势的信息。

应用于营销中的新技术成长

技术有利于推动我们改善做事情的方式。如果没有技术，很多事情我们都会很困难或不可能办到。想想如果在生活中没有了电话，青霉素以及其他当代医疗条件，我们的生活将会发生怎样的改变。如果净化水或者传输电力没有了技术支持，那么我们的生活将会发生怎样的变化？

在许多情况下，技术影响和推动了营销和营销过程的发展。因此在一些领域技术及其应用促进了营销和营销技术的发展。例如，许多广告依赖于沟通技术；有效的分销和后勤依赖于传输技术；营销研究和分析依赖于计算机技术。无可否认，发生在营销中的这种依赖和应用并不是最新的技术。例如，埃及和腓尼基之间的贸易和营销依赖于造船技术的发展。最近，发生在普通和特殊营销领域的商业，都受到了技术影响。而且技术也在以增长的速度发生着变化。在这个单元中我们将简要提出影响营销者的重大技术变化和发展。我们有足够的理由指出，技术的发展正在改变着营销的性质以及其他一些商业和商务活动。所以很多人都认为仅仅10年，营销的交易过程将会发生巨大变化，甚至出乎人们的想像。当然，当代营销者至少需要对影响营销过程的重大技术发展很熟悉。对于营销者来说重视技术发展的理由总结如下：

○ 在竞争中获取胜利取决于技术发展的应用。
○ 公司不断应用新技术来差异化他们的产品以及降低成本。
○ 许多技术发展使营销者更具有顾客和营销导向，例如针对顾客需求更快速灵活地做出反应。
○ 技术的发展对于公司来说产生了许多新的成功关键因素，也使他们以新的方式做生意。
○ 新技术的发展，使信息的收集和分析更加便利，这些信息对于营销计划和决策来说相当重要。
○ 技术的发展导致跨国公司的数量不断增加，便于他们开始开发全球市场和顾客。

研究新技术所造成的影响是另一种方式说明发生或将要发生在营销中的技术发展的重要影响。

在之后的单元里我们将详细研究这些影响，但是在一些重要的营销思想和实践领域，技术发展产生了重大影响：

○ 零售和购物方式发生了根本变化，例如未来许多顾客将会在家里购物。
○ 顾客可以用他们的计算机来选择更具有价格优势的产品。
○ 整个市场将有可能消失，将会被新产品和新行业所替代。
○ 价值链组成部分，尤其是顾客与供应商之间将会产生新型关系。
○ 基于以上所述，新型公司如网络公司的数量将会不断增长。

毋庸置疑，营销者会很快抓住技术发展和应用所带来的益处。信息和技术交流以下列几种方式帮助顾客导向型文化进行管理：

○ 熟练地使用最新的数据库来理解顾客行为。
○ 使用网络作为营销信息系统。例如收集竞争者的情报信息。
○ 使用国际宽带网来为顾客提供产品，例如应用在线购物，提供更多关于公司和产品的信息等等。
○ 使用电子邮件或网页宣传来建立顾客喜好系统。
○ 通过观察研究更新或更具体的互联网页，来进行市场细分和全球定位。

总的来说，以上因素说明当代营销者不仅仅需要意识到而且需要深刻理解这些技术发展。而且营销者对于未来的技术发展要非常敏感，并做好充分准备。这就意味着营销者必须具备必要的技巧来使用当前和未来的新技术以促进营销过程的发展。不具备这些技巧的营销者必将走向灭亡，就像恐龙具有毁灭性的命运一样。同样，如果组织中的管理者和营销者没有意识到或者不能够充分利用技术发展，那么组织将会变得没有竞争力。新市场以及当前和未来的营销都会在技术的影响下不断发展。

活动 1.14

- ○ 努力回想一次你没有得到满意顾客服务的购买行为。
- ○ 描述一下在这次购买行为中哪些地方你感到不满意。
- ○ 写下你对供应商或公司的评价。
- ○ 你认为这个供应商或公司应该怎样来提高顾客服务水平？

营销实践：案例研究

“谁需要营销——我们是银行家！”

即使产品导向观念变得过时，银行业依然花费了很长时间来实行顾客导向以及使用营销工具和技巧来提高销售额和利润。

为什么银行接受和实行营销观念的反应速度会很慢？这里有几个原因，例如在许多国家银行业是由为数不多的几家大银行所拥有，也就是说他们是市场垄断者，所以在很大程度上免于激烈的竞争。

营销通常被认为是和大众消费有关的概念。当然，人们认为在一个传统的专业领域，如银行，没有必要引进营销思想。

商业银行的高层领导一般都具有银行背景，所以很少具有营销技巧。

最后，服务产品的特殊性意味着营销工具和技巧在一些情况下并不适用。

在过去的10年中形式已经发生了戏剧性的变化。在全世界的范围内，银行业已经成为营销概念和技巧的忠实使用者。有很多原因造成这种现象，然而最重要的原因是：

- ○ 顾客对银行有了更多的需求和愿望。这主要是因为他们更加了解银行所提供的服务产品，以及良好的教育背景更有利于他们选择金融服务。
- ○ 在全世界范围内，银行业已经开放，而且竞争越来越激烈。在一些情况下，银行业失去了保护伞，从而导致市场上有了更多的金融机构提供银行服务。另外，像许多市场类型一样，银行业也开始出现全球性竞争的局面。
- ○ 银行业产生了大量新的雇员以及高层管理者。他们具有更加商业化甚至是营销背景替代了“纯银行家”。

许多银行现在和大众消费型企业一样采用了顾客导向型的营销策略。这导致了银行在公司运营、产品和服务以及营销和组织结构等方面发生了巨大改变。采用营销概念和技巧所带来的巨大改变如下：

- ○ 更多地使用市场研究和分析工具。银行业的领头羊们也开始规范性地进行营销研究，尽量满足顾客的需求和提高顾客满意水平。
- ○ 组织和市场结构基于顾客和市场需求而建立，如产品和品牌管理系统已经得到广泛应用。在许多银行里，营销已经具有了整合商业资源和活动的角色。

- 更有效的营销计划和控制系统非常强调技术因素，例如市场细分和定位，营销组合要素又综合扩展出另外的 3P 组合。
- 关于营销组合的应用，银行已经开始重视品质服务和顾客喜好，以及熟练地使用信息发展和数据库营销来推动与顾客之间的关系营销的发展。
- 最后，银行业已经开始意识到环境因素以及对于顾客而言的伦理和社会责任认知。

尽管还存在改善的空间，跨国银行领域是最近几年营销思想应用和实践的成功典范。"即使是银行家也需要营销"。

总结

在这单元中我们介绍了：

- 营销是一种具有预见性的思考方式。它强调组织的决策以顾客为中心。营销是一种创造顾客价值的竞争形式。
- 历经销售导向和产品时代，现在发展出了营销导向模式。
- 可以在组织中建立营销文化，但是这需要消耗大量的时间和资源。

营销是一种管理职能。它体现了分析、计划、执行和控制等关键任务，并整合了营销职能内外的组织资源。营销者的重要工具之一是营销组合要素，它可以用来进行市场细分和定位。

- 营销概念正在不断发展，现在出现了商务对商务营销，服务营销和非盈利性组织营销。
- 营销开始越来越注重环境因素以及品质问题。
- 营销者意识到把顾客当做合作伙伴的重要性以及通过改善与顾客之间的关系建立起长期的顾客忠诚度。
- 在许多管理领域，信息技术的发展对营销实践产生了巨大影响，未来也将会持续。
- 数据库营销在当代营销中变得越来越重要。

进一步研究和考试准备

现在考虑一些问题：

问题 1.2

辨别和解释由不同理论家提出的至少三个营销定义。

问题 1.3

下列专业术语有哪些主要差别——产品概念、销售概念和营销概念。

问题1.4

提出一些你认为并没有采用营销概念的组织，并指出为什么会发生这种情况。

问题 1.5

指出在一个组织中引进营销导向概念的步骤。

问题 1.6

为什么在一个组织中引进顾客导向型的文化是非常困难的？

问题 1.7

信息技术的运用是怎样帮助管理顾客导向型文化的？

问题 1.8

非盈利性组织如慈善机构中的交易关系有什么主要不同？

问题 1.9

讨论在一个服务组织中营销概念的含义。

问题 1.10

当在组织中引进顾客导向型文化时会产生哪些障碍？

问题 1.11

从营销的角度，如顾客和营销组合方面出发来讨论社会责任的概念及含义。

问题 1.12

解释关系营销的含义

以前的考试题

参阅 2000 年 6 月份的考试试卷的问题 6，登录网站 www.cimeduhub.com 获取该问题的参考答案。

参考书目

F.Brassington, S. Pettitt, *Principles of Marketing: 2nd Edn,* FT/Prentice-Hall, 2000, Chaps 1 and 21.

P.Kotler, *Marketing Management: 10th Edn,* Prentice-Hall,2001, Chap 1.

G.Lancaster, L. Massingham, R.Ashford, *Essentials of Marketing: 4th Edn,* McGraw-Hill,2002, Chaps 1 and 13.

进一步阅读

S.Dibb, L. Simkin, W. Pride, O.C. Ferrell, *Marketing Concepts and Strategies: 4th European Edn,* Houghton, Mifflin, 2000, Chaps 1 and 22.

第二单元 营销计划和预算

学习目标

通过本单元的学习你将会：

○ 理解营销计划过程的重要性，营销计划的组成成分以及它怎样融入公司或组织的计划体系(2.1,2.8)

○ 理解描述营销计划过程不同阶段的模型(2.2)

○ 理解营销审计的概念以及应用于营销审计过程的不同分析工具(2.3,2.4)

○ 理解在制定营销计划过程中营销研究和信息的价值(2.5)

○ 理解设定目标的方法和重要性(2.6)

○ 理解市场细分和目标定位的过程和重要性(2.7,3.1)，以及市场细分，目标定位的概念(2.6,2.7)

○ 正确评价运用于满足顾客需求和竞争的工具和技巧(3.2)

○ 理解设定营销预算的过程(2.10)

○ 理解执行营销计划不同管理结构，以及营销活动监测与控制的重要性(2.9,2.11,3.16)

学习指南

这一单元是这本参考书其他单元的概括和总框架。这一单元通过描述营销计划和预算步骤和问题而体现了整个营销过程。我们将通过介绍营销计划过程的每一个不同阶段以及适用于每一阶段的相关工具和概念来突出这个过程的特性及重要性。这个单元将考察一些重要的营销领域，例如包括营销审计、SWOT 分析和 PEST 分析。另外，我们将要看到市场细分的概念，以及这个概念是如何与目标定位基本元素以及创造完整一致的营销组合建立起相关联系的。我们将会研究营销目标的性质以及运用不同的营销战略来实现这些目标的现象。最终，我们将会看到了在制定营销计划过程中执行和控制问题以及营销研究和信息所扮演的角色。我们建议你用 5 个小时的时间来阅读这一单元，并建议你再用 4～5 个小时来处理单元中给出的不同活动问题。你只需要笔记本以及书写工具就可以完成这一单元了。

营销计划的性质和重要性

在第一单元中，我们提出了营销管理者的四项关键任务要素。你回想一下下列要素：分析、计划、执行和控制。我们认为这些计划要素是营销管理者的主要责任和活动。如上所述，有效的计划是建立在认真分析的基础上以及执行和控制要素也可以认为是计划过程的一部分。换句话说，营销管理者的工作任务就是计划。

以前的营销缺乏系统性以及有计划的结构。营销管理者常常依靠对市场的预感或直觉，营销活动常常是无组织性，并没有一个完整一致的框架。不同组织中的不同营销活动相互不协调，有时，销售职能和营销职能步伐不协调一致。同样，第一单元中提到的其他一些商业职能与营销职能之间的协调配合作用也常常被忽视。然而，营销开始运用大量功能强大的计划工具和技巧来制定更系统更具结构性的营销计划。当代营销渗透着计划文化，产生这种计划文化的原因有很多，但是最重要的一些原因是：

○　一个更具竞争性的营销环境；

○　一个更加动态的营销环境；

○　开发新产品和开拓新市场需要大规模投资，因而具有高度风险；

○　更成熟的强大计划工具和模型；

○　受过专业训练的营销管理者；

○　使用营销数据和信息；

○　对营销和其他计划的协调与整合的需求。

受这些因素的影响，许多公司都使用了成熟有效的营销计划系统。除了开始在组织中建立计划文化，这几年人们对计划性质的看法也发生了改变。一些具体的计划，包括营销计划，更加具有战略性，从而导致营销也具有了战略性。相对于战术而言的战略营销计划有下列特征：

○　战略营销计划包括更长期的计划范围；

○　战略营销计划涉及到更多的公司资源；

○　战略营销计划指明了一个组织的性质是什么以及将来会发生什么样的改变；

○　战略营销计划影响和包含了各个层次的职能和商业活动；

○　战略营销计划反映了公司内部和外部的各个事项。

关于战略营销的定义，在不同的参考书中有不同的阐释，或许应用最广泛流传也最容易为人们理解的战略营销定义是由克莱文斯(Cravens)提出的：

关键定义

战略营销——是一个分析环境和竞争因素的过程，以及预测在商业领域中企业的未来发展趋势，参与制定目标以及公司和商业战略。在商业单元里选择产品市场的目标市场战略，建立营销目标，制定、执行以及管理那些迎合市场需求的定位战略。

采用一种计划文化，以及采用一种更具战略性的营销计划战略方法的优势有很多，其中比较重要的是：

○ 更系统的营销环境分析；
○ 基于公司力量和营销资产而制定的目标和战略；
○ 清醒的认识到重要营销发展趋势；
○ 积极主动而不是消极地从事营销活动；
○ 更具顾客导向型的营销文化；
○ 跨职能的整合营销活动。

总的来说，这些优势导致了更加高额的利润以及更加有效的组织。让我们再来回顾第一单元里介绍的营销计划过程的基本模型以及这个过程的详细步骤和阶段。

营销计划过程

在第一单元里我们看到了营销计划过程的基本模型，现在我们来详细研究这个计划过程的步骤和阶段，以及这个营销计划过程是如何与公司或组织的计划总体系相互契合的。记住在营销计划过程中存在许多变化因素，下面的计划过程基本模型显示了这些重要阶段和步骤，如图 2.1。

我们将会为你详细分析每一个步骤。

商业使命或公司目标

在营销计划的起始阶段是决策组织的整个商业使命和公司目标的。有时人们很容易忽略在组织中营销是一项职能，而且是重要的一项职能。营销目标和战略必须对整个商业任务和公司目标具有支持作用。商业使命决定了公司未来的发展方向以及它的整体文化和运营哲学。商业使命的例子如下：

通过使用绿色环保技术以及建立与社会和顾客之间的良性关系，在信息技术市场中成为技术解决方案的提供者中的领袖。

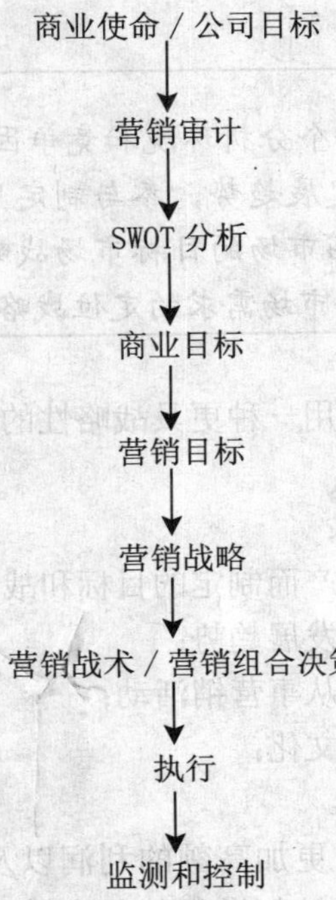

图 2.1　营销计划的关键步骤

公司目标可能要体现几个方面的内容，如成长、财务业绩、创新、公司声誉、对社会的贡献等等，这个目标的陈述比商业使命更具体更有定量性。在开始制定营销计划过程之前，营销职能必须确实能够帮助组织形成整体目标，这个整体目标反过来又会影响营销目标和战略以及营销组合要素。

人们常常无法区分公司目标和战略以及营销目标和战略之间的差异。这两者之间的主要差异是公司目标和战略涉及组织的整体目标和战略，影响公司整个商业的各个领域。公司目标涉及的范围更广泛，如我们上面提到的成长、财务业绩等等。公司战略为完成这些目标指明了道路，如通过合并，收购以及扩张来使组织快速成长。每一个商业职能领域，包括营销职能，都需要制定一系列的目标和战略，所有这些目标和战略共同组成了公司或组织的整体目标和战略。而且，我们必须再次强调，在所有的商业职能领域里，营销职能和营销管理对公司和组织的整体战略制定和选择最具影响性。

在许多组织中，尤其是在具有多条产品生产线以及多个市场的组织中，营销计划基本单元，也就是说制定单独营销战略的组织要素，被称为战略商业单元。

D **关键定义**

战略商业单元(SBU)是一个商业组织的重要组成部分。这个组织有着自己的顾客或市场以及自己的竞争对手，而且有专门的管理团队来负责制定商业目标、战略和计划，并为商业业绩表现而负责。战略商业单元可以作为一个单独的商业单元而独立运转。

营销管理的重要任务是帮助组织形成公司整体目标和战略，图 2.1 显示的详细营销计划和步骤代表了一个单独的战略商业单元。很明显，如果一个公司有多个战略商业单元，那么这些单独的商业单元包括的活动主要有：分配资源，在组织未来的计划中体现商业单元有关方面，得到评估和整合的需要。尽管每一个战略商业单元有它自己的营销目标和战略，但是为了确保商业单元的有效平衡，需要对商业单元进行管理，从而使其为了实现公司目标以及公司未来目标而发挥作用。已经存在大量的技术和模型来管理战略商业单元，这些技术和模型有“组合投资分析”。我们将在第四单元中讨论它的重要性和实用技巧。

学习提示

对于组合投资分析是否是战略营销计划的分析工具或者更详细地说是产品管理分析工具，这一点很有争议。事实上，尽管不同的组合模型有不同的表现形式，但是大多数组合分析都体现了战略营销计划和产品组合管理。尽管我们已经在产品管理和新产品开发中应用了这些工具，同时它们也属于营销计划分析工具之一，被作为营销审计过程的一部分，并且和营销认证考试大纲的要点 2.4 相互关联。

营销审计

营销计划的第二步是营销者评估组织所面临的局势，我们称其为营销审计。营销审计的前半部分主要有评估组织内部局势和业绩表现，后半部分主要有分析组织所面临的外部环境。营销管理者清醒地认识到他们所处的外部环境这一点非常重要，这意味着需要采用所谓的 PEST 系统分析来进行基础研究。

营销者们广泛使用 PEST 分析，指出了需要评估的重要的营销环境因素，大写字母 PEST 的意思是：

○ *政治因素* 例如政府规则、政策和战略、税、教育、商业和行业；
○ *经济因素* 例如经济运行周期、可支配收入的水平、利率以及通货膨胀；
○ *社会或文化因素* 例如成熟的消费者、单亲家庭数量的增长、止在改变着的价值观、态度和信仰；
○ *技术因素* 例如计算机技术的发展、IT 和产品生产方法的发展。

除了这些PEST因素，对环境的营销审计还应该包括竞争者、供应商和分销商等因素，这些因素必须在营销决策中体现。

营销审计的前半部分，即内部审计，是营销者必须系统地评估组织的资源、制度、规则以及技能。内部营销审计应该考察这些要素产生组织竞争优势以及导致顾客满意度等方面所起的作用。换句话说，资源、规则和技能这些要素应该从顾客或营销导向的角度来进行评估。很明显，在执行内部审计的过程中，营销计划者必须决定所涉及的组织资源、活动和技能。许多公司使用标准的检查表来考察组织的各个方面或领域，例如：

○ 财政；

○ 营销；

○ 制造；

○ 有形资源；

○ 人员；

○ 研究和发展。

科特勒等人(1999)在《营销原则》(《Pninciples of Manketing》)欧洲第二版提到，营销审计的范围发生了改变，指出营销审计应该涉及下列五个领域：

○ *营销战略审计*　这一项包含了组织的主要营销目标以及重要竞争战略评估。这些评估包括持续的实用性、可行性和有效性；

○ *营销结构审计*　我们在这个单元的后面会看到营销职能是如何发挥作用的，以及它与组织的其他职能关系是如何保证营销发挥重要作用。这部分审计体现包含的领域有：职责和职权、协调与沟通；

○ *营销系统审计*　营销系统包括计划和控制机制，如预算、资源分配和营销有效性量度标准；

○ *生产力审计*　这里要使用特殊的衡量标准来进行营销业绩评估，如利润率、销售额以及市场占有率。这里还会使用详细的分析来评估相对生产力，例如产品、市场细分、个别顾客、分销渠道等等；

○ *营销职能审计*　职能在这里是指营销组合要素。这部分审计包含对产品、定价、分销、促销等要素进行评估，以及服务营销中的特殊要素，如扩展的营销组合要素，即3P组合，人员、过程和有形设施。

而且营销审计应该有规律地进行，至少每年一次，建议使用外部审计员进行审计，这样可以提高客观性以及提供解决营销问题和改善营销绩效的新视野。如果由内部人员进行审计，人员需要具备营销以及其他一些关键职能，如生产、会计、认识、研发等方面的知识，这就意味着应该是团队工作。另外，审计应该被认为是一种机制，实际上审计是制定有效的营销计划和程序的第一步，不可以认为审计是警告和训练营销或其他职能人员有效执行营销政策的一种工具，营销审计应该是一个独立而清晰的过程。

你应该注意到，内部审计不仅仅涉及商业的营销领域。它还包括我们早先提到的道德营销职能的协调作用，以及从营销或顾客的观点来审视商业活动。内部营销寻求在市场中建立竞争基础。当然，这些基础首先具有营销性质，例如有效的广告和包装，但是公司常常使用其他商业职能领域的技能和资源来竞争，例如研发新产品，是获取竞争优势的主要工具。营销者在进行内部审计时必须做的是在公司所在的特定市场上建立关键性的资源、技能和过程，以及想要达到的目标。另外，审计应该加强培养其他竞争者难于模仿的资源和能力，并且这些资源和能力是顾客所重视的，可以用来建立持续的竞争优势。

营销实践：案例

惠普公司(Hewlett-Packard)就是一个很好的例子，即通过营销审计来分析和研究公司的资源，从而识别出其所具有的潜在竞争优势。惠普公司认为他的优势在于鼓励由不同商业部门建立团队，每一个部门是一个独立的盈利中心，部门之间存在潜在的协同作用，以及通过部门之间协调性的营销活动可以建立竞争优势。这就意味着经过几个部门的努力，可以为顾客提供一个特定的产品组合，并且这种组合更好地迎合顾客的个性需求。

一旦内部营销审计完成，我们开始考虑内部审计的结论以及内部审计的后半部分，即审计的外部因素，SWOT 分析是一种常用的分析评估内外部审计的框架。

SWOT 分析

营销者可以对内部和外部审计进行系统性的 SWOT 分析。众所周知，应用于营销计划的 SWOT 分析的首字母代表：

○ 优势
○ 劣势
○ 机会
○ 威胁

内部营销审计需要进行优势和劣势 SWOT 分析。

在进行以上提到的内部营销审计时，需要评估公司资源、活动和技巧的强与弱。当进行营销审计时，如财务、运营、营销、产品和研发等都是商业元素的审计时，他们需要从优势和劣势的角度来进行评估。

SWOT 优劣势分析有助于认清营销目标和战略，例如如果我们在某个领域没有优势，那么我们采用新产品营销战略将会变得没有意义。

SWOT 机会与威胁分析是对营销环境的分析，包括 PEST 因素。很容易举例说明营销环境是如何产生机会和威胁的，例如：

○ 低可支配收入影响了对奢侈消费品的需求；
○ 政府政策的改变为更适应环境的产品带来了机会；
○ 婴儿出生率的下降对婴儿食品制造商形成威胁。发展信息技术为直销提供了良机。

活动 2.1

努力寻找一些你真实生活中，有关 PEST 因素的发展和变化为公司带来的机会和威胁的例子。

SWOT 分析的主要目标是找出公司的劣势，以及如何把这些劣势转换成优势，同样如何把威胁转化成机会。决策者需要决定实现这些转换过程的最佳方式。

表达 SWOT 分析结果的一个方式是使用如图 2.2 所示的矩阵模式，来表示这种转换思想：

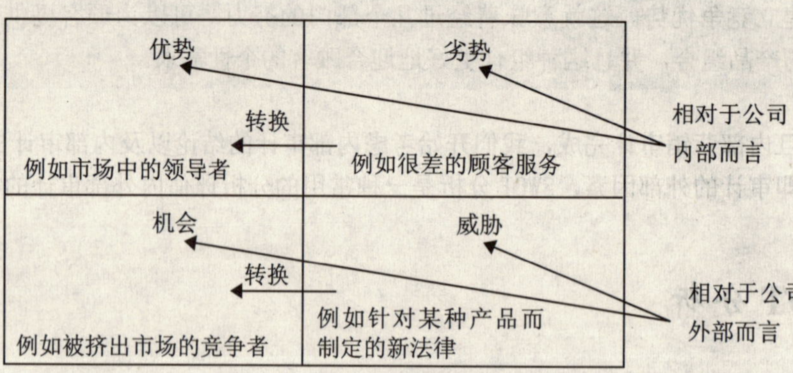

图2.2 SWOT 分析

拓展知识

你可以参考兰卡斯特(Lancaster)等人(2002)所著的《营销要素》(《Essentials of Marketing》)这本书的第四版第二章和第十二章来拓展自己有关营销环境、PEST 分析以及 SWOT 分析等方面的知识。

营销目标

营销审计和 SWOT 分析可以帮助营销者制定组织的综合营销目标。营销目标包括长期、中期和短期、不同公司不同行业衡量这三个不同营销目标的时间周期的尺度，标准都不尽相同。例如在制药行业，长期营销目标的时间周期是一个

10年或者更长的时间；而中期营销目标可能只有五年；短期营销目标只有一年。在发展迅速的IT行业，长期营销计划如果涉及的时间周期超过了两年或者三年，就变得没有意义，而短期营销计划包含的时间周期也许是五到六个月。

营销目标涉及市场份额、销售、增长等因素。在广阔的领域中，营销目标将会涉及组织产品的市场范围的各项要素，以及决定了在未来组织将处于何种商业和市场之中。营销目标常常与公司的整体战略和组织使命有关联。定义未来的商业范围是组织使命的一部分内容，并且反映出了公司的整体目标。更具体的营销目标是与营销执行的目标有关的，并且涉及了如下领域：如销售和获利、市场份额、增长以及营销执行的可能领域如创新、市场声誉、环境问题。有时，公司有多个存在潜在冲突的营销目标，例如一个组织的短期获取高额利润目标与长期市场份额的成长目标相互冲突。营销者必须通过折中协调来平衡这些相互冲突的目标。许多因素影响营销目标的选择，包括竞争者分析、顾客分析、公司分析、股东分析和环境分析。如果没有认真地分析和研究，那么公司里设定的目标将会是糟糕的。事实上，目标设定常常为制定战略提供向导，并为营销执行与控制提供了衡量尺度。在许多方面，目标提供了一个指引性的框架，即公司在市场中如何参与竞争，换句话说，营销目标决定了组织在竞争中所处的态势。这些可以用下面例子来加以说明。

营销实践：案例

大量证据表明，许多日本公司的营销在世界市场上取得了很大成功，究其原因，很大程度上取决于他们在过去的10年里为自己制定了积极进取的目标。小松(Komatsu)是当前世界上最大的运土设备生产商之一，而就在几年前他仅仅是全球市场上该种类型设备的小规模生产商。之所以有今天的成就，是因为通过制定了积极进取的目标而击败了他的主要竞争对手——凯特皮勒(Caterpillar)。这个目标使小松不断改善产品品质，获得许可协议认证并且扩张他的产品和市场范围。从广阔的营销战略到详细的营销目标所涉及的营销活动都来自于他积极进取的市场目标，并且这已成为其在全球市场上取得成功的关键因素。

重要的是像组织中其他目标设定一样，营销目标应该具有SMART标准，也就是明确的、可测量的、可控的、现实的以及及时的。另外，请记住营销目标必须反映并整合公司的整体目标。

营销战略

营销战略推动公司营销发展。营销战略有多个种类：

成长战略：安索夫(Ansoff)矩阵

许多公司都希望能有业绩成长。然而，公司可以使用许多战略来实现这个目标。你或许会回想起，我们所提到广泛用于识别产品市场增长的战略选择模型是安索夫(Ansoff)矩阵。我们现在来看看这个矩阵，如图 2.3。

	当前产品	新产品
当前市场	市场渗透战略	产品发展战略
新市场	市场发展战略	多样化战略

图 2.3　安索夫产品市场增长方格

这个框架用来描绘成长战略，框架的一个轴是市场而另一轴是产品。框架中描绘的每一种战略的内容如下：

○ *市场渗透*　这种战略是在现有市场上拓展现有产品的销售额。有许多方式来实现这个目标，例如公司鼓励消费者更频繁地的使用产品，或者可以通过抢占竞争者市场来实现市场渗透战略，如强促销措施以及价格折扣策略。

○ *市场发展*　这个成长战略包括使用现有产品进入新市场，例如公司可以通过出口来抢占国际市场。新市场要具有吸引力，尤其是公司在新市场中能够很好地迎合消费者的需求。

○ *产品发展*　成长战略包括在现有市场上研发并投入新产品。有时可以是现有产品的延伸，如增加新特性或者改善包装；有时也许是在市场上完全推出新产品。但是完全推出新产品是极端危险的战略，如果存在潜在的收益性，情况就不一样了。正如我们在之后的单元里看到的，需要通过系统的方法来研发和投入新产品，以实现成长战略。

○ *多样化*　这个战略是四个成长性战略中风险最大的一个，它既包括开拓新市场也包括开发新产品。而且它具有多种实现形式，从进入相关产品和市场领域到完全开发新产品和市场。这是一个盈利很可观的战略选择，但是要通过详细计划才能取得成功。

综合竞争战略

确定了成长战略之后，综合营销战略的第二步是决定公司如何参与竞争。我们可以选择：

1．成本领先战略；

2．差异化战略；

3. 聚焦战略。

拓展知识

你也许知道这个综合竞争战略的分类类型是由迈克尔·波特(Michael Porter)提出的，他把这些战略称为“一般战略”。尽管应对营销基础知识考试不需要很深地研究波特的作品，但是如果你能够熟悉一些波特的基本思想，将会是非常有价值的。一个很好的资料是戴博等人(Dibb et al)(2000)所著的《营销概念和战略》第四版。

一般战略的选择对营销战术具有直接的影响，例如营销组合的设计。

活动 2.2

努力思考波特的三个一般战略所代表的含义，并且用你自己的话来描述每一种战略对营销组合所产生的影响。

营销实践：案例

在英国杂货超市行业，这个市场上的主要竞争者寻求不同的一般战略。例如，ASDA，由美国的沃尔玛控股，采取了低价竞争策略，他们的目的是让顾客的钱能获取最大价值的商品。这个战略不仅仅反映在他的定价策略上，而且反映在他的产品战略上以及他的广告用语“这是 ASDA 的价格”上。另外，他们的主要竞争对手之一，塞恩斯伯里 (Sainsbury)采用的是差异化战略，旨在为顾客提供高水平的服务，也就是为商品购买及售后服务都提供高品质的服务。另外，这种战略也反映在定价及产品决策上，以及他的促销广告用语“让生活变得更美好”上。

拓展知识

细分、选择目标及定位战略非常复杂并且很难实现在营销领域。这本参考书仅仅给你介绍一些该领域的重要概念和方法，建议你参考一些推荐的课本来进一步研究该领域。这方面的资料主要有布莱斯顿和派特(2000)所著的《营销原则》第二版第五章。另外戴博等人(Dibb et al)(2000)所著的《营销概念和战略》第四版第七章，以及科特勒等人(1999)所著的《营销原则》欧洲第二版。

许多人认为营销计划最重要的要素之一是搞清楚目标营销是什么。目标营销又包含了子要素，如市场细分、选择目标和定位等。

目标营销处于营销计划的中心地位。事实上，目标营销的观念是第一单元中所提到的营销基本概念的延伸，实质上，众所周知营销者需要尽力迎合顾客的特定需求。在当今市场上，针对顾客的竞争越来越激烈，并且顾客越来越见多识广，需求越来越多。很简单，通过营销组合来更好地满足顾客需求的公司将会获得更多的商业机会。

在既定的市场上，不同的顾客有不同的需求。这就意味着针对整个市场而大规模生产标准产品将几乎不可能获得成功。例如，福特汽车公司所遵循的“只要是黑色的顾客就喜欢”的大规模生产原则，在今天将很难行得通。

在同一个市场上的顾客有着不同的需求，这就意味着必须通过鉴别不同的需求来细分市场，从而得出不同的顾客群体。目标营销的第一步是进行“市场细分”。

已经识别了不同的细分市场之后，营销者应该对不同细分市场进行评估，以决定以哪一个细分市场为基础来开展营销。第二步称为“选择目标”。

最后，营销者必须制定“产品定位”战略来应用于已选择的目标市场。在最后这个阶段我们看到了目标营销对营销组合的影响。在已选择的目标市场上定位产品和服务之后，就需要设计营销组合以迎合细分市场阶段筛选出的目标市场的特定需求，从而获取竞争优势。

考试提示

考官常常会混淆使用“目标营销”和“市场细分”等术语。在这个单元里，我们看到市场细分仅仅是选择目标过程的一个步骤。如果考官让你论述市场细分，很可能他们是让你讨论目标营销的三个步骤。仔细阅读该领域的一些问题从而灵活应对考官的要求。

我们以市场细分为起始点来讨论目标营销的要素。

市场细分

在目标营销的这一阶段里，营销者需要评估市场上不同顾客群体所具有的不同需求，营销者也需要决定市场细分的标准。

事实上，所有的产品和服务市场，常常以某些要素为基础而划分成几个顾客群体，你应该了解划分市场的不同标准。营销者常常用来细分市场的标准类别显示在活动 2.3 中。

活动 2.3

在这个活动中，我们已经列举了细分市场的主要种类和区分了用来细分消费者市场和行业市场的标准。为了更好地理解细分市场的每一个标准，你要会为每一个细分标准举一个例子。以“人口特征统计”为标准的例子是“时代”。

○ **消费者标准**

人口特征统计，例如“时代”
社会经济，例如
地理，例如
个性和生活方式，例如
购买时机，例如
用户状态，例如
使用率，例如
希望获得的好处，例如

○ **行业标准**

人口特征统计，例如
地理，例如
组织购买，例如
用户状态，例如
使用率，例如
希望获得的好处，例如

从活动中我们看到有许多潜在的标准用来细分市场，以上列举的标准对于消费者和行业市场来说都是通用的。事实上，寻找出有效的市场细分标准是当代营销的动态领域之一，营销者们正在不断寻找新的改进方法来细分市场。新的细分方法常常反映了市场和消费者的性质在不断改变。例如，在许多国家由于人口结构的改变，如在一些发达国家 55 岁～75 岁的老人数量大大提高，以新的生活方式为标准的细分就出现了。“灰色市场”的含义常常代表存在着大量成长性的细分市场。其他细分市场的新方法要依赖于营销技术的发展和改进，尤其是我们在第九单元中将要详细介绍的一些内容，但在第一单元里仅粗略介绍了概括的营销知识尤其是数据库营销等方面的信息技术发展。由于数据收集和分析方法的改善，又产生了用于市场细分的新标准，如地理人口统计标准。

D 关键定义

地理人口统计细分——是基于生活地点以及生活方式而进行的市场细分。

这个简单的地理人口统计细分标准定义没有体现出地理人口统计细分技术的复杂性。这个细分方法常常需要大量复杂的市场和顾客数据来鉴别和反映地理人口细分市场。事实上，这种方法的出现是由于数据收集和分析技术的改善。有许多进行地理人口统计市场细分的商业系统，营销者可以购买这些系统来进行市场细分。在英国和欧洲，商业性的地理人口分类系统主要有由ABC公司提供的“居民数据”系统，由依法克斯（Equifax)提供的“微观视角”系统，由欧洲指南提供的“CAMEO”系统，由艾伯（Experian)提供的“MOSAIC”系统等，而且最著名的系统是由克斯(Caci)组织提供的ACORN系统。尽管所有这些分析系统的数据来源不同，但是他们的共同特点是同时使用了地理和人口或生活方式数据。

拿ACORN系统来举例，这个系统通过整合市场研究和人口普查等方面的数据，来分析和归类消费者在住房信息以及生活方式和人口等方面的细分市场。通过这些信息，克斯（Caci)的ACORN系统把消费者分成了54个不同类型，每一种类型又进一步分成了11个主要的ACORN群体。例如ACORN中的D群体是那些低收入的生活在老式的平房里条件很差，而且几乎没有现代化的家用设备的群体。克斯(Caci)的ACORN系统的分析数据表明不同的ACORN群体有明显不同的生活方式及购买模式。所以，ACORN群体可以用来识别目标顾客群体，例如购买特定产品和服务的不同偏好。结果，通过以地理人口统计为基础的划分方式，营销者能够识别出不同的顾客群体，了解他们的需求、愿望、购买偏好，从而针对地理人口统计市场细分制定营销目标的步骤。地理人口统计市场细分，如ACORN，已经成为强有力的营销工具，并应用于下列营销领域：

○ 选择新的零售市场；

○ 直接邮购；

○ 选择媒体；

○ 销售组织；

○ 营销资源分配。

营销者常常综合使用这些细分标准。但是我们怎样才能知道应该使用哪一种细分标准呢？答案是我们使用的细分标准应该能够鉴别出产品或市场上差异化的顾客群体。例如，我们知道在服装市场上，性别、收入、社会阶层以及年龄等因素会导致不同的购买需求。

事实上，不存在一个永远都适用的细分市场标准，应该具有下列特征：

○ 可测量的：划分的细分市场应该很容易度量；

○ 实质的：划分的细分市场容量应该足够大；

○ 易接近的：营销者应该能够进入这个细分市场。

活动 2.4

记住不存在一个永远都适用的细分市场标准，请你说出下列市场上适用的市场细分标准是什么？

1. 度假
2. 汽车
3. 烟草
4. 行业磨料
5. 办公室清洁服务

目标选择战略

进行了市场细分之后，营销者必须决定在这些细分市场上要实现的目标是什么。这个决策要受很多因素影响，但是营销者需要评估不同细分市场的相对吸引力，以及公司在这些细分市场上发挥作用的能力。我们正在努力寻找有吸引力的细分市场，这里有三个不同的目标选择战略——非差异化目标选择、差异化目标选择以及集中化目标选择。下面我们给出这些战略的定义。

关键定义

非差异化目标选择——是指针对整个市场只用一种营销组合。

关键定义

差异化目标选择——是指针对几个不同的细分市场分别使用不同的营销组合。

关键定义

集中化目标选择——是指只针对整个市场中的某一个细分市场。

每一种目标市场选择战略都有优点与缺点。这些选择依赖于许多因素，如公司的规模和资源、市场风险、竞争者等等。即使你对这三个目标市场选择战略不熟悉，你也要会评估每一种战略的优点与缺点。

活动 2.5

对于每一种目标市场选择战略，看看你能否评估出他们的优点与缺点。

完成下面的问题:

○ 非差异化目标选择

1. 优点，例如

2. 缺点，例如

○ 差异化目标选择

1. 优点，例如

2. 缺点，例如

○ 集中化目标选择

1. 优点，例如

2. 缺点，例如

定位战略

值得注意的是在讨论目标市场战略过程中，我们看到了营销组合对营销目标的影响。正如我们在第一单元中提到的，营销者使用营销组合的工具来制定有效的营销计划以使顾客满意。你回想一下，这个组合是否包含了原始的 4P 组合，即产品、价格、地点和促销，以及扩展的营销组合，即人员、过程和有形设施。营销目标步骤影响着这些营销组合要素的应用。目标营销的所有阶段中，最直接看到的一个阶段就是定位步骤。市场细分之后，决定目标战略，营销者需要确保能够进入选择的细分市场，以及通过设计营销组合来击败细分市场上的竞争者。

例如，我们可以把营销目标定位于高收入细分市场。这个细分市场上的消费者追求产品的品质，支付得起高价格，常常阅读高端市场杂志，在高级的场所消费。解决定位问题可以产生许多竞争优势，虽然定位处于目标营销的最后一个阶段，但是制定营销组合对于定位来说极其重要。

活动2.6

让我们来看看多个品牌在相同的产品市场上选择不同细分市场的例子，例如不同的洗衣粉品牌、不同的香烟品牌、不同的汽车品牌等等。注意，不同的品牌是如何针对竞争对手进行市场定位以及他们在营销组合上的差异。

考试提示

收集一些品牌的市场定位例子，可以使用“定位图”来描述不同品牌在市场上的相对位置。在考试中使用这种“定位图”来描述品牌在市场上的相对位置也非常有用，这样可以使你简捷而明确地阐述你的观点。图 2.4 给出了两个品牌的简单定位图。你要注意，定位图仅仅可以显示营销组合的两个要素。

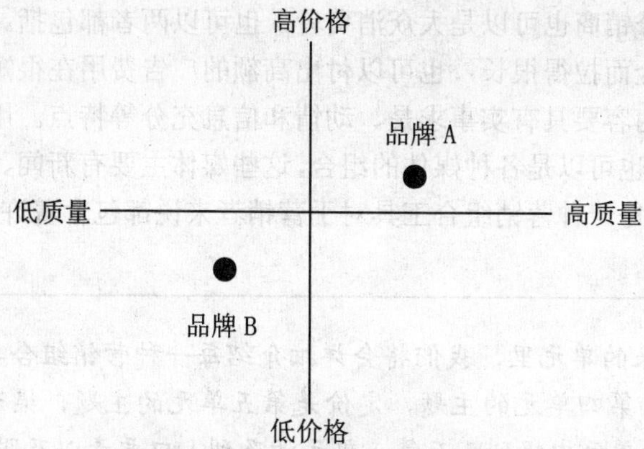

图 2.4　一个简单的定位图

拓展知识

正如我们所述，你要测量你自己对市场细分、选择目标市场和市场定位过程的掌握程度。如果你认为自己已经完全掌握了这部分内容，你可以参考兰卡斯特等人(2002)所著的《营销精华》第四版第四章的内容。

营销战术及营销组合决策

在决定了营销战略关键要素之后，我们现在开始制定更详细的营销战术。这包括如何把不同的营销工具应用于营销计划之中，为每一个目标市场制定营销组合。计划过程的这个阶段制定了有效的营销组合决策，并把各个元素融合在一起，从而形成了完整而综合的整体。

在第一单元中介绍了营销组合思想以及营销组合所包含的各个元素。需要提醒你的是，营销组合是一些可控变量或工具。营销者可以使用这些变量或工具来制定有效的营销决策。基础营销组合是由 4P 组成，即产品、价格、地点（渠道）和促销。营销者还要考虑另外三个要素，人员、过程和有形设施。营销者可以以多种方式来应用这些营销组合的重要工具，从而满足顾客需求以及进行有效竞争。例如，营销组合的促销要素，我们可以找出这个营销组合工具的子要素：

○　广告；
○　销售促进；
○　个人推销；
○　公共关系；
○　主办展览会等。

进一步讲，可以通过各种方式来使用这些工具。例如广告，营销者所做的广告可以是针对分销商也可以是大众消费者，也可以两者都包括。广告周期可以通过逐渐投入资金而拉得很长，也可以付出高额的广告费用在很短的时间内集中做广告。广告的内容要具有实事求是、动情和信息充分等特点。用来做广告的媒体可以只有一个，也可以是各种媒体的组合，这些媒体主要有新闻、电视、商业性出版物、报纸等等。每一种营销组合工具对于营销者来说都包含着许多技巧和方法。

学习提示

在接下来的单元里，我们将会详细介绍每一种营销组合要素。产品决策是第三单元和第四单元的主题，定价是第五单元的主题，渠道和促销会在第六单元和第七单元中提到，而第八单元涉及到人口要素以及服务和顾客偏好。

营销组合的背景

正如我们在图 2.1 中所见到的，制定营销组合是营销计划过程早期阶段的内容。在制定营销组合的过程中，除了要强调选择目标和市场定位是营销计划过程的一部分外，还要注意制定营销组合时的相关背景。在不同的背景下，营销者会以不同方式应用营销组合工具和技巧。影响营销组合制定的一个关键因素是产品和市场的不同生命周期，这一点我们将会在单元“营销组合：产品”中介绍。另外，背景因素还与组织本身的性质有关，如这个组织是否是盈利性组织，以及它的规模和资源。背景因素还会因市场和消费者的差异而有所不同，例如针对消费者的营销背景与针对商业的营销背景是不相同的。在很大程度上，这些不同的背景决定了不同组合要素的适用性，以及它们是怎样组合在一起的。理解制定营销组合的背景是至关重要的。

学习提示

营销上一些更重要的内容以及营销组合的含义将在第九单元论述，包括重要的全球市场和虚拟市场。

在我们介绍了营销组合之后，我们将进一步讨论开创整合的营销组合的重要性。

营销组合整合与协调的重要性：协同的概念

有效营销组合的显著特点是协调营销组合的各个元素，来为开拓市场提供有计划的协调一致的方法。

正如我们所见，营销组合的每一个单个元素的决策都涉及范围广、内容复杂。而且其他职能部门的利益也要体现在这些决策中。例如，在定价决策中，我们看到需要用到财会部门的成本信息。同样的，新产品开发决策需要研发、设计和生产部门的专家意见。因此，有必要指定一个专门的负责人或某个职能部门，来确保各个决策之间协调一致。这个职能部门就是营销部门。

有效的营销计划要求所有影响顾客满意度的组织活动都要通过营销职能部门来达到协调一致。这就意味着营销职能部门会协调组织中该部门之外的一些活动，其中包括对例如市场营销和广告公司等外部组织的协调配合。

如果营销职能部门不对这种协调负责，那么关于营销组合的这些决策，例如产品和定价，不可避免会出现片面性。这样，营销组合的各个元素之间就缺少协调一致性。如果这些营销组合元素协调一致，那么我们就达成了“协同”的概念。

关键定义

协同——是指单个元素的整合所产生的效应会大于各个元素简单相加的结果。可以表示为：2 + 2 = 5。

一个协同的例子是，通过在分销渠道中试销昂贵的高品质产品，营销者可以确保制定的高价格体现了产品的高品质。营销组合的每一个元素都在营销中持续发挥作用，并且对营销组合的其他几个元素起到支持作用。

在制定协调的营销组合时，人们能够意识到协同而持续一致的重要性。但是有些营销者在制定这些营销组合要素时由于缺乏一致性而遇到许多问题，例如在面向低收入消费者群体的市场中，销售高品质的名牌产品。同样，我们会看到一些营销者把日常用品的价位定得很高。还有我们有时会看到，尽管营销组合本身具有持续一致性，但是组合却不适应目标市场，例如，高品质昂贵的产品定位于低收入群体。

我们可以找到一些例子是，营销组合具有持续一致性并定位于适合的目标群体，但是在一段时期内顾客的需求在不断的变化，于是竞争者们就不断寻找新的适应方式。这意味着在这个动态的市场上制定营销组合是一个持续的过程。

活动2.7

努力找出一些关于以上所列问题的营销实例。对于你找到的每一个例子，努力评估这些问题为什么会出现，并提出怎样才能避免或解决这些问题。

很明显，营销者必须努力确保营销组合要素以有效的方式进行整合，这一点非常有意义，例如生产高端产品却通过独特的渠道以便宜的价格销售是没有意义的。或许对于整个营销组合来说，重要的一点是确保提前制定好的目标市场与定位战略具有持续一致性。另外，我们先前已经提到的，影响营销组合运用和整合的重要因素之一是，课程大纲里讲述的关于营销组合工具运用的“相关情景”的基本原则。相关情景在这里是指不同的市场类型和营销者所在的营销环境。这些不同的环境有，面向大众的消费者市场环境、商务对商务市场环境、大规模项目资本市场环境、服务市场环境、非盈利组织市场环境，还有中小企业环境，如销售组织。这些不同的环境对营销组合工具的选择具有重要影响，并且我们会在第九单元“不同情境下的营销”中介绍这些不同环境对营销的影响效果。现在我们返回到营销计划过程的最后一个阶段，即营销组合过程的执行、监测与控制。

营销组合过程的执行、监测与控制

计划付诸实践才能发挥作用，执行是把计划付诸实践的重要一步。执行包括为计划活动确定进度安排，例如预算、人事安排、详细的时间表等等。另外，需要设计合理的组织结构和系统来确保计划的有效执行。为了有效执行营销计划，营销者必须确定合理的结构、人员、预算和过程。

本单元的这一部分，我们将介绍营销计划执行过程中的预算要素以及管理结构问题，接着我们还会研究监测与控制问题。

营销预算与营销计划

如上所述，涉及范围宽广的目标与战略必须指导实际行动才能使计划真正发挥作用。这些详细的行动计划包括由谁、何时以及以什么样的成本来执行这些活动。在这份详细的行动计划中会提到营销预算的问题。很明显没有必需的财政支持，营销计划就不能得到执行。预算是执行营销计划的关键点，那么什么是营销预算呢？

D **关键定义**

营销预算——*是指分配一定量的资源来支持一段时期内的营销活动。*

在我们考虑进行营销预算时，这个简单的定义又涉及到几个潜在的问题。

首先，资源包括人力、设备、时间等等。这里，我们将会讨论在营销预算中财物资源的分配问题，也就是货币预算，但是需要注意的是预算所涉及的内容不仅仅只是财物资源。

其次，当谈到营销预算时，有两个相关的子问题：第一个是如何对涉及所有营销计划活动的营销预算进行决策；第二个是这些预算是怎样在不同的营销计划活动之间进行分配的。例如，我们需要决定有多少预算需要分配给销售活动，有多少给品牌和包装，有多少给分销渠道等等。我们还将会考虑综合预算决策以及把预算资源分配给各个营销活动单元的问题。

最后，对于所有的预算，包括营销预算，都存在着时间限度。总的来说，我们需要区别年度和更长期预算之间的差异。这主要是为了了解不同的计划时间限度包括营销计划所包含的内容。追求长期营销目标的长期营销战略，需要长期的预算支出过程。这里我们将主要讨论支持年度营销计划的年度营销预算。

现在来研究年度营销财务预算过程，首先我们来研究制定年度营销计划预算时所用的不同方法。

决定年度营销计划总财务预算的不同方法

可以通过大量的方法来决定分配给年度营销计划活动的资源总量。

简单的方法

决定年度综合营销预算的最简单方法是预算基于公司能提供的所有资源，尽管这个方法很简单，但是你会马上意识到采用这个方法来制定年度营销预算根本没有优点。诚然公司要确保财务资源没有超支。例如，公司有着很低的盈利水平，于是就会为年度营销预算分配很少的资源，但是这又导致该公司继续有着很低的盈利水平。

利润率

在某种意义上，这个方法做了进一步演进，它是根据公司盈利率来确定营销预算水平的。有的时候使用的是前年的盈利率，或者是预期的盈利率。这种方法所具有的问题是它假设预算是基于盈利水平的而不是基于其他变量。另外，我们提供的这个方法不适用于低利润水平或者是低预期利润水平的组织的营销。最终，即使我们承认这个方法很简单，并具有某些衡量手段，但是这并不是说利润率就是最佳的营销预算分配标准。

销售百分比

这是一种最广泛使用的制定组织预算包括营销预算的方法。预算过程首先是预测销售水平，接着需要决定进行哪些活动来支持预测的销售水平，最后不仅仅决定出营销预算而且还有生产预算、人力预算等等。下面我们会看到为什么这是一种广泛应用的方法。这里有一个内在的逻辑，即公司的许多活动和成本开支都与销售水平有关。然而，对于利润率来说，用这种方法来决定营销预算水平是消极的。如果预期的销售额下降，那么营销预算也会减少，这又会导致销售额进一步下降，从而形成恶性循环。

目标和任务

这种方法在制定综合年度营销预算时最具有合理性和安全性，它是通过确认需要执行什么样的任务来制定预算。这些营销任务是为了实现营销计划设定的营销目标。任务活动需要成本支出，而这些总成本指出代表着营销计划所需的总预算。这种方法的不利因素是它需要付出大量的劳力、时间和信息。例如它需要为营销计划活动制定详细的成本开支，或者详细的预测。然而这种方法的好处是，它可以迫使营销计划者认真思考不同的营销计划活动的成本开支，这些成本与实现营销目标之间的关联，以及如果这些成本开支都是必需的，那么怎样来控制它们。

为营销活动分配预算

以上论述了为营销计划确定年度财务预算的几种不同方法，另外，还需要确定如何为计划中不同的营销活动分配预算。在多产品线的组织中，需要决定为不同的产品或商业品牌，以及为不同的战略事业单元进行预算分配。在不同产品、品牌和事业单元之间分配预算时以上的四种方法都会用到，例如，我们可以基于销售预测为不同的产品分配预算。然而，在组织中进行预算分配时，品牌经理和产品经理的呼声往往最大，他们对营销主管的态度也常常是很友好的。事实上，在进行综合预算分配以支持营销计划时，任务和目标是在不同的营销活动之间分配预算时是最有效的方式。例如在决策促销预算时，营销经理要评估营销组合元素的促销要素为了实现营销目标都需要执行哪些任务活动，通过确定这些活动的成本开支，组合要素就可以进行预算分配了。

原则上，决策和分配营销预算很简单。但是事实上，却很复杂。除了要确保营销计划的执行分配到必要的财务和其他资源外，还要有相应的组织和管理结构以支持分配过程的有效执行。

执行营销计划的管理和组织结构

计划是由人，尤其是经理来贯彻执行的。另外，又需要合适的组织结构来支持他们的执行过程，公司可以使用各种管理和组织结构来执行营销计划。管理结构包括，产品经理系统，即营销计划围绕产品进行制定和执行，这种类型结构的一个简单例子，如图 2.5。

以产品为基础的营销组织结构适用于商务对商务的营销组织之中。在以产品

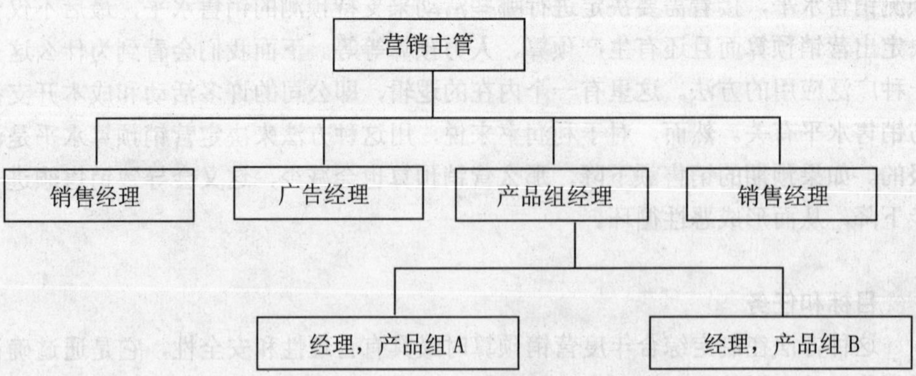

图 2.5　一个简单的以产品为基础的营销组织

为基础的营销组织之上，又出现了以品牌替代产品的品牌经理，这种类型的组织结构在面向大众消费的组织里是常用的。另一种组织结构是以顾客或市场为基础，这种类型结构的例子，如图 2.6。

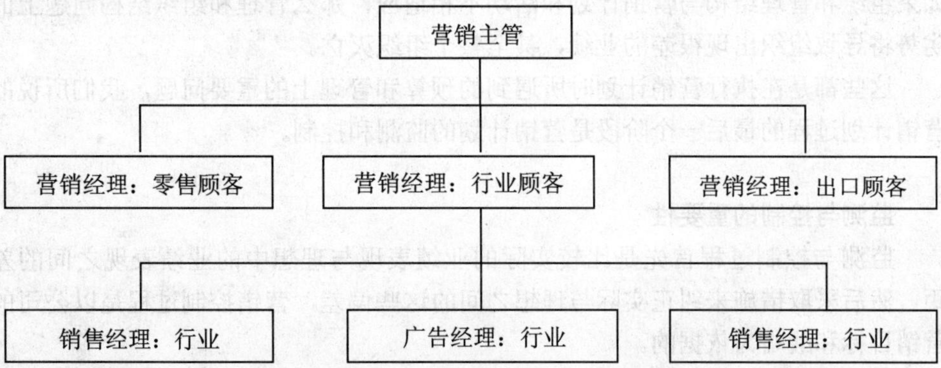

图 2.6　一个简单的以顾客和产品为基础的营销组织

这里仅仅介绍了两种组织营销活动的结构方式，以这两种结构为框架，又出现了例如分类管理结构，简单职能结构和矩阵类型的结构，这些组织结构都是以产品和市场为基础的组织结构的综合。存在众多组织结构的原因是，在执行营销计划时没有一种方法总是适用的。在一些环境中，以产品为基础的组织结构，是非常有效的方法。在另一些环境中，以市场为基础的组织结构可能是更适合和有效的方法。在执行计划过程中，选择适合的管理和组织结构营销受到很多因素的影响。例如：

- 组织规模和复杂性；
- 组织资源；
- 分散或差异化的产品市场；
- 市场和技术变化的速度；
- 竞争性的市场结构；
- 组织和市场的地理分布；
- 组织文化；
- 管理技能和特长；
- 控制需要等。

在执行营销计划时，采用完全适合的管理和组织结构是不可能的。没必要寻找十分完全适合的管理和组织结构，组织结构的选择和设计主要是为了实现一些目标：

- 整个公司的顾客导向；
- 组织弹性和反应速度；
- 创新；
- 组织的不同职能领域以及组织外部的协调与整合；

○ 有效的沟通；

○ 创新和领导。

事实上，大多数管理和组织系统与结构都是以上理想主义模型的折中形式。如果组织和管理结构与营销计划和活动不相适应，那么管理和组织结构问题上的劣势将导致组织出现很差的业绩，甚至整个组织灭亡。

这些都是在执行营销计划时所遇到的预算和管理上的重要问题，我们所说的营销计划过程的最后一个阶段是营销计划的监测和控制。

监测与控制的重要性

监测与控制过程首先是比较实际的业绩表现与理想中的业绩表现之间的差距，然后采取措施来纠正实际与理想之间的这些偏差，营销控制过程是以公司的营销目标和战略为依据的。

如果没有监测和控制过程，就不可能评估出营销目标的实现程度以及战略的有效性。如果在执行营销组合时花费了大量的资源，那么就非常有必要评估资源是否得到了有效利用。

另外，我们知道市场是动态的，环境变化、顾客变化、竞争者变化，甚至公司本身也处于变化之中，这就意味着需要调整营销组合来对这些外部变化做出反应。营销组合的监测和控制有利于应对这些变化，如果没有监测和控制，营销战略就会跟不上市场的变化。

营销控制的类型

应用于营销控制的主要类型如下：

1. 顾客反馈或顾客追踪，例如：
   ○ 顾客调查；
   ○ 顾客抱怨；
   ○ 销售力量报告；
   ○ 顾客座谈小组。
2. 销售分析和控制，例如：
   ○ 销售量或销售额；
   ○ 销售趋势；
   ○ 产品销售，顾客以及销售人员等数量减少。
3. 市场份额分析与控制，例如：
   ○ 以上的销售分析是基于市场占有的百分比。
4. 盈利性分析与控制，例如：
   ○ 成本与利润分析；
   ○ 净利润；
   ○ 资本回报率。

5. 战略控制，这是一种广泛应用于营销中的控制技巧，包括战略计划过程的控制。在战略控制中需要用到两个重要工具，这两种工具都对营销活动的有效性进行了评价：

○ 营销有效性评估；

○ 营销审计。

拓展知识

如果你对一些营销控制工具不熟悉，你可以参考一些教材，如兰卡斯特等人(2002)撰写的《营销管理》第四版第十六章。

活动2.8

如果可以的话，尽量安排一次与高级营销经理谈话的机会（这也包括在你自己的公司里进行谈话），然后找出应用于评估营销业绩的控制类型。

营销计划过程的结果：营销计划

我们已经研究了营销计划过程的所有阶段，但是请注意这只是一个计划过程，而不是营销计划本身，营销计划是这个过程的结果。因此，营销计划的主要内容是什么？下面我们列举了年度营销计划的结构和大纲，尽管计划的结构和内容对于长期和短期计划而言变化不大，但是重要的一点是营销计划的设计和结构由于市场情形和不同公司的变化而略微有所差异。

管理总结

总结了计划的几个重要点，涉及到关键目标、重要战略和营销组合计划大纲。

产品市场局势

是对产品或服务市场进行分析，包括目标市场的数据，例如市场规模、市场趋势和预测；还包括顾客需求和购买行为等信息。这部分的产品部分包括计划中所列产品的价格、收益和净利润，还包括对局势的竞争环境以及分销渠道的分析。

优势、劣势、机会和威胁分析

包括外部营销审计，例如我们所说的PEST因素分析、预测产生机会与威胁的变化，也包括内部营销审计，如公司的优势与劣势。

营销目标

列举了一系列需要实现的详细目标。注意，这些目标不仅仅体现着计划的前半部分的分析，而且反映了公司的战略。计划应该具有 SMART 特征，并包含成就股东利益和社会责任所需的财务、营销以及其他目标等。

营销战略

包括有关核心目标市场的决策，有关产品市场拓展计划的决策，竞争基础，例如竞争优势和理想的产品或品牌定位。

行为计划

为每一个营销组合元素制定详细的计划，至少包括营销组合的 4P 组合，而且在许多公司还包括拓展的营销组合“人员”。在许多行业市场中，还包括“过程”与“有形设施”两个组合要素。行动计划应该包括执行这些要素的计划，包括任务和责任的分配，理想的营销结构和系统。

预算和财务暗示

应该包括成本描述和为营销计划所定的预算，这些预算应该相应地分配给不同的营销活动，还应该包括预期的销售额，可以描述带来预期利润和损失的问题。

控制和评估

包括业绩的预期水平，这是控制的基础，还包括如何度量结果和使用控制机制等信息。

意外事件

详细讲述了将要采取的行动所存在的一些问题。例如，如果营销计划基于一系列的假设，那么就要考虑通货膨胀或利息率等问题，还要考虑在计划的执行过程中，计划要素是否发生了改变。这部分内容的目标是预期计划行为的潜在变化。

附加项

包括有关营销计划产品项的详细背景分析，计划应该简洁并且尽可能重点突出。因此，附加项为计划的各独立部分提供了更详细的背景分析和信息。

营销计划实例

基于以上提出的典型结构和重点内容的营销计划案例如下。

关于营销计划和预算的进一步研究

在这个单元的最后一部分中，我们进一步来考虑两个问题，即营销计划和预算。首先我们研究在营销计划中运用营销研究和信息的问题；其次，我们看到营销者以何种方式在营销计划过程中应用进步技术和新技术。

营销计划中的营销研究和信息

在营销过程的每一个阶段，尤其是营销计划的每一个阶段，营销者必须在时间和成本限制的前提下，利用最精确最新的信息资源，说明营销研究和信息如何发挥作用时，评估营销者在营销研究活动中会遇到的大量问题：

- ○ 市场份额分析；
- ○ 市场规模潜在分析；
- ○ 销售量分析；
- ○ 商业和市场发展趋势；
- ○ 短期和长期预测；
- ○ 竞争者分析；
- ○ 定价分析；
- ○ 产品分析；
- ○ 沟通分析；
- ○ 分销渠道和后勤保障分析。

我们看到了营销计划和过程的许多研究领域。另外，以上所列的研究内容是对顾客和市场细分的分析。因此，营销计划中的大部分市场研究活动是分析和研究顾客和市场细分。在营销计划中营销研究和信息有几个优点，它们是：

- ○ 可以改善营销者的决策能力；
- ○ 顾客的价值观和行为得到监测；
- ○ 可以识别竞争者的发展战略；
- ○ 可以用来评估组织战略和战术的有效性，例如电视广告运动；
- ○ 研究环境扫描方式可以帮助了解社会、法律、政治和技术进步等方面的变化。

在制定营销计划中营销者必须利用营销研究工具和技巧。有时营销研究是一次特别的研究，它针对一个特殊的研究问题，例如确定新产品的潜在市场规模等。另外，在组织中营销计划过程常常需要营销信息系统的辅助。

营销信息系统和营销计划

通常，营销者利用改善的信息技术来拓展他们的视野和营销决策中所运用的信息量。许多公司都把营销研究当做营销信息系统的一个重要元素。传统上，营销研究就是解决特殊的营销问题，但是在某些情况下营销研究有着特别的意义。正如上面提到的那样，人们已经开始意识到信息需要具有连续性特征。营销者使用营销信息系统来生成和传播信息流，营销研究通过数据收集来解决营销问题就属于营销信息系统的范畴。营销信息系统的三个组成要素是：

- ○ 营销智能子系统；
- ○ 内部信息子系统；
- ○ 决策支持子系统。

营销研究和营销智能子系统生成营销信息数据库，营销信息数据库反过来又影响营销信息框架中的分析和决策支持系统，所有这些要素的组合为营销决策提供了大量的信息。营销信息系统关键要素之间的关系如图 2.7。

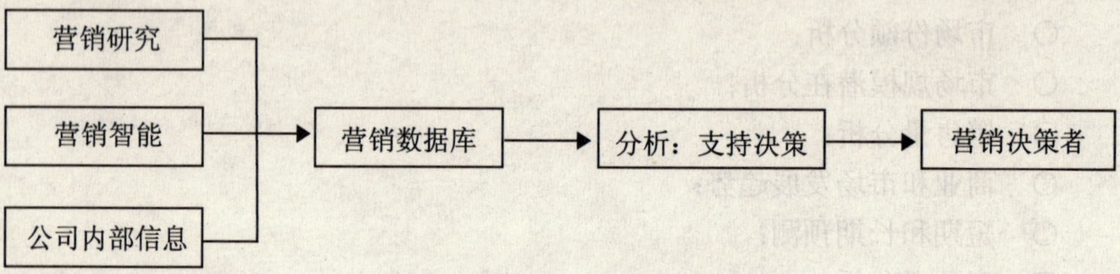

图 2.7 营销信息系统要素

拓展知识

关于营销信息系统详细而精彩的讨论，见布莱斯顿和派特合著的《营销原则》第二版第 218～222 页。

组织通过营销研究所获得的数据会输入到公司的营销数据库中，通过营销信息系统和营销研究而生成数据文件。营销数据库为营销者查阅信息提供了便利，另外通过营销数据库可以发现一些新问题。针对某一个问题的研究为建立研究方法提供了宝贵的信息，从而这些研究方法有利于作进一步研究。

营销信息系统(MKIS)应该以营销者的决策为中心，为其提供服务。

活动2.9

评估你的组织内部为营销决策所提供的信息价值，例如来自财会部门的信息等。如何改进这些组织内部提供的信息？

技术发展和营销计划过程

有必要指出的是，营销计划过程已经受到了技术发展的影响。你要清楚这些技术发展以何种方式影响营销计划过程。下面我们介绍了一些营销计划过程所受到的影响：

营销审计

电子商务和新技术越来越多地应用于营销审计中，因特网、在线资源和内部数据库都可以用来分析和调查经济环境、竞争者、顾客需求和动态趋势。

营销目标

运用数据库和在线资源进行组织内外部分析在该领域得到了广泛应用，例如，使用数据库来识别忠诚度和维持当前顾客的状况对制定目标有帮助。

营销战略

在识别和分析市场细分中数据库非常有用，另外，技术有利于营销者根据不同的竞争对手制定相应的营销战略。

营销战术

电子商务和技术进步对营销组合要素产生了影响：

- *产品*　计算机辅助设计系统应用于产品设计和包装；
- *定价*　对顾客以及价格变化进行数据库分析；
- *渠道*　使用因特网作为直接分销渠道，例如家庭购物电子商务；
- *促销*　使用 DRTV，数据库和直接邮购以及网站的形式来促进销售以及进行广告宣传，网站也可以用做危机管理和媒体关系的交流工具；
- *过程*　熟练运用数据库和顾客关系管理来增进交流沟通；
- *人员*　公司用交互式的因特网来培训员工，使用企业内部网络来进行内部交流；
- *有形设施*　网站是公司对外的窗口，顾客可以通过网站来了解公司，而不必进行实际接触。

评估与控制

例如通过网页点击率来分析营销计划的有效性，通过数据库来研究商业活动的有效性等等。我们看到电子商务和电子技术影响着营销的方方面面。现在我们来详细研究以上提到的新技术应用问题。

营销实践：案例研究

“机敏的我——我们是很棒的计划者！”

许多人认为最近几年成功的商业案例是伊杰（EasyJet）航空客运公司的成功，但是让我们来分析一下这个公司的成功是否像许多人认为的那样是由于低价位吗？

1995年该公司只有两家飞机和两条航线，到如今它拥有了35架波音737并提供了21条直达欧洲的航班。许多因素导致伊杰的成功，其中包括公司的创始人及所有者，史泰勒•哈家奴(Stelios Haji-loannou)的敬业精神和技术专长。有一种观点认为伊杰的成功首先是由于它的低价位，当然，低价位是它的有力竞争武器。然而，伊杰取得成功的重要原因，是通过整合与定位的方法而制定了合理的营销计划和战略。

首先，公司很快地意识到欧洲航空客运业的环境变化为新的小规模公司进入该市场带来了发展良机。与此同时，社会或文化以及经济因素导致了越来越多的顾客想要乘飞机旅行欧洲。公司发现了PEST因素的变化，从而找准了营销机会。

经过市场研究，伊杰认识到，能使公司成长的细分市场是这样一些顾客，他们经常乘坐飞机，要求价格尽可能地便宜，也不需要额外的附加服务。伊杰看到市场上绝大多数现有公司，尤其是历史悠久的跨国公司，例如英国航空公司、瑞士航空公司还有法国航空公司等，都提供高票价和一流的服务水平。而伊杰则通过优质的服务和更为竞争力的票价，来填补了这一市场的空白。

公司建立之后，确定了一系列商业和营销目标，例如市场份额和在目标市场增长率等目标，还包括制定市场渗透和市场发展战略，来使公司以低价格吸引尽可能多的潜在客户。

实现成长目标的核心战略是成本领先战略，即强调以低价格进行市场竞争。公司要围绕着这个核心战略展开竞争。例如，伊杰决定提供一些没有附加服务的产品——直接预订系统和在私人飞机场降落等，这些产品统统收费低廉。通过公司的不懈努力，低成本战略成就显著。他向公众传达这样的信息，低价航班可以乘坐而且是相当安全的。这种成本领先战略并没有减少过多的服务，并且通过整合营销组合而实现持续地提供服务。

基于特定的营销目标和清晰的发展计划，伊杰的营销组合形成了详细的营销计划和预算，包括培训计划以及组织结构。公司设计出合理的组织结构来执行营销计划，并确保对市场和技术的变化迅速做出弹性反应，事实也是如此。伊杰对2001年9月11日的航空业灾难做出了迅速反应，而比它规模大的竞争对手们面对需求下降只能痛苦挣扎。伊杰的迅速反应使其在2001年9月业绩增长了27%，与此同时一些竞争对手却濒临破产。

低价格是成功的关键？有效的营销计划是成功的关键？答案是肯定的！

总结

- 在这单元里，我们看到了营销中重要的关键活动，即营销计划；
- 我们已经研究了营销计划过程的每一步，并且在开始的阶段确定了综合商业目标，并以此作为营销计划评估和控制的标准；
- 我们研究了营销计划过程的一些重要模型，这些模型描述了过程的各个不同阶段的特征。我们还给出了不同的分析工具，包括营销审计、PEST和SWOT分析、安索佛(Ansoff)矩阵和一般战略；
- 我们还解释了目标的重要性及其影响；
- 我们讲述了市场细分的概念以及这个概念与选择目标、市场定位以及创造一个整合的营销矩阵之间的关联；
- 执行营销计划的关键问题，包括制定管理结构和营销预算；
- 我们介绍了营销计划大纲的组成部分；
- 我们看到了在营销活动中进行监测和控制的必要性以及营销计划利用营销研究和信息的方式；
- 最后，我们看到在营销活动的其他领域，营销计划也受到了技术发展的影响。

进一步研究和考试准备

问题 2.1

区分PEST分析和SWOT分析的各个组成元素，并解释它们对于制定营销计划的重要性。

问题 2.2

简要解释营销计划过程的几个阶段。

问题 2.3

波特的一般营销战略的内容是什么以及如何执行这些战略。

问题 2.4

解释安索佛(Ansoff)的产品市场拓展方格在识别成长机会中的作用。

以前的考试题

参阅 2000 年 6 月份的考试试卷问题 2，登录网站 www.cimeduhub.com 获取该问题的参考答案。

参考书目

F.Brassington, S. Pettitt, *Principles of Marketing: 2nd Edn,* FT/Prentice-Hall, 2000, Chaps 1, 5 and 21.

D.W. Cravens, *Strategic Marketing: 6th Edn,* Irwin, 1999, Chap 1.

P. Kotler, *Marketing Management: 10th Edn,* Prentice-Hall, 2001, Chap 1.

G. Lancaster, L.Massingham, R. Ashford, *Essentials of Marketing: 4th Edn,* McGraw-Hill, 2002, Chaps 1 and 13.

进一步阅读

S.Dibb, L.Simkin, *The Marketing Planning Workbook:* Routledge, 1994.

S.Dibb, L.Simkin, W.Pride, O.C. Ferrell, *Marketing Concepts and Strategies:4th European Edn,* Houghton, Mifflin, 2000, Chaps 1 and 22.

M.McDonald, *Marketing Plans:How to prepare them, how to use them:4th Edn,* Bufferworth-Heinemann,1999.

第三单元　营销组合：产品

学习目标

通过本单元的学习你将会：

○ 理解产品在满足顾客需求中所扮演的角色(3.2)

○ 理解产品包含着多重受益，比如传递给顾客价值并具有不同的特征(3.4)

○ 理解产品的不同层次概念(3.4)

○ 理解产品生命周期概念并识别它对营销组合决策的影响(3.5)

○ 理解产品政策的原则:品牌、产品线、包装和服务支持(3.6)

学习指南

这一单元涉及到的是在第一单元中已经提到的营销组合头一个元素——产品。而且我们已经介绍过，营销组合包含着许多工具，营销者使用这些工具来制定营销计划。请你回想一下，营销组合的四要素：价格、渠道、促销，以及本单元要重点介绍的产品。这四要素首先是由梅尔·波顿(Meil Borden)提出的，后来又扩展出人员、过程和有形设施三个要素。在本单元和随后的单元里，我们将逐个对每一个营销组合要素做详细分析。需要注意的一点是，为了在营销战略中制定出一个整合而平衡的营销组合，单个要素必须具有协调性和一体化等特征，这是我们在对单个营销组合要素的研究讨论中所要强调的一点。

在阐述了协调而整合的营销组合在组织中的重要性之后，这里就有必要提出营销组合最关键的一个要素：产品的重要性。如果没有产品，市场就不会存在，因此也就不需要营销组合决策。你需要了解不同的产品种类和产品组合观念。我们将要研究产品概念，为顾客传递的价值，还有产品的不同层次，从核心产品到潜在产品。这个单元还引进了一个营销中广泛使用的概念，即产品生命周期，它给出了产品为公众所接受的过程。在产品管理中要考虑品牌和包装等重要问题，还有越来越重要的扩大产品层次的服务支持。我们希望你能用 4 个小时的时间来研究这一单元，并用同样的时间来做练习。但是你必须确信你已经掌握了我们以前所介绍的不同概念，因为无论你是学生还是营销实践者这些概念都会在你的生活中不断地出现。

导言

我们已经开始讨论营销组合工具，即产品要素的内容。正如我们在本单元学习指南中提到的那样，许多人认为产品决策是营销组合中最重要的决策。但是，如果定价、分销或促销有问题，那么即使制定了有效的产品决策，这些产品最终还是会在市场上失败。然而，从某种意义上讲，营销组合其他元素都会受到核心产品决策的影响。

学习提示

在本单元以及随后的单元里讲述的新产品决策会应用到实物产品和服务产品中，我们认为有必要区分产品和服务之间的差异。但是，在这个单元里，我们主要研究的是实物产品。服务产品在营销中所产生的问题将在第九单元“不同背景下的市场营销”中做详细讨论。让我们首先来看看什么是产品或服务。

活动 3.1

产品或服务是什么？

用你自己的话分别从顾客的角度和为顾客提供产品或服务的供应商角度来描述产品或服务是什么？然后把你的答案和任务报告中的相比较。

图 3.1 解释了产品的有形和无形特征。

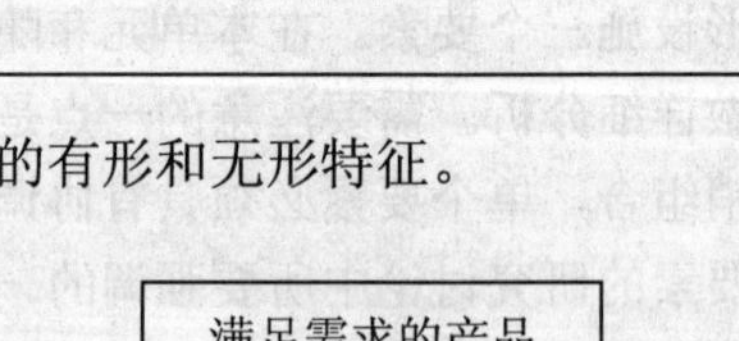

图 3.1 产品维度

营销者应该以更广阔的视野来审视产品或服务的概念，这样才能更好地满足顾客的需求。营销组合赋予了产品和服务更广阔的含义，并且要针对明确的顾客需求和愿望来展开营销工作，我们可以通过营销研究来识别这些需求和愿望。

我们所要介绍的内容是有关拓展了的产品或服务的概念，被称为延伸产品。事实上，产品可以看做是全部营销活动所取得的成就，而不仅仅是一个有形的物质。服务也可以被当做是产品，例如为接受全职教育的年轻人提供一份特殊的无息贷款。对于顾客、产品或服务意味着满足需求。

关键定义

产品——是一种能够引起市场关注、消费、获取或使用的物品。

产品的五个层次

除了要考虑产品的有形和无形属性外，营销者有必要思考产品所具有的几个层次。这些不同的层次如图 3.2 所示并讨论如下。

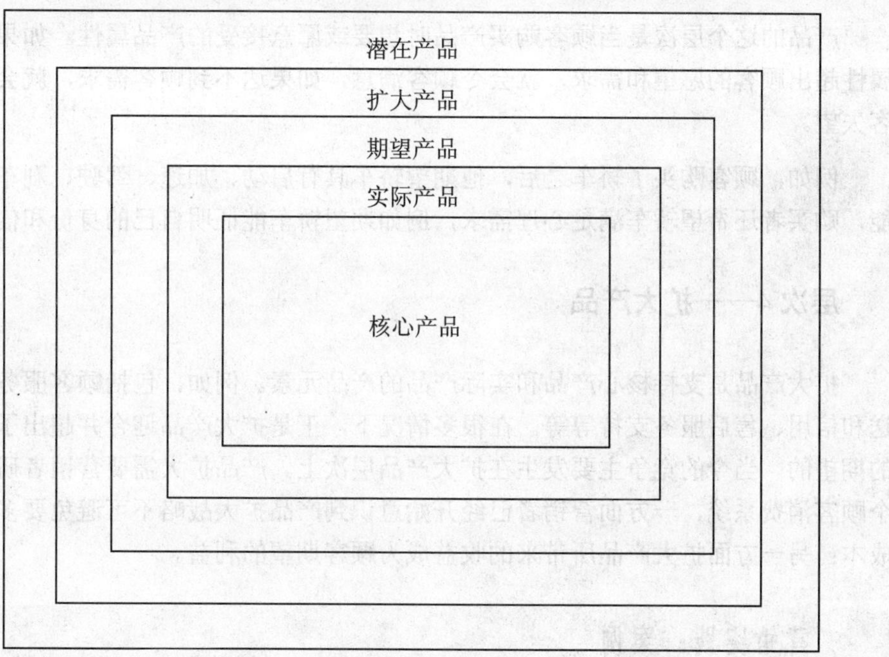

图 3.2　产品的五个层次

知识延伸

产品解剖分析的进一步信息，可以参考布莱斯顿(Brassington)和派特(Pettitt)等人所著的《营销原则》第二版第七章。

层次 1——核心产品

产品的这个层次是最基础的层次，并且是产品或服务提供的最核心问题。例如，轿车的核心产品是提供交通运输特性。

层次 2——实际产品

产品的这个层次是产品所具备的外在属性。例如，产品设计、包装、品质等等。

层次 3——期望产品

产品的这个层次是当顾客购买产品时想要或愿意接受的产品属性。如果这些属性超出顾客的愿望和需求，就会令顾客满意，如果达不到顾客需求，就会令顾客失望。

例如，顾客购买了轿车之后，他期望轿车具有启动、加速、驾驶、刹车等功能，购买者还希望轿车满足心理需求，例如期望轿车能证明自己的身份和信誉。

层次 4——扩大产品

扩大产品是支持核心产品和实际产品的产品元素。例如，包括顾客服务、递送和信用、售后服务支持等等。在很多情况下，正是扩大产品迎合并超出了顾客的期望的。当今的竞争主要发生在扩大产品层次上。产品扩大需要营销者研究整个顾客消费系统，一方面营销者已经开始意识到产品扩大战略不可避免要多付出成本；另一方面扩大产品所带来的收益成为顾客期望的利益。

营销实践：案例

戴尔(Dell)公司针对顾客需求而提供计算机系统，其主要目标市场是小型商务系统，常常是家用办公系统。戴尔已经意识到目标市场的许多顾客都希望产品是既有硬件也有软件的“完全组件服务”，于是提出了一个扩大产品的概念，即送货上门并安装，24 小时内解决技术问题，硬件和软件的设计针对单个顾客的特殊需求。戴尔认识到，顾客买的就是放心，他们更看重产品背后的技术支持。

许多产品都注重扩大产品层次。换句话说，产品的这个层次是针对竞争对手产生差异化的主要武器，从而取得竞争优势。例如，许多计算机公司都通过优良的售后服务，例如上门服务作担保，来差异化产品。正是产品的这个层面影响着顾客对供应商的选择。

层次 5——潜在产品

产品的第五个层面是潜在产品，它包含了产品在未来所要经历的扩大与变革。这个层次非常重要，因为它提出了未来产品改进的方案，从而保持了产品的竞争力。

一些产品比其他产品具有更多的潜在性，例如，体现技术进步的产品需要不断地进行改进。然而，所有的产品都具有潜在性，营销者必须具有创新精神来寻求进一步挖掘产品和品牌的潜在性。

功能、实体和象征问题

产品解剖分析所提出的另一个有用的概念是从功能、实体和象征的角度来研究产品 / 服务组合。

从顾客的角度来思考产品中所包含的受益，即顾客购买产品想要获得产品或服务所带来的受益。例如，购买轿车，顾客可以获得便利的交通工具。另外，顾客选择某种产品还想获得心理上的满足，如身份或者安全感。当营销和推销产品时，营销者已经认识到区分特征和受益之间差异的重要性。例如，营销者在推广两倍速的家用播种机时，可以扩充产品特征，使其不仅仅具有两倍速发动机的特征。广告和促销是用来强调产品或服务的受益性而不是它们的特征。我们认为，产品或服务的特征和受益之间的区别，为时刻关注顾客的需求这一营销概念提供了理论支持。我们可以区分产品或服务群体的特征和受益，然后识别出有关产品受益的功能、实体和象征问题。

产品或服务群的功能受益与产品的五层次中核心产品和实际产品层次有关。正如前面所述，产品的功能必须能够满足顾客的需求，是顾客想要的，顾客才会购买产品或服务。例如，没人会购买一个不能拍照的照相机，同样，没人愿意购买不能保护牙齿的牙膏。产品或服务最重要的是要满足顾客对功能的需求。

在满足功能需求之后，产品的实体属性也很重要。例如，关于产品外表、设计和包装用的材料，这些都需要与产品的功能受益相关联。另外，这些实体属性，对于营销者理解产品的象征问题也是相当重要的。实体问题和产品的许多方面都相互关联，从营销上来讲，象征问题来自于顾客的感觉和需求，是从社会和心理层次上导出了这个问题。例如酒，有着巨大的象征意义，如享乐主义、无节制、男子气、对异性的吸引等等。换句话说，产品不仅仅只有实体和功能属性。营销组合中的促销要素就是针对产品的象征问题而展开的，这些象征问题与产品的市场定位和品牌等问题相互关联。营销者要知道理解产品和品牌的象征性内涵以及要理解顾客对象征问题的感受，理解了这些，营销者就能准确地把握顾客的行为和感觉，从而制订出更有效的营销计划。这一单元之后的部分会详细讨论产品的象征性问题的。

活动3.2

研究下列产品或服务，然后写出你认为它们会满足购买者的哪些需求：

- 家庭主妇为客厅购买一些定制的窗帘；
- 杂货店的采购员与酸乳酪生产者建立起长期以杂货店自己的商标供应产品的关系；
- 一个 8 岁的小孩从冰激凌销售车上购买圆筒冰激凌；
- 一个 17 岁的人第一次购买摩托车；
- 一对新婚夫妇购买他们的新房；
- 一对夫妇每周都去当地超市采购。

用你的答案和任务报告里的参考答案进行对比。

产品和服务分类

我们已经知道了产品和服务具有很多有形和无形的属性，现在我们以群体为单位来研究这些产品和服务。我们使用一个正式的分类系统，以顾客对产品的观点进行分类，以此来评估顾客为什么以及如何购买产品。

我们来区分大众消费者和行业采购的货物与服务。制造商进行行业采购，然后加工成新的货物与服务来销售；而消费者采购货物和服务是自己使用。我们现在来研究每一个类别。

消费者货物

这些货物又分成了许多种类和子种类。

便利货物是第一种类。这类货物购买者在购买时不需要花费很大的精力，例如一些日常用品、面包、清洁剂、牙膏、洗发水等等。这些货物的制造商的目的是建立产品品牌，以此来吸引消费者购买，而消费者在购买时一般选择特定的品牌而不是无品牌的普通产品。

便利货物购买又可以进一步分为**常用性**和**冲动性**购买。常用货物是大多数人日常消费的货物，例如水果和蔬菜，这种货物产品之间的差异化很小。冲动性购买是在购买之前没有任何计划，超市的推销行为常常会形成此种购买。

活动3.3

列出购买便利货物时常用性和冲动性购买的三个例子。

商店购物包括耐用品和半耐用品购买。它们比便利货物更加昂贵，并且购买频率更低。在做决策购买之前，会搜寻信息和价格进行对比。例如，购买卧室家具时要充分考虑不同卧室家具的相对优缺点。消费者在考虑价格的同时，还要考虑信贷、送货以及质量保证等问题，商店里的销售人员质量是购买货物营销的成功关键。促销战略目的是通过让消费者形成强烈的品牌认知来简化消费者的购买决策过程。

商店购物可以分为**同类购买**和**异类购买**。这是有关技术的术语。同类货物是指在该市场上技术不是特别先进，但技术和价格都比较相似，例如电冰箱、洗衣机，这类产品的某些品牌可以通过外形或者技术或者设计来与其他品牌产生差异化。异类货物倾向于非标准化，而且价格的重要程度次于产品的外在形象。行为因素在购买决策中扮演了一个重要的角色。

活动3.4

举出三个同类和异类货物购买的例子。

特殊货物是第二种类，这类货物的购买特征是，在广泛的市场上搜寻产品，而且一旦做了购买决策就不愿意再接受替代品，这类货物的消费者愿意为产品或服务的声望支付额外的费用。对于公司营销来说，创造和保持合理的产品形象是非常重要的。这类产品的例子有：昂贵的香水品牌、著名设计师设计的衣服、伦敦西区昂贵的酒店和进口轿车。

活动3.5

列出特殊货物的三个例子。

意外购买货物是那些消费者在做出购买决定之前并没有考虑要购买该类货物，这类货物促销是通过所谓的“强行推销”来实现的。强行推销削弱了营销形象的影响，从而以特殊的方式把货物销售出去。意外购买货物往往会满足消费者都没有意识到的真实需求，双层玻璃窗就是这样一个例子，它帮助消除玻璃上的水蒸气并使房间减少热量散失。然而，只有当双层玻璃窗针对消费者展开销售时，人们才意识到它的价值。

活动3.6

举出意外购买货物的三个例子。

行业货物

这类货物对于制造工艺流程是相当重要的，具体分类如下。

机械装置是一些关键的、昂贵的部件，它们是设备的主要组成部分，即组织的产品生产所需要的机器。它们的采购直接关系到公司的经济正常化，因为它会在公司里长时间地运作。购买是一次花费大量精力的搜寻过程。尽管在这个决策过程中，价格是相当重要的，但不是单一的决定因素，还要考虑销售支持和建议的质量，以及随后的售后服务与技术支持。

零部件是比机械装置更便宜的组件，它们以更快的速度折旧。尽管这种购买也是重要的，但它的重要程度还是比不上机械装置。零部件包括辅助设备和机器、办公设备、以及办公家具。

活动3.7

列出有关机械装置和零部件的两个例子。

原材料占用了采购部门的大部分时间和精力，品质、持续供应、服务和价格都是重要的考虑因素。

活动3.8

列出有关原材料的三个例子。

组成部件和**原材料**包括制造机器的替补品和保养品，不应把它们和“零部件”相互混淆，它们是这样一些产品，即促进和推动制造过程而进行，但不构成最终产品的一部分。例子有粘合剂以及包装材料。

活动3.9

列出有关组成部件和原材料的三个例子。

供给品有时被称为行业需求的便利货物，包括办公文具和清洁材料。它们的购买是经常性的，并很少经过高层领导的决策。大多数供给品在性质上都是同类的，并且价格是影响购买决策的主要因素。

活动3.10

列出有关供给品的三个例子。

行业服务在最近几年得到迅速发展。现在许多公司都发现，租用外部机构并借助他们的专家知识和特长比自己做还要节省。只要供应者能够达到公司想要的标准，那么公司就可以集中精力于自己专长的产品生产和营销领域。保养与供给就是这种专家服务的主要特征。以特定的方式进行管理咨询，就是这种服务的一个例子。

活动3.11

举出有关行业服务的三个例子。

产品组合

产品组合又称为产品分类，它是由公司提供给顾客的所有产品和服务组成。

这个概念有三个要素：

○ 产品组合长度；

○ 产品组合宽度；

○ 产品组合深度。

在我们研究这些要素之前，我们首先要理解产品组合中不同产品之间的协调一致性是营销成功的先决条件。换句话说，在对一种产品进行决策时要考虑到产品分类中的其他产品。例如，劳斯莱斯(Rolls-Royce)轿车公司不会考虑去生产公共家用轿车，因为他们是世界上最有声望的汽车制造商之一，如果这样做的话将会对他们公司的形象产生负面影响。

产品组合长度

公司的产品组合长度是指整个产品组合中单个产品或服务的数量总和。这种长度可以向上或者向下延伸（这取决于公司的产品是定位于高档消费品市场还是低档消费品市场），或者两个方向同时延伸（称做双向延伸）。当公司决定增加它现有的产品线时，这种延伸就得以实现。

活动3.12

考虑为什么一个公司会进行：
1. 产品线向下延伸
2. 产品线向上延伸
3. 产品线双向延伸

产品宽度

公司产品组合宽度是指公司所拥有的产品线数量。例如，生产咖啡的公司有一个固体咖啡产品生产线，一个速溶咖啡产品生产线，还有一个咖啡豆产品生产线。

产品组合深度

公司的产品组合深度是指每一个产品线的产品数量。以咖啡生产商为例，速溶咖啡生产线可能包含粉状咖啡、粒状咖啡、优质混和粒状咖啡以及巴西混合粒状咖啡。

回想一下我们先前介绍的组织结构，在采用了产品经理类型结构的组织中，产品经理管理一条生产线，而品牌经理管理着这条生产线的某一个特定产品品牌。

然而，这两个术语的区分并不是很明确，因为产品经理与品牌经理是可互换的。在行业货物营销里，使用产品经理这个术语更普遍，而在面向大众的消费者货物营销里，品牌经理的术语更常用。

产品生命周期

这个概念是有关一个新产品进入市场以后的生命周期。产品都有诞生(引进)和灭亡(衰败)，根据这个概念，我们可以为产品的不同生命阶段制定相应的营销战略。

这个理论过于简单化，因为在现实中很少有与理论曲线完全吻合的产品，机械地运用这个理论是危险的。

图 3.3 显示了从产品研发导入期到衰退期的整个产品生命周期过程，在这个图上还添加了利润(和亏损)曲线。

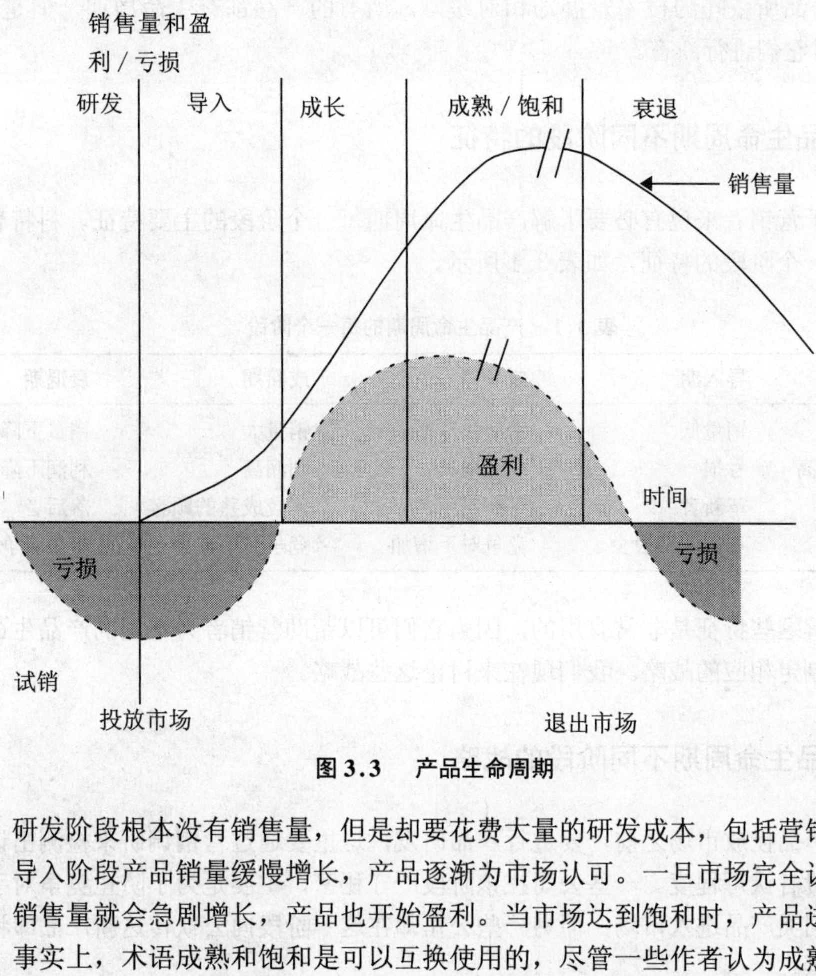

图 3.3　产品生命周期

研发阶段根本没有销售量，但是却要花费大量的研发成本，包括营销调研成本。导入阶段产品销量缓慢增长，产品逐渐为市场认可。一旦市场完全认可该产品，销售量就会急剧增长，产品也开始盈利。当市场达到饱和时，产品进入成熟期。事实上，术语成熟和饱和是可以互换使用的，尽管一些作者认为成熟之后才达到饱和，这个阶段比图 3.3 所示的耗时时间更长。衰退是最后一个阶段，当产品出现亏损时，产品最终会退出市场。

产品生命周期会受到一些因素的影响，如产品性质，宏观环境的变化，也就是说不在公司的控制范围内，消费者偏好的变化以及竞争行为等，时间跨度的变化范围可以从几周到几年。

营销实践：案例

移动电话进入市场已经大约三年了，尽管在世界上不同的市场销售情况都不尽相同，但是由于各种原因，许多市场都预期销量会大规模增长，事实上该产品所依托的技术发展却相对缓慢。所有的产品都有生命周期，但是却很难对它们进行断言。

产品生命周期不同阶段的特征

对于营销者来说有必要了解产品生命周期每一个阶段的主要特征。科特勒总结了每一个阶段的特征，如表 3.1 所示。

表 3.1　产品生命周期的每一个阶段

研发期	导入期	成长期	成熟期	衰退期
无销量	销量低	销量快速增长	销量大	销量下降
研发成本高	亏损	利润增长	利润高	利润下降
市场测试	革新者	早期采用者	比较成熟的顾客	落后者
	竞争对手很少	竞争对手增加	竞争对手减少	少量竞争对手

理解这些特征是非常有用的，因为它们可以帮助营销者为不同的产品生命周期阶段制定相应的战略。我们现在来讨论这些战略。

产品生命周期不同阶段的战略

在产品投放市场之前，要进行产品研发，这里要通过营销调研来检测出该产品的消费者认可程度。一些公司在该阶段严守秘密，主要是为了防止竞争对手抢先投放同类产品进入市场；而另一些公司却在这一阶段向公众传达新产品即将产生的信息。

当新产品投放市场时，导入期来临，这个时期的目标是让消费者对产品形成认知。这一阶段相对于销售收入来说，要求花费不对称的相应营销费用。这可以看做是对产品未来的一种投资。这一阶段的促销是为了向顾客提供尽可能多的产品信息，推销的目的是向顾客传达产品所能带来的好处。定价在之后单元里会详细考虑，但是对于这种创新性产品而言，该阶段主要使用的是迅速撇脂战略。我们会在第五单元“营销组合：价格”中详细讨论定价问题。如果产品是具有创新性的，那么在早期阶段很可能只在有限的几个市场上可以获得该产品（术语“选择性分销”会在第六单元“营销组合：渠道”中详细论述）。

活动 3.13

研究一个刚刚投放市场不久，还处于产品生命周期导入阶段的新产品。

成长期会有许多竞争性产品进入市场，这时市场上几乎没有独特的产品。增长着的产品销量意味着更多的盈利回报。公司或产品在这一阶段具有某些特性，促销开支很大，促销的类型从提供产品广告信息到建立优越的产品品牌。在面向大众的消费者市场上，为自身开拓市场是相当重要的，公司的任务是努力说服零售商建立存货。而在行业采购市场上，供应商互相竞争以此来获得代理权和分销物流。在成长期，公司必须优化产品价格。在成长期快要结束时，由于规模经济建立在顾客之上，价格会降低。当从成长期过渡到成熟期时，市场份额相对稳定，就会出现品牌层级和市场领导者。

活动 3.14

思考一种已经完成导入期，现在正在进入成长期的产品。

在成熟期，市场上已经有许多产品品牌，大部分的营销活动都要在本阶段进行，主要的特征是销售量持续增长，但是增长率开始减缓。公司努力使产品产生个性差异；零售商和分销商已经建立了固定的产品品牌采购目录。

为了努力加强品牌忠诚度，即使只是为了保持现有的顾客，这个阶段需要开展持续的促销活动，设计出合理的分销战略来与物流建立良性关系。价格战很常见，降低价格的目的是提高销售量从而补偿降价的损失。

饱和期紧跟成熟期之后，这一时期面对着激烈的竞争与减少的利润水平，一些入不敷出的制造商开始退出市场。为了保持市场份额，人们不断展开价格战，利润也开始相应的减少。促销的主要精力从消费者转向分销中间商。为了支持品牌声誉，这一阶段努力使销量最大化。“生产线下”的活动比“生产线上”的活动竞争要激烈得多(在第七单元“营销组合：促销”中会详细论述)。许多营销作者都不认为这是一个独立的阶段，而把它看做是成熟期的末尾。

活动3.15

思考三个处于产品生命周期成熟或饱和阶段的产品。

也许在不同的国家同一种产品会处于不同的阶段。但是在英国，以下三种产品是处于产品生命周期的成熟或饱和阶段，它们分别是移动电话、VCD、还有微波炉。

在衰退期，顾客偏好发生改变，并且创新性的产品开始出现在现有市场中。这一时期的特点是价格大幅度削减，并且生产商决定放弃这个市场。一些公司延长产品的生命期到衰退期还是有利可图的，与此同时竞争对手的数量开始减少。在这一时期，管理上开始从注重营销活动到注重成本控制，并以此作为获取盈利的手段。

在英国，处于产品生命周期衰退阶段的产品有，录音机、电热吹风机和黑白电视。

活动 3.16

思考一个你认为已经进入产品生命周期衰退期的产品。

画图以此来表示该产品用了多长时间才进入衰退期。

产品生命周期的应用

准确地识别产品生命周期从一个阶段过渡到另一个阶段的能力是营销管理中的关键项，这种判断需要使用营销研究和市场智能。只要判断准确，营销管理就可以制定长期的营销计划，同时决策出相应的战略预算以应对这种环境变化。

通过发现产品的新用途或者发现新市场的方式，可以延长产品生命周期。但是这种延长不是说要对产品进行大幅度的改进。而且值得注意的是，图 3. 3 把成熟和饱和期作为一个连续的统一体。事实上，这段时期可以持续几个月，几年甚至是几十年，这主要取决于产品的性质。

产品生命周期阶段和营销组合

我们已经知道，营销战略和营销组合在产品生命周期的每一个阶段都需要修正。现在我们来详细研究这个问题，下面给出了在产品生命周期的各个阶段中营销组合要素的整合与侧重点。

在导入期

这一阶段强调营销组合的促销要素，建立顾客对产品的认知和兴趣非常重要(见第七单元“营销组合：促销”)。

促销组合强调用广告来促进销售，强调使用劝导式的推销方式。

营销组合的产品要素常常是基础性的，产品很少有变化或者额外的特征。

分销渠道和后勤保障要确保有初始的分销渠道，并且要保证产品有足够的库存来投放市场。

价格根据环境或者定得很高快速盈利，或者定得很低占领市场（见第五单元“营销组合：价格”）。

营销实践：案例

2002年，美洲虎汽车推出了新型的S型美洲虎汽车。伴随着大量的促销活动，产品投放市场，这些促销活动包括在报纸和杂志的国际汽车版做广告，并以独特的促销方式进行贸易销售。美洲虎汽车确保公司的库存可以应对市场需求，公司的总目标是让顾客对产品认知和感兴趣从而大量销售产品。

在成长期

这个阶段主要是扩展市场和增强竞争实力。

产品质量、附加特征、样式等都需要改进。

公司的产品线会拓宽。

强调开辟新的分销渠道，如果在导入阶段使用高价格以快速获取利润，那么市场价格将会降低。

营销实践：案例

马可尼上市公司（Marconi PLC）处于不断增长的全球通信和信息技术市场上，公司的战略是在这个市场上取得成功的关键，公司把精力集中于不断改进产品品质和特性。马可尼为它的重要客户提供安全可靠的网络基础，并与客户保持紧密联系，它的客户有：有线和无线公司、UUNET技术公司和3C公司，马可尼提供了一个广阔的技术解决方案，从而保持其在市场上不断成长以及不断拓宽其产品组合。

在成熟期

促销的目标是保持市场份额，销售促销的对象是行业和大众消费者，广告采取提醒的方式。

为了保持销售量需要作进一步的产品修订，添加了附加性能和可选择性功能。

在提供满意的顾客服务前提下，分销渠道决策要确保成本的最小化。

尽管要参与竞争，但是由于品牌忠诚度，价格弹性更小。

营销实践：案例

在欧洲西班牙，旅行社代理的旅游度假目的地市场，首先为欧洲，尤其是英国的旅游者开放的旅游度假胜地之一，最近，其客流量已经达到顶峰。西班牙旅游机构和政府已经通过改善和更新旅游产品来应对销售成熟期。许多西班牙旅游景点开始面向高端市场改善产品品质对产品进一步修订，例如开发包括一切的度假，活动度假和相对于旅馆度假的别墅或自主度假。早期迹象表明，通过开展了有效的销售促进和定价政策等活动，西班牙旅游行业正在努力采取措施来维持市场份额，以此来应对旅游市场的生命周期的成熟阶段。

在衰退期

产品生命周期的这一阶段市场总需求量和许多品牌的市场份额都在逐渐萎缩，此时购买产品的顾客是那些长期购买并已经形成品牌忠诚度的客户。这一阶段的新客户可能会来自于那些落后于潮流的群体，也就是说那些不追求市场创新，年龄较大的社会人士，他们常常落后于当前的潮流。竞争异常激烈，但是激烈程度会因为许多公司离开了这个市场而减缓。而另外一些竞争者们试图通过产品改善或者技术进步来重新抢占这个市场。

促销活动减少到最低水平，促销组合的重点又重新回到了销售促进上。

在这一阶段不盈利的产品将退出市场，同样，不盈利的分销渠道也会被撤销。价格弹性非常高，降低价格和利润的主要目的是为了保持销售量和经销商忠诚度。尽可能地维持原有的销售量是非常重要的，组织通过减少产品的一些特性来降低成本，价格需要得到严格的监控，但是请记住在这一阶段如果产品能为公司产生现金流，那么就要保持稳定的价格以保证产生最大化的现金流量。

营销实践：案例

皇家邮局的主要收入来源是递送邮件。然而，由于多种原因，如文化、技术以及商业等原因，个人与组织邮寄信件为邮局带来的收入在逐年下降。许多人认为，写信的时代已经过去或将要过去。尽管从某种程度上说这种持续的下降是不可避免的，综合商业要素的重要性，意味着皇家邮局采取了各种措施来阻止这种下降的趋势，例如宣传个人之间写信的重要性以及此过程所带来的欢乐。尽管产生了下降趋势，但是还有一些人还是愿意写信并邮寄，维持这部分核心顾客是皇家邮局的部分业务内容之一。皇家邮局还努力使业务多元化，以此来保持它在未来的竞争力，以此积极应对商业领域所出现的下降趋势。

活动3.17

思考一些处于产品生命周期不同阶段的产品和服务的例子，然后根据我们在本单元所介绍的产品生命周期每个阶段所适用的营销组合，为这些不同的产品和服务制定不同的营销组合。

产品生命周期批判

当然，产品生命周期概念，作为营销者的计划工具，有其本身的局限性。的确，产品生命周期的概念有很多问题，对产品生命周期的批评意见如下：

- 产品所处的各个阶段不是很容易确定，区别出一个阶段结束而另一个阶段开始是非常困难的，并且营销计划的制定以每个阶段的鉴别为基础是很危险的；
- 我们在下面还会看到，并不是每个产品都会经历所有的阶段。例如，时尚产品“电子宠物”、小孩的玩具。我们会在本单元的后面部分研究产品生命周期的各种不同形态。
- 产品生命周期不是一个必然的过程，而且战略决策可以改变这个过程，换句话说，产品生命周期具有战略性。例如对一个产品的重新定位可以影响各个阶段的时间长度。
- 产品生命周期的长度不尽相同，这使得概念变得复杂化。例如，在电子行业，产品生命周期相对较短，而在一些较传统的行业，例如轮船制造行业，产品生命周期会长一些。

产品生命周期模式

产品生命周期具有多种形态，这主要取决于产品或市场的类型。图 3.4 给出了各种模式。

在例子(a)中，产品一投入市场，销量就急剧增长。当潮流过去以后，销量又急剧下降。当落后采用者（见后面介绍的产品采用过程）开始购买并且早期购买者又重新采购时，这种下降趋势最终会减缓并且产品销量会进入一个相对稳定期。长时间处于成熟期却没有从市场上退出，能证明这种生命周期形态的产品是由奥斯丁首先生产的“迷你”轿车。

在例子(b)中，我们看到了没有顶峰的模式，表示从一开始产品销量就急剧增长。这里我们发现这种产品在具有巨大的市场吸引力的同时也具有一定的风险。这种没有顶峰模式的产品实例有英国的 VCD 市场。

在例子(c)中，我们看到销量迅速增长，紧跟着又迅速下降，成熟期的时间很短。这类常常是时尚产品。“电子宠物”就是一种时尚型的产品，的确，许多孩子的玩具都属于这一类。但是一些孩子的玩具，如芭比娃娃，它们的产品生命周期和图 3.4(b)所示的模式比较相似。

在例子(d)中，显示了导入期相对较短，紧跟着是销量猛增，然后是短暂的成熟期，最后是衰败。之后产品又出现了一个重复的过程，跟着是再次衰败，曲线更低。季节性或者时尚产品是比较典型的该类生命周期的例子，滑雪度假

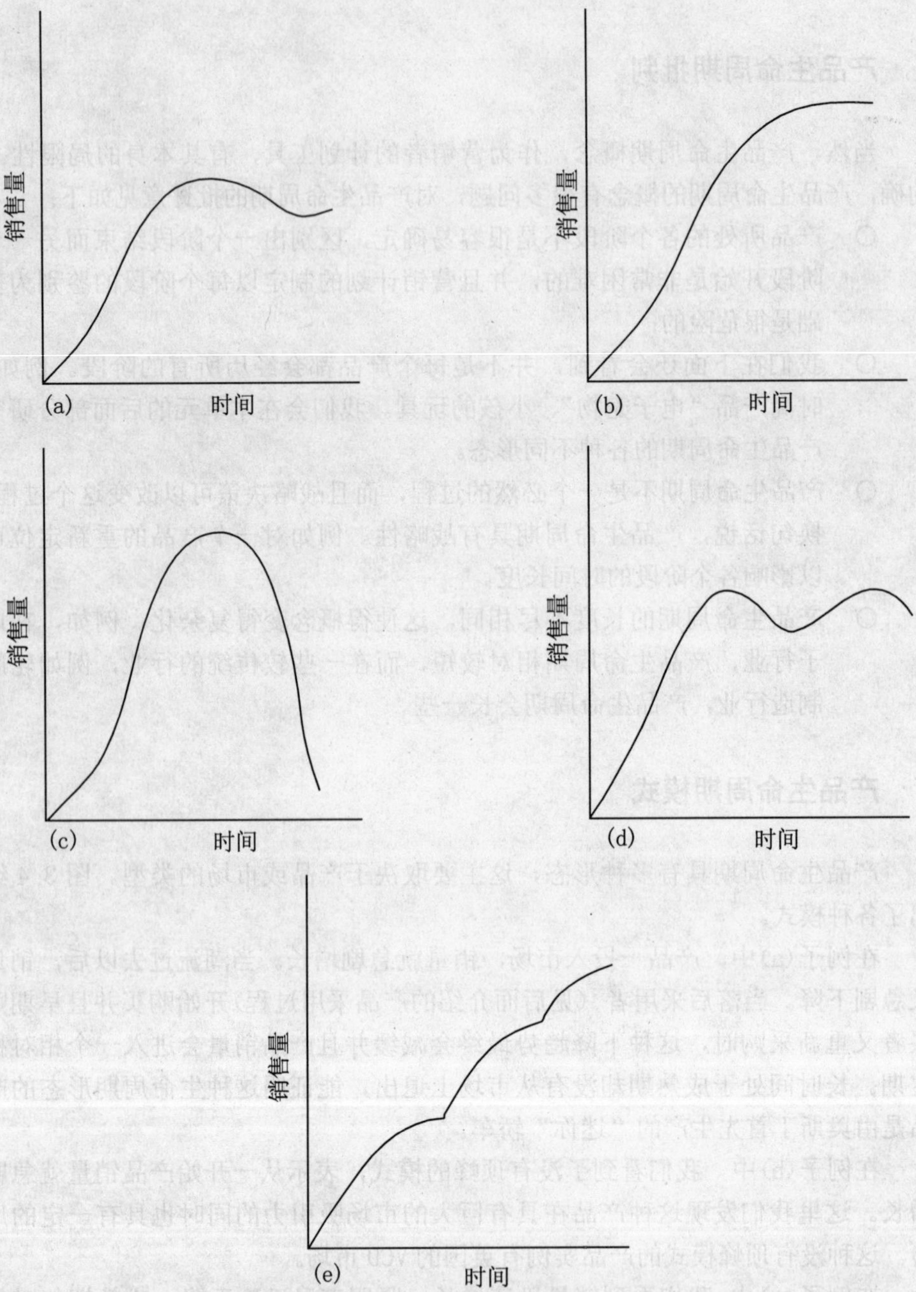

图 3.4　产品生命周期的不同模式

和圣诞贺卡也是这种生命周期模式的典型例子。

在例子（e)中，我们看到扇贝型的模式。销售过程是由许多小型生命周期所组成，这些小型生命周期的形成是由于对原有产品进行了改进或更新。这种类型的产品案例，如电视机市场，在这个市场上，为了延长产品生命周期曲线，制造商和营销者不断为产品添加新的特性。

活动3.18

研究图 3.4 所给出的五个产品生命周期模式，为每一种模式举出一个产品或服务的例子。

产品采用过程

有必要把产品生命周期的概念与产品采用过程的概念结合起来考察，从产品采用过程来看，我们认识到营销的全部努力都是针对顾客或使用者的。图 3.5 描述了这个过程。

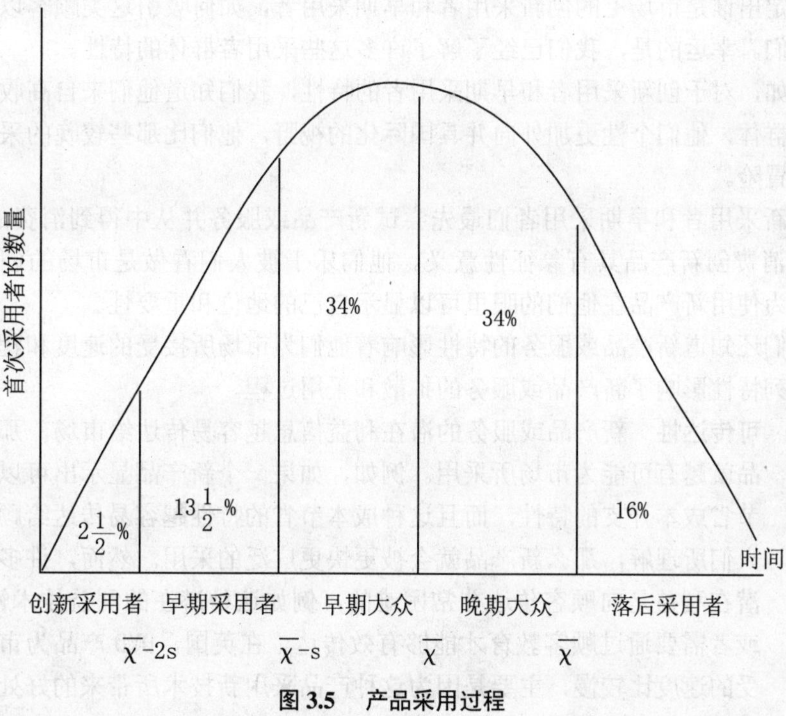

图 3.5　产品采用过程

产品从一种采用类别移到另一种类别的速率快慢受到创新扩散过程的影响。应该注意到，这个方法仅仅只针对首次采用者，一旦采用者购买了产品，之后再发生的购买就不在这个理论的考虑范围内了。换句话说，我们研究的是一种采用类型对另一种所产生的接连影响。下面来讨论每一种采用者类型。

创新采用者很可能是一些年轻人，有着良好的教育背景，丰富的思想，较高的社会地位。他们的个性特征有：广博的思想，丰富的社会关系以及易于接受新事物，他们一般都是自己动手来收集产品信息，而不是靠公司文献或销售人员。

早期采用者有很多创新采用者的特征，但是他们更倾向于选择“当地”系统。尽管他们的社会关系不是很广，但是他们会成为潮流引领者，而且非常具有影响力。因此，他们是营销者的针对目标，因为营销者的目标是尽快让自己的产品为市场所接受。

早期大众群体是处于社会经济的平均水平之上，他们通过营销而获得信息，并容易为早期采用者们的意见所影响。

晚期大众采用创新产品的原因是这些产品已经为前面几个群体所接受，社会压力或者经济因素相对于先天个性而言对这一群体具有更大的影响力。

落后采用者是由非常谨慎的一群人所组成，他们一般年龄较大，具有比较低的社会经济地位。在落后采用者已经完全接受了这个创新产品之前，创新采用者群体已经开始考虑采用更新的产品。

当然，创新者和早期采用者对于新产品的成功或失败具有决定意义。营销者需要确定出谁是市场上的创新采用者和早期采用者，如何吸引这类顾客以及如何影响他们。幸运的是，我们已经了解了许多这些采用者群体的特性。

例如，对于创新采用者和早期采用者的特性，我们知道他们来自高收入的社会经济群体，他们个性更加外向并具国际化的视野，他们比那些较晚的采用者们更乐于冒险。

创新采用者和早期采用者们最先尝试新产品或服务并从中得到消费的快乐，该群体消费创新产品具有象征性意义。他们乐于被人们看做是市场的创新采用者，因为使用新产品在他们的眼里可以显示自己的地位和重要性。

我们还知道新产品或服务的特性影响着他们为市场所接受的速度和程度，尤其是下列特性影响了新产品或服务的扩散和采用过程。

- **可传达性** 新产品或服务的潜在利益信息越容易传达给市场，那么该产品就越有可能为市场所采用。例如，如果一个新产品显示出可以为顾客节省成本开支的特性，而且这种成本节省的特性越容易传达给顾客并为人们所理解，那么新产品就会被更快更广泛的采用。然而，许多产品的潜在利益是向顾客传达非常困难的，例如这种潜在的利益技术性很强，或者需要通过顾客教育才能够有效传达。在英国，DVD产品为市场所接受的速度比较慢，主要是因为这种产品采用新技术所带来的好处很难向市场传达。
- **可试验性** 一种新产品越容易在有限的顾客群内进行试验，那么产品就越容易为市场所接受。对于顾客而言，采用一种新产品或者服务常常意味着冒险。例如，产品是否是令人满意的，以及产品供应商是否会持续存在于市场，这些对顾客来说都有风险性。但是如果营销者在消费者做出购买决定并与其建立长期的良好关系之前先进行试验，那么新产品就更易于为人们所接受。例如在市场上投放新型轿车时，让顾客先体验性地驾驶该轿车一段时间，这就是一个让新产品试验过程变得更容易的好例子。同样，使用样品，也就是说通过直接邮寄的方式，营销者就可以让新产品试验过程变得更容易。

○ **相对优势** 记住顾客购买产品或服务时，顾客购买的是利益。在鼓励采用新产品的情况下，营销者必须要确保目标市场可以理解并承认新产品相对于市场上的现有产品的优势。记住顾客采用新产品是有风险的，因此营销者必须说服顾客，让他们感觉到新产品相对优势所带来的利益足以弥补这些风险并克服顾客的内在惯性。我们必须认识到，只有能为顾客带来巨额利益的新产品，人们才会采用，否则根本无人问津。

活动3.19

研究“家用计算机”，分析这些产品是如何在你熟悉的市场上进行传播的，以及如何为不同层次的顾客群体所采用。

活动3.20

研究图 3.3(产品生命周期)和 3.5(产品采用过程)。他们在形态上极其相似。你认为这两者之间有关系吗?

作为营销者，我们同样对顾客行为感兴趣，因为它与新产品有关。图 3.6 就是一个创新性新产品的采用过程序列模型。在第七单元“营销组合：促销”中考察促销工具时，我们还会用到该模型。首先让我们来研究一下这个模型的各个要素，以及它们与产品生命周期的关系。

营销者的任务是创造消费者认知并引导他们历经整个序列过程阶段。没有认知，消费者就不会考虑要解决与需求相关的问题。只要顾客意识到需求问题，那么创新性产品就应该解决这个问题。

认知(图 3.6)来自口头交流或者公司的营销努力。个人接触到这种创新，并意识到需求的存在。

引起了兴趣，开始搜寻信息。

在评估阶段，顾客消费者把新产品与现有的产品进行比较，或者直接与已投放市场的竞争性产品进行比较，以此来衡量新产品所带来的相对好处。

顾客决定使用一段时期或者购买很少数量的产品。正因如此，许多面向大众的新产品都以试验性的规模出售，或者以免费试用的形式发布。如果不进行试验，那么消费者采用新产品的可能性就会大大降低。

在采用阶段，消费者会决定是否采用新产品，也就是说，以正常的规模开始购买和使用该产品。

如果当新产品已经为消费者所采用，并且消费者开始有意或无意地寻求证据来证明自己做了明智的选择，那么采用后确认阶段就到来了。人们开始接受新信

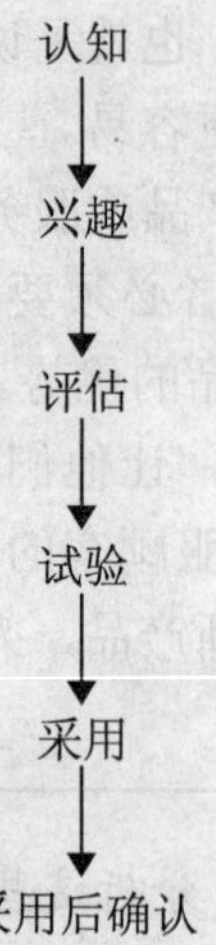

图 3.6 采用过程

息而拒绝以前的信息，在做了一次重要的购买决定后，一种现象叫做“购买后不协调”就出现了，这是一种不安的感觉，即害怕购买的货物没有体现出应有的价值。产品已经被完全接受，但是消费者却会觉得购买的产品不像想像得那么好。尽管这种不安的感觉会存在，顾客也会不断认识购买决策是合理的，而且决不会发出不满的抗议。这样他们的同伴就很难做出判断。针对这种思想，当顾客进行首次购买之后，公司应该重视售后服务以及顾客保证。

活动3.21

思考一下你所购买的重要产品。想想你是如何购买这个产品的，以及你是如何获得正式和非正式信息的。现在把你的购买行为的不同阶段和图 3.6 所示的采购过程相比较，采购了产品之后，你有购买后不协调的感觉吗?

包装

人们常常会讨论包装应该放在产品主题下还是促销主题下。无疑，包装是促销组合不可分割的组成部分。如果包装起到产品保护的作用，那么包装就可以看做是产品的一部分，但是如果包装构成产品展示的一部分而陈列于超级市场的货架上，那么包装就起促销的作用。

人们越来越意识到包装在市场竞争和顾客选择中非常重要，它甚至被认为是营销组合的第五元素。无疑，包装在当前已经成为非常有效的营销工具，尤其是在超级市场中包装精美的产品销量越来越大。我们也看到许多公司在包装上成为“盲目的模仿者”，这些不道德的公司都试图通过使包装与市场领导者们相似来误导消费者。

包装首先被认为是隔离外壳，行业产品常常包装在一个简易的盒子里，主要是为了在运输中保护产品。然而，对于大众消费者而言，隔离外壳有时也被当做是产品展示的一部分，尤其是在小商店或者其他便利商店出售的产品。这里需要提到的是油炸马铃薯片的例子，这种产品的外包装上有一个锯齿状的圆洞，零售商把这些锯齿状的圆洞穿起来放在大盒子里，然后单包出售油炸马铃薯片。

尤其是对于大众消费者而言，产品的包装组成了信息传达的一部分，这对于出售在自选超市中的商品而言相当重要。这里产品包装必须形成促进销售过程的因素，如果产品包装没有构成吸引性的展示，例如水果罐头，那么此类包装必须要努力改变以促进销售。有时包装被称为“沉默的推销员”，第七单元“营销组合：促销”会针对促销进一步讨论包装的含义。

考试提示

记住，考官常常要求，尤其是要求一些他们没有详细说明的理论的相关案例应用，以此来检验你理解和掌握营销基础知识的能力。对于包装理论而言，你很容易在日常购物和消费行为中收集一些这方面的例子运用于考试中。这是因为我们在日常生活中很容易遇到并观察包装现象，尤其是很容易找出你认为质量精美或比较差的包装。你可以找到的质量高的包装，例如让产品与众不同，很容易操作和使用，或者可以得到一些消费者利益，如存储、再使用等等。还有质量差的包装，例如不能使产品引人注目，不容易操作和使用，或者为消费者带来不方便或者使产品功能失常。

研究包装需要考虑的主要因素有：

- 尺寸以及尺寸范围；
- 保护和储藏；
- 为顾客带来便利；
- 提供使用说明信息；
- 包装(有时被称为“沉默的推销员”)与促销之间的关系；
- 中间商装卸的便利；
- 创新机会。

活动 3.22

考虑一下包装的作用，然后思考一下非食品类产品的包装作用。最后，考虑一下在经典超市中销售加工食品的包装的作用。

包装设计的发展

包装已经成为最近几年营销中最有创新性的领域之一，新包装材料和新包装技术的发展使营销者可以使用包装设计作为自己营销决策的有力武器。例如，牙膏包装比前几年更平易近人；罐头由于设计了拉环而比先前的罐头起子更容易开封。除了在包装上的技术变化，包装已经成为有关绿色环保问题的重要领域之一，包装越来越可以再循环利用。的确有一些国家在包装方面有非常严格的规章制度，例如在德国，所有的包装必须具有再循环利用的特性，如果不是这样的话，会受到大额处罚。由此引发了减少包装的运动，消费者不愿意为包装支付额外的费用，例如包装的设计看上去像是礼物赠品等等。

建立品牌

需要指出的重要一点是建立品牌和品牌管理是营销组合中的产品和促销要素的组成部分。正如我们所见，品牌在营销中扮演着一个重要的沟通角色，而且促销常常会依赖于此。考虑到建立品牌是营销组合中产品管理要素的一部分，我们在这个单元里将会考虑品牌的重要性以及品牌管理要素。

我们先不管建立品牌处于营销组合哪一个要素之中。毫无疑问成功地建立和管理品牌是当今营销领域中最重要的问题之一，这是由许多原因形成的，但是其中最重要的一些是：

- ○ 品牌对于公司建立并维持一种差异化的优势来说是最重要最有力的武器之一。
- ○ 品牌对于顾客来说意味着放心选择以及心理舒适。
- ○ 与上面提到的有关，有声望的品牌对于某些消费者来说象征着地位和身份。
- ○ 成功的品牌对于公司来说是一份重要的财产，不仅仅是营销而且还是财务上的资源。
- ○ 成功的品牌使营销者在与中间商打交道时占上风，例如，获得超市货架摆放权。

同时，这些因素使建立品牌和品牌管理成为 19 世纪 90 年代中最热门的问题之一。而且由于更大的推动力，这种趋势在新世纪的头十年持续发展着。但是在产品管理品牌领域中，哪些是最关键的问题，尤其是何种因素导致产生了成功的产品管理？首先，我们需要确定什么是品牌。

什么是品牌

从普通意义上讲，品牌或者更确切地说是建立品牌，是区分市场上一种供应商产品与另一种供应商产品之间差异的方法。这就是说，有关建立和管理品牌的决策是以这种差别化为基础的。从更简单的意义上讲，我们常常通过名字来区分不同品牌，例如，在可乐市场，品牌有可口可乐、百事可乐、沃真(Virgin)可乐等等。另外，品牌还可以从外表上来区分，例如包装。最后，品牌可以通过形象来区分，这里形象由一系列因素所组成，比如设计、售后服务、公司声誉等等。某些品牌仅仅从形态上就可以与竞争对手的品牌区分开来，但是实际上品牌不仅仅是一种产品的形态特征。从本质上讲，一个品牌体现了产品的一系列价值，即满足顾客特定的心理需求以及产生信任感，正是这些附加价值和心理与知觉上的效果影响着顾客做出选择，并组成了一个品牌的精髓。

品牌在顾客选择中所起的重要作用

一些营销者已经意识到，品牌不仅仅是给消费者一个最初的印象，品牌和品牌价值还对购买决策和顾客选择有着重要影响。这是由许多原因所造成的，彼得•道尔给出了两个主要原因。

首先，道尔认为尽管市场上的品牌选择是可以相互替代的，但是在不同竞争性产品之间抉择是相当困难的，因为这对于购买者来说要花费大量时间和金钱。另外，消费者面临着铺天盖地的竞争性标语、广告和推销信息。知名品牌可以令顾客放心地做出选择，因为风险很小。因此，选择具有复杂性。

道尔所述的第二个原因我们已经有所介绍，即品牌与情绪、心理和身份等因素有密切关联。事实上品牌和品牌形象本身传达的是一种心理感觉，正如产品本身一样。市场上存在许多可乐品牌，但是为什么可口可乐能成为世界市场的领导品牌？大多数手表都可以准确地报时，为什么许多人要选择劳力士 (Rolex) 或者泰格•海尔 (Tag Hauer)？当我们回首 21 世纪的发展时，我们发现这些有关品牌价值的心理和情感因素反映了这样一个事实，即许多国家的消费者已经从仅仅购买产品和服务来满足对实物的需求，过渡到为其更高层次的需求目的而购买，如自我实现和自尊。

我们可以看到，消费者选择和公司成功之间的重要关联，但是建立和管理一些成功的品牌需要注意哪些要素，尤其是营销者需要做出什么样的决策？

建立品牌和品牌管理要素

建立品牌和品牌管理需要注意的要素有：

○ **建立品牌与无品牌** 显而易见，营销者必须对是否为组织的产品或服务建立品牌做出决策。营销者可以选择不为产品建立品牌而只把它当做普通商品。但是由于我们以上所论述的原因，越来越多的营销者选择为产品建立品牌，主要是希望能够赋予产品更多的价值以及使产品具有更明确的市场地位。然而，一些产品很难建立品牌，因为很难把它们与竞争对手的产品区分开来。这样的例子有，许多原材料，行业产品等等。不过，品牌可以通过公司的努力而建立起来，以此来传达公司的形象。一些营销者不自己建立品牌，而是把建立品牌的事留给了分销商去做。例如在许多市场上，我们知道零售商的牌子但是却不知道公司的牌子。

○ **品牌名称** 如果营销者认为建立品牌是最佳选择，接下来就要选择品牌的名称了。实际上品牌命名是品牌管理领域中非常复杂的一项内容，例如，需要考虑合法问题，即确保所建立的品牌名称没有对其他制造商的品牌造成侵权。品牌名称选择还涉及语言问题和文化问题，在过去曾经出现了一些逗乐品牌名称错误或者一些让人感到耻辱的品牌名称错误，对于营销者而言这种品牌名称的错误是可怕的。在选择一个品牌名称时，品牌名称应该具有以下特征：

1. 它应该具有特色；
2. 它应该是合法的；
3. 它应该具有防卫性；
4. 它应该让用户感到友善；
5. 它应该与公司期望的形象和品牌定位相匹配。

当谈到品牌名称，这里面也涉及到战略问题，尤其是在公司要建立个体品牌而不是公司整体品牌的时候。例如，一些组织的所有产品都应用公司的整体品牌，例如，亨氏(Heinz)和梅塞德斯•奔驰(Mercedes Benz)。在另一些公司，例如尤里沃(Unilever)、布莱克(Proctor)和甘博(Gamble)偏好个体品牌战略，他们为每一种产品制定一个品牌。其他一些公司采用中间策略，即同时采用公司和个体品牌，例如凯洛格(Kelloggs)，或者为每一个产品群体制定一个品牌，例如产品线有自己的品牌家族名称。

建立并维持成功的品牌

尽管决策有关是否需要建立品牌，命名品牌，整体和个体命名品牌等战略性问题非常重要，建立品牌和品牌管理的重要因素是如何建立并维持一些成功的品牌。无疑，这不是一个简单的过程。需要营销者具有相当的技巧性，投入大量精力以及耐性。下面是建立并维持成功品牌的重要步骤：

○ 根据品牌选择和品牌价值的重要内容来建立目标市场和满足顾客需求；

○ 根据顾客需求以及竞争者的品牌内涵来决定品牌价值；

○ 根据顾客需求和情感来定位品牌，以此来确定其在市场上的重要地位；
○ 确保品牌价值容易传达给顾客；
○ 确保品牌价值能长时间的存在；
○ 监控公司和竞争者品牌定位的变化，然后进行相应的品牌升级。

如上所述，白手起家建立起成功的品牌相当不容易。许多市场领导品牌经历了许多年才有今天的位置，而且，其他品牌很难或者说根本不可能替代领导品牌在市场上的统治地位。考虑到我们在本单元前部分讨论的产品生命周期，这一点是令人惊奇的。产品生命周期概念表明品牌具有有限的生命。事实上，有效的营销者可以通过不懈的努力让品牌重新焕发生机，从而使品牌长期具有活力。

活动3.23

努力寻找一个已经在市场上建立很久而至今还保持活力的品牌例子，考虑这个品牌的营销者们是如何维持品牌的市场活力的。

服务支持

与建立品牌相提并论的，决定顾客选择的其他重要因素是营销组合产品部分的服务支持要素。事实上，品牌要素影响顾客选择的原因有许多，同时也导致了服务支持变得越来越重要。顾客已经不仅仅只购买能满足他们需求的基本功能的产品，他们开始寻求产品的深层次价值，即这些基本功能以外的表现。他们希望获得营销者提供的服务支持等附加要素。这些要素增加了产品价值，产生了高水平的顾客满意度和品牌忠诚度以及与顾客建立起长期的合作关系。

服务支持，处于本单元前面介绍的产品扩大和潜在层次之上。一些产品所提供的服务，即优于竞争对手的附加性服务支持，是导致顾客选择和忠诚度的主要原因。营销者必须要考虑提供这种附加性的服务支持，包含了哪些竞争对手具有的特征以及如何与他们相互区别。

可以以多种方式提供服务支持，例如：

○ 技术支持；
○ 营销支持(例如,产品向供应商供给)；
○ 售后支持。

这种提供服务支持的例子有许多：技术支持可以通过技术销售人员或者电话回访服务来进行；营销支持可以利用促销工具或者财政支持系统，例如为顾客提供信用透支服务；最后，售后服务支持可以同顾客热线服务电话或者交易折扣政策等方式来进行。

服务支持，在当今市场上是影响顾客选择的重要工具。我们会在第八单元里谈到服务支持的问题，在该第八单元里我们还会研究营销组合要素中的人员、顾客兴趣和服务等问题。

营销实践：案例研究

人们已经开始意识到建立品牌和品牌管理在营销中的重要地位，越来越多的公司开始注重公司整体品牌和个体品牌的名称。当前公司都非常严肃认真地对待公司和品牌命名的问题，他们花费大量的时间和金钱来重新命名公司长期建立起来的品牌。因为在过去，品牌常常是以直截了当的方式命名的，例如以创建者的名字来命名如麦特尔（Mattel），或者以产品或服务的功能属性来命名，如杜兰塞尔（Duracell）。品牌常常并不体现多么丰富的思想，它只是易于发音，显而易见和受法律保护，也就是说它是属于别人的品牌。正因如此，许多公司开始意识到品牌名称与他们公司或产品不相适应，在过去的两三年里，一大批公司都改变了他们的品牌名称，这要付出高额成本和巨大风险。

最近几年改变公司和品牌名称的例子有，波斯特奥菲斯（the Post Office）改成“科斯纳”（Consignia）；赛博戈尔/山德斯（Ciba-Geigy/Sandos）改成“诺娃提斯”（Novartis）；BT塞尔奈特把移动电话的品牌名称改为02；戈尔内斯（Guinness）和大都市联合组织的名字改为“戴格”（Diageo）。前面已经提到，公司和品牌名称的改变要花费巨额的成本。改变了的公司和品牌名称所蕴含的意义常常可以充分体现品牌或公司的特性，公司制服、公司理念、公司促销材料甚至是职员的制服都要随之而改变，另外，创建新的品牌名称常常需要花费大量的营销和促销成本。然而，一个最大的潜在问题是，改变一个长期建立起来的品牌或公司名称，市场上的顾客会做出何种反应。顾客对老品牌和公司名称有着强烈的感情，这种影响力即使在老品牌已经退出市场以后依然存在。抛弃原有的公司品牌名称而使用新的品牌名称，会令部分消费者产生对抗情绪。通常情况下，顾客认为品牌或公司名称象征着公司的传统核心价值观，尽管它仅仅是一个名称，公司和品牌名称的改变会导致顾客放弃在过去已经形成的品牌忠诚度。这样的例子是波斯特奥菲斯（the Post Office）在2001年把他的名字改成“科斯纳”（Consignia），这引起了来自顾客的强烈反对。尽管公司在新品牌上已经支出了大量费用，但是公司的主管人员不得不出来解释这种变化，最终公司不得不承认这是一个错误并重新使用原来的品牌波斯特奥菲斯（the Post Office）。很显然，品牌名称不仅仅是个名称而已，品牌名称意味着品牌价值以及品牌为顾客所带来的安全感。公司应该研究顾客对名称改变所做出的反应并确保这些新的名称与公司的品牌价值观相一致。有时公司应该改变他们的公司或品牌名称来体现新的价值观以及方向性改变。例如，公司想改变它以前的风格，在戴格（Diageo）的例子里，名称改变是向人们宣布一个重组的新公司成立。在另一些情况下，公司或者品牌的名称变化是基于一种奇想等原因。

认真研究并有计划地实施公司或品牌名称改变的例子有，戴梦得钻石(De Beer Diamond)非常成功地应用新名称“元素 6”，但是这种看似简单的名称改变必须要体现顾客的需求与兴趣。

总之，名字代表了一切。

总结

在本单元中你已经学到了：

- ○ 产品决策在营销组合工具中具有的重要地位；
- ○ 产品可以视为有形和无形属性的集合，这些属性的集合为顾客提供了满意的利益群体；
- ○ 区分产品的不同层次非常有意义，产品层次可以从内部核心产品层一直到扩大的或潜在的产品层次；
- ○ 另一个非常有用的产品剖析概念是考虑涉及产品利益的功能、实体和象征问题；
- ○ 产品管理中有用的概念还有产品组合思想，它提出了产品线和个体产品项的概念；
- ○ 产品生命周期表明产品的生命是有限的，并且产品要经历明确的产品生命周期阶段；
- ○ 产品生命周期的不同阶段有不同的战略，产品生命周期曲线有多种形态；
- ○ 产品采用过程是由许多采用者类型所组成，每一种类型以不同的方式采用新产品；
- ○ 包装、品牌和服务支持要素已经成为营销组合产品领域非常重要的要素。

进一步研究和考试准备

现在来处理一些问题：

问题 3.1

解释一下扩大产品的含义。

问题 3.2

概述产品采用过程中不同的采用者类型。

问题 3.3

确定包装所扮演的角色。

问题 3.4

解释产品生命周期不同阶段的特征。

问题 3.5

产品生命周期概念都受到了哪些批评？

以前的考试题

参阅 1990 年 12 月的考试试卷问题 3，登录网站 www.cimeduhub.com 获取该问题的参考答案。

参考书目

F. Brassington, S. Pettitt, *Principles of Marketing: 2nd Edn,* FT/Prentice-Hall, 2000, Chaps7, 8 and 9.

进一步阅读

S.Dibb, L. Simkin, W. Pride, O.C.Ferrell, *Marketing Concepts and Strategies:4th European Edn,* Houghton, Mifflin, 2000, Chaps 8, 9 and 10.

P. Kotler, G. Armstrong, J.A. Saunders, V. Wong, *Principles of Marketing: 2nd European Edn,* Prentice-Hall, 1999, Chaps 11 and 12.

G. Lancaster, L. Massingham,R. Ashford, *Essentials of Marketing: 4th Edn,* Mc-Graw-Hill, 2001, Chap 8.

第四单元 营销组合：新产品开发与产品组合管理

学习目标

通过本单元的学习你将会：

○ 理解引进新产品的重要性并描述这个开发和投放市场的过程(3.7)

○ 理解组合分析和产品政策与管理原则之间的关系(3.6)

学习指南

这个单元是前面单元的知识延伸。你要花 3 个小时的时间来完成本单元以及少量的时间来做练习。本单元引进了产品组合分析以及新产品开发思想。复习完本单元，你就可以掌握营销组合产品要素的最重要领域。

当你看完这个单元之后，建议你连同前面的单元一起复习，这样就可以确保你完全理解这个重要的营销组合要素了。

新产品开发的重要性

活动 4.1

思考一下你学到的产品概念和工具，考虑考虑它们在营销计划活动中的作用。

○ 从短期战略的角度来看(三个月)；

○ 从长期战略的角度来看(一年或更长时间)。

尽管可以延长产品生命周期，但是我们看到生命周期的概念表明许多产品最终还是有成熟和衰退期的。新产品研发所带来的创新，对于组织生存来说至关重要。有许多关于组织跟不上时代的例子，随着新技术的发展，我们的生活方式发生了改变而且消费者也越来越成熟，产品迅速过时而服务也变得没有用了，这样的例子有，Beta 制 45 分钟的磁带录像系统(Betamax videos)。

当公司的产品处于生命周期的某个阶段时，需要开发新产品以使公司不断盈利。

如上所述，新产品对于公司生存有至关重要的意义。但是这是一个高风险的业务领域，不仅仅要花销大量的金钱，而且产品失败会给公司声誉带来毁灭性的打击。新产品开发战略的主要目标是使产品成功地投放市场，而制定战略来减少开发过程中存在的风险是非常有必要的。

大众消费者市场会经常出现新产品。

活动4.2

举出四个在过去一年中出现的大众消费新产品的例子。

考试提示

实际上你所举的这些例子对你参加考试很有帮助，记住，考官喜欢在试题答案中看到真实的例子，因为这表明你能够运用实际案例来思考问题，对于不同类型的新产品或服务有着不同的定义。

创新性产品

创新性产品对于市场来说是新鲜的，它们完全不同于现有市场上的现有产品，当第一台电视机诞生时，从某种程度上讲，所取得的“技术突破”是非凡的。

今天它倾向于在现有产品的基础上加工提炼，而且，在医药领域，不断地出现产品突破。

营销实践：案例

最近几年，新产品的例子是辉瑞(Pfizer)公司开发的药物“伟哥”(Viagra)，起先开发伟哥是用来治疗心脏和血压问题的，后来发现它对治疗勃起功能障碍有奇效，在市场上该产品极其受欢迎。在投放市场的几个月内它畅销全世界，通过专利保护，无疑该产品开创了此类产品的新时代。

替代产品

替代产品对顾客来说是新鲜的，但是是替代现有的产品而不是一种完全创新。当前这种类型的产品更常见，因为研究小组倾向于研究对产品进行加工改良而不是革命性的创新，甚至数码录音磁带(DAT)都是一种替代产品，尽管它的开发被认为是一项技术突破。

模仿产品

大多数新产品都属于模仿产品这一类，一旦一个公司成功地向市场投放了创新产品或者替代产品，其他公司就会追随它，他们有时被称为“我也”产品。并不是所有公司都有实力开发新产品，他们乐意让其他公司先付出经费开发新产品，并投放市场。如果创新性公司能够取得某项专利或版权，模仿者在复制产品或思想之前就不得不先要获得创新者的许可。这叫做许可授权。然而，并不是所有的创新产品都有专利权，那么很快就有新产品的模仿者出现。

重新发布的产品

重新发布的产品是最后一类。经过不同的营销策略，产品可以成功地再次投放市场（或许是通过宣传产品受益的侧重点有所改变）。它也被归为新产品一类，尽管他的实体特征并没有发生改变。

关键定义

新产品是指在顾客眼里，产品的特征、包装或外表、用途或受益都是新的。

活动 4.3

为每一类新产品举一个例子。

为了使新产品开发取得成功，必须要有有效的管理。事实上，管理新产品的方式有许多。

产品经理

当一个公司分配新产品开发任务给产品或品牌经理时，组织中的产品经理就出现了。在第三单元“营销组合：产品”中已经讨论了这个问题，但是问题是这些人有没有改进产品或品牌的意识。

新产品经理

新产品经理向高层产品经理汇报工作，这是比第一种方式更好的管理办法。但是问题是这些经理们倾向于延长产品线或者在原有产品的基础上加以改进，而不是推出全新的产品。

新产品管理委员会

在许多大公司里都存在着新产品管理委员会，他们的成员结构不断变化并接受特殊的任务，他们的职责是考察新产品想法，然后接受或拒绝它。

新产品部门

在一些大公司里存在着新产品部门，这个部门的经理职权在其他部门经理之上。这个部门的职责是产生并筛选新想法，并与研发部门一起商讨产品最终的试验和商业化。有时一些专门负责研究这种特殊产品并历经从开始到投放市场全过程的人被称做“产品拥护者”。

新产品风险小组

这些小组的成员来自组织的不同领域，在大规模、高科技、跨国公司里常常会出现这种类型，他们惟一的任务是在预定的时间和经费预算的前提下开发一种特定的产品或业务。

营销实践：案例

3M(Minnesota Mining and Manufacturing)和杜邦(Durpont)公司在开发新产品从形成概念到商业化和投放市场中都使用风险小组，过去，杜邦(Durpont) 风险小组允许成员在新产品上投资。这个思想增强了成员的责任感，并使其有更强的动力来成功地开发新产品及投放市场。这两个公司被认为是成功的创新者。他们的新产品有“记事贴”(Post-it notes)和“特氟龙”(Teflon)。

新产品开发过程

产品或服务是整个营销活动的核心，没有了它们就不可能有营销活动。产品或服务的销售给公司带来的收入，是公司实现营销思想的载体，任何新产品开发过程的管理都要具有专业性。

试图开创新产品开发过程理论的人是一家美国公司的管理顾问，波兹(Booz)，艾伦(Allen)和汉密尔顿(Hamilton)。1968 年，经过研究推断出，58 个新产品想法只有一个可以形成成功的产品。1981 年他们又重新进行研究，发现公司基本上已经掌握了有效实施产品筛选和计划过程的方法。他们的研究表示 7 个新产品想法就可以产生一个成功的产品。

从他们的研究中，我们经过归纳总结，得出了一个通用的正式产品开发程序。并不是所有的产品都必须经历这些阶段，但是它是一个有用的开发向导(见图 4.1)。

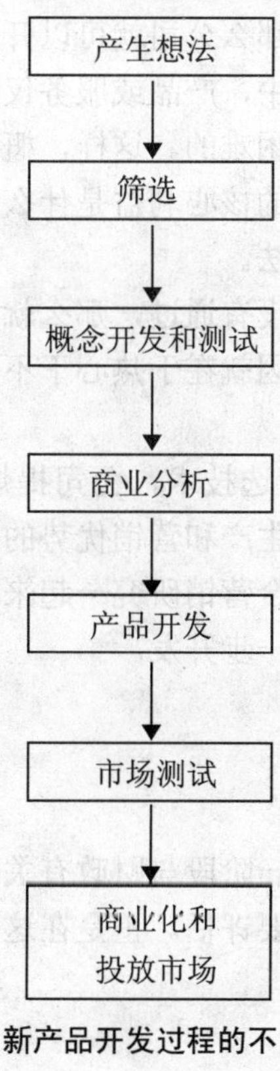

图 4.1　新产品开发过程的不同阶段

产生想法

想法的形成来自于研发部门或者生产部门，这些部门提出了许多修订和改善产品的方式。营销是重要的思想来源，因为营销研究过程尤其是公司的销售人员，与市场保持着密切接触。公司高层领导的任务是在公司里开创一种环境导向型的风气，为使其产生新产品想法。

筛选

筛选是通过鉴别最有潜在价值的想法来把一些失败的想法减少到最低可控水平，这里有许多问题需要回答：

○ 消费者真的需要这种产品吗？
○ 公司有充分的资源和技术实力来制造和推销这种产品吗？
○ 潜在市场规模是否足够大到产生公司预期的利润水平？

概念开发和试验

如果产品想法经过了筛选，那么公司就可以开始通过潜在用户群试验来精炼和开发产品概念了。在这一阶段中，产品或服务仅仅是一个想法，所以对于服务产品来说，评估顾客反应是相当困难的。这样，概念试验就开始进行了。这阶段可以描述出产品是什么以及产品的核心利益是什么，也可以使用图表来描述产品的有形实体并以此来评估产品想法。

如果所有的产品想法筛选都没有通过，那么就不需要进一步开展工作了。但事实上许多公司新产品失败的原因就在于热心于不成熟的产品想法，这些显而易见的问题不需要讨论。

为了开发出一种更有效的筛选技术，公司提炼出一系列市场需要的产品想法，发展一些能够充分利用现有生产和营销优势的产品。这需要对公司的优势与劣势进行内部评价，同时还要配合营销研究一起来建立一些筛选标准，满足各种筛选标准的产品应该挑出来做进一步开发。

商业分析

商业分析是下一个阶段。这一阶段与财政有关而不是产品的实用性。需求需要评估，同时成本和盈利性也需要评估。正是在这个阶段，大量好的新产品想法被取消了。

产品开发

在产品开发阶段成本开支不断上升，到目前为止大量的时间和精力已经花费在前面的市场研究调查之上，但是和这一阶段相比，所花销的数额是很小的。到这一阶段为止，公司应该尽可能地使风险最小化并提炼出这些潜在的有价值的新产品想法。在产品开发阶段，公司生产出一个产品样品来证实产品的潜在优势，一旦这个样品是令人满意的，那么公司必须回到市场上，来获取顾客对产品性能的反馈。为了得到真实的顾客反应，样品必须尽量与正式产品完全相似。

这一阶段需要进行产品“微调”。如果市场出现负面反应，也可以是该产品的开发过程。采取正确的决策是很重要的，因为如果这种产品投放市场并最终失败，那么这将对公司的声誉具有潜在的毁灭性打击。

如果这一阶段成功了，公司就有信心把产品投放市场了，这项决策很关键而且需要大量的商业分析技巧为辅助。因为一旦开始大规模生产，启动生产设备进行生产还会使最终成本增长。许多公司的新产品能否进入最后的大规模生产阶段，取决于产品为市场认可的程度。许多大众消费品都进入了再次筛选的过程。

营销试验

营销试验是对新产品能否以恰当方式推向市场的最后检验。当公司进入试验性市场时，它要努力把产品投放市场。并且试验的真实目的是检测产品在可控地理范围内产品的适用性。使用测试市场的目的是调研营销战略和战术的适用性，然后修正更改，最后判断在真正的潜在目标市场上这种战略的实施效果。

在英国，营销测试很容易开展，因为英国已经划分出几个独立的电视播放区域，可以用来作试验市场。做电视广告是营销战略的一部分，这种试验是有效的。在世界上的其他地方，不存在这种独立的电视播放区域，因此他们的营销试验由于选择试验区域的问题而变得较复杂。选择的试验市场应该与最终的市场尽量接近，如果不是这种情况的话，测试就没有意义。有时公司同时在两个市场上进行试验，这两个市场为同时试验不同的营销组合提供了机会，从而可以找到在合理预算水平下的最佳平衡点。

营销试验可以测试出新产品是否是可行的，因此，可以用营销试验来测试人们对新产品的反应，尤其是预测潜在的销售量和盈利水平。而且，营销试验还可以用来评估营销组合要素，例如，新的或改进的包装、不同的定价水平、特殊的促销方法等等。

在行业市场上，顾客的数量也许很少，试验可以在几个合作伙伴中展开。在产品大规模商业化之前他们可以为产品提出反馈意见，这被称为“产品定位试验”。

营销实践：案例

使用产品定位来评估新产品的方法越来越受欢迎。人们已经意识到，如果产品不在真实的生活环境中进行试验，那么这种试验就不真实而且常常具有误导性。因此需要在一个正常的环境下，顾客消费和使用这个品牌，才能了解他们对新产品的态度。当红牛 (Red Bull)——补充能量的饮料，在英国进行市场试验时，通过分析顾客在正常的环境下对产品的使用反应，来评估顾客的态度。例如，在一个氛围友善的酒吧里试验这种类型产品的消费情况。

众所周知竞争对手会在试验市场上通过人为的因素来“破坏”公司的营销试验计划，例如他们通过自己强烈的促销手段来压制试验产品的销售量。因此，试验市场应该不能特别引人注目，这就是为什么许多大众消费品制造商把试验活动定位于城镇而不是电视覆盖领域。这些城镇是人口密集区，有自己的新闻报纸，并且与大都市相对隔离。

商业化和投放市场

商业化是最后一个阶段。在这个阶段中，许多想法已经公开并且可行性建议已经被采纳。生产、财务及其他商业评价标准已经得到测试。产品已经为市场所接受，并准备投放市场。即使已经经历了前面所有的阶段，也并不能保证在这一阶段就能取得成功。波兹(Booz)，艾伦(Allen)和汉密尔顿(Hamilton)的早期研究发现进行到这一阶段的两种新产品中只有一种可以取得成功。但是经过了以上

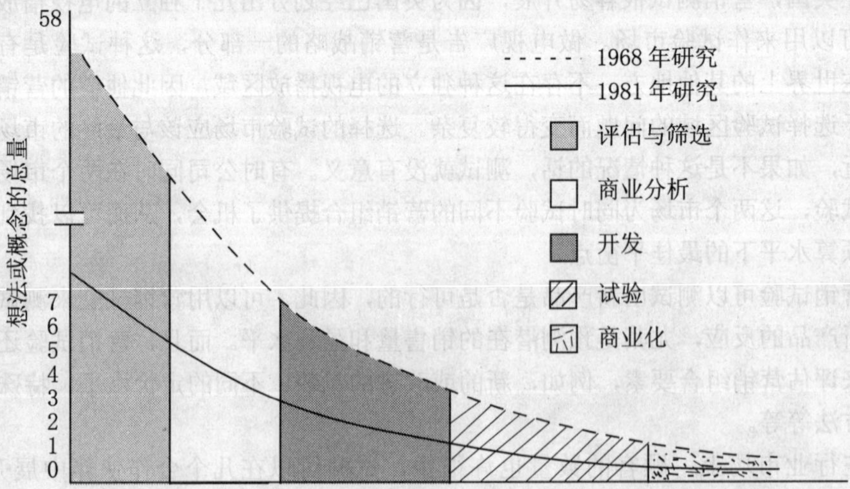

图 4.2　新产品想法退化率

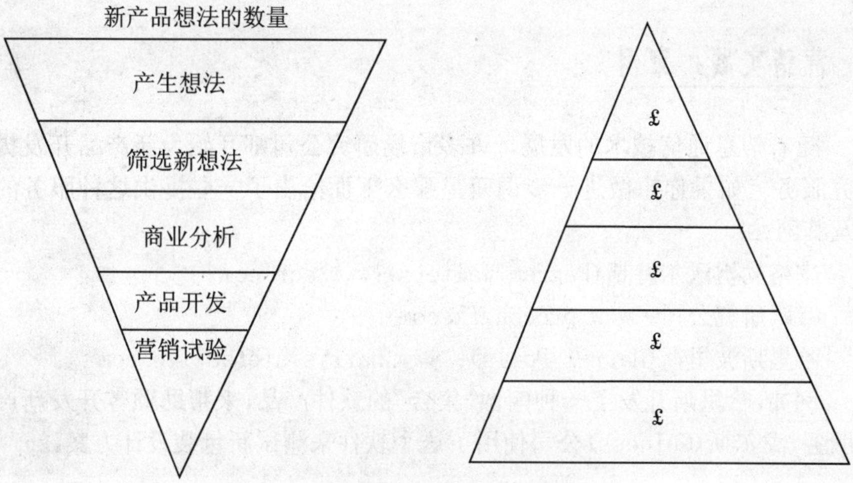

图 4.3　成本和产品开发阶段之间的关系

讲述的一系列标准试验，最终产品失败的风险就会大大降低。

图 4.2 描述了由波兹(Booz)，艾伦(Allen)和汉密尔顿(Hamilton)首先提出的退化曲线，图 4.3 显示了成本和退化曲线各阶段之间的关系。

信息通信技术和新产品开发

显然许多新产品的开发是由于新技术的发展和应用，新产品常常体现了新技术。除了新技术对新产品的影响之外，信息通信技术的发展也对新产品的开发过程产生影响。

营销者可以借助交互式的互联网来鼓励消费者参与到产品设计当中并加速设计过程进行，尤其是网络技术为新产品开发带来了更加弹性的方法，同时还使顾客参与到过程之中。下面提出了一些弹性方法，以及顾客参与：

○ 顾客参与到产品设计的早期阶段，使用数据库来鉴别重要客户以及他们的需求，接着与选择的顾客进行交流，以获取关于他们特定需求的信息和他们对产品概念的想法。

○ 针对顾客需求提出的产品概念和技术解决方案可以解释为由顾客直接评估的产品设计过程。

○ 最后，随着产品开发进一步深入，通过使用企业内外部网络以及互联网来整合各项任务，设计调整以及顾客需求，从而形成一套技术解决方案。新技术被应用于弹性产品开发之中，例如汽车设计、软件产品开发以及特殊的一次性产品。

营销实践：案例

随着信息通信技术的发展，许多市场研究公司都开始为新产品开发提供研究服务。如果你想做进一步调研，那么下面给出了一些提供这种服务的公司及其网站：

皮格勒姆沃尔特斯(Pegram Walters)：www.aqr.com

Gfk 研究公司：www.procongfk.com

哈里斯波里斯(Harris Polls)：www.harrisinteractive.com

例如，哈里斯开发了一种叫做“集合”的软件产品，来帮助顾客开发新产品或服务，戈尔斯(Guiness)公司使用了这个软件来测试新包装设计方案。

组合分析

组合分析包含了一系列技术，这些技术是用来管理公司的产品组合或者战略事业单元的。下面我们将要介绍这众多的分析技术之中的几项技术和方法，这些技术的共同目标是有效地管理多产品业务组合。第一个组合分析技术是由一些营销者首创并应用于实践中的，它的名字叫做波士顿(Boston)咨询集团组合分析方法。

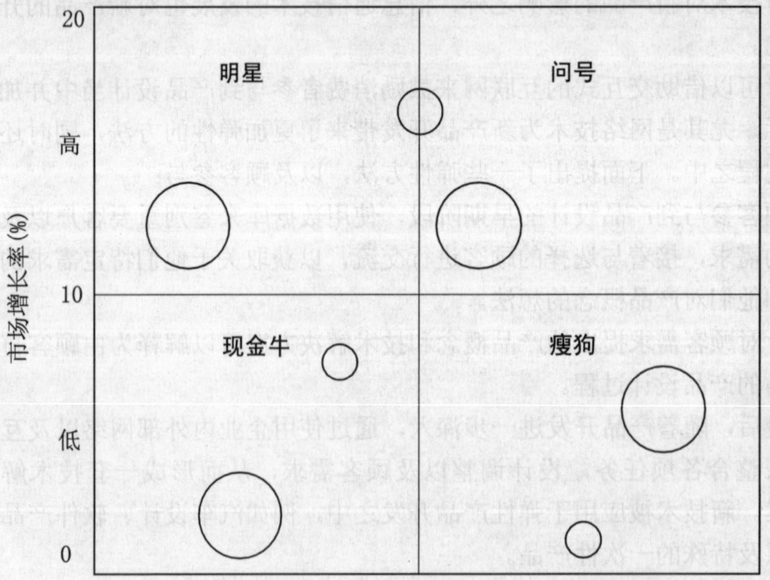

图 4.4　波士顿咨询集团(BCG)矩阵

波士顿咨询集团(BCG)组合分析

组合分析技术是由美国的波士顿咨询集团中的管理咨询师首先提出的，这种方法用来鉴别公司的战略业务单元或者产品群体，并以一个矩阵来表示该公司的市场增长和相对市场份额。这些业务在矩阵中以直径大小来表示业务收入的多少。图 4.4 给出了图示。

○ “明星”是一些由前途的战略事业单元 (SBU)所组成，需要投入大量的现金以充分挖掘它们的潜力，如果管理有方，它们将会随着市场的发展而演变成为重要的收入源。对于许多公司来说处于这个阶段的例子是互联网产品。大多数人认为如果得到有效管理和正确发展，处于这个领域的产品将会成为公司的未来之星。

○ “现金牛”在成熟的市场上拥有很高的市场份额，它们吸引着公司的全部注意力，因为它们产生的现金流可以投资于高速成长的新市场领域。利维 (Levi) 牛仔裤是这种产品的一个很好的案例，它是利维施特劳斯(Levi Strauss)公司的主要现金流。

○“问号”(有时又称做问题小孩或者问题野猫)给公司的管理提出了难题。问号战略业务单元的市场增长前景也是光明的，但是它们只有很低的市场份额。如果把他们向左移，也就是说，提高它们的相对市场份额，那么就需要大量投资。但是公司的营销管理要根据可获得的营销信息，决策出如果这些资金投资于其他战略事业单元，是否会得到更高的利用价值。许多小公司发现他们自己拥有许多“问号”，因为这些小公司有很低的市场份额。一些高端市场上专业轿车制造商，如 TVR 就处于这个位置。BMW 若沃集团中的若沃产品业务就存在着相对较低市场份额的问题而且在目标市场上没有增长潜力。

○ “瘦狗”表示没有增长潜力并且相对市场份额也较低。尽管它们不会耗尽所有的资源，但是它们不能为公司贡献正利润。例如在英国，有许多小的纺织品公司，它们在市场上有自己的品牌，但是几乎没有市场增长潜力，并且由于公司的规模较小，它们的相对市场份额也较低。像这样的公司，业务组合中的瘦狗都不会有多少优势。

尽管这个模型起先是为跨行业公司开发设计的，但是后来它也应用于单行业业务中。此时战略事业单元就代表了单个产品或产品线，并且这种应用现在变得越来越受欢迎。现实中的公司几乎不能改变自己的市场增长率，而这个市场增长率又决定着公司处于矩阵纵轴上的位置。公司可以做到的是从组合中消除战略事业单元，或者把它们沿着横轴从右向左移，也就是说，提高它们的市场份额。增长了的销售量提高了战略事业单元的尺寸大小，这里战略事业单元圆圈的大小代表了销售量的多少，预测的销售数量表明了每一种产品在矩阵上有可能发生移动。

同样，尽管这个模型是为盈利性组织而设计的，但是它也可以应用于非盈利性组织中。矩阵的坐标轴，也就是说相对市场份额和市场增长率，和以利润为导向的商业组织中一样可以用来评估非盈利性组织的产品业绩表现。非盈利性组织同样可以把产品归类到矩阵单元中，找出明星、现金牛等。同时，非盈利性组织的营销人员还可以使用矩阵来综合平衡各业务单元之间的相互利益，从而为不同的产品或业务制定出相应的战略。实际上，波士顿矩阵，是以现金流而不是利润的潜在表现为基础的，所以它也适用于非盈利性组织。即使非盈利性组织并不把利润作为衡量业绩的工具，但是现金流对于所有的组织而言都是相当重要的。

任何模型的准确性都是基于所获得的信息质量，营销应该确保决策没有基于偏差或误导。波士顿矩阵模型在成为有用的管理工具之前，需要使用大量准确的市场和公司信息，除了体现出战略选择，波士顿矩阵还可以综合考虑各个业务组合要素之间的利益。

活动4.4

如果你手头上有实际资源和相应信息，那么就把你们公司生产的每一种产品或提供的服务，定位于波士顿矩阵的恰当位置，然后说明你为每一种产品定位的理由。

活动4.5

思考并列举出应用波士顿矩阵的困难所在以及波士顿矩阵的缺点，然后把你的答案与任务报告相对比。

在波士顿组合分析矩阵中，产品定位仅仅使用了两个标准，即相对市场份额和市场增长率。然而，现金流指示出了产品在矩阵中的位置。正如你所期望的，矩阵中处于现金牛中的产品能生成很强的现金流，而明星和瘦狗常常会产生负现金流量，问号很可能消耗现金而不是产生现金流，或许比明星类的产品产生更少的现金流。

GE 业务筛选矩阵

通用电气(美国)公司和麦肯锡(McKinsey＆Co.)(管理咨询)公司开发了一种业务筛选矩阵，它克服了波士顿矩阵的一些缺点，它的名称是GE矩阵。图4.5描述了这个矩阵。

这里战略事业单元或产品线是从两个维度来考虑的，即竞争性定位和市场吸引力，这两个标准用来评价一组产品业务，以此来衡量它们进入吸引性市场和获得竞争性优势的程度。两点需要补充说明的是，弱小的公司在有吸引力的市场上不会有良好的表现，同样强大的公司在没有吸引力的市场上也不会有优良表现。

这两个维度又可以进一步分解为一系列因素，为了有效地使用这个工具，战略营销计划者必须首先决定出有助于增强市场吸引力和提高业务地位的因素。

下列因素用来评估产品 / 市场吸引力：

○ 规模；

○ 成长率；

○ 竞争多样性和结构；

○ 历史利润率；

○ 技术需求；

○ 社会影响；

○ 环境影响；

○ 法律影响；

○ 能力需求。

下列因素用来评估竞争性定位：

○ 市场份额；

○ 市场份额增长率；

○ 产品品质；

○ 品牌声誉；

○ 渠道网络；

○ 促销势力；

○ 生产能力；

○ 生产效率；

○ 业务成本；

○ 研发表现；

○ 管理人员。

GE 矩阵共有五步：

1. 识别战略业务单元(或产品群体)；

2. 决定有助于提高市场吸引力的因素；

3. 决定有助于提高市场地位的因素；

4. 建立评估市场吸引力和业务定位的方式；

5. 评价每一个战略业务单元业务优势的高、中、低，以及市场吸引力的强、中、弱。

GE 矩阵根据战略业务单元的两个因素相对重要性给予了特定数量等级，把这些每一个战略业务单元的数量等级相乘，然后再把它们加总，就是市场上同类战略业务单元在矩阵中的位置与范围。另外，每一个战略事业单元的总市场规模是用总圆圈中的一部分来表示的，这也代表每一个战略事业单元所占总市场份额的比例。图 4.5 形象地表示出了这种业务组合，之后就要以简练的表格进行复杂的分析了。

画完 GE 矩阵后，营销计划者就可以综合评估组织内各个战略业务单元或产

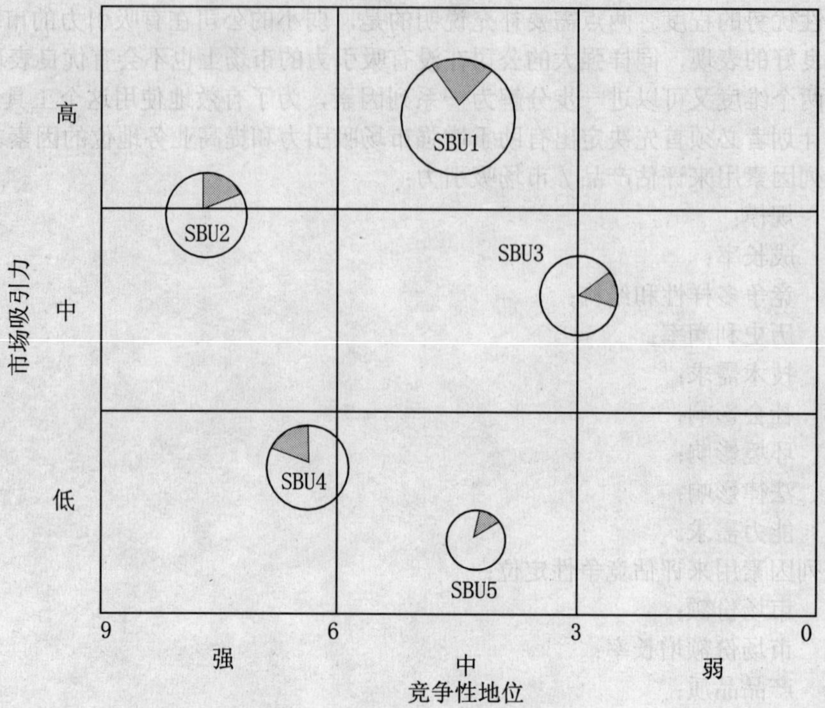

图 4.5 GE 矩阵

品组了，并且为每一个战略事业单元制定未来的战略。

根据战略业务单元或产品组在矩阵中的位置，我们可以选择三种不同的战略，详见图 4.6。

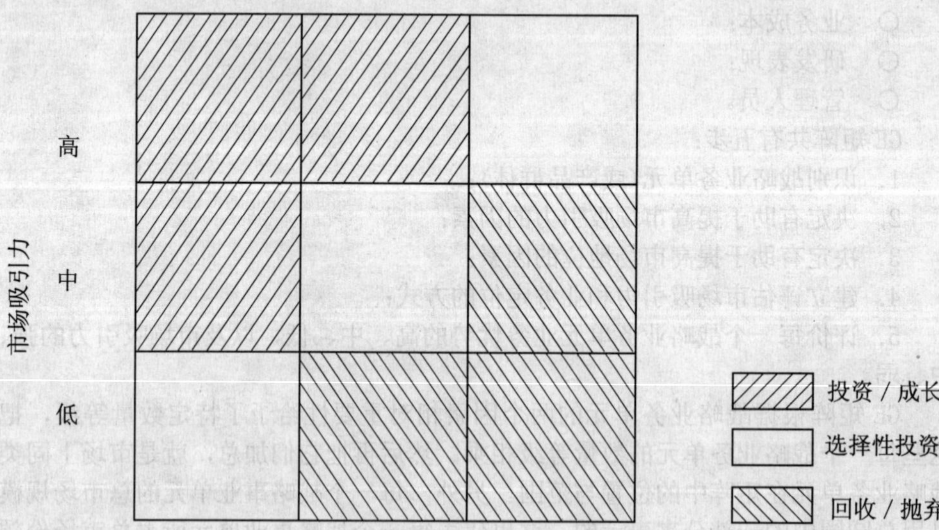

图 4.6 GE 矩阵战略向导

对于竞争性位置和市场吸引力位置都是比较高或中等的战略业务单元，公司应该不断投入资金以维持其成长。对于竞争性位置和市场吸引力位置都比较低或者前者低后者高的战略业务单元，公司应该不再投入资金，而是尽可能地回收资金。对于竞争性位置和市场吸引力位置前者高后者低或者都是中等的战略业务单元，公司可以进行选择性投资，以获得或提高资金回收。

营销实践：案例

梅塞德斯(Mercedes)公司认为其所有战略业务单元中最适宜投资的是四轮轿车的生产，同时，由于市场上有更大规模的轿车制造商，他的相对竞争地位和市场吸引力表明公司更应该实施一个选择性收入战略来获取利润。

活动4.6

如果你手头上有实际资源和信息，制定有关你自己组织产品群体或战略事业单元的GE矩阵，然后说明你把每一项放在GE矩阵特定方框里的原因。

给GE矩阵中的产品群体或战略事业单元归类会比波士顿矩阵更复杂，因为用来评估产品群体或战略事业单元的标准，如产品市场吸引力和竞争地位等，要考虑更多的因素。进一步讲，有许多方式用来衡量矩阵维度，为战略业务单元在方格中的定位提供了主观标准。

活动4.7

思考一下GE矩阵与波士顿矩阵相比都有哪些优势，然后列出GE矩阵组合分析方法的主要缺点，并把你的分析与任务报告中的进行比较。

波特的行业/市场进化模型

在1985年迈克尔·波特(Michael Porter)开发了一个模型，这是对他1980年的学术成果所作的进一步深入研究。这个模型在他所著的《竞争优势》一书有述：开创并维持业绩优势(自由出版社,纽约)(Free Press,New York)。

总的来讲，他的模型提出行业或市场进化主要有三个阶段：

○ *新兴行业* 它的特征是买方对产品特性、潜在的性能以及可能发生的陈旧报废不了解，同时卖方对顾客需求、需求层次和技术发展不了解。

○ *转向成熟* 它的特征是行业利润率下降，成长率下降，顾客对产品和竞争性替代品了如指掌，产品很少有创新以及在营销方面展开激烈竞争。

○ *衰退* 它的特征是来自替代品的竞争、变化着的顾客需求、以及人口统计以及其他宏观经济因素影响着市场。

他描述了每一个阶段的特征以及相应的战略，见图 4.7。

战略定位	成长	成熟	衰退
领导者	保持该领域的领导位置	成本领先；设置障碍；阻止竞争者	重新定义范围领域；抛弃辅助产品；鼓励变革
追随者	更低成本限制；联合风险	差异化；集中	差异化；新机会

图 4.7 行业生命周期和战略定位

新兴行业战略(成长期)的制定应该考虑行业竞争结构特征：

○ 进入威胁；

○ 竞争者之间的竞争；

○ 来自替代品的压力；

○ 购买者和供应者之间讨价还价的能力。

转向成熟战略的制定应该考虑下列因素：

○ 发展新的细分市场；

○ 为特定的细分市场制定战略；

○ 发展一个更有效的组织。

衰退战略应该：

○ 寻找持续存在的需求；

○ 放弃现有产品或战略业务单元。

活动4.8

总结一下波特模型与产品生命周期分析之间的相似性，并把你的答案与任务报告里的相比较。

A.D.利特尔(Little)行业成熟度/竞争地位矩阵

这个矩阵是由管理咨询师亚瑟•D. 利特尔 (Arthur D. Litlle)首创的，他的方法和波特的相似，行业成熟阶段在横轴(和产品生命周期阶段相似)，竞争地位在纵轴，如图 4.8。

	行业成熟阶段			
公司竞争定位	初创	成长	成熟	老化
占统治地位				
强				
有利				
尝试性				
弱小				

图 4.8 A.D.利特尔(Little)行业成熟度/竞争地位矩阵

有八个特征用来描述产品群体或战略业务单元处于哪一个阶段：

○ 市场增长率；

○ 行业潜力；

○ 产品线；

○ 竞争者数量；

○ 市场份额稳定性；

○ 购买模式；

○ 进入难易度；

○ 技术。

活动 4.9

评估 A.D. 利特尔(A.D.Little)矩阵的缺点，把你的答案和任务报告相比较。

谢尔(Shell)定向政策矩阵

这种方法是由谢尔·凯墨克(Shell Chemicals)(英国)于 1975 年开发的，这种方法和 GE 业务筛选矩阵相似，它有两个维度：

○ 公司的竞争能力；

○ 区域盈利前景。

公司的产品可以分为九类。每一类都有一个特定的战略，如图 4.9 所示。

区域盈利性包括市场成长率、市场质量、行业局势和环境因素等。针对市场成长率因素，可以把产品从一到五划分等级。同样，可以为其他三个因素划分等级，因此产品的区域盈利性是所有这些等级级别的加总。

竞争能力使用了同样的方法进行评估，公司的竞争能力包括市场地位、产品研究与开发、生产能力，这些因素又进一步分割成若干子因素，可以适用于任何行业。

图 4.9 给出了九个单元格所对应的参考战略。需要附加说明的是，谢尔（Shell）认为，无论最终选择哪种战略，由于未来存在着不确定性，所以总的原则是要保持“弹性”。因此，评估每一个战略未来可能导致的局势而且这种结果从商业化角度来看是可以接受的。

公司竞争力 \ 区域盈利的前景	无吸引力	中	有吸引力
弱	减资	逐步撤退 保持	加倍或退出
中	逐步撤退	保持 成长	更加努力
强	产生现金	成长 领导	领导

图 4.9 谢尔（Shell）定向政策矩阵

活动4.10

你认为谢尔的定向政策矩阵的局限性是什么？把你的答案和任务报告里的相比较。

巴克斯戴尔（Barksdale）和哈里斯（Harris）组合分析和产品生命周期矩阵

这个矩阵是由 H.C. 巴克斯戴尔（Barksdale）和 C.E. 哈里斯（Harris）于 1982 年首创的，并发表于《长远计划》杂志上。这个矩阵克服了波士顿矩阵的一些局限性，如波士顿矩阵忽视了新产品和衰退性市场，也就是没有负增长率。这个矩阵主要是基于以下一些假设：

○ 产品具有有限的生命，这一点在产品生命周期中已经简要提及；

○ 为了充分利用产品的每一个生命周期阶段所带来的机会，战略目标和营销战略应该与市场增长率变化相匹配；

○ 对于大多数产品，生产成本与生产量保持着紧密联系，随着生产量的增长单位成本趋于下降；

○ 资本开支和成长率相关，并且成长性市场中的产品比成熟市场中的产品要消耗更多资源；

○ 所产生的利润和现金流与市场占有率相关，市场占有率相对较高的产品比市场占有率相对较低的产品有更强的盈利性；

○ 当达到成熟期时，市场占有率较高的产品所产生的现金流比投入的更多，因此产生的现金可以应用于其他产品或投资于研发以开创新产品。

基于这些假设，该模型带来了一些有关初创阶段的新产品（称为"婴儿"）和衰退市场上的产品（称为"战马"或"渡渡鸟"）的额外问题，结果又产生了修订的产品生命周期模型和产品组合模型，见图 4.10。

这种方法认为生命周期的初创和衰退阶段都比较重要，他认为产品创新和负成长率的产品都是重要的，而且在战略分析中应该得到重视。结果是在波士顿矩阵的基础上又添加了三个类别：

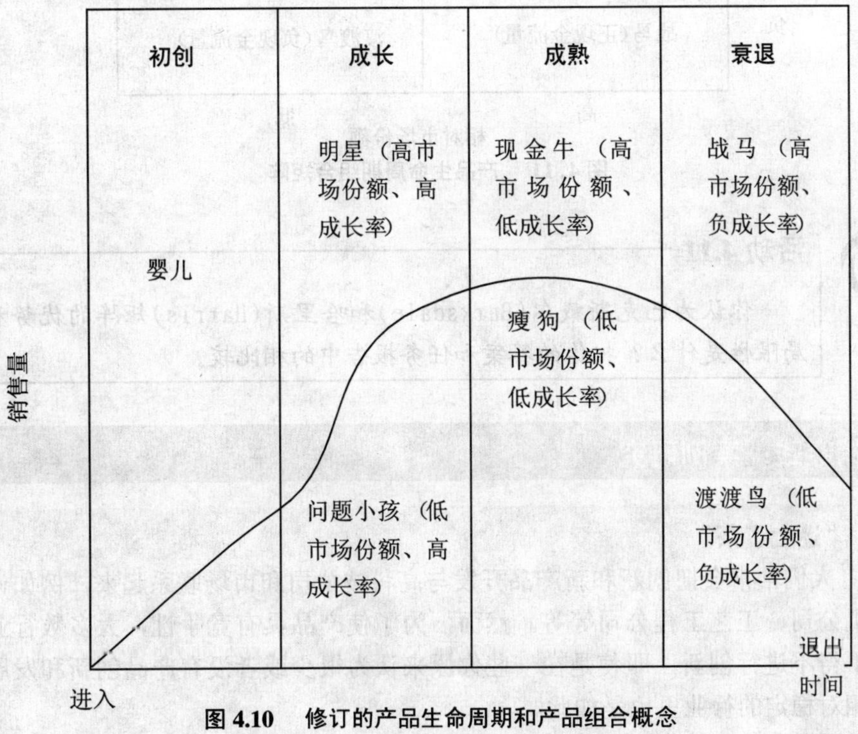

图 4.10 修订的产品生命周期和产品组合概念

（巴克斯戴尔和哈里斯）（Barksdale and Harris）

○ **战马** 这种产品有着高市场份额以及能持续产生现金流，但是在市场上却是负增长。换句话说，当市场处于成熟期时，它们是现金牛，但是在衰退性市场中，它们就需要减少营销开支或者从某个细分市场上选择性撤退或者完全消失。

○ **渡渡鸟** 这种产品在衰退市场上有较低的市场份额，很少有机会成长或者产生现金，相应的战略是把它们从产品组合中消除掉。然而，如果竞争对手已经消失，这种产品或许还有利可图，但是时间选择很关键。

○ **婴儿** 这是一种初创期的产品，拥有高风险，它们并不能立即获取利润，而是消耗大量的现金资源。创新时间长度和初创期取决于产品类型。总的来说，这个方法产生了有八个方框的矩阵，见图 4.11。

市场增长	高（相对市场份额）	低（相对市场份额）
低	婴儿(负现金流量)	
中	明星(适度的正或负现金流量)	问题小孩（非常大的负现金流量）
低	现金牛（非常大的正现金流量）	瘦狗（适度的正或负现金流量）
负	战马(正现金流量)	渡渡鸟(负现金流量)

图 4.11 产品生命周期组合矩阵

活动 4.11

你认为巴克斯戴尔(Barksdale)和哈里斯(Harris)矩阵的优势和局限性是什么？把你的答案和任务报告中的相比较。

营销实践：案例研究

“迷上了茶”

人们常常会把创新和新产品开发与高科技公司和市场联系起来，例如计算机公司、工艺工程公司等等。然而，为了使产品具有竞争性，大多数行业都不得不进行创新，即使是在一些你原来认为很少或者没有产品创新和发展的相对稳定的行业里也是如此。

经历着大规模产品创新和发展的行业实际上是那些在世界上有着悠久历史

的行业，比如说茶行业或茶市场。人们饮茶已经有几千年的历史了，茶起源于中国，茶饮料已经在世界范围内流行，例如英国每天消耗17500万杯茶。尽管茶已经流行了这么多年，但是它像其他产品一样，还是会受到各种其他产品的冲击，尤其是饮料业的竞争。茶产品不断受到威胁，其中有来自热饮料的威胁，如咖啡、巧克力等等，还有来自冷饮料的威胁，如可乐类饮料产品甚至是瓶装饮用水。面对这种竞争性的环境，茶产品营销者不得不开发新的改善型产品来应对这种竞争。以下实例是一些茶制造商所进行的产品创新，并以此作为竞争性营销战略：

1953年——约瑟夫·泰特雷(Joseph Tetley)引进了茶袋，革新了茶制造业。

1985年——PG泰普斯(PG Tips)引进了标有"PG标"的茶袋绳，以此来方便使用茶袋。

1989年——泰特雷(Tetley)引进了一种圆形茶袋，更适合在茶杯里泡茶。

1996年——PG泰普斯(PG Tips)引进了角锥形的茶袋，更适合释放茶的芳香。

1997年——泰特雷(Tetley)设计了一种带拉绳的茶袋，可以减少茶袋中溢出的茶末。

这些产品创新又包含了相对较小的创新，例如形状、特征等。然而，我们不应该低估这些相对较小的开发所使用的成本和带来的风险。这种开发不仅仅要消耗公司的大量资源，而且对于历史悠久的茶产品而言，即使是很小的变化，例如如何泡茶或者茶叶消费，都是有风险性的。

最近，茶产品营销者通过向市场投放全新的茶产品来持续进行产品开发战略，例如速溶的茶粒，除去咖啡因的茶、水果茶、有机茶，甚至具有疗效的茶，这是一种在茶里掺入天然药草的茶。

我们可以看到在保守市场上出现的产品创新和产品研发具有动态性，所有的营销者经历着产品生命周期和激烈竞争的局面，这也使得产品发展和改善成为一种必然选择而不是挥霍浪费。

市场上持续的产品开发和改进使我们"迷上了茶"。

总结

在本单元中你已经学到了：

- ○ 新产品开发是营销组合产品要素管理中的核心活动；
- ○ 有许多关于新产品的定义和类型说明来解释产品的崭新程度，以及有效管理新产品开发的不同方法；

○ 新产品开发过程包括一系列阶段，从产生想法到商业化和投放市场，需要以一个系统的方式来管理；

○ 组合分析提供了大量模型来分析和管理产品组合与战略业务单元。

进一步研究和考试准备

现在来处理一些问题

问题4.1

为什么对所有组织来说新产品开发都极其重要？

问题4.2

列举出新产品开发的各个阶段。

问题4.3

解释为什么波士顿矩阵常常用来制定组合计划。

问题4.4

为什么波士顿矩阵作为营销管理工具受到人们的批判？

以前的考试题

参阅 1998 年 12 月的考试试卷问题 7，登录网站 www.cimeduhub.com 获取该问题的参考答案。

参考文献

F. Brassington, S. Pettitt, *Principles of Marketing: 2nd Edn,* FT/Prentice-Hall, 2000, Chaps 9 and 20.

进一步阅读

S. Dibb, L. Simkin, W.Pride, O.C. Ferrell, *Marketing Concepts and Strategies: 4th European Edn.* Houghton, Mifflin, 2000, Chaps 1 and 22.

G. Lancaster, L. Massingham, R. Ashford, *Essentials of Marketing: 4th Edn,* Mc-Graw-Hill, *2002,* Chaps 6, 12, Appendix 1.

第五单元　营销组合：价格

学习目标

通过本单元的学习你将会：

- ○ 理解价格策略在营销组合策略中的地位和重要性(3.8)
- ○ 领会制定价格决策的程序以及影响定价的内外部因素(3.8)
- ○ 理解定价的各项原则、策略和战略(3.9)

学习指南

本单元介绍了营销组合中的第二个关键要素，也是惟一能为公司带来收入的要素。

在盈利性组织中，定价策略是为公司带来利润的关键，令人惊讶的是在许多非盈利性组织中也是如此。很明显，价格是利润水平的主要影响因素。然而，定价绝不仅仅只是一项会计工作，实际上，定价策略是制定营销计划的关键性因素。例如，价格有助于确定产品或服务在市场上的地位，最终确定在顾客心目中的地位。

许多营销者往往不屑于尝试去弄明白定价决策的一些关键诱因，认为那是会计师的事。例如，许多营销者并不清楚产品生产成本的不同种类，或是不知如何进行盈亏平衡分析。类似地，一些营销者弄不懂价格与需求的关系以及诸如“价格弹性”之类的因素。在这种情形下，营销者不能做出有见地并且专业的定价决策，只能听凭会计师和经济师的摆布。不过，本单元并非是想使你成为速成会计师或是经济师，只是简单帮助你理解那些有助于做出定价决策的规则。

希望你能花大约 3 个小时的时间通读完本单元，建议你再花 3～4 个小时完成给出的各种活动，你只需要笔记本和笔就能完成本单元。

价格策略在营销中的地位和重要性

学习提示

因为定价决策是公司营销战略中最明显的一部分，因此价格应能为潜在顾客所接受。当你在日常生活中担当顾客的角色时，你会注意到各种定价方法和策略，并对它们做出反应。在日常生活中你可以发现市场营销者所使用的各种定价策略的例子，例如，在你购物时，会注意到诸如特别事件定价、底价、牺牲品定价的情形。如果现在你不明白这些术语，那没关系，在本单元将给出解释然后你就能在现实生活中运用它们了。

作为消费者都知道一项产品或服务的价格意味着什么，简单地说，价格是营销者给一项产品或服务定的货币价值，我们必须支付它才能获得或使用这个产品或服务。然而，在不同情形下“价格”有不同的表现形式，例如，在使用信用卡时，我们支付每年的“年费”和每月的“利息”，月末我们支付给房东“租金”，代理商可以向我们收取“佣金”，这些都是“价格”这个词的变体。但对许多非盈利性组织来说，要取得它们的产品不用支付像这样的价格，例如，可能需要顾客付出他的时间，或者也许是他的选票，而不是支付一个货币金额。

因此，我们立即能明白，我们自以为理解了其内涵的“价格”这个词比我们最初所想像的更加复杂多变，另外，价格在营销中起了举足轻重的地位。以下是价格的一些主要功能：

○ 如前所述，在组织中，价格是产生收入相应也是产生利润的主要要素；

○ 简单表述为：

1. 收入 = 价格×数量
2. 利润 = 收入 - 成本

○ 在进行交换的那一刻，价格将顾客和供应商联系了起来；

○ 价格传递给顾客诸如产品质量、独占度等等的信号，价格要素有着强有力的行为上和心理上的一面；

○ 在市场上，价格也是一种强有力的竞争武器，有时可以逼迫一些竞争者退出该行业，可以阻止新的竞争者进入该行业，也可以迫使其他竞争者保持遵循着本该放弃的价格。

活动5.1

我们已经了解，对于“价格”这个词有着不同的表现形式。运用你的经验和学识，去寻找更多的例子意味着同一事物的概念，如同价格被各种产业所用、对各种产品等有不同表现形式一样。

一个好的建议是从报纸杂志上找寻，而且当你下次去购物时也要多加留心。

定价决策的各种观点

基本上我们可以区分出三种不同的定价决策方法，每一种方法都有其独特的观点和侧重。这三种方法分别从经济学家、会计师和营销者的角度阐述其规则、概念和方法，每一个都有其独特的定价决策方法。

测验提示

通过对比和对照这三种学科的方法和观点将有助于完成测验的基本原则部分，因此应该对每一种定价决策方法归纳出它的观点和贡献。

经济学家的观点

定价被看成是需求和供给达成平衡所凭借的机制或信号，这种机制的运行依据市场类型的不同而改变。市场类型包括完全竞争市场、不完全竞争市场和垄断市场。

经济学家是基于公司目标是“利润最大化”的假设来看待价格的。他们对营销价格的计划主要的贡献在于围绕着供求关系这种观点。

会计师的观点

强调创造利润以弥补成本，这经常被表述为必要报酬率。对成本的侧重意味着会计师强调识别和区分不同的成本类型。

因此会计师对计划定价决策的主要贡献就是使用了诸如盈亏平衡分析等工具的成本分析。会计师观点主要的缺陷在于存在一种忽视市场上的需求和其他应考虑因素的倾向。

营销者的观点

重点强调价格对于竞争性市场地位，包括促销、分销、以及对于利润水平的作用。但是，却将价格视为影响市场需求的惟一因素。

营销者重视“价值”的重要性，而不仅仅只是价格，营销者的定价方法是基于定价在市场能够接受的范围之内。

虽然对于定价有三种不同的观点，但每一种都有助于做出有见地的定价决策的部分。因此，营销者在制定定价决策时能够也应该利用到每一种观点。通过分析定价决策的各种影响因素，我们能对定价认识得更加清楚。

活动5.2

在我们学习定价决策的影响因素之前，试图找出你自己的公司是如何制定价格的以及由谁负责制定价格，在本单元后面学习定价决策步骤时将用上这些资料。

定价决策的影响因素

在我们学习制定价格决策的步骤之前，特别是在学习如何设计这些步骤以及定价的特殊方法之前，确保你理解什么是营销者做出定价决策时的关键影响因素会很必要。这里将概述并详细解释定价决策的关键影响因素，我们认为这些影响因素就是4Cs，即：成本因素(Costs)、顾客因素(Customers)、竞争因素(Competition)和公司因素(Company)。

成本和价格

如前所述，关于成本的知识是会计师对定价决策的重要贡献。对于大多数公司而言，成本决定了公司可以调整的价格的最底线。下面是我们在第一次制定价格时所需的关于成本的知识及分析：

- 总成本；
- 平均成本；
- 固定成本；
- 变动成本；

- ○ 边际成本；
- ○ 数量和成本的关系："规模经济"；
- ○ 经验和成本的关系："经验曲线"。

一些对于继续学习可能有用的定义。

关键定义

总成本——所有固定成本和变动成本与所生产产品的数量的乘积之和。

关键定义

平均成本——总成本除以产出个体的数量。

关键定义

固定成本——那些不会随生产或销售的个体数量变化的成本。

关键定义

变动成本——那些会遵循生产或销售的个体数量变化而变化的成本。

关键定义

边际成本——再多产出一个个体，总成本将增加的成本。

关键定义

规模经济——产出或销售的增加导致平均成本潜在减少的状态。

关键定义

经验曲线——基于产出积累的学习或经验导致平均成本潜在减少。

会计师通过提供这类分析和知识对定价决策做出了重要的贡献。另外，会计师进行分析所使用的工具也很有用，也许最好的工具就是盈亏平衡分析。但我们在学习盈亏平衡分析之前，你需要完成下列活动。

活动5.3

成本类型示例

最好以自己所处的企业为研究对象，寻找并列出各种不同类型的成本：

1. 固定成本
2. 变动成本
3. 其他成本

当完成这项活动之后，你可以参考任务报告中有关各种类型成本的例子。

对各种不同成本概念的使用使得会计师和市场营销人员对成本和价格之间的关系进行了研究，成本分析中两个最有用且相互关联的概念是“边际贡献”和“盈亏平衡”。

边际贡献

边际贡献可以通过以下公式来计算：

销售价格－变动成本＝边际贡献

正如它的名字所暗示的，边际贡献是一个数量(如果有的话)，它指的是产品的销售价格扣除变动成本的部分，该部分用来弥补产品的固定成本。通过计算边际成本，市场营销人员可以评价至少在短期内某种产品在售价小于总成本的情况下是否值得生产。固定成本的定义是，无论你生产或销售多少，这部分费用都会发生，所以当我们算出销售价格能够弥补变动成本的话，那么就应该继续生产。如果从长期来看的话，销售收入要能够弥补所有的成本。

盈亏平衡分析

盈亏平衡点指的是，在销售价格给定的情况下，某个产量点水平所能带来的收入正好等于生产和营销成本。盈亏平衡产量(BEQ)可以通过下面这个公式来计算。

BEQ= 固定成本 / 边际贡献

活动5.4

边际贡献和盈亏平衡点的计算

计算：

1. 边际贡献
2. 盈亏平衡点

已知信息：

销售价格 =20 英镑

变动成本 =10 英镑

固定成本 =100000 英镑

将你计算出来的结论与任务报告中所列出的结果进行对比。

盈亏平衡分析也可以通过图标计算出来，上述活动中的信息通过图表计算可以参考图 5.1。

通过图 5.1 来计算不但容易理解，而且我们还可以通过该图非常容易地得出不同价格水平下的盈亏平衡产量。

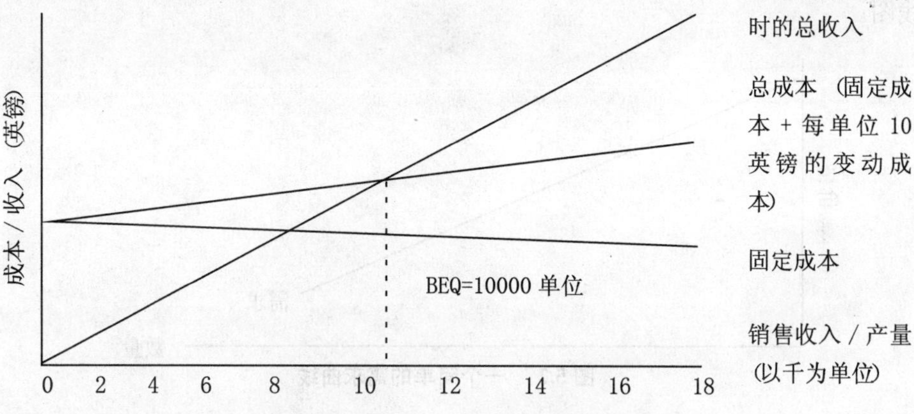

图 5.1 一个简单的盈亏平衡图

活动5.5

修正过的盈亏平衡点计算和盈亏平衡图

在下面这些条件下并基于活动 5.4 的信息来重新计算盈亏平衡点：

1. 将销售价格升至 25 英镑
2. 将销售价格降到 15 英镑

将你计算出来的结果与任务报告中所给出的结果进行比较。

将这两种情况分别画入我们上面的简单盈亏平衡表中，将你画出来的图与任务报告中的图进行对比。

紧接着我们将会了解会计师是如何通过提供一些成本分析方面的信息来为公司的定价决策做出非常有价值的贡献的。

但是，我们在后面也会看到，如果价格决策的制定只基于成本信息的话是非常危险的。像我们前面所提到的那样，成本为市场营销人员设定了价格制定的下限，而价格制定的上限是由需求或客户的认知所决定的。我们现在开始将注意力转移到价格制定决策的第二个决定因素上。

顾客(需求)和价格

定价决策过程中我们需要输入的第二个主要变量是客户信息，或(讲得更具体的话)是需求。需求为市场营销人员设定了价格制定的上限，我们不能将价格制定得高出顾客所愿意支付的范围。在这里，经济学的一些概念和工具是非常有用的。最起码来讲，市场营销人员都想知道不同的价格与需求数量之间的关系。换句话来说，也就是他们想知道需求曲线的形状。图 5.2 给出了一个简单的需求曲线图。

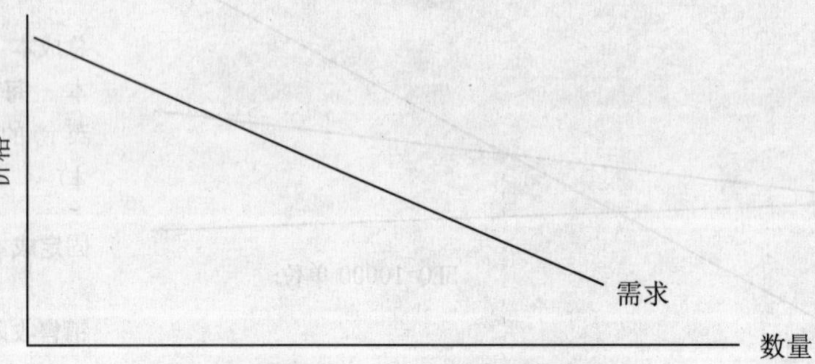

图 5.2　一个简单的需求曲线

我们可以看出，即使是像图 5.2 中所给出的这么简单的需求曲线也能为市场营销人员做出价格决策提供非常有价值的信息。需求曲线的形状表示了在任何一个给定的价格水平下市场对该产品的需求量有多大，它还能够告诉我们价格变动对需求的影响有多大。后者就是我们所说的“价格弹性”，它表示需求对价格变化的敏感程度。

> **关键定义**
>
> **需求价格弹性**——需求数量变化的百分比 / 价格变动的百分比。

简单来讲，需求曲线越陡峭，需求对价格变化的敏感度就越低，即价格相对“缺乏弹性”。同样，如果需求曲线越平缓，需求对间隔变化的敏感度就越大，即价格相对有弹性。

价格相对缺乏弹性的例子是那些顾客没有选择而不得不买的产品，例如汽车保险、电力、水等等，或者是某些产品供应商通过在顾客心目中建立对该公司产品的品牌忠诚度来降低顾客对该产品变化的敏感程度。顺便提一句，这种做法增加了市场中有效品牌的价值。

价格相对有弹性的产品实例是那些顾客选择较少、需求较低 / 品牌忠诚度相对较低的产品。例如，许多同质产品和大宗货品（如面粉、盐和面包等）都属于这类。

有关需求曲线的信息可以通过市场调查来获得，这包括顾客调查和销售试验。你要注意需求曲线的形状以及价格弹性受许多因素的影响。这其中三个最主要的因素是：公司的市场营销战略、产品的生命周期和竞争对手的市场营销战略。我们把竞争对手视为我们价格决策制定的第三个决定要素。所以，我们现在先简单讨论一下前两个影响因素。

定价以及消费者的购买决策过程

正如我们在前面看到的，所有的市场营销决策都应该基于对顾客以及他们需求有很好的了解这一基础之上，这不但适用于价格的制定，也适用于市场营销组合中的任何一个要素。所以，市场营销人员必须理解顾客的决策制定过程，尤其是消费者在做出购买决定的过程中可能会考虑的有关价格和定价方面的因素。我们将这些因素中比较重要的一些罗列了如下：

- *竞争者的价格* 消费者在购买产品时肯定会四处比较，并会将竞争对手的产品和价格结构与我们所提供的进行比较；
- *提供的折扣* 折扣往往在购买决策过程中有较大的影响——如果折扣金额超过 10%，顾客就很可能购买试用；
- *产品的质量和形象* 消费者往往将产品的质量形象、产品包装以及货物的摆设和价格结合起来进行考虑；
- *可支配的收入和生活方式* 消费者在考虑某种产品的价格并做出购买决定时往往还会考虑他的可支配收入和生活方式；
- *个人的目的或用途* 消费者购买某种商品往往有他们自己的目的——可能作为礼品来送人、可能用来宴请宾客、可能该产品会使他感到比较舒服等等。这些因素都会对他在购买决策过程中对价格的考虑造成一定的影响。例如，消费者在购买朋友派对宴会上的红酒时就愿意买较贵的，而为自己购买周末在家看电视所需要的红酒时就会买比较便宜一点的；
- *认知价值* 对该产品的价值认知情况往往是消费者的首选因素，尤其对那些必须品（如食品）而言，更是如此；
- *个性和文化* 消费者的个人性格往往对购买决策中的价格考虑有一定的

影响。一个人比较节俭或比较大方往往会对他对于价格的理解和购买决定有一定的影响。在对价格和产品的理解方面也存在着文化方面的差异，例如，在一些国家一些非常昂贵的钻石礼物是以结婚嫁妆的形式送出的；

○ *对风险的理解* 消费者在做出某种产品的购买决定时往往会结合对相关风险的认知情况。举例来讲，消费者在购买汽车报警装置时，可能会比较倾向于购买价格较高的产品，因为他们会认为价格较高的产品会比价格较低的产品安全性高；

○ *之前的经验以及忠诚度* 对某种产品之前的使用经验会影响下一次的购买决策以及对该产品的忠诚度。

所以，我们可以看出，"深入客户的心理"以了解他们的购买决策过程以及影响该过程的因素会对我们有效的制定价格决策提供较大的帮助。

营销实战：案例

市场营销人员往往有一些错误的概念，所以，他们对顾客怎样认识并理解价格以及价格在购买决策过程中的地位会有一些误解，这些往往会导致他们做出错误的定价决策。尤其是许多市场营销人员认为价格(或讲得更具体一点，低价格）在顾客做出选择以及与竞争对手竞争的过程中起最重要的作用，那些企业对企业的市场营销人员往往更相信这一点。多年以前，Alcan 公司就寻求在竞争非常激烈的罐头制造供应行业中寻求新的降价方式。但当他们询问顾客对低价有什么反应时，他们惊奇地发现，价格在顾客做出购买决策过程中所起的作用并没有他们过去所想的那么强烈。对顾客而言更重要的问题是交货的可靠性、产品质量的可靠性以及技术和售后服务。所以，Alcan 公司并没有通过低成本和低价格的方式来获取市场份额，反而通过改进市场营销组合中其他对顾客选择流程影响更大的要素来扩大市场份额。

价格弹性和该公司的市场营销战略

市场营销人员能够通过采取一定的市场营销战略来影响价格弹性。他们通常采取的是降低公司产品的价格弹性，即让顾客在购买决策过程中对价格的敏感度更低一些。例如，市场营销人员努力通过市场营销组合中的其他要素来创建消费者对该公司的品牌忠诚度。绝大多数的市场营销人员希望改变需求曲线的形状以使公司的产品对价格的弹性较低一些。

我们早就提到，当某个市场中存在着品牌忠诚度时，价格敏感度以及价格弹性就会较低。同样的，当一个公司与他的顾客有很牢固的关系时，需求对价格的敏感性也较低。所以，市场营销人员应该寻求各种可能的方式来降低产品对价格的敏感程度，而品牌建设和关系营销是两种最主要的方式。证据显示，当某公司的产品存在非常强的品牌忠诚度时，该公司的价格可以高到竞争对手的两倍之多。

定价和产品生命周期

我们在第三单元"营销组合：产品"中对产品生命周期进行了讨论。一般情况下，在产品生命周期的各个阶段，产品的价格弹性都是不一样的。

问题5.1

看看你能不能评价出产品生命周期的各个阶段价格弹性是如何变化的。图5.3中所给出的四幅图表示了不同的价格弹性。仔细观察之后来判断他们各自代表了产品生命周期的哪个阶段——导入期、成长期、成熟期和衰退期。接着将你的答案与任务报告中心的答案进行对比。

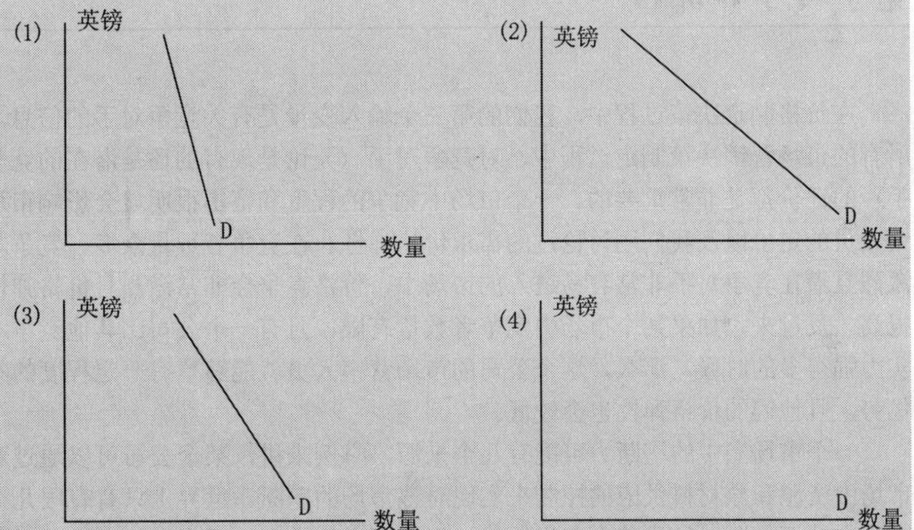

图5.3　产品生命周期各个阶段的价格弹性

由于产品生命周期各个阶段的价格弹性不同，再加上其他一些产品生命周期的因素(如竞争的激烈程度、市场容量等)，所以我们必须在产品生命周期的不同阶段采取不同的价格策略。参照表5.1。

无论是撇脂策略还是渗透策略都有它的优点和缺点，我们会在本单元的后面部分对此进行讨论。

表 5.1 定价和产品生命周期

导入阶段	成长阶段	成熟阶段	衰退阶段
高价撇脂策略，但因为固定成本高，所以利润较低	降价以进一步扩大市场份额	制订价格以与竞争对手相匹配或击败竞争对手	如果不重新定位的话就降低价格
低价渗透策略以进入市场并快速获取市场份额或防止竞争对手进入		在某些细分市场中维持高价策略	在衰退的最后阶段有时可能会提高价格

竞争对手和价格

在价格制定决策过程中，我们的第三个输入变量是有关竞争对手的信息。在所有的市场营销决策制定过程中，对竞争对手（无论是现有的还是潜在的竞争对手）的评价都是非常重要的。一个市场中竞争的程度和范围很明显会影响市场营销人员的定价以及我们刚讨论过的需求价格弹性。在竞争者数量众多、竞争非常激烈且潜在竞争对手非常容易进入的市场中，价格竞争会非常激烈且价格弹性会很高。反过来，如果某个市场中竞争者数量有限，且有一个公司比其他竞争对手实力强得多的时候，那么，这个公司的市场营销人员就能够享有一定程度的垄断优势，且他们的价格弹性也会较低。

一个市场当中的垄断力可能有几个来源，举例来讲，某个公司可以通过对该市场中资源和原材料供应的控制来实现对该市场的垄断。世界上只有有限几个国家生产钻石，所以如果某个公司能对钻石来源进行控制，那么它就潜在的对整个钻石市场拥有一定程度的垄断。垄断的发生还有可能来自于政府和／或法规的限制，例如，尽管现在一些国家对航空业的管制有了一定程度的放松，但是航空公司因为政府和法规限制新竞争者的进入仍然享有相当大的垄断优势。最后（你可能会不赞同本观点），一种可防御的垄断可能是某个公司由于其优秀的绩效而让顾客建立了非常高的忠诚度，这样竞争对手就很难进入，所以该公司就享有了一定的垄断优势。

世界上大多数的国家都通过法律对极端垄断进行限制以保护消费者的利益。

营销实践：案例

在英国，不公平交易和对垄断权利的乱用是受公平交易办公室和垄断法案的管辖范围之内的。在美国，如果有不公平交易发生的话，他们对这种行为的管制比世界上任何一个地方都严厉得多。近些年，美国最成功的公司之一——微软公司在运用市场营销和定价工具方面就引起了反托拉斯立法人员和律师的关注，已经不得不对它的一些市场营销手段重新进行斟酌。

与这一点相联系，还有许多其他因素也加剧了全球市场中的竞争。举例来讲，世界贸易组织(WTO)是为了促进全球贸易没有障碍；许多政府已经展开行动来降低对市场的管制，例如，在英国我们已经看出在公用事业领域正持续地向着私有化方向迈进。最后，不断加剧的全球竞争以及无所不在的互联网无疑也意味着公司之间的竞争会更加激烈。

市场营销人员必须认真评价竞争对手的现行价格和／或将来可能采取的价格，同时也要评价他们对本公司订价策略可能会有什么反应。

活动5.6

请试着找出以下方面的一些例子：

1. 公司和品牌之间竞争非常激烈的一些市场。

2. 虽然该市场中的竞争在一定程度上也很激烈，但市场营销人员可以通过有效的市场营销手段(如建立品牌忠诚度)来减弱竞争的效应。

3. 市场中竞争者很少或根本没有竞争者，企业享有一定的垄断力。

将你找出来的答案与任务报告中的答案进行比较。

公司的意图和价格

定价决策的第四个主要的输入要素包括一系列的思考和意图，所有的市场营销决策(尤其是定价决策)应该反应并与公司的目标和市场营销战略保持一致。例如，如果公司的目标是为了追求成长，那么它与公司目标是在追求短期资本回报率下所采取的定价策略肯定不同。

同样，价格决策还应该考虑更多其他的因素，如企业资源、目标市场和定位以及期望的公司／企业形象等。同时还有一点要强调的是定价决策必须和市场营销组合中的其他要素共同确定且要与其他要素保持一致。最后，如果公司将价格作为竞争战略的主要因素与公司在市场营销战略中将价格作为一种较被动的要素所采取的定价战略也明显不同。有的企业就立志成为价格领导者，而其他一些企业则甘愿充当追随者。

活动5.7

我们已经了解到定价决策应该反应公司以及市场营销目标和战略。对下列每个问题，来回答该公司应该定一个较高的价格还是一个较低的价格比较合适。

ABC公司希望实现较快的市场增长	高价 / 低价
XYZ公司希望较快地收回投入的资金	高价 / 低价
LPT公司希望推出一种高质量的品牌	高价 / 低价
NYZ公司的目标市场为社会—经济群体中的D/E组	高价 / 低价

定价的沟通效果

在定价决策过程中，另外一个要考虑的重要因素是价格对顾客及潜在顾客而言能起到一个非常重要的沟通作用。换句话说，也就是某种产品的价格能够向顾客传达出该公司及其产品的信号。这就是为什么我们一直强调定价决策必须与目标市场和定位以及期望的公司 / 企业形象要保持一致的原因。所以，我们之前已经提到过，定价决策必须与市场营销组合中的其他要素(尤其是促销)紧密相连。例如，定价可能要考虑到某次促销的目标——鼓励新产品的使用。

另外一个价格有很强沟通效果的领域是把价格作为一种质量信号。姑且不管对错，如果消费者之前从来没有使用过该产品或对该产品一无所知的情况下，他们往往将价格高低视为该产品质量好坏的标准。这就意味着，与许多公司所相信的和实践的相反，我们可以不必把价格定得太低，因为价格对于潜在顾客，尤其是新顾客而言是一种威慑，因为他们如果看到价格过低就有可能对该产品的质量产生怀疑。经济学家一直以来就知道这种现象，即此时所发生的是一种走势相反的需求曲线。

价格决策中其他要考虑的因素

尽管上面我们已经讨论了价格决策过程中需要考虑的四个主要因素，但在制定价格的过程中往往还有许多其他需要考虑的因素，市场营销人员在做出决策之前需要得到这些方面的有关信息。

活动5.8

在往下展开之前，请试着尽可能多地列出我们前面所没有讨论过的其他一些在价格决策过程中需要考虑的因素。

结构化的定价决策方法

跟任何一种决策制定流程相类似，当价格制定决策采取一种计划缜密且系统化的方式时，它的决策效率会最高。在对某项产品制定营销计划时，定价决策最适宜在事先做出。

当你阅读不同的教科书中的价格决策制定结构时，你会发现不同的教科书所提供的框架都是不一样的，但图 5.4 代表了一种逻辑性强且广为接受的结构流程。

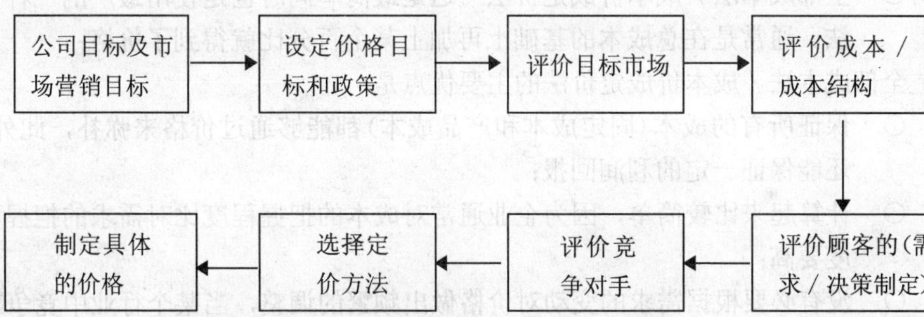

图 5.4 价格决策的一种结构化方法

拓展知识

因为描述定价决策结构的方法很多，所以比较好的做法是也参考一下其他的描述方式。

对定价决策结构化方面贡献最大的当属 A. R. 奥克森吉特(A. R. Oxengeldt)于 1973 年 1 月在《市场营销杂志》第 37 期中所发表的文章《价格决策中的一种决策制定结构》。

上面价格决策制定过程中的主要步骤我们都已经讨论过了，尤其是 4Cs 更是进行了详细的讨论。我们现在需要讨论该框架中剩余的两个步骤：选择定价方法和制定具体的价格。下面我们将首先讨论定价方法，紧接着讨论怎样制定具体的价格，最后我们会对整个定价政策进行讨论。

选择定价方法

在前面，我们已经讨论过会计师、经济学家以及市场营销人员各自在价格决策中的观点和贡献。在某种程度上，这些流传下来的各种观点可以视为定价的不同方法。定价方法的三种主要分类是基于成本的定价方法、基于竞争对手的定价方法和基于需求/市场的定价方法，下面将分别依次对这三种方法进行讨论。

基于成本的定价方法

你可能会猜到，定价的基于成本的方法主要体现了会计师的定价方法。此外，(你也可能会猜到这点)通过这些方法来定价主要都以成本为基础。基于成本的定价方法有多种方式但最主要的方法如下：

- 全部成本法/成本价成定价法　这是最简单同时也是使用最广的一种方法。通常是在总成本的基础上再加上某个百分比就得到了价格；

全部成本法/成本价成定价法的主要优点是：

- 保证所有的成本(固定成本和产品成本)都能够通过价格来弥补，此外，还能保证一定的利润回报；
- 计算起来比较简单，因为企业通常对成本的把握程度比对需求的把握程度要高；
- 没有必要根据需求的变动对价格做出频繁的调整，当某个行业中竞争对手也采取成本价成定价法时，该行业中的企业行动倾向于趋同，所以价格竞争就会降到最低程度；
- 无论是对购买方还是销售方都比较公平。

全部成本法/成本价成定价法的主要缺点是：

- 没有考虑市场营销组合中的其他要素(如产品、渠道等)；
- 没有考虑到顾客的认知情况，如果消费者看到某种商品比较便宜，那么他们会认为该产品的质量比较低劣；
- 作为一种基于成本的战略，忽视了其他的一些因素（如竞争产品的受欢迎程度等)，它也没有考虑到不同的细分市场；
- 没有考虑顾客的“需求”和“愿望”，同样，该方法也没有考虑竞争对手的价格；
- 确定每种产品的直接成本和管理费用可能会比较困难；
- 没有考虑到产品的需求价格弹性；

○ 只有当所制定出来的价格能达到预期的销售量时该方法才有效；

○ *边际成本定价法* 在这种方法下固定成本和变动成本的区别得到了体现，市场营销人员要评价固定成本能不能够得到弥补，因此边际成本定价法所确定的价格有可能会低于总成本。

边际成本定价法克服了全部成本法/成本价成定价法的一些主要缺点，如该方法所确定的价格在很大程度上反映了该产品的需求状况。但这种方法当然也是以成本为导向的，所以它不是真正的市场导向。

一般来讲，基于成本的定价方法往往都是内视的，他们都忽视了市场因素。

基于竞争对手的定价方法

很多时候，公司制定价格时主要考虑的是竞争对手的价格。你应该注意，这并不意味着该公司制定与竞争对手相同的价格，有可能比竞争对手的价格高也可能低于竞争对手的价格。这种定价方式在寡头垄断的市场当中最为普遍，某一家实力较强的公司可能充当价格领导者，较小的公司会追求这一领导价格来定价。这种定价方式有时被称为"追随定价法"。

基于成本定价方法的主要优点为，该方法相对比较简单，当然该方法也考虑了竞争对手的因素。但是，这种方法的一个主要的缺点是通过该方法来制定价格往往比较被动，尤其是对于价格追随者而言更是如此。另外，该方法的主要缺点是它没有反映各公司在成本结构、目标、资源和市场营销方面的不同。

在市场竞争激烈所以导致基于竞争的定价方法非常流行的一个很好的例子是英国大型超市所采取的定价方法。尽管该行业内的许多公司在尽量避免这一方法，但基于竞争对手的定价方法现在在该行业内非常流行，价格战是家常便饭且各个公司的利润空间都急剧下滑。

基于需求/市场的定价方法

很明显，这种方法是市场化导向最强的一种定价方法，公司的主要价格制定都是基于市场需求以及人们头脑当中的市场因素。根据环境的不同，市场营销人员有几种不同的基于需求/市场的定价方法可供考虑。其中使用频率最高的方法有以下几种。

当有一种新产品要进入市场时，市场营销人员可以在**市场撇脂定价**和**市场渗透定价**两种方法之间进行挑选。

活动5.9

用你自己的语言写出市场撇脂定价和市场渗透定价两种方法各自的涵义是什么。

你很可能已经猜出来了或已经知道，市场撇脂指的是为一种新产品制定非常高的市场价格，以有效地获取市场当中的高额利润。

活动5.10

你能不能设想出某种比较适宜于采取撇脂定价的环境？

市场撇脂定价法的主要优点如下：

○ 使得公司能够快速收回在新产品上所花费的投资如研发费用等；

○ 可能会在顾客心目中形成尊贵 / 高质的形象；

○ 较高的价格对于创新采用者这一群体比较有吸引力；

○ 如果一开始所制定的价格过高而导致销量很少时，这种方法会有很高的降价空间，同时也为产品生命周期的下一阶段——大众消费者市场留下了充足的降价空间。

市场撇脂定价法的主要缺点如下：

○ 很可能加速竞争者进入这一市场领域；

○ 定价过高使得销量会比较少，所以规模经济和经验曲线的效应就比较弱（即成本较高）；

○ 该方法可能因有“牟取暴利”的嫌疑而引起管理机构或消费者团体的关注。

许多市场营销人员过去一直采用配置定价这种方法，而且毫无疑问，以后仍然会有相当多的营销人员会接着采纳这种方法。我们在本书第四单元“营销组合：新产品开发和产品组合管理”部分已经得知市场中的创新采纳者会较早的使用新产品且愿意为此支付一个较高的价格。所以，许多新的电子消费产品往往会采取这种方法定价。例如，CD 播放机刚推出时的价格比现在的价格要高出很多，类似的，新一代的 DVD 播放机也正在实施市场撇脂战略。

你很可能也已经猜出，市场渗透战略是指为新产品制定一个较低的价格以快速获取市场份额。

活动5.11

你能不能设想出某种比较适宜于采取渗透定价的环境？

市场渗透定价策略的主要优势如下：

○ 由于价格较低，所以销量较大；

○ 可能会使企业获取较大的市场份额；

○ 能够防止竞争对手进入这一市场。

市场渗透定价策略的主要缺点如下：

○ 当采取这种方法后，要再提价是非常困难的；

○ 这种方法的灵活性相对于撇脂定价方法要弱；

○ 由于研发成本或竞争者的定位使得企业往往不能采取这种方法。

近年来，英国的市有零售商就通过渗透定价方式推出了他们新的低硫产品（该产品对环境的污染较小），他们给新产品所定的价格略低于他们现有其他石油产品的价格，这些公司希望通过这种方式可以让消费者转向购买这种新型石油产品。

认知价值定价法可能是市场导向性最强的一种定价方法。该方法是按该产品在顾客心目中所认知的价值和按照“市场所能承受的价格”存在差异这一事实来定价的。市场营销人员运用市场营销组合中的其他要素（产品、促销等）来构建起产品或服务在顾客心目中的认知价值，而之后的定价则是对这一认知价值的反映。

认知价值定价法与我们之前所提到的价格是质量的信号也紧密联系。在组织市场中或那些使用期较长的比较昂贵的消费类产品（如汽车等）尤其适用这种定价方法。梅赛德斯公司在为他的产品定价时非常成功地运用了这种方法，该公司通过强调车的整体质量以及发动机的性能来提高顾客对产品的认知价值，此外，他还通过一些例证来强调该公司汽车的终生价值。

活动5.12

回顾你之前所购买的一些产品，那些产品：

1. 所提供的价值超出了你所付的价格
2. 所提供的价值远低于你所付的价格

思考一下这些对于你所支付的价格意味着什么。

心理定价法在为产品或服务定价时有非常强的行为效力。例如，我们知道价格对消费者而言在一定程度上意味着质量的信号。同样的，高价格能够体现购买者身份的“尊贵”。一些市场营销人员认为以某些数字作为价格的尾数会影响购买者，例如把一些产品的价格定在 9.99 英镑而不是 10 英镑，这就是所谓的“尾数”定价法。同样地，也有证据显示，将价格从 9.99 英镑提高到 10 英镑会提高产品在顾客心目中的形象，这就是常说的“整数”定价法。

心理定价法尤其是尾数定价法在零售业中对消费类产品的运用非常广泛。在当产品的内涵品质对于决定产品或品牌选择非常重要时，而且在那些非常昂贵的饮食或戏票方面整数定价法的运用非常广泛。

活动5.13

当你下次购物时请记录下那些“尾数”定价法和“整数”定价法的例子。

促销定价法更多的是一种战术决策而不是一种战略方法，但价格的确是一种强有力的战术武器。这种定价方法主要基于价格的短期变化，而且往往是（但不总是）通过降价来促进销售，这种方法的实例包括：

- ○ **现金回扣** 这种方法包括多种形式，但所有的形式都像该方法名称所暗示的一样，包括向顾客提供一些现金回扣或返款。举例来讲，他们可能要购买一定的数量或在一年内购买多少次，一些假期包办旅游公司通过使用现金折扣系统来吸引顾客较早地进行预订；
- ○ **特殊事件定价法** 同样地，这种方法也有多种形式，但这种方法是与某些一次性的事件相联系的。例如，在 2000 年的悉尼奥运会上，许多公司提供了一些特价活动和促销措施；
- ○ **牺牲品定价** 这种方法在零售市场营销定价中应用非常广泛，它往往通过对某些特定的产品制定非常低的价格来把顾客吸引到商店中来；
- ○ **低息贷款** 很明显，当顾客可能需要某种产品的延期信用时，这种价格武器会非常有效。例如，在汽车营销以及其他在很长时期内分期支付的高金额的消费产品中这种方式运用得较为广泛；
- ○ **其他促销手段** 许多促销活动都是我们上面所讨论过的价格促销，但有一些促销活动如“买二赠一”、“买一送一”以及“赠送 20%”等也为市场营销人员广泛使用，这些促销活动实际上也是价格方面的促销。

市场营销人员在如何使用定价促销方面必须谨慎，过度使用价格促销可能会形成产品质量“较次”的形象，而且 / 或者顾客也会不断观望以期待价格进一步降低。

活动 5.14

当你在寻找尾数 / 整数定价法的例子时，请同时注意观察看有没有别的特殊促销定价的例子。

产品组合定价法 到现在为止，我们在本单元中有关定价的讨论主要集中在为某个单一产品制定价格决策。但是，大多数公司都生产并营销一系列的产品，而且往往这些产品类别在生产成本、营销成本或顾客需求之间都相互关联。所以，市场营销人员在制定价格决策时必须反映这些产品之间的关系以使销售收入和利润最大化。

现实的市场营销当中存在着大量产品组合定价的实例，下面我们给出其中的两个：

- ○ 刮胡刀的价格定得很低，而刀片却以非常高的价格销售；
- ○ 在服装零售当中采用“价格点”政策，如衬衫分别以 15 英镑、20 英镑和 25 英镑的价格卖出。

活动5.15

如果你在现实中碰到任何有关产品组合定价方面的例子，请将它记录到你的定价实践清单当中。

制定具体的价格

到目前为止，我们所讨论的都是定价的一些指示性信息，例如，我们对定价的投入要素、定价的一般方法和途径等进行了讨论。但是，所有这些讨论和顾虑的最终结果都应该体现到对某种具体产品或服务的定价方面。当然，定价流程的前面几个步骤应该能够指导并限制最终价格的制定，对价格范围进行收缩以确定最终的价格是有意识的，而且这一阶段的确也是一个结构化的定价流程的一个必要组成部分。但即使在这一最后阶段，市场营销人员在确定最终价格时仍必须保持一定的灵活性。这种灵活性体现了市场营销人员对任何一种会影响最终价格确定因素的估计，这些因素可能包括定价当时的经济状况、任何一种特定的季节因素、竞争对手的一些不寻常的活动等等。我们也应该记住，在制定价格决策的过程中，市场管理人员在遵循前面这一系统性的框架的同时也必须发挥他们自身的经验和知识。

价格调整政策

在制定好价格之后，由于不同顾客之间的差异和不断变化的环境需要，公司往往必须对其基本价格做出调整。所以，公司需要制定价格调整政策，下面我们给出了三个价格调整方面的例子：

- *折扣和补贴定价* 公司采取这种政策对基本价格进行调整以奖励那些提前支付、大批量采购或在淡季采购的顾客。这种政策的基本形式可以是现金折扣、为批量采购提供数量折扣、为淡季采购提供季节性折扣等，以旧换新和促销折让是鼓励购买的一些降价形式。

营销实践：案例

当某种非常昂贵的耐用品还在试用期（或更具体来讲还有一些残余价值），而顾客想更换该产品时，价格折扣和折让会非常适宜。这种产品的最佳例子当然要数汽车了。因为一些大家都可以理解的原因，在汽车市场上进行竞争性市场营销的一个主要因素就是以旧换新，因为消费者在更换新车时所考虑的主要因素就是手头现在所拥有的旧车。在英国，Dixons（一家主要的新车和二手汽车分销商）就非常有效地使用了以旧换新以及其他一些与此相联系的促销手段。例如，一些时候，一个消费者可以用一辆几乎没有什么价值的旧车来作为购买新车的抵押保证金。

○ *细分/差别定价（价格歧视）* 公司常常会修改他们的基价以适应顾客、产品、地理位置等方面的差异。从本质上讲，它指的是公司以两种或两种以上的不反应成本比例差异的价格来推销一种产品或提供一种服务。例如，向不同年龄群的顾客索要不同的价格（即向退休老人推出特价）。同样地，也可能是在同一天内不同的时间索要不同的价格，如电话收费。通过我们通常所说的价格歧视方法来调整价格往往是使需求和公司收入最大化的有效方法。但是，在采用这种方法时，要非常小心以避免在各个消费群体之间制造矛盾。

营销实践：案例

细分/差别定价尤其在服务市场当中非常有效，所以也被该市场当中的营销人员广为采用。与服务相联系的市场营销问题（包括市场营销组合要素在这些产品当中的运用）会在第九单元中详细讨论。我们会在第九单元中了解到，由于服务产品的特性导致在需求和供给之间求得匹配更为重要。很明显，价格在这两者之间进行匹配的过程中所起的作用非常关键，因此得到了广泛的使用。特别是在服务市场营销当中，市场营销人员经常会索取不同的价格以平衡需求的波动。例如，在航空业中，航空公司在同一天当中（有时是一年当中）的不同时段会制定不同的票价以确保飞机满员飞行。类似的，在酒店行业中，酒店在同一周（一年也一样）的不同时段往往会制定不同的价格以确保最高的入住率。

○ *促销定价* 我们之前所讨论的促销定价也是价格调整步骤的一个例子，在这个过程中公司将价格作为一种战术手段而不是一种战略方法，通过短期的价格变动来滋生需求。很明显，促销定价所制定的价格经常会低于标签上的价格，有时甚至会低于成本价。前面在促销定价中所举的例子也同样可以用来描述价格调整政策。

营销实践：案例

在英国，有证据显示，到目前为止，最有效的促销定价方法为多倍购买定价，如“买一赠一(bogofs)”、买三赠二等。据估计，有60%的顾客认为在他们选择产品或品牌的过程中这种方法是对他们影响最大的促销方式。与多倍购买联系较为紧密的是补充购买促销定价，通过这种方式消费者在购买某种产品时会免费获得另外一个相关产品。

一般的定价政策

在制定价格的过程中，在某个价格政策框架内或受某个价格政策的指导是非常重要的。与组织内所有其他的政策一样，价格政策应该能够在决策制定或执行过程中指出哪些行为能够接受，而哪些行为不能为企业所接受。一个定价政策应该包含以下方面：

- 定价决策的权力和职责；
- 价格折扣、特殊待遇等的判断标准；
- 对竞争对手价格变化的应对程序；
- 公司内制定价格变动的程序；
- 信用政策。

活动5.16

如果你现在服务于某家公司，试着从以上所列的各个方面为你的公司制定出相关的政策。

定价和互联网

毫无疑问，价格和价格决策是市场营销领域中受互联网增长影响较大的主要领域之一。简单地讲，互联网在这方面的效应是，它可以让顾客比以往更广泛且更方便的与竞争者的产品进行比价。这就为追求成本效益和价格效益的公司（尤其是那些传统的通过非互联网途径提供产品和服务的公司）增加了额外的压力。

顾客现在能够到处比价以获得最低的价格，而且他们现在也的确已经这样做了。此外，当然，许多通过互联网来提供消费产品的供应商由于他们没有那些高昂的房地产成本，所以他们能够承受比传统零售商更低的价格。正是因为这一点，(而且随着网上购物的增长)我们能够预计在未来价格竞争会变得越来越重要。那些由于成本较高而不能在价格上进行竞争的企业要么必须从市场上退出，要么就必须建立较强的品牌忠诚度以降低顾客对市场营销要素之一——价格的敏感度。

营销实践：案例

一些网络银行如Egg、Cahoot和Smile等就非常成功地运用网络来促使顾客将他们产品的价格(本质上也就是他们各自的利息率)与竞争对手的价格进行对比，他们相信日益增加的网络银行用户会四处搜索以寻找最有吸引力的利息率。

营销实践：案例研究

"定价只是一个游戏"

目前世界上电脑游戏市场的竞争无疑是竞争最激烈的市场之一。该市场中最大的三家企业分别是Sony公司，该公司的产品是Play Station；微软公司，该公司的产品是X Box；还有另外一家在该市场中成立历史最长的公司——Nintendo，该公司最新的产品是GameCube。

有人可能会想在该市场中要获取竞争优势首先采取的路线应该是主要基于技术和在市场中的性能表现。当然，这三家顶尖公司在技术投资和产品开发方面的投资是非常巨大的，每家公司都致力于通过各自不同的技术让顾客体验到卓越的游戏性能。的确，这三家公司所采用的技术是完全不同的，例如，Nintendo公司的GameCube是一种户外游戏产品而不是一套完全的室内娱乐系统；微软宣称他们产品的主要优势为便利的在线互联；而sony公司的Play Station第二代宣称通过该公司大量的游戏软件可以让顾客获得最兴奋的游戏体验。

既然在该市场竞争中各公司都如此重视技术和产品特性，有人可能会认为价格（尽管这一因素对顾客而言一直比较重要)可能在该市场中对消费者做出购买选择，并进而进行游戏及营销所起的作用应该不是非常重要。但是，该市场当中的证据显示，目前价格要素已经成为各个公司竞争战略中最重要的一个因素。例如，Sony公司的Play Station第二代在新推出时所制定的价格超过了 200 英镑，但截至 2002 年底，在英国市场上，你已经可以以 170 英镑的价格买到该产品。而微软公司针对 sony 公司的这一降价活动所采取的反应不仅是跟风降价，而且降的比 Play Station 的价格还要低。X Box 的价格在 2002 年底前的价格降到了 160 英镑以下。Nintendo 公司当时正推出它的改进型的 GameCube，而因为 Sony 和微软所引发的这场价格战使得该公司发布前的价格降到了 130 英镑以下。

这个例子说明了许多公司不但避免不了价格竞争——即使有的时候他们的市场营销和定位战略（更不用说他们的成本和利润水平了）还建议要避免价格竞争——而且一开始的价格削减竞争会很快发展为价格战。有一些人可能会说价格战的最终受益者还是购买大众，但从长远的角度来看，消费者很可能不能从价格削减或价格战中获益。公司要持续在产品开发和改进方面进行投资没有必要的利润支撑是不可能的。最后，价格战还有可能将一些竞争对手挤出市场，这样消费者可供挑选的机会就会减少而且价格也可能会比以前更高。从市场营销的角度来讲，价格竞争在某种程度上是最“低”层次上的竞争，而且市场营销人员应该警惕不要执行一个基于持续价格消减基础上的战略。

定价无疑是一个游戏，但却是非常危险的游戏。

总结

- 从本单元中我们看出，价格在市场营销组合中扮演一个中心且独一无二的角色；
- 经济学家、会计师和市场营销人员每一方都有自己的关于定价的观点，但每一方的观点对价格决策的制定都有一定程度的贡献。价格决策的四个输入要素也即 4Cs 是成本、顾客、竞争者和公司自身；
- 价格决策应该以一系列步骤或阶段的形式进行系统性的构建；
- 定价方式包括基于成本的定价、基于竞争对手的定价和基于需求 / 市场的定价；
- 价格决策应该体现公司的目标和战略；
- 价格战略在产品生命周期的各个阶段可能各不相同；
- 新产品价格战略有两种形式分别是撇脂定价战略和渗透定价战略。公司需要制定价格政策，一个价格政策往往包括定价职责、信用政策和价格调整政策；
- 网络营销的增长正在使价格竞争不断加剧，而且在许多市场中顾客可以四处比价以发现市面上最低的价格。

进一步学习和考试准备

现在回答下面这些问题

问题5.2

成本加成定价法的优点和缺点分别是什么？

问题5.3

找出市场营销部门在对某个价格战略达成一致之前所需要的信息有哪些类型。

问题5.4

市场渗透定价策略的优势和局限性分别是什么？

问题5.5

为了使收益最大化，在产品生命周期的各个阶段应该怎样制定价格政策？

问题5.6

请分别解释一下市场营销人员在价格调整时可以采取的三种价格调整政策。

以前的考试题

参阅 2000 年 6 月份的考试试卷问题 5，登录网站 www. cimeduhub. com 获取该问题的参考答案。

参考书目

F. Brassington, S. Pettitt, *Principles of Marketing: 2nd Edn*, FT/Prentice –Hall, 2000, Chaps 10 and 11.

进一步阅读

S. Dibb, L. Simkin, W. Pride, O.C.Ferrell, *Marketing Concepts and Serategies: 4th European Edn.* Houghton, Mifflin, 2000, Chaps 18 and 19.

G. Lancaster, L. Massingham, R. Ashford, *Essentials of Marketing: 4th Edn*, Mc–Graw–Hill, 2001, Chap 7.

第六单元 营销组合：渠道

学习目标

通过本单元的学习你将会：

○ 理解分销和物流在市场营销中的重要性(3.10)

○ 掌握分销渠道的设计流程，并了解在这方面做决策所涉及到的影响因素(3.11)

○ 认识在分销方面的一些主要趋势和发展，并了解信息和通信这些新技术对分销的影响(3.11)

学习指南

本单元涵盖了我们营销组合三个关键要素的第三个，其中包括客户获得产品和服务的途径和机制。

不论这一要素被人们称为分销还是"渠道"(按照 4P 的范畴来讲)，它一直以来都因为各种各样的原因被人们遗忘了。但是，正如我们即将看到的——而且，毫无疑问，你必须对它加以重视——渠道要素和市场营销组合中其他三个要素同等重要，而且它更多的是市场营销人员的职责——尽管对分销渠道和物流的管理和计划日益成为该领域非常专业的职能。而实际上，现在许多组织也的确雇佣了这些专家。尽管我们承认该领域是一个日益专业化的领域，但这也并不是说要让你成为该领域的专家，没有这个必要。我们必须强调，分销和物流的设计和计划必须以顾客以及他们的需要为中心。正是因为这一点，而且因为它对于市场营销计划有效性的作用至关重要，所以至少你必须重视渠道的设计、运行以及控制在市场营销职能中的作用。

我们预计看完本单元会花费你大约 3 小时的时间，并建议你多花费 3～4 个小时的时间完成推荐的其他活动。要完成本单元的阅读，除了笔和纸之外你不需要别的任何工具。

渠道在市场营销中的地位和作用

学习提示

当涉及到价格制定的决策时，你作为一个消费者，能从日常消费中观察到该公司分销战略的一些方面。所以，当你学完本单元谈及定价时，你有必要四处找找，寻找一些能说明本章中所涉及到的分销和物流计划在实际中的运用（或乱用）。而且像前面的单元那样，在适当并可行的情形下，我们还要求你去挖掘你所在的组织对市场营销组合中这一特定要素的运用情况。

简单来讲，市场营销组合中这一特定要素的作用是保证目标客户在“合适的地点”以及“适当的时间”能够获得你所提供的产品和服务。但是，渠道要素还有其他一些重要的方面，例如，也要保证能够获得市场营销人员的产品和服务：

○ 要提供“适当的数量”；

○ 要提供“合适的环境”；

○ 要提供“适当程度”的建议、安装以及售后服务。

如果渠道计划不周，或这些“合适”程度不能得到很好满足的话，而即使市场行销人员在所有其他方面(如完美的产品、有竞争力的价格以及一场令人兴奋的广告活动）做得非常完美也无济于事。的确，经常有一些公司因为分销和物流方面的问题导致公司的破产或新产品推出的失败。

另一种描述渠道在市场营销中的地位和重要性的方法是，思考一些会出错的事情并考虑这些事情对市场营销人员以及公司意味着什么。下面是这方面的一些例子：

○ “没人愿意增加公司产品的存货。”这件事情的市场营销含义可能比较明显；

○ “经销本产品的大多数零售商都已经脱销。”顾客不得不去别的商店，会变得生气，而且会降低对本公司的品牌忠诚度；

○ “由于我们不愿意小批量出货，目前经销商的存货量过高。”经销商会去找别的厂商，会很生气而且供应商也会变得不忠诚；

○ “在配送过程中，我们的产品有10%的损坏率。”顾客、分销商以及我们的董事会成员都会很生气；

○ “我们的竞争者目前直接把产品送到我们的客户家中了。”我们丧失了10%的市场份额；

○ “由于我们仓库管理以及配送的低效率，我们的分销成本太高了。”我们的利润降低了10%。

我们能接着举出许多公司由于渠道要素计划不周，而会碰到的同类问题，但现在你应该非常清楚，在这一领域的低效管理会对顾客满意度以及公司的销售和利润水平产生非常大的影响。换句话来讲，有效的渠道管理现在公认是市场营销竞争战略以及公司成功的主要因素。

活动6.1

试着回想一个你作为某个产品／某种服务的消费者或潜在消费者而遭遇到的“不愉快经历”，这个经历很可能是因为分销的计划不周或管理不当而导致。

思考一下这个经历当时你对该产品、该品牌以及提供者的态度有什么影响。

渠道的作用日益提高且不断变化

到目前为止，我们所谈论的所有有关渠道的事情都强调了它在市场营销中的重要性。尽管最近它的重要性已经获得了极大的提升，这导致了它在市场营销中的地位也发生了很大的变化，同时这也引发了许多渠道管理的新技术和新方法的出现。下面我们简单探讨一下引发这些变化的原因。

分销的高成本/降低成本的空间较大

一直到最近，人们在节约成本的运动中一直忽略了分销和物流这一领域。大多数人对此感到非常诧异，因为分销和物流方面的相关成本一般会占据产品总成本的30%左右。现在才认识到这一点可能有些晚，但大多数公司很快意识到在这些方面的成本节约代表了公司利润改进的一个巨大机会。

竞争优势的潜在领域

我们在前面早就提到过渠道及其管理对顾客的影响(既有好的方面，也有坏的方面)，为提高顾客满意度而设计的高效的分销和物流对销售及市场份额有非常大的影响，实际上，顾客目前所要求的分销方面的服务水平在5年前甚至连听都没听说过。此外，正如我们后面即将会看到的，一些工业生产和制造方面所出现的新趋势，如“实时制”管理，提高了对分销物流水平的需求，而那些能计划好他们的分销物流以应对这些需求的市场营销人员已经为公司创造了丰厚的利润。

渠道计划和管理工具方面的改进

部分是因为意识到成本改进及竞争优势的发展空间，在近些年，有效管理渠道的工具和技术方面取得了长足的进步。此外，正如前面所提到的那样，我们现在拥有在这些领域的专家。渠道的概念已经从单一关注分销网络的某一个要素(如渠道)转变成将分销看成是一个相互联系的系统，并做出相应的计划并向这个方面迈进，通过这个系统，人们可以对产品和服务流入、流出组织以及在组织之中的流动进行计划。

头脑中有了这些概念之后，我们现在把目光转向市场营销组合当中的渠道这一要素的设计方面。

广泛来讲，营销组合中的渠道设计包括两个关键且相互联系的领域。实际上，因为这两个领域相互关联非常紧密，所以最好是同时对他们进行设计。但是，在把他们看成整个系统中的两个子要素之前，我们会分开讨论这两个领域。这两个领域分别是：

○ 营销通道的设计；

○ 有形分销 / 物流的设计。

我们将首先从通道开始。

营销通道

关键定义

营销通道——包含各种个体和组织，他们可以保证产品或服务能从生产者的手中流入顾客手中。

当某种事物指的是传递途径或别的东西经过它来流动时，用通道这一词是比较合适的，实际上，理解市场营销渠道这一概念的最简单的方法是运用下面这个图。见图6.1。

举例来讲，凯洛格生产一系列的早餐食品，按照目标市场对形状的不同需求将不同的产品分类包装。从它的生产工厂开始，它就将不同的产品按照预先的合同协定以及不同的顾客需求直接发向全世界各地的零售商店。最终顾客通过这些零售中间商就能够获得凯洛格的产品，在此之后，才能要求顾客在零售店进行支付。例如，需求方面的信息包括顾客对新产品的反应或某次促销的效果都可以通过零售商直接回馈给凯洛格的营销和制造团队。中间商向凯洛格的支付也是通过事先约定好的协议来进行。中间商代替凯洛格担任库存和分类方面的职能，而促销及其他营销方式通常有两方来共同负责。由中间商向凯洛格所回馈的有关顾客和需求方面的信息能够被用来调整市场营销策略并有助于新产品的开发。

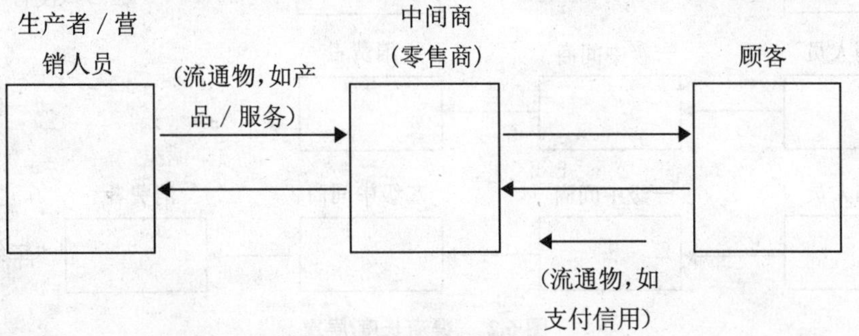

图 6.1　一个简单的分销渠道

> **活动 6.2**
>
> 运用图 6.1，列出你所认为的一些分销渠道的关键要素。

并不是所有的分销渠道都像图 6.1 所列出的那样。有一些比较长，中间商会更多一些；有一些有各种各样的中间商类别；再有一些则更短。流入流出的流通物通常也多种多样，实际上，这些渠道的要素都是人们要做出决策的领域。市场营销人员必须将这些要素作为变量，对渠道的结构进行计划。因此，在设计分销渠道时需要做出决策的领域如下：

1. 渠道长度，如中间商的数量以及在通道中的“等级”。
2. 渠道中中间商的类型（如果有多种的话）。
3. 渠道 / 市场的覆盖程度，如一个层级上的中间商的数量。
4. 渠道成员各自的任务、职责和条款。

渠道长度

在图 6.1 中，生产商 / 市场营销人员与最终消费者之间中间商的层次只有一级。所以，这个渠道就相对比较短，而且实际上是一个“一级渠道”。“二级渠道”有两个层次的中间商，“三级渠道”拥有三个层次的中间商，以此类推等等。

> **活动 6.3**
>
> 你认为一个“零级渠道”是什么样子的？

不同的渠道长度将占据统治地位的市场实例：

○　零层级（直销）：例如邮寄书籍或唱片、航空直接订票以及各种各样的网络销售和订购；

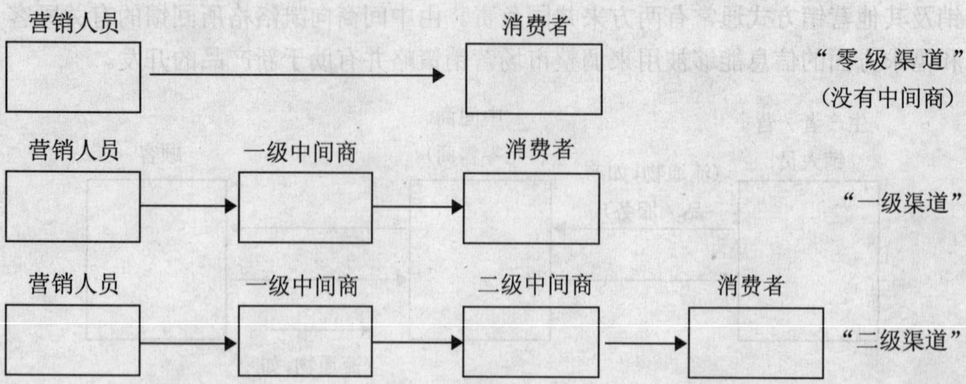

图 6.2 渠道长度/层次

○ 一级渠道：许多流通速度较快的消费食品都属于这一类，如品牌食品、服装、DIY 产品以及汽车；

○ 两级及更多级渠道：许多规模较小的公司倾向于采用两级甚至更多级的渠道，因为它们的规模决定了他们不得不经过一些中间商如批发商。

一般来讲，渠道越长（即层级越多），市场营销人员离最终消费者的距离就越远，所以他们能向市场施加的控制也就越少。此外，渠道中每个层级的中间商都希望能够获取一些利润，所以要么就得提高产品的最终销售价格，要么每个层级的获利空间都会降低。从这个角度来讲，也就意味着渠道越短越好。实际上，这也就引发了一个问题，市场营销人员为什么要使用中间商而不是自己直接销售。

活动 6.4

基于你自己的经验 / 知识，试着列举出市场营销人员为什么要使用中间商来分销产品或服务的原因。

最后，做出在一个或更多层级上使用中间商的决策是基于他们执行必须的渠道职能或流通功能更加有效。我们已经通过图 6.1 了解了一些渠道所包含的流通职能，但渠道还必须执行其他一些职能：

○ 产品的储存和转移；

○ 所有权 / 权利的转移；

○ 促销；

○ 谈判；

○ 风险承担。

如果市场营销人员不能比中间商更有效地执行这些职能，那么他们应该将这些职能转给中间商。如果只有一个层级中间商不够的话，那么就应该使用两个层级，以此类推等等。

直销的增长

近些年来，渠道有越来越短的趋势。实际上直销(即零级渠道)被大家越来越多地采用。直销，从字面上来理解也就是市场营销人员直接将产品销售给最终顾客。

活动 6.5

列举出采取直销方式的四个实例，将你列出来的清单与任务报告中所列出来的进行对比。

正如我们之前所看到的，直销只有当比使用中间商更有效率和成效时，才是比较正确的。要解释为什么直销会在世界上许多国家得到快速发展的原因非常多。

活动 6.6

试着列出四个直销快速增长的原因，将你列出来的清单与任务报告中所列出来的进行对比。

本书最后部分的任务报告中所列出来的原因清单解释了为什么市场营销人员近年来越来越多地对直销产生兴趣。但是，仅市场营销人员自身的需求和意愿(尽管这一点很重要)不足以解释近些年来这一领域的飞速增长。造成直销迅速增长的还有其他两个同等重要的原因：1. 信息技术尤其是数据库的全面进步；2. 直接反应媒体方面的发展和进步。

信息技术和直销：数据库的使用

信息技术的发展使得组织能够开发并运用复杂的数据库来识别他们的客户以及这些客户的行为及特征，而且正是因为这一原因，企业能够直接面向最终客户而不必使用中间媒介。不可否认，数据库对于成功的直销活动是至关重要的。电脑运算能力的不断增长以及成本的不断降低，使得企业能够收集并存储有关顾客的信息(举例来说，这些信息可以用于细分市场及目标客户的决策方面)、生成邮寄名单、存贮顾客对直接沟通的反应等等。有关顾客以往交易的信息很可能都被存贮下来，而且还可以通过一些数据中介机构获得直接发送邮件以及其他形式的直销接触方式方面的信息。这些数据库可以用来跟踪、分析并发展与顾客的关系。许多公司目前已经将通过数据库来开展这种关系作为其市场营销战略以及促销战略的一个关键组成部分。我们将在第九单元中更详细地讨论数据库的运用，在第八单元讨论客户服务时，我们还将会更加详细地讨论客户数据库在关系营销开发过程中的运用，以及关系营销的含义。现在数据库中所包含的客户信息的来源渠道非常广泛，这些信息经过分级、整理、加工就可以获得一个详细的客户概况。这些有助于直销的数据库信息来源包括以下渠道：统计数据、邮递区号、选民名册、信用卡信息、交易数据、汽车产权数据以及生活方式数据库等。

通常这些数据信息可以通过商业数据库来获得，而且，的确存在着这样的公司(如数据名单公司，这种公司专门提供直销方面的信息)，他们所有的业务都来自于数据提供。

公司通过提供数据库及数据信息来开发商机这方面的一个很好的例子是英国的皇家邮寄公司(Royal Mail)。你可能能够猜想到，皇家邮寄的数据信息主要围绕着地址和邮政编码等方面，但是这些信息同时还与数据库中的许多其他有关消费者的信息相互链接。举例来讲，通过这种方式，邮政地址就和顾客的购买行为方式以及/或生活方式信息连接起来，并进而能为市场营销决策提供有价值的信息，直销市场人员业已特别发现这种方式以及其他相类似的方式对他们的工作甚有助益。

拓展知识

你可能非常希望继续进一步了解这些数据提供商，想知道他们究竟能够提供哪些服务，当然，你可以通过网站来接触到大多数的公司，例如，通过 www.roymail.com/mysolution 就能获得皇家邮寄的数据服务。

除了这些商业数据库之外，有一些公司也自己开发了有关客户方面的数据库，例如，许多英国一流的零售商已经开发了自己的内部数据库。正如我们前面讨论关系营销的时候提到的，忠诚卡(Loyalty Card)系统的使用在信息数据库的创建方面提供了无可比拟的价值。公司使用忠诚卡并在数据库方面进行设计的一个非常好的例子是 Boots 公司，该公司通过它的忠诚卡系统建立了一个客户数据库，而基于该数据库对这些持卡用户的详细了解，该公司推出了一系列有效的促销及其他市场营销活动。

你能够预计到，公司内部开发的数据库系统相对于从外部购买的数据有几个潜在的优势。内部系统在有效控制、准确性以及数据与营销活动的相关性方面(造成这种情况的原因大家都能够理解)尤其比外购要更有优势。

公司内部自己开发强有力的数据库系统除了上述的潜在优势之外，它的劣势主要在于其构建并使用自己数据库系统的成本和复杂性方面，更不必说使用这些系统所需要的技能。现在的数据提供商都非常专业，而且能为营销人员提供非常专业的技能和经验。举例来讲，提供信息数据服务进一步的例子包括：英国市场调查局、CACI 以及尼尔森审计公司。请在此记住，大多数的市场营销数据库都可以通过网络获得。布莱森顿和佩蒂特合著的著作《营销原则》一书中提到，在英国目前有超过 4000 家公司提供数据服务，而欧洲其他国家还有另外 20000 家公司提供类似的服务。

在某种程度上来讲，现今的市场营销人员所面临的问题不是缺乏数据和信息，而是信息和数据过多，这就导致了信息过载。我们必须记住一点，即信息会花费金钱，而且，如果在数据库的设计和运行过程中不加以注意的话，那么在构建、获取和使用数据的过程中会浪费大量的金钱。这类市场营销人员应该避免的数据库系统方面的问题包括，那些不易获得的而且不易被分析的过期的数据和/或不准确的数据，而且更重要的是要避免那些对改进营销决策不能起任何作用的数据。所以，有效地进行数据库的设计和运行是非常重要的，而且数据库的设计和运行必须按照营销人员的计划进行。在直销项目中，下列各项代表了在设计并执行消费品直销活动中所需要的信息类型：

- 顾客姓名；
- 顾客地址和(尤其是)邮政编码；
- 顾客现行消费状态，如用户、非用户、背离的用户等等；
- 年龄；
- 收入；
- 社会——经济群体；
- 购买历史(如果有的话)；
- 地理人口统计特性；
- 之前的反应特性(如果有的话)。

一定要记住，这些只是要进行直销活动所需数据库中应该包含的信息类型的一些例子。很明显，信息越多、信息越准确以及信息与讨论中的市场营销活动的相关性越高就越好，而且我们还应该再次记住信息会花费金钱。数据库应该有助于直接邮寄活动能够指向正确的目标客户而且要能够保证在设计这次直销活动时要始终把目标客户记在心中。这样做的话，很可能会有一个较高的反应率，而且当然，那些感觉他们收到的是垃圾邮件的客户数量也会降低。

另外一个市场营销人员需要考虑的有关数据库中信息的重要方面是数据保护问题。1998 年，英国将《数据保护条例》升级为法律。这是一个复杂的立法领域，但从本质上来讲，该条例设计的目的是为了监管数据库中的信息如何被获取、分析并使用。它不但包括市场营销活动而且因为非常明显的原因，市场营销人员尤其是直销人员都受该条例的影响。由于该条例所包含的行动过多而且都难马上达到，所以是逐步推出的，而且到 2001 年 10 月才得以全部实施。任何一个市场营销人员要获取或拥有数据库中的信息必须理解并遵守这一重要的法律。同样，市场营销人员如果因为直销活动而必须使用这些信息也必须全面理解这一重要的法案。

营销实践：案例

对直销人员来讲，如果要使用《数据保护条例》而且要理解该条例的含义，可以从直销协会获得这方面非常优秀的指导，他们的网址是：www.dma.org.uk。

不足为奇，有效和无效的数据库对于直接邮寄和市场营销活动的效果影响是巨大的，所以，市场营销人员应该确保数据库时时更新且没有干扰信息。这不仅有助于改进顾客反应率，而且有助于消除过去的那些跟直接邮寄活动相关的骇人听闻的故事。例如，有的公司非常不幸地将信件寄给一些已经过世的人；而有的公司将怀孕测试服务发给了退休的老人等。

营销实践：案例

在销售和市场营销战略中运用直销方式非常成功的一家公司是Slendertone公司。通过使用一个复杂但设计完美的数据库，该公司能够使用一系列非常广泛的直接反应工具如：直接邮寄、新闻以及电台并获得市场份额的持续增长。

直销技术的发展：电子途径

尽管直销代表一种零级渠道（所以在设计营销组合中渠道这一要素时考虑它是非常正常的），但是直销活动也同样使用促销工具和媒体，的确，它们在直销方式的设计和实施过程中是非常必要的。因而，也正是因为这一点，在第七单元“营销组合：促销”中讨论的是市场营销中的促销工具，但我们还会重回直销，尤其会讨论直销所使用的主要工具。

但是，在过去几年中，分销工具方面的技术取得了几项重大的发展，而这些反过来又促进了更多直接分销渠道的进一步增长，而这些新的直销渠道你也应了解。尤其需要注意的是，近些年来直销的增长主要是通过电子直销方式来支撑的，而电子直销的增长反过来引发了一场便利获取的趋势，如家庭购物。在这当中其作用最大的当然是因特网和万维网。

因特网和万维网

因特网和万维网的发展可能代表了直销领域最重大的发展，顾客现在可以通过网上冲浪在家中在线购买所需的产品和服务。

一开始，一些国家由于个人电脑拥有量以及安全方面的考虑，因特网和直销方式的发展较慢，但近些年来随着这两方面限制因素的减少，它们开始飞速发展，而且由于它们的重要性，在未来，它们仍将会保持飞速发展。在某些方面，因特网很可能代表了直销最可能的发展方向；除了一些服务提供商和一个网络搜索引擎之外，这个渠道中根本不需要任何中间商。所以，正如我们在之前的单元中所看到的，这个渠道中产品的价格相对于传统渠道的价格可以降得非常低（至少存在着降价的空间）。首先，因特网对顾客而言可能代表的是最方便的一种购物方式。通过这种渠道，顾客就不必在恶劣的天气条件下再外出购物了，也不用为在拥挤的购物中心寻找一个车位而发愁了；顾客现在不但可以随时购物，而且可以非常方便地在自己家里进行购物。尽管因特网作为一种营销渠道在整个欧洲尤其是在英国发展非常迅速，但是许多市场营销人员仍然未能意识到这一渠道及它对未来营销发展的影响和潜力。尽管有的公司已经开发了自己的网络站点，但他们也没有抓住这一事实，即要使它能有效运行，在网站设计过程中以及与搜索引擎的链接方面都必须万分小心。坦率地讲，许多公司的网络营销技能通常是非常薄弱的。许多公司存在这样一种误解，即认为网站只是另外一种广告方式，或只是对公司及其产品的一个发布。举例来讲，许多公司以及许多市场营销人员，从来不想设计自己的广告和网站内容，却还要建立自己的网站。所以（再次坦白来讲），许多网站一点都不专业、利用率很低而且不能给人留下深刻印象。市场营销人员必须意识到网站设计的各个方面都需要专门的技能和知识，而且网站设计让专业人员来负责的话效果会好很多。当然，这样讲并不意味着市场营销人员不用理解网站设计的基础知识以及因特网在市场营销中的运用。现在市场营销人员越来越重视网络工具（如“聊天室”和“公告牌”）如何在市场营销中加以运用。

拓展知识

尽管，我们说过，市场营销人员应该将网站设计和运行方面的一些更专业的方面留给专家去做，基于同样的理由，现今的市场营销人员必须熟悉网络和网站在营销活动（当然包括我们现在所讨论的领域：直销）开展中的运用。你应该抓住这一机遇，并尽可能多地学习基于网络的营销、因特网及电子商务等知识。我建议你们可以参考的这方面非常优秀的两本书籍是：《网络营销》（《Internet Marketing》）柴菲（Chaffey）、麦尔（Mayer）、约翰逊（Johnston）以及艾利斯·查德威克（Ellis-Chadwick）合著；《计算机营销》（《Cybermarketing》）比池顿（Bisherton）和帕帝斯（Pordesi）合著，这两本教材在我们的课程提纲中列为必读教材。

同时，在如何使用因特网以及基于网络的市场营销方面你还可以从以下营销特许机构的网址上获得大量的信息：

www.wnim.com

www.connectedinmarketing.com

尽管因特网和万维网的增长正如先前所提到的与技术的发展以及个人电脑的拥有率密切相关，你也能够预计到，他的增长是受这一事实所驱动的，即因特网作为一种营销渠道与其他渠道(包括邮购、电话营销等)相比，有几个无可比拟的优势。这些优势当中，有一些对市场营销人员较为有利，有一些则对顾客较为有利，但这种渠道的增长当中真正起作用的因素是对两者都有利的优势。那些能解释因特网作为一种营销渠道快速增长的优势如下：

○ 便利性；

○ 对顾客而言，价格有降低的空间；

○ 顾客四处比价的空间较大；

○ 市场营销人员基于顾客访问、信息提供等方面来建立数据库的空间较大；

○ 灵活性和速度，如顾客的订单能迅速加以处理、快捷配送等；

○ 顾客在使用／访问站点之前已经对某项产品有一定的倾向性，如已经表露出兴趣；

○ 网站比其他直接促销资料更具趣味性，如它可以包括动画和声音。

除了个人电脑拥有率和因特网的介入成本以外，将来会影响这一市场营销渠道未来增长的最主要的因素可能是顾客对待安全因素的态度。最近在英国由政府组织的一次调查显示，因特网用户对安全的担心是网络购物发展的最大障碍。大约 70%的互联网用户对此表示担忧，并认为这是他们不会通过互联网购物的最主要的原因。当然，一些个别情况下，顾客在信息和利益保护方面的确存在问题，但是，正如其他任何事物的发展一样，这个问题也是一个真正的市场营销问题，市场营销人员需要建立使潜在购物者相信并劝服他们信任网络购物系统的安全等级。

尽管存在着这些担心，但是，因特网作为一种分销渠道自身所具备的优势决定了它未来仍将持续发展。

一些其他的驱动技术

尽管因特网很可能代表了影响渠道发展的最重要的技术发展，但它绝不是惟一的一个。我们将再一次回顾一下其他单元（如第七单元“营销组合：促销”）中这些方面的一些发展。尤其是在渠道方面，而且更主要的是在直销方面，其他一些技术发展正在或即将会对它们产生重大影响。下面将对它们当中最重要的两种进行介绍。

电话营销

尽管，电话非常明显不是一项新兴的技术，它的拥有率在许多国家都非常广泛，所以许多市场营销人员越来越倾向于将其作为一种直销手段，或至少作为一种他们与顾客沟通的手段。无论是呼出（企业与潜在客户进行沟通）还是呼入（潜在客户接受鼓励而与企业进行联系）都应用于直接反应广告当中。与直接邮寄和因特网相比，电话营销既是一个促销工具，还是一种营销渠道。通过电话营销，市场营销人员与顾客在家中或办公室取得联系，而且能期待顾客会有某些方面的反应。有时能从顾客那里得到的直接反应是立即购买，而能得到顾客更多的反应是激起购买兴趣或销售机会（包括约定预约，如销售人员直接上门拜访）。由于市场营销人员是在顾客的家中或办公室中与顾客建立联系的，而且通常拨打电话都未经对方获准，所以有一些人认为这种方式比较冒昧，甚至还有人认为这种方式是不道德的行为。当然，有一些人对电话营销非常反感，所以采用此种方法要非常小心。此外，还有一些行业规范和惯例对电话营销的使用进行较为严格的控制。电话营销要想像直接邮寄那样取得成功，一个较好的名单目录是非常必要的。同样要确保呼出电话的市场营销人员训练有素且很有礼貌，这一点也是非常重要的。通过电话营销获得预约的成功率较低，当然，取得直接销售的成功率则更低，通常呼出 100 个电话，只有一到两次会成功，但是，它和其他的促销或渠道途径相比成本也相对较低。尽管有一些顾客对电话营销较为抵触，但这种直销方式的使用率未来仍会持续增长。

营销实践：案例

运用电话营销最广泛且最有效的公司很可能是英国的一家电信公司——英国电信。该公司与现有客户定期通过电话进行联系，以了解顾客对他们所提供服务的水平和范围的满意程度，并给顾客提出一些如何降低通话费用或如何有效利用他们现有服务方面的建议，而且最终也通过电话向现有顾客营销新产品和服务。该公司为了吸引那些转向其他电信公司的顾客也曾经开展了一次集中性的市场营销活动，当然这次活动也是通过电话营销来进行的。

不可否认，在过去，通过电话联系顾客尤其是在家里联系顾客来销售产品被看做是一种不太专业的营销方法。但是，非常感激，电话营销方面过去一些过分行为现在已经被更专业的工具所代替。

当然，除了市场营销人员可以通过电话向顾客沟通之外，顾客也可以自己和市场营销人员联系。顾客主动的联系包含询问行为，有时甚至会下出订单，除了这些之外，顾客主动联系还包括解决问题、付款、抱怨等。公司现在已经越来越不太鼓励与顾客进行面对面的接触，因为这样对员工时间和设备方面成本非常昂贵。相反，目前出现的一个主要趋势是建立所谓的呼叫中心，公司通过这一中心位置来与顾客接触，并处理他们的询问、抱怨等。许多市场营销人员认为这种方式提高了顾客服务水平，并与客户之间保持了更紧密的关系，因为每周 7 天、每天 24 小时，顾客都可以通过自己的电话来与呼叫中心取得联系。事实上，近些年来呼叫中心的引入和运行是引发顾客不满和失望的最主要的原因，这主要是因为在过去呼叫中心更多的是被用以降低成本而不是改进客户服务。所以，如果呼叫中心或其他任何一种呼入电话营销方式要用以改善客户服务或改进与顾客关系方面的话，就必须非常谨慎地加以设计和管理。顾客在招待之前经常需要等待几分钟或者要在多个电话子系统之间进行切换而只有“穆萨克”音乐招待他们，这会让顾客非常反感进而会感到非常失望。那些优秀的电话营销人员已经开发出了有效的呼叫中心系统，并能有效地对呼入电话营销进行管理，进而改善顾客服务而不是降低服务水平。

营销实践：案例

EasyJet 是英国一家使用电话营销非常成功的公司，而其竞争对手英国航空公司受其成功的影响深刻地感受到它所带来的威胁，所以通过拓展并改进它的电话订票设备来应对这一状况。这样顾客就可以非常方便地通过电话问询航班及订票情况并进而通过电话进行订座。通过这个系统，电话问询者现在就会比以往较快的获得订票服务。英国航空公司预测，销售量的不断增长就是因为直接反应广告和电话接触这两方面共同作用的结果，而且这样做同时会使成本降低。

电话营销当中呼叫中心的使用方面的一项比较有趣的发展是 “V-Reps”的使用，它指的是当顾客跟一个呼叫中心联系时，跟它联系的是一个虚拟的呼叫中心接待员——V-Reps，它能够跟顾客讲话并了解顾客的需求。运用虚拟计算的最新技术，V-Reps 对打入呼叫中心的电话都能提供“人性化的面孔”。通过这种方式顾客可以跟 V-Reps 面对面地进行交流，而不用拿着话筒进行长时间的等待。人们一般感觉 V-Reps 比电话接线员更热情且更容易沟通。当然，在该地区，一般一个电话接线员接一个电话的成本为 30 英镑，而且还受上下班时间的限制，而如果把接线员换成这样一块非常便宜的电子器件之后，接一个电话的成本会降到仅仅 1.5 英镑，而且它不吃、不喝、不睡，也不用有休息日，当有必要时，可以通过编程将它设计得更富吸引力更具人性化。而且 V-Reps 越来越多地与公司的网站链接起来，在这种情况下，顾客或“访客”就能真正从屏幕上看到 V-Reps。

营销实践：案例

米勒酿酒公司拥有一套“比尔酿酒师”的 V-Reps 系统。他可在线解决访客的问题或回答与啤酒、啤酒酿造以及啤酒消费方面的任何问题。

你可以通过下面这个网站与他取得联系：www.millerbrewing.com/hom.asp

可口可乐公司也拥有一个 V-Reps 叫做“汉克”，你也可以通过下面这个网址与他取得联系：www.coca-cola.com

美国电话电报公司的 V-Reps 叫做“Allie”，你可以通过 www.allie.att.com 与他取得联系。

福特汽车公司的 V-Reps 名称是“凯特”，你可以通过 www.ford.com/en/support 与他取得联系。

Ragu 意大利调味公司的 V-Reps 为“Mama”，你可以通过 www.eat.com 与他取得联系。

移动营销（M-marketing）

这里的字母“M”代表“移动”(mobile)的意思。移动营销看起来是近些年营销领域增长最快且最激动人心的领域之一。正如他的名字所揭示的，他本质上是另外一种通过电话营销的方式——是指在市场营销中通过移动电话建立移动营销中心。移动营销与本章所讨论的其他渠道方式相比，虽然他也是分销渠道的一部分，但将它按照一种促销工具来考虑会更合适，所以，在第七单元中将他作为营销领域的一项重大发展领域进行专门讨论。

电视购物／互动电视

这种渠道和促销方式的增长是以通信技术的发展作为基础的，例如，同轴电缆和卫星电视与数字技术的结合使得在家通过电视购物这一领域获得了巨大的发展。许多同轴电缆和卫星公司专门为购物提供了一些渠道，此外，当然传统的节目中间的商业时间部分现在也蕴含着大量的电视购物商机。该领域目前的发展(如 3D 电视和直接通过调制解调器连接到因特网上等)只会增加这种渠道的应用。需要再次提到的是，这一渠道快速增长的原因归功于企业对卫星系统和同轴电缆系统使用量的增加。现在有一些人深信，在未来通过电视上因特网购物将代表这一渠道的发展趋势，而不是通过个人电脑上网购物。虽然相对于电脑而言，人们对电视比较熟悉，这将会给电视的发展带来一定的优势，但是，仍然有一些消费者拒绝通过电视购物。电视购物，尤其是通过电视连接到互联网的互动购物在整个欧洲以及世界上许多地方正在迅速得到发展。许多同轴电缆以及卫星经营商为电视购物设定了专门的频道，如英国在同轴电缆和数字网络中的 QVC 就是这方面的一个例子。通过这种方式来营销产品的好处是顾客可以现场得知大量且非常详细的有关该产品的信息。不可否认，现在有相当多的人仅将这种促销方式作为一种娱乐节目，但是，未来将会有越来越多的消费者会通过这种促销方式和分销渠道来购买产品。

中间商的类型

从某种程度上讲，渠道的设计和计划与之前有关渠道层级的决策是密切相关的。例如，一家公司可能做出决定，认为最有效的渠道是包括批发商和零售商的分销网络。但是，虽然该公司已经做出决策使用这两组中间商，但在每组中间商之间，可供市场营销人员选择的种类也比较多，如批发商还可以细分为商品批发商、全面服务提供批发商、付现自运批发商等等。同样，零售商的类别也包括独立的单一零售商、连锁商店、量贩商店、联号商店等等。所以市场营销人员必须从众多类别之间做出决定，应采用哪种类型的中间商会最有效。

活动 6.7

如果你现在服务于某个组织或是某家企业，请尝试找出哪些类型的中间商(尽可能地找出通道中各个层次上的中间商)可以用来分销你们公司的产品和服务。

渠道/市场覆盖率(中间商的数量)

渠道设计的第三个关键要素是决定通道中每个层级上需要引入的中间商的个数。通常有以下三种范围较广的选择：

- 引入数量众多的中间商，这就是我们日常所说的“密集分销”；
- 只引入一两家经过专门挑选的中间商，这就是我们日常所说的“独家分销”；
- 在以上这两个极端之间的统称为“选择分销”，在这种情况下，企业一般引入数量相对较小的中间商。

问题 6.1

以下产品中，哪些产品最适合采取密集分销方式？哪些最适合采取独家分销的方式？哪些又最适合采取选择分销的方式？
将你的答案与任务报告中所提供的答案进行对比。

- 劳力士手表；
- 香烟；
- 中等价位的高保真音响；

○ 卷装卫生纸；
○ 高级女式时装。

任务、职责以及条款

渠道设计的最后一个关键要素是确定分销渠道要执行哪些任务以及由谁来完成这些任务，这些任务和职责应该得到渠道全体成员的一致认可。举例来讲，我们在前面已经了解到渠道的职能之一是信息的流动，那么与此类似，渠道的另外一个职能是促销功能。所以，确保这些任务在渠道成员之间合适的进行分配并得到一致认可是非常必要的。同样，渠道成员的其他一些方面如“疆土”权以及其他一些渠道协议所涉及的领域都应该设定相应的条款并在渠道成员之间达成一致。

影响渠道选择和设计的因素

我们一直强调，最终支撑渠道设计的基本原则是市场营销人员要找出最有效的渠道这一现实存在的需要，我们要时刻在头脑中牢记这一点，此外，还有许多其他因素影响渠道的选择。

活动 6.8

尽可能试着列出你所能想出来的影响渠道设计和选择的因素，将你所列出来的与任务列表中所列出来的进行对比。

任务列表中所罗列出来的只是一些比较重要的影响因素，但你需要从你们企业自身产品和分销渠道的实际出发来对其中的某些因素进行评估。

拓展知识

比较遗憾的是，在本教材中我们不能对中间商的类别、各自的特性以及职能等问题进行详细的讨论。所以，建议你再参考一些较为基本的市场营销教材来多了解一些有关零售商、批发商、代理商以及分销方面的知识。

分销渠道方面的一些新的发展和趋势

分销渠道的最新趋势和发展是市场营销中最动荡的领域之一，所以，要涉及所有的最新发展和趋势是不可能的，考试组织人员会至少考查考生对一些当代事件的理解。除了有关发展和趋势方面的问题之外，其中有些趋势至少只会涉及到一些单个国家的问题。举例来讲，英国零售业的一些重要发展趋势与世界上其他地方的发展趋势就毫不相关。但是，我们在头脑中记住这些告诫之后，我们就能够识别出一些分销领域的较为广泛的一般的发展和趋势，而这些发展和趋势对市场营销人员的影响要广泛得多。

考试提示

大家都知道，考官比较侧重于考查应用和案例，所以尽可能找出一些大纲中所列出的关键要素和概念在自己国家／企业中的应用和实例。要记住这条最基本的原则：尽一切可能运用营销知识。

在众多的重大发展趋势当中，对分销渠道影响较大的主要有以下两个：

○ 在许多经济发达地区，尤其是英国，零售商的影响力不断增加，零售业的发展越来越趋于集中。现在，联号商店的讨价还价能力变得非常强大，以至于能够经常对供应商发号施令。

○ 与上一条相联系的是自有品牌的增长，零售商讨价还价能力的增强使得他们能够营销自己的品牌并与供应商的品牌展开直接竞争。

营销实践：案例

过去，在许多市场中，零售商的自有品牌从本质上来讲往往是制造商品牌的便宜版。零售商自己的产品包装简陋、功能较少、设计简单，所有的这些方面都为了以更低的价格销售自己的产品，而且当时这已经发展为零售商自有品牌的一般标准。

但是最近，许多零售商已经开发并营销一些真正的自有品牌，这些品牌都具有独特的品牌形象和特质，而且还具备“真正的”品牌价值。这些品牌的设计初衷是为了与供应商品牌展开基于性价比（而不是过去的低价基础）基础上的直接竞争。这方面一个非常好的例子是英国超市零售商 Sainsbury 所开发的自有品牌，他所开发的“真正”自有品牌包括，“蓝色鹦鹉”系列的儿童食品、“品尝个性”系列食品和“善待自己”系列健康产品。

○ *“垂直”营销渠道的增长* 垂直营销渠道指的是一个渠道中的不同层级和成员由一个成员来协调或管理，通过这种方式来更有效地为目标顾客配送产品。垂直营销渠道能有效降低一个渠道中各个层级以及成员之间的冲突。要实现垂直营销渠道整合有多种途径，例如，营销渠道中的某位成员购买渠道中别的成员／层级的经营成果。这种方式有时也被称做公司式垂直营销系统。举例来讲，如果一个零售商通过批发商或生产厂家购买产品就是一个公司垂直营销系统(VMS)的例子，类似地，(但这次是从分销渠道的另一端开始)一个生产厂家为了巩固或协调整个渠道而有可能去购买批发商或零售商的产品。第二种实现垂直营销渠道整合的方法是管理式 VMS。在这种方式下，不同的渠道成员之间保持相互独立，而垂直整合和协调的实现是通过渠道成员之间的非正式协定来完成的。尽管渠道成员之间相互独立，但通常会由一个成员来有效控制并管理渠道以实现渠道整体的最优。通常，控制权会落到渠道中最大且最有实力的成员身上。例如，在英国，零售商 Marks & Spencer 由于自身的规模和实力使得他能够对他所在的 VMS 实施控制。第三种实现垂直整合的垂直营销系统是*合同式* VMS。在这种系统中，渠道的关系和协调是通过一些正式的协议和合同来实现的。这方面（这是近些年来分销方面飞速增长的一个领域）的一个很好的例子是麦当劳、汉堡王和肯德基，该渠道中的成员共同遵守一些明确规定权责的法律协议。

○ *“水平”营销渠道的增长* 在这种渠道方式下，同一渠道中同一层级的公司联合起来统一管理共同开发某个市场。例如，一个企业可能会与同一层级中的另外一个公司进行水平并购，类似于大学之间的合并。水平整合的目的是为了实现在采购、促销等方面的效率以及规模经济。但是，水平整合会导致企业灵活性的降低并带来协调方面的困难。

○ *分销渠道的增长以及电子方式的运用* 这个部分在前面已经做了详细的讨论。

活动 6.9

试着找一找在你的国家中存不存在特许经营的一些例子，要是可能的话，找你所从事行业的一些例子会更好一些。

注意，不能找像麦当劳、汉堡王、肯德基等例子（这些例子太简单了）。

实物分销／物流

我们在市场营销组合的渠道决策方面要考虑的第二个主要因素为将实体产品或服务从营销人员转移到顾客手中这 系统和程序的计划，这一因素就是我们日常所说的实物分销。与渠道计划近年来的日益复杂相呼应，实物分销计划的范围已经扩大到将所有产品或服务（无论是市场营销人员所在的组织之内还是组织之外)的实物流纳入进来，这种范围较广的实物分销方式(之前称做系统)人们称之为“物流”。

在考察实物分销和物流时我们主要会涉及以下领域的内容：

1. 实物分销和物流的重要性；
2. 主要的计划领域 / 决策；
3. 计划实物分销和物流所需要的输入变量。

实物分销和物流的重要性

在前面部分，我们提到了分销的高成本以及在该领域进行成本节约的潜力。在大多数公司中，成本的绝大部分以及相应的成本节约都与渠道中的实物分销部分相联系。如果我们对实物分销所涉及的职能和活动进行思考的话，这一点可能会更容易理解一些。

活动 6.10

在开始下一部分之前，你可以试一试看你能列出哪些实物分销所涉及的活动。

但是，对于市场营销人员更重要的是，我们需要再次强调前面章节中所提到的一些强调实物分销重要性的内容。即实物分销决策对顾客满意度(或不满意度)有重大影响，而且实物分销是潜在竞争优势的一个主要来源这一事实。

它的影响主要体现在客户服务水平方面，而客户服务水平受实物分销系统的设计方式以及系统活动的直接影响。

活动 6.11

在开始新内容之前，试一试看你能不能写出一些受实物分销影响的客户服务方面的例子。

我们可以看出如果一个公司能够改进它在实物分销方面的服务水平，那么它就可能增加销售额并提高市场份额，这一点尤其适合于那些产品或服务难以通过其他方式实现差异化的市场当中。

此外，尤其在工业用品市场中，许多客户都在实时制生产方式下进行运营。在这种环境下，交货服务是非常关键的。在许多行业中，如果你的实物分销系统不能与一个实时制系统挂钩，那么你就不可能成为该公司的供应商。

关键计划领域以及主要的决策

实际上，我们所列出来的实物分销的主要活动以及前面所讨论的那些受实物分销系统影响的客户服务领域已经为我们指出了实物分销和物流计划过程中主要的决策领域。

首先，我们必须确定实物分销系统的目标。这些目标应该用需求水平以及客户服务领域等相关术语来表达。而且这些都应该事先详细说明，最好使用量化的语言，例如，“所有的订单必须在接到顾客订单之后 36 小时内加以处理”。

活动 6.12

在接着往下展开之前，看看你能不能列出一些贵公司实物分销系统中与客户服务水平相关的目标实例。

实物分销系统的输出目标一旦设定，那么紧接着就可以对分销系统及其组成活动进行计划以实现这些目标。其中所涉及到的决策主要包括以下方面，如：

- 存货水平；
- 订单处理系统；
- 运输方式；
- 仓库、数量以及位置。

实物分销和物流计划所需的投入要素

从前面的内容我们可以得出，实物分销系统以及他的组成活动的设计应该围绕着事先确定的客户服务方面的目标来展开。正是因为这一点，所以，实物分销和物流所需的第一种也是最重要的投入要素是“客户需求类型以及服务水平方面的信息”。记住，我们所要找的是满足客户的最低服务水平，而且，如果可能的话最好采取较高点的服务水平作为竞争优势的基础。

所以，我们应挖掘出顾客的需求是什么、哪些价值点构成了顾客的服务水平？例如，顾客是否看重交货期提前？顾客是否看重你对一些特殊订单的处理能力？

虽然顾客需求是实物分销和物流计划的第一个且最重要的投入要素，但我们也应该提醒自己，公司的成本以及利润也是非常重要的。举例来讲，如果你问及顾客的需求，他们一般都会回答他们对特殊订单的处理能力比较看重。但是，客户服务水平的提高往往给供应商带来更高的成本。所以，这里真正的问题是，到底为顾客所提供的“价值”高到什么程度才能抵消相应的服务成本。简单来讲，在设计实物分销系统的过程中，第二个主要的输入要素是“成本”。我们必须谨慎地在成本和竞争优势之间进行权衡。大多数的实物分销系统的设计是以最低的成本来实现事先所确定的客户服务水平。

设计实物分销系统所需要考虑的第三个要素主要是它应该被视为是“一个系统”。如果只在系统内的某一个领域(如存货成本)来使成本最小化丝毫没有用处，只有找出这里的成本节约大于系统中其他领域(如交货成本)所带来的成本增加时才是有效果的。这也是为什么近些年来人们将更多的注意力放到实物分销整体计划以及将渠道视为一个整体的物流系统的原因。

实物分销系统设计的第四个投入要素是对“竞争对手”的考虑。毕竟，任何一个市场营销决策都应该体现当时的竞争状况，对市场上竞争对手所提供的服务类型和服务水平进行评价是非常重要的一件事情。

在设计实物分销系统时第五个而且是最后一个要考虑的要素是我们要不断提醒自己分销是管理以及市场营销中变动非常频繁的一个领域。在技术、生产工艺以及顾客需求方面的变革意味着我们的实物分销系统需要不断进行评价和升级(如果有必要的话)，并要针对这些变化进行相应的改动以保持竞争力。

我们在本单元中不断提到，近些年来，由于信息技术的发展，实物分销和物流计划得到了巩固并获得发展。由于实物分销和物流系统的构成要素很多且这些要素之间的关系纷杂，所以分销是一个非常复杂的领域。计算机成本的降低使得市场营销人员可以将这些复杂性加以利用，并对整个物流系统加以设计以最低成本提供最优的服务。

活动 6.13

试着想一下在过去的数年当中，你所从事的行业或其他任何一个你所熟悉的行业中在实物分销方面发生过什么变化，而且这些变化对你们在市场中进行营销活动有什么影响？

营销实践：案例研究

“派对开始持续”

自赛拉斯•塔珀 (Silas Tuppei)的通过代理商来在客户家中开派对销售他的“塔珀陶器(Tupperware)”这一创意第一次付诸实施，至今已有50年的历史。塔珀陶器派对在当时而言是一个全新的分销和销售方式，他后来也成为营销史上最成功的渠道策略。实际上，通过这种方式来实现分销和销售是通过让一些代理商在他的亲戚或朋友家来开派对并进而这些亲戚和朋友又会邀请许多他们其他的亲戚和朋友来实现的。那些塔珀陶器代理商会参加这些派对，并在派对上展示他们的产品，所有这些流程都是在一个私人家庭中人们相互非常熟悉、非常友好的气氛下进行的。很明显，塔珀陶器代理商希望能在派对上得到销售订单，作为回报他们会给派对组织者一定比例的销售提成，而提成的支付是让他们来选择自己喜欢的塔珀陶器。一直到20世纪70年代中期，塔珀陶器派对一直都是最流行且最成功的顾客购物方式之一，在这个案例中顾客所购买的产品是塑料容器，几乎每位家庭主妇在她们的购物生涯中都至少参加过一次塔珀陶器派对。

但是，到了20世纪70年代，塔珀陶器的欢迎程度开始下滑。当然，造成这种局面有很多种原因，其中最简单的是因为替代容器及其技术的改进造成对塑料容器需求的减少。但是，有一些人认为，造成这种局面最根本的原因是在顾客自己的家中进行"派对销售"这种方式已经太落伍了，跟不上时代发展的潮流。2002年，塔珀陶器派对已经销声匿迹了。难道事实真的是派对销售已经在这个世界上不存在了？答案是绝对没有。

如果有一些区别的话，那就是派对营销现在以一种直销方式的面孔出现，现在越来越多的产品开始采取这种一度非常流行的分销方式来销售。成功利用派对销售的公司有：Virgin Vie的化妆品系列、Weekend服饰，以及使用这种分销方式最成功的公司之一——Ann Summers公司，该公司利用派对夜来销售奇特的内衣以及性用品。

Ann Summers公司的产品和塔珀陶器相差十万八千里，但他所采取的销售本质上与塔珀陶器销售盛装调料用的塑料容器所采取的销售相同，或者说销售方式几乎一模一样。如果有不同的话，鉴于他过去让塔珀陶器获得成功而现在让Ann Summers公司获得成功，就是现在派对营销在市场营销人员中的运用没有以前广泛。或许有一些人认为通过这种方式来销售或分销产品有一些"过时"或只有某些产品适用于这种分销方式，但不管怎样，尽管塔珀陶器派对已经寿终正寝，但毫无疑问，派对还会再开下去。

总结

在本单元中我们已经学习了：

- ○ 渠道决策对顾客满意度水平有很大的影响；
- ○ 对一个公司而言，渠道建设所花不菲；
- ○ 渠道设计应该能够以最低的成本提供事先所确定的顾客服务水平；
- ○ 渠道计划的两个非常广泛且相互关联的领域是市场营销渠道计划和实物分销/物流计划；
- ○ 在对这些领域进行规划时所要考虑的最主要因素是客户需求、公司目标和成本以及竞争对手；
- ○ 渠道是市场营销当中变化最为剧烈的领域之一，近期仍在发生着许多变化，这些变化的发生受到技术发展和变革的驱动，尤其是那些基于电子和通信技术的更多直销方式的增长。

进一步阅读和考试准备

现在回答下面这些问题

问题 6.2

一套产品实物分销有效管理程序的主要好处有哪些？

问题 6.3

名词解释：

a）独家分销
b）密集分销
c）选择分销

问题 6.4

当考虑替代的或新的分销渠道时，一个市场营销管理者应该考虑的主要问题有哪些？

问题 6.5

名词解释：

a）垂直渠道整合
b）水平渠道整合

问题 6.6

请解释为什么近些年来直销方式获得很大的增长，并给出一些实例以证明你的结论。

以前的考试题

参阅 2000 年 6 月份考试试卷的问题 7，登录网站 www.cimeduhub.com 获取该问题的参考答案。

参考书目

F. Brassington, S. Pettitt, *Principles of Marketing: 2nd Edn*, FT/Prentice-Hall, 2000, Chap 12.

进一步阅读

P. Bickerton, M. Bickerton, U. Pardesi, *Cybermarketing: 2nd Edn*, Butterworth–Heinemann, 2000.

D. Chaffey, L. Maher, L. Johnston, F. Ellis–Chadwick, *Internet Marketing*, FT/Prentice–Hall, 2000.

S. Dibb, L. Simkin, W. Pride, O.C. Ferrell, *Marketing Concepts and Strategies: 4th European Edn*, Houghton, Mifflin, 2000, Chap 12 and 13.

G. Lancaster, L. Massingham, R. Ashford, *Essentials of Marketing: 4th Edn*, Mc–Graw–Hill, 2002, Chap 8.

第七单元　营销组合：促销

学习目标

通过本单元的学习你将会：

○　理解营销中沟通和促销的角色和重要性(3.12)

○　理解沟通的过程(3.12)

○　理解构成营销沟通组合的工具(3.12)

○　理解对于营销沟通组合发展和执行的促进要素(3.12)

○　知晓促销中的关键趋势和发展(3.12)

学习指南

这一单元包括了营销组合中所谓4P的第四个P。同时包括营销人员可以使用的与客户进行有关产品和服务沟通的工具。

虽然本质上是关于沟通的，但是这个营销组合的特定工具通常都叫做促销。这是一个宽泛的营销领域，包含了广告决策、销售促进、人员推销、公共关系和直销。正是这样一个包含众多知识领域的营销概念，从进行广告的媒介选择到销售力量的招聘和选择等等，我们不能期望涵盖促销中所有的领域。相反，一个更现实的目标是，确保你懂得沟通的过程，促销组合中的关键要素以及如何进行规划和如何管理促销的各种工具。

我们期望你花3个小时左右的时间来学习这一单元，并且建议你再用3～4个小时来进行建议的各种活动。除了笔记本和笔外，你不需要别的装备。

促销在营销中的角色和重要性

学习技巧

假如价格和地点决策是你的日常生活当中可以观察到的营销活动，那么，促销的决策更是这样。无论我们住在这个世界的哪个地方，无论我们熟悉营销的哪个领域，我们实际上暴露在营销沟通之中，可能最有形和最显然的例子就是广告。然而，像我们在这个单元中将会看到的，也毫无疑问是你将意识到的那样，这是我们每一天每一个人都要接触到的惟一的促销工具。在这一单元的学习过程中以及学习结束之后，我们将让你用你的眼睛和耳朵来观察和学习现实世界中的营销沟通活动，你应该能够搜集有效的和无效的促销努力的例子。

促销或者营销沟通因为一系列的原因，是营销沟通的一项重要工具。然而，有必要强调两个因素，他们加强了促销在营销组合中的地位。

关于促销为什么是必要的第一个原因很简单，如果没有人知道你的产品或者服务的存在，是不可能卖掉的。同样地，如果消费者对你的公司没有什么印象，也很难卖掉这个产品。如我们所知，即使消费者对产品和公司的情况很熟悉，他们也需要一些令他们信服的理由来证明他们需要这个产品。如果没有有效的营销沟通，这些因素将促使销售变得困难。我们在这里谈到的是诸如创造知晓、产生兴趣，并最终产生销售的这个过程。促销的每一种工具都是使用自己的方式努力实现一个或者多个功能。

促销中沟通的重要性不仅仅适用于产品和服务，而且还适用于营销工具和概念的其他领域。

例如：

○ 营销“主意和动机”需要有效的沟通；

○ 营销“人员和名声”需要有效的沟通。

简而言之，那些需要被营销的事物需要沟通给消费者。一个公司可能会拥有目标市场最需要的产品，最有效的渠道和分销系统，以及一个有竞争力的价格，但是如果没有有效的营销沟通，所有这些等于零。除此之外，无效的营销沟通会导致巨大的财富浪费。

这就是我们强调营销组合中这个因素重要性的第二个原因，就是公司和组织在促销努力上面的花费特别大。

2002 年英国，组织在促销上的花费高达数十亿英镑。很多情况下，一个新产品上市的促销活动会花费掉一个公司几百万元。当然，这并不是说，所有的促销都会让公司耗费巨多，但是毫无疑问，在当前竞争激烈的市场上，高水平的促销花费是普遍并且必须的。因为这个原因，营销者有必要理解营销沟通的过程，可利用的促销工具的范围和他们的特点，以及如何来规划促销以使得每一项花费都带来最大的利益。

像在渠道上一样，可能另外一个证明促销在营销中的重要性的办法，就是考虑假如促销没有进行良好的规划和执行，对于公司和营销人员的不良影响。这有一些例子：

- "我们已经发布了我们的新产品，但是经销商不能给表露出兴趣的顾客任何宣传小册子"；
- "因为我们选择进行广告战役的媒体有误，目标市场对于我们产品的优势毫无所知"；
- "因为去年的污染给我们公司形象造成的损害，到现在仍然没有克服"；
- "一半的广告费用浪费了，问题在于我们并不知道怎么浪费的"；
- "我不知道你，我没有听说过你的产品，我没有听说过你的公司以及你现在想销售给我的产品"。

我们可以举出很多因为没有很好规划和执行营销沟通所导致出现问题的例子，但是对于你而言，很显然，这个领域对于营销的有效性影响很大。

活动 7.1

试图回忆你作为一个客户或者作为一个潜在的消费者，在过去因为没有良好规划和管理的营销沟通而导致不好的经历。

将你因为这段经历而导致的态度反馈给该产品或者品牌以及他们的供应商。

沟通的过程

假如营销人员想要有效地管理好促销活动，就有必要理解沟通过程中的基本的概念和过程，几乎每一本基础的营销学教材都要讲述这部分内容。

考试技巧

因为营销沟通的这部分比较理论化，所以要理解这个过程和概念需要一定的时间。然而，对于营销人员的实际操作而言，对过程和概念的基本理解是有用的。但是在过去的学习过程当中，确实存在一些问题。

沟通是我们生活的一个必要的组成部分。我们试图和我们的丈夫或者妻子，邻居或者我们的员工或者我们的管理者进行沟通。国与国之间也试图进行沟通，但总是不够成功。我们因为沟通而娱乐、获取信息或者恼怒。整个社会都基于沟通。简而言之，沟通和对他进行有效的管理并不仅仅局限于营销人员。

关键定义

沟通——告知、传递、获取、管理，交流，并保持一个畅通的渠道。

关键定义

沟通——告知；获取或者获取的方法，地点与地点之间的连接。

以如此宽泛的概念和意义，如果不论具体的沟通类型，我们很难区分这个过程当中的基本要素。几乎所有的沟通中，当然也包括营销沟通中，主要的因素在图 7.1 中表示出来。

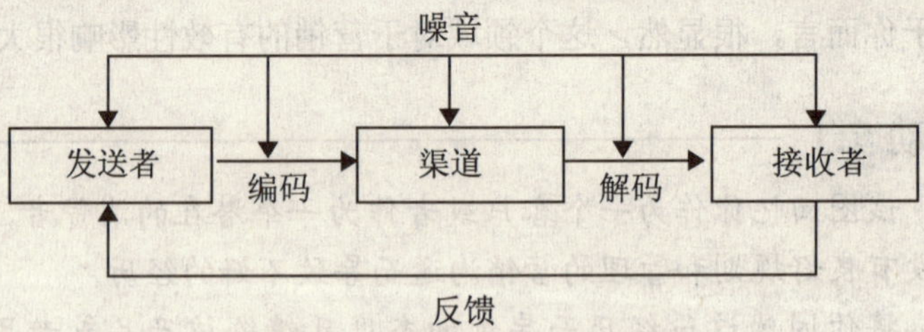

图 7.1　沟通过程的主要因素

发送者(来源,传达者)

所有的沟通都要求沟通主渠道上有一个发送者，例如，这可以是一个广播当局、报纸编辑、或是一个雇主，我们这里是营销人员。

接收者(听众)

沟通过程当中第二个要素是我们想要沟通的团体或者人员。像我们将要看到的那样，除非目标群体获取了我们的信息，不可能进行有效的沟通。很多情况下，营销沟通的目标听众是客户或者至少是潜在客户。然而，很多营销沟通针对的团体或者个人并不是消费者。例如，沟通可能针对那些能够影响到购买过程的人。同样，沟通也可能要针对那些对于公司重要的群体，例如，股东、当地政府、甚至政治家。

渠道（媒体或者媒介）

假如我们在沟通过程的两端拥有了发送者和接收者，我们就需要一个渠道以使得沟通可以进行。沟通有很多种类型的渠道，这些不同类型的渠道对于营销人员规划营销沟通的时候是很重要的。沟通渠道可以用“个人的”和“非个人的”来进行宽泛的区分。营销沟通中一个重要的领域是媒介选择和规划。

这是沟通过程中首要的三个基本要素：一个是发送者，一个是接受者和另一个渠道。除了这三个基本的要素之外，还有一系列的因素可以成为沟通过程当中的“技术层面”。一个通信工程师可能更加熟悉，他与营销沟通也有一定的相关性。

编码

为了传递和共享信息，发送者需要将信息翻译成适合渠道和接收者使用的形式或者符号，这个过程就是编码。发送者使用接收者可以解释和翻译的形式和符号很重要，例如，我们对业主促销一个新产品如防水产品，使用产品中化学成分的技术语言可能不是一个很好的选择，因为很多的消费者可能并不理解这种语言。同样地，营销人员应该使用和客户相关的形式和符号，例如，对未成年人传播的广告信息可能和对成年人传播的信息不一样。当营销跨越国界，也就是进行国际市场营销的时候，解码和他的原则同样重要。现实中，在使用当地语言和符号进行传播的时候，有很多不合适的例子。

活动 7.2

努力注意并且记录那些你觉得对目标市场不合适的广告或者促销，例如，这可能是针对出口产品或者服务的促销，营销人员并没有针对目标市场进行有效的行动。

解码

显然，如果沟通中有一个编码的过程，在过程的那一端也会有一个解码的过程，我们关于编码的合适的记号或者语言在这里也同样适用。解码过程中，目标听众试图理解所传递的信息可能往往被改变或者歪曲，因为接收者会有他们自己的理解和信仰。

噪音

当信号经过传递和解码之后可能和原来的不一致，或者接收者接收信号有困难，我们就说沟通系统中存在噪音。实际上，这种噪音的一个来源是影响到解码过程当中不同的理解和信仰。然而，在沟通系统中有很多种来源的噪音，例如，每一天我们都被很多销售和促销的信息所包围。在这些喧闹之中，很多东西吸引了我们的注意力，使得营销人员传递给我们的信息丢失，我们遭受到了沟通专家所说的“信息超载”。沟通过程中的噪音的两个主要的来源是编码和解码过程，特别是用来进行编码和解码的符号和标志，当然也包含语言。很多营销人员，特别是在国际市场上，发现他们使用来进行编码的语言和符号被接收者用一种完全不同的方式来进行解码。例如，瑞士的营销人员使用“Krap”作为在英国销售的手纸的品牌名，他们显然是不熟悉目标市场的解码方式。实际上，虽然乍一看很有趣，但是对于营销人员来说却是致命的，并且他发生的经常性超过想像和期望。显然，营销人员需要理解沟通系统中噪音的来源以及如何通过仔细的设计来降低噪音。

反馈

沟通系统中最后一个基本的要素是反馈——接收者接到消息并做出的反应。这种反馈可能是有意或者无意的，自愿或者非自愿的，个人/直接的或者非个人/非直接的。这些反馈满足沟通系统中一系列有用的目的。特别是反馈可以帮助发送者，比如营销人员，来确定他们发送的信息在何等程度上被正确地接收。同样，可以用来判断他在何等程度上达到了理想的效果。可能在营销沟通中反馈最有效的形式就是这些信息是否真正创造了销售，是否消费者真正产生了购买行为。但是，正如我们所看到的那样，营销沟通有很多的目标，销售仅仅是其中一个。营销沟通者需要确定反馈是否可以作为判断营销沟通有效性的方法。

活动 7.3

想想营销人员有哪些方法可以从消费者那里获得有关营销沟通有效性的反馈，将你的列表和任务报告中的进行对比。

促销的工具：促销组合

这一个单元的后面部分我们将探讨营销沟通的规划问题，在此之前，我们需要确保我们对于营销人员可以使用的主要的促销工具很熟悉。沟通战役中这些工具的选择和组合被称为“促销组合”。

关键定义

促销组合——为了向一个特定的客户群促销某种特定产品，营销人员所使用的各种促销工具的选择。

实际上营销人员可以选择很多工具。我们将这些工具分成五类来代表促销组合的主要组成部分。我们将依次对它们进行讨论：

- ○ 广告；
- ○ 人员推销；
- ○ 销售促进；
- ○ 公共关系；
- ○ 直邮。

广告

可能在营销沟通中我们所想到的首要的促销工具就是广告。

关键定义

广告——通过大众媒体渠道向一个特定的目标群体进行沟通的非个人性、付费的营销沟通方式。

这个定义包含了广告的不同的形式和原因，比如，广告可以在下面这些方面使用到：

- ○ 广告产品或者服务：福特汽车、麦当劳餐厅；
- ○ 广告主意和观点：绿色、和平；
- ○ 广告人：詹尼弗•洛佩兹、布什总统。

广告的形式可以包括：

- ○ 贸易广告：C&Q 零售店为专业油漆工提供的服务；
- ○ 消费者广告：罗宾逊•贝利水——让你的思维鲜活；
- ○ 公司广告：壳牌——充满关爱的公司。

很多市场上，广告是营销沟通花费最大的领域，特别是在消费品市场上。作为一个营销沟通的工具，广告有着很多优点。

活动 7.4

列出你认为广告作为一个促销工具的优点，当你完成这个列表之后，和任务报告中的进行对比。

我们可以理解在很多市场上广泛使用广告的原因，但是，使用广告也有很多缺点，主要有：

○ 可能绝对高的成本；

○ 很难评价有效性；

○ 劝说购买的价值可能比不上更多的人际促销工具；

○ 广告的效用意味着更多的留意，就像在消费者中创造更多的有利的态度和感情，同样也能够创造出针对广告或者品牌的厌恶和敌对的情绪。

营销实践：案例

最近，英国零售商马克 & 思朋思开展了一个促销战役，在广告中使用了一个赤裸妇女的形象，片中，赤裸的妇女冲向一片田野，高喊到“我是正常的”。赤裸的穿着导致了消费者、宗教领袖甚至政治家的强烈反响。虽然广告引出了很多讨论，同样也产生了巨大的负面影响。

其他因为广告而导致过负面影响的公司或者品牌有：

Benetton 的“联合颜色”行动。

英国国家抽奖公司的“比利·克罗尼——生活在抽奖的游戏中”行动。

法国联通公司的 FCUK 口号和行动。

依夫·圣·罗兰公司推出“鸦片”香水的活动。

人员推销

刚刚做市场营销的人可能不会首先想到人员推销是营销沟通的一种工具，但是，当在促销组合中使用人员推销和其他工具进行替换的时候，这是一种主要的促销工具。很多工业市场上，在人员推销中的花费是主要的促销花费。

关键定义

人员推销——营销人员和客户一对一的交流的营销沟通。

这个定义包含一系列不同类型的销售，例如：

○ 电话销售；

○ 技术销售；

○ 传销销售；

○ 零售。

每一种类型的销售都可以在很多市场或者营销状况中见到。下面的例子是每一种类型占主导地位的市场状态。

电话销售主要广泛用于家庭用品或者服务，如二次上釉。

技术销售主要用于工业市场中，像销售诸如电脑、机械甚至咨询服务。

传销销售广泛应用于新产品或者新市场，所以这种方式被广泛应用于国际市场中和第一次销售的时候。

零售可能从字面上就可以看出来，但是零售并不是无所不包，很多时候是和家居用品、照相机、电器、汽车相联系的。

活动 7.5

列出你认为人员推销作为一种销售工具的优点，完成之后，将你的列表和任务报告中的进行对比。

人员推销虽然有很多优点，但也不是没有弱点的，如：

○ 和其他促销工具相比，短期内难以改变花费；

○ 每一个客户接触的费用高昂；

○ 依赖于个人，因为可能遭受“人员问题”。

销售促进

我们的第三个促销工具类别可能代表促销沟通中发展最快的领域，很多市场上在销售促进上的花费要等于或者超过在广告或者在人员推销上面的花费。

关键定义

销售促进——间歇性的或者短期的诱因来刺激产品或者服务的购买或者销售，本质上总是但不全是非个人化的，一般没有媒体支持。

这个定义包含了一系列不同类型的销售促进，例如，销售促进可能针对：

○ 贸易和中间商；

○ 销售人员；

○ 客户。

销售促进的类型包括：

奖金

奖券

自我兑换奖券

回收津贴
打折包装
免费样品
批发装运
折扣和现金优惠
商品补助
展览
销售竞赛
抽奖卡
买一赠同一
买一赠异一
免费使用

显然，很多因素影响到最有效促销工具的选择。例如，对于一些重要的物品的购买，使用买一赠一或者积分卡的方式更有效一些。而免费样品对于促进品牌转换和品牌试用比较适用。

很多市场上消费者期待他们购买的品牌有特别的促销努力，假如没有相应的促销，他们可能不愿意购买或者转换品牌。因此，对于营销人员来说，一个两难境地就是随着时间的推移，促销可能不能够达到他所要达到的目标。通常，常规的销售促进会让一个品牌在消费者心目中产生变得便宜起来的印象。然而，通常大众更偏好销售促进，因为他们看起来提供了更大的价值并且强有力地促进了销售，提供了品牌选择。

营销实践：案例

随着市场竞争的加剧以及商家为了支持品牌、促进销售和市场份额而在销售促进上花费的增加，销售促进战役的规划和应用变得更加复杂和具有创新性。

当宝洁公司在2001年回应他的老对手联合利华而推出潘婷洗发露的时候，它包含了一系列相互协调的销售促进活动，例如赠送消费者样品，一个为进行市场竞争而设计的新网站以及一系列的商业和贸易条款，这些活动被1000万英镑的预算所支持。

拓展知识

促销组合中，销售促进的工具可能是最广泛的。正因如此，在这里不可能把他们全部列出来，更不用说一一讨论了。因此，建议你去向一本标准的教科书咨询各种销售促进工具的使用和相对的优势等等。一个在短期市场中使用销售促进的案例被收集在《更广泛的营销》(《Even More offensive Marketing》)第二版中，哈果·大维德森(Hugh Davidson)1997年著，Penguin出版社出版。

问题 7.1

哪些是：

1. 自我兑换奖券？
2. 免费样品？
3. 商家优惠券？
4. 额外奖赏？
5. 经销商赠品？
6. 回购折扣？

当你完成了这些问题，将你的答案和任务报告的答案对照一下。

公开和公共关系

这可能一度是最被忽视的促销工具，但是近年来可以看到越来越专业的方法被用来管理营销沟通的这个领域。

关键定义

推广——将关于一个组织和他的产品的新消息通过大众媒体传递给大众。公共关系就是在组织和大众之间创造理解和亲切的活动。

推广和公共关系通常使用专业公关公司的服务。在推广和公共关系中有很多的不同，例如：

- 新闻发布会；
- 公司开放日；
- 新闻讨论会；
- 第三方证明。

活动 7.6

列出你认为将公共关系作为一个促销工具的优点。把你完成的答案同任务报告中的进行对照。

和推广、公共关系相联系的不好的方面包括：

- 很难控制媒介的评论和反应；
- 很难评价对销售和利润的影响；

○ 更难控制沟通的内容和时间。

活动 7.7

试图回想近些年来因为这种或者那种原因导致某公司公关失败的例子。

直邮

当然，直邮是第六单元“营销组合：渠道”中讨论的直接营销在营销组合中进行地点选择的一部分，同样也是直接营销中最主要的工具之一。我们已经强调了很多次，近年来营销的这个领域发展迅速，你现在对此应该有所了解。很多营销人员和学者比如科特勒，现在认为直邮可以被认为是传统沟通组合的第五项要素。当然，直邮可以被认为是沟通最有效的方法，特别是当沟通和公司数据库和客户忠诚策略联系在一起的时候。这个方法在建立客户关系时特别有效，并且容易控制和评价。我们在第八单元和第九单元中可以看到数据库和忠诚策略在建立有效的客户关系中更详细的作用。

学习提示

你毫无疑问已经注意到在一个单元中我们经常交叉谈到其他单元的内容，例如，我们在这里讨论直邮的时候，我们同时提及了第六单元和第八单元的内容。除此之外，直邮和它的增长和在很多单元中提及到的营销中的信息技术也是紧密相关的。

我们在这里提到的意思是说，虽然很难，但是很重要，不要将学习的内容和课程分得太开。

直邮是一个利用私人地址的营销沟通，通过邮政系统直接交付给目标客户。像已经提到的那样，它的有效性依赖于地址列表的准确性和完整性以及直邮信件传达给个人或者用户的信息的全面性。大部分直邮都是产生问询并进行引导，通常还能够用来和消费者建立长久的关系。部分的直邮使用的增加，是营销人员对大众媒体渠道比如电视、报纸等在抵达目标客户的成本有效性上产生的怀疑所导致的。

虽然乍一看，直邮和其他营销沟通的方式比如电视广告相比显得相对便宜，但是实际上，从直邮获得回报的比例比较低，有时甚至到 0.5%，因此，这样看来，直邮也变成了代价昂贵的一种促销工具。毫无疑问，他的优点意味着直邮会继续增长，特别是在消费者市场上。

学习提示

明白这一点很重要，那就是虽然课程以章节的形式分成了很多部分，这些不同的部分之间相互关联，并且在很多领域中相互重叠。例如，我们可以看到直邮虽然是一种促销工具，同时他也是一种渠道形式。你可以回忆一下，前面的章节中我们讨论了直邮作为一个主要的营销工具的增长，我们同样讨论到了直销的一些增长，特别是随着数据库和因特网等新技术的发展。因此，现在重新回顾我们对于直销的讨论，但这一次从作为促销组合的一个重要元素的角度会很有用。我们会在本单元后面部分重新讨论这些元素，但那时候都是从促销的角度来谈的。

以上是营销人员主要使用的四种主要的传统促销工具。需要说明的是，一个公司行为的各个方面，所作所说都向外界传递着一些东西。例如，一个组织职员的外表可以向客户传递信息。同样地，公司车辆也能够传递形象，甚至营销组合中的其他元素也包含针对客户和公众的符号（无论是否进行过规划）。因为如此，公司越来越需要规划所有的沟通要素来确保一致性和协调性。促销规划需要应该被看做是进行整体策略包含的规划。

除此之外，像我们需要看到的那样，我们已经看到了新的促销工具在不断增长，特别是我们稍后要讨论的因特网。

管理和规划促销战略

这一部分我们将关注营销沟通规划当中的要素、步骤和程序。像前面提到的，在规划促销组合中的要素的时候，不可能关注很详细的问题。例如，人员销售的管理包含了招聘和挑选，激励和薪资，地域设计，销售规划，销售培训，销售过程本身等等。我们需要详细地关注这四个促销要素的管理和规划，但是重点在于对总体促销策略的管理。这么做的时候，这个层次上需要考虑的很多问题，例如设定促销预算，也同样需要运用于组合中的每一个要素上。

在促销规划的时候，我们可以识别一系列但是相互关联的步骤，主考官并不期望你能够熟悉并理解每一个步骤。下面我们将逐步讨论每个步骤。

识别目标听众

前面我们已经谈到沟通的过程就是将信息从一个传递者传递给一个接收者，然而，规划营销沟通的第一步就是识别谁是接收者；营销的术语就是，谁是目标听众。

当然很多情况下，目标听众就是目标市场，也就是客户。其他情况下，目标听众可能是中间商、大众、股东等等。但这样对目标听众的宽泛认识不足以有效规划营销沟通。例如，如果营销沟通的目标听众是客户，我们就需要将这些客户详细定义，有用的参数可能包括：客户特征（年龄、性别等）；客户态度（感兴趣的客户、不再着迷的客户等）；客户行为（经常客户、偶然客户等）等。

特别地，当目标听众是客户的时候，客户轮廓的详细情况和我们以后要学习到的一些内容紧密相关，这些内容可能你已经非常熟悉，就是市场细分和选择目标市场。这个阶段，识别和描述针对的目标听众对于营销沟通是必需的。

设定促销目标

界定好营销沟通的目标听众之后，我们需要决定通过促销活动达到什么样的目的？这时候经常只用销售额或者利润来进行衡量，也就是说促销最终目的是保持或者增加销售额和利润。很多情况下这是营销活动包括促销活动的最终目标。然而，从我们设计促销来完成沟通任务来思考促销目标更为有用。毕竟，沟通是促销所关注的。而且，并不是所有的促销努力都着力于增加销售或者利润。最后，不仅仅从销售额和利润的角度来设定促销目标，更重要的是要记住促销不仅仅是影响销售额或者利润的惟一因素。当然有些情况下，像直接反应广告，将销售和促销联系起来是可能的。但是很多情况下促销和营销组合中的其他要素的综合作用会影响销售额和利润。因此，按照期望沟通的结果来思考促销会更为合理。用另外一句话来说，我们需要按照我们想从第一阶段所识别的目标听众中获取什么来设定促销目标。

已经开发出了一系列的模型来帮助营销人员考虑听众的反应，我们将介绍其中的一些广为人知的模型来帮助你理解他们是如何和促销目标的设定联系到一起的。

考试提示

过去对这些模型的讨论一直是出题较多的领域，总结起来，这些模型被称为“反应层级模型”。如果你看到主考官使用这句话不要担心，现在你已经知道他是什么意思了。这些将在下面仔细探讨。

反应层级模型

顾名思义，这些模型基于目标市场对营销沟通产生的一系列的反应。而且，

“层级”这个单词表示有一系列的反应，每一个反应都代表购买过程当中，从消费者角度更高层次的反应。假如我们讨论一下这些反应层级模型，这些概念会更加清晰。

“AIDA”模型

一个最早而且广泛使用的可以用来考虑促销目标的模型表示，购买者或者说潜在的购买者需要在购买过程中经历四个主要的阶段。AIDA 是代表每一个阶段单词的首字母。

问题7.2

AIDA 模型的首字母都代表什么单词？

如果此前你没有接触过这个模型，直接查看任务报告。如果你认为你已经知道了这些字母代表什么单词，写下你的回答并将他们和任务报告相比较。

AIDA 代表一个消费者购买过程中需要经历的不同的阶段，意味着营销人员需要首先获得客户的“注意”，然后创造“兴趣”，这可以转化为“欲望”，最后一个阶段就是消费者将欲望通过购买产品或者服务的方式转化为“行动”。

AIDA 模型中四个主要的阶段在图 7.2 中表现出来：

注意→兴趣→欲望→行动

图 7.2 AIDA 模型

这虽然是一个简要有用的模型，但是现在都普遍认为这个模型太简单了，没有考虑到一系列对于营销人员来说很重要的因素。

这些没有考虑到的因素和下列问题相关，例如可以感知到的风险、参与的程度、环境因素例如和可持续收入相关的经济、顾客的该项产品购买经历，竞争者战略等等。因为这些，很多人认为其实 AIDA 在帮助我们进行有效促销规划的时候作用很有限。

“创新—采用”模型

这也是一个著名的揭示新产品购买阶段的模型，你可以回忆我们在第三单元“营销组合：产品”中提到过，这个模型简要提出了一个和 AIDA 略为不同的关于购买阶段的观点。

问题 7.3

在创新—采用模型中顾客需要经历的阶段包括哪几个呢？

如果你不能回忆出这些步骤，转向后面的任务报告，如果你能够回忆起，试图回忆出来并和后面的任务报告进行对照。

这个模型是为新产品购买过程而开发的，开始的两个阶段和 AIDA 模型特别类似，他表示消费者需要对新产品或者服务有了“感知”，然后产生了对产品的“兴趣”。假如客户非常感兴趣，那么他会更具体地评价这个产品，然后进行“试用”。如果试用是令人满意的，客户会“采用”这个产品或者服务，如果客户持续地对产品或者服务感兴趣的话，他就会确认并且变成一个持续的忠诚客户。

图 7.3 显示了“创新—采用”模型。

感知→兴趣→评价→试用→采用→采用后确认

图 7.3 创新—采用模型

活动 7.8

试图思考客户在创新—采用模型中所经历的阶段，并列举一个这方面的例子。

结果层级模型

这个模型 1961 年由拉维德(Lavidge)和斯特恩那(Steiner)开发，也使用了层级这个词。他俩发表于《市场营销月刊》的“对广告有效性的预测模型”和其他模型一样，都是基于消费者购买前都要经历过一系列的层级。这个模型揭示了购买阶段的六个步骤，如图 7.4 所示。

知晓→了解→喜爱→偏好→确定→购买

图 7.4 结果层级模型

这个模型和前两个模型更有优势的地方在于，他将层级的次序和促销工具特别是广告的效果联系起来。开始的两个步骤，知晓和了解，关系到信息或者观点；后两个阶段关系到消费者对产品的态度和感情；最后两个步骤，确定和购买，产生行为——对产品的获得。拉维德和斯特恩那认为这个模型可以帮助发展广告目标和广告战役。这同样是一个可以帮助测试广告有效性的有用的模型。

DAGMAR 模型

开始由拉赛尔·可力(Russell Colley)提出，DAGMAR 是可力《用广告目标测度广告效果》一书的首字母缩写，这个模型基于促销特别是广告会促使客户经历一系列的阶段直至进行购买。如图 7.5 所示。

不知晓→知晓→理解→确定→行动

图 7.5 DAGMAR 模型

可力将这些阶段定义为营销沟通频谱，这些过程是：

○ *不知晓／知晓* 首要阶段我们需要将对产品一无所知的客户转变到知晓的阶段。当然，如果没有这个，就没有可能进入下一个阶段。因此，广告就是为了促进知晓。

○ *理解* 这个阶段就是客户由有所了解到理解产品或者品牌。显然，营销沟通在这个过程中可以扮演一个很主要的角色，要么是通过广告，要么是通过人员推销或者店内信息。

○ *确信* 这个阶段客户开始喜欢这个品牌了，当然，这可能是基于一系列的因素其中包括重要的口碑营销。

○ *行动* 顾名思义，这个阶段消费者开始购买产品。可能感觉这个阶段广告和其他形式的营销沟通并不相关，但是记住客户能够随时改变他们的主意，因此需要进一步说服他们进行购买。

可力的 DAGMAR 模型像其他反应层级模型一样，表明营销沟通可以促使消费者经历过一系列的阶段直至购买。

在设定促销目标的时候，这些模型的价值在于帮助规划者考虑从目标听众那里可以得到什么样的反应。一个孤立的促销战役不可能促使客户在购买过程中经历一系列的阶段，更现实的是，促销战役可以促使一个潜在的客户从一个阶段进入下一个阶段，或者是经历一系列的阶段。例如，促销战役的目标就是促使对产品或者服务有所了解的消费者对此更加产生兴趣。因此，这样一个战役的目标就要用这些促销花费所能产生的结果来描述。一个用反应层级模型设定促销目标的例子如下：

促销战役的目标是将目标市场的消费者知晓在促销战役的 12 个月中从目前的 10%提升到 15%。

我们可以看到这样设定目标可以帮助我们更好规划下一个阶段的营销战役，比如说传递的信息、渠道等等。除此之外，按照这种方式设定目标将有助于我们测量和控制促销的有效性。

活动 7.9

用前面所描述的反应层级模型的例子来说明促销目标的现实可行性。

拓展知识

如果可能的话，找出这方面更多的模型，你可以参考由G•A.兰卡斯特等人于2002年撰写的《营销要素》一书，第四版第八章。

决定传播的信息

识别了目标听众和促销战役中听众的反应后，营销人员开始考虑设定需要达到这个目标的信息。很多时候营销人员需要通过外部专家来规划信息，特别是使用广告代理商。特别重要的是信息内容，营销人员需要决定使用什么样的信息作为主题。使用促销的术语——“独特销售主张”(USP)作为信息内容的基础。

关键定义

独特销售主张——将产品在市场上区别于竞争者的产品/服务/公司的特点或者品质，从而可以使用来有效进行差异化以发展竞争优势。

活动 7.10

努力识别市场上使用的促销信息中包含的独特销售主张，这可以帮助你的组织进行产品的促销。后面附有独特销售主张的例子。

除了独特销售主张可以作为促销信息内容的基础外，下面的也可以作为信息设计的基础：

- 害怕
- 内疚
- 高兴
- 骄傲
- 道德
- 幽默

活动 7.11

看看是否可以找到基于上面的列表的促销信息的例子。

渠道挑选

这一单元前些部分我们看到信息通过渠道进行沟通。营销沟通有一系列可能的渠道，各有其优缺点。我们将此称为“媒介”，你可以想起很多例子，比如电视、报纸、杂志、张贴画、展览等等。渠道选择需要跟随促销规划和目标听众选择。

虽然理论上有很多渠道可以选择，营销人员需要从在人员渠道例如人员推销和非人员渠道例如广告的其中一个或者它们的混合中进行选择。

拓展知识

除了这些规划好的/营销人员主导的沟通渠道，我们知道很多市场上没有进行规划的/非营销人员主导的渠道也很重要。很多时候我们知道人与人之间通过“口碑营销”在影响消费者的态度和选择上很重要。你可以多发现一些口碑营销在营销沟通中的例子以及营销人员是如何使用这个概念的，一个好的学习来源是科特勒的《营销管理》第十版。

设定促销预算

可能促销规划中最难的问题就是在促销预算上花多少钱。

问题 7.4

列出四种常用的确定促销总预算的方法，把你的答案和任务报告中的答案相比。

总结给出的四种方法中，前面三种都很简单，不需要什么说明。每种方法都有优点和缺点，但是第四种方法，“目标和任务”法的分析性远强于其他三种方法，可能需要一点解释。

在“目标和任务”法中，促销预算是通过以下几个步骤确定的：

- 确立具体的沟通目标；
- 确定达到目标要完成的任务；
- 估计这些任务的花费；
- 根据前面三个步骤计算所需的预算。

考试提示

制定促销预算是基础考试中经常出现的问题，一定要熟悉制定促销预算的各种常用方法，以及它的优缺点。

确定促销组合

清楚了人际渠道和非人际渠道之间的巨大区别，以及促销预算后，我们必须决定如何把预算分配到各种促销组合的要素中去，例如人员推销、广告、销售促进、展示、公共关系和邮件营销。

活动 7.12

列出你所认为的对促销组合的选择最重要的因素，把你的结果和任务报告中的答案进行比较。

或许你已经知道，或者从总结中可以看出，在任何情况下，都有许多因素影响最合适的促销组合。

考试提示

确保上面列出的因素包括了你所知道的全部因素，并且懂得他们与促销组合决策之间的联系。例如，你应该知道促销组合如何随产品生命周期的变化而变化。类似地，你需要知道“推动和拉动”营销战略对促销组合的影响。这是非常重要的，我们下面就开始讨论影响促销组合的各种因素。

影响促销组合的选择因素

许多因素都会对促销组合的选择产生影响，下面是其中的一些最重要的因素。

目标市场／客户类型

目标市场，或者目标顾客的类型会对促销组合的选择产生影响，工业品和消费品的促销组合可以很容易地说明这个问题。对于工业品客户来说，人员推销是促销组合中最重要的因素，这是因为工业品通常具有很强的技术性，与客户之间的沟通需要量体裁衣，因此人员推销对于工业品客户效果更好。另外，由于工业品的客户数量通常比较少，大众广告一般不是合适的促销手段，只有少量的广告会出现在行业性的出版物上。对工业品客户促销有用的工具还有销售促进和诸如数量折扣、免费试用这样的具体技巧。人员推销还有助于应付工业品市场上决策单元（DMU）的不同成员。最后，工业品厂商由于促销预算较少而限制了一些费用较高的促销工具的运用。

相反，在消费品市场上，广告可能是最重要的促销手段。人员推销只用于一些昂贵的消费品的推销。然而，销售促进和邮寄销售在这个市场上通常有用，特别是用于鼓励品牌转换和首次购买。

营销实践：案例

有时，人们认为50岁以上人所组成的老年消费者和"灰色"市场消费者，对于广告中的产品和品牌承诺更加怀疑。导致怀疑的原因在于他们有着长期的经验，比如他们习惯于性感和刺激性的广告了。因此，比较"实际的"不加渲染的促销祈求和工具对这样的目标市场更加有效，例如价格优惠。然而，哈里•大卫森（Harley Davidson）表明这样的目标市场同样受到刺激性广告的影响，他们最近的广告就有效地吸引了50岁以上的消费者。

www.harleydavidson.com

促销工具的特点和成本有效性

就像我们在讨论工业品和消费品的促销组合时所暗示的，每种促销工具都有自己的特点，与其他工具相比都有自己的优缺点。这意味着有些工具更加适合，在实现特定的目标和接触特定的顾客群时更加划算。例如，广告在顾客数量很多并且在地理上分布分散的情况下就非常适合。而人员推销就适合在顾客需要高度人际接触和信息可信度的时候使用。另一方面，从每个销售人员的成本来看，人员推销是非常昂贵的，但确实是一种非常划算的和顾客沟通的方式，特别是在产品技术性强和复杂的时候，以及顾客需要澄清和咨询的情况下。销售促进对于鼓励一次性购买特别有用。但是，如果运用过度，销售促进就会损坏企业和产品的形象。

公司资源、目标和政策

正如已经说明的那样，在一个地区、国家和国际范围内的大规模广告经常需要大量的促销资源。很明显，有些公司不能承担如此大的广告费用。同时，公司的目标也会影响促销组合以及不同促销工具的使用程度。例如，如果一个公司要开发和推广一种新产品，需要建立广告的知名度，他就可能在促销组合中使用较多的广告。有些公司的目标在于从对手那里获取市场份额，他们就更多地在销售促进方面下功夫。最后，公司可能有着限制使用某些促销工具的政策。例如，有些公司从不使用直接邮件营销，因为他们认为这种方式与他们期望创造的公司形象不符合。

促销工具的可利用性

有时，我们会忘记，并不是世界各地的公司都可以同样容易地利用所有促销工具。例如，在一些国家，由于没有邮件地址列表，直接营销，特别是直接邮件营销很难开展。类似的，大众广告及其所依赖的特定媒体渠道就非常缺乏。

产品生命周期

在前面的单元里，我们已经看到，一个产品所处的生命周期对于产品的营销策略的影响的一个重要方面就是促销策略和促销组合。例如，在产品的导入期，为了建立产品知名度，广告在促销组合中占主导地位。相反，在成熟期和衰退期，促销组合的重点可能转移到销售促进上去，以便延长产品生命周期。

推的策略和拉的策略

总体沟通策略肯定会影响包括促销工具选择在内的促销规划的每一个因素，其中特别重要的是，公司在多大程度上运用推动策略或拉动策略。

- 运用推动策略时，信息沟通的目标对象是渠道中间商(贸易渠道)，包括零售商、批发商、代理商、分销商等。在这种策略下，生产商经常向营销渠道的下一个环节推销产品，然后由该环节向渠道的更下一个环节推销产品，这样直到产品到达最终消费者手中。这种策略要为渠道成员向消费者或最终用户分销产品提供帮助，把产品推向消费者。推动策略经常大量使用人员推销，但也可能运用针对经销商的广告和诸如数量优惠和经销商竞争等促销技巧。推动策略的原理如图 7.6 所示。
- 在运用拉动策略时，厂商直接对消费者或购买者进行促销，引起他们对产品或服务的需求，从而拉动产品经过渠道流向消费者。促销的目标通常是在顾客群中，增加产品知名度、建立良好的态度和激发购买动机。这种沟通策略经常运用的促销工具是电视广告、直接邮件和销售促进等。拉动策略的原理如图 7.7 所示。

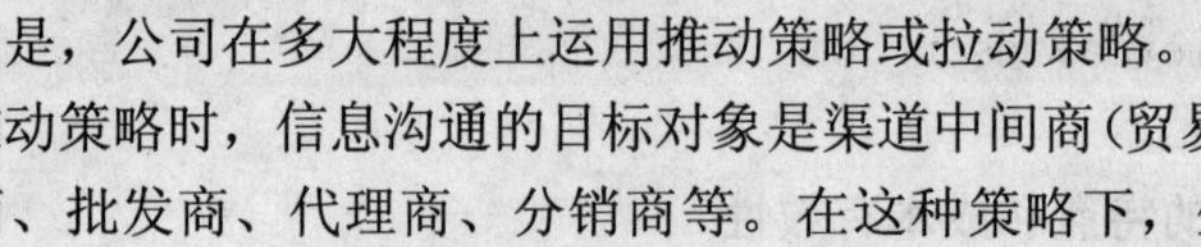

图 7.6 推动促销策略

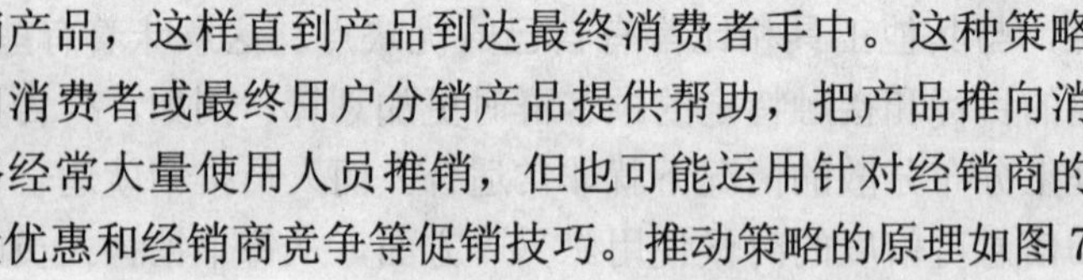

图 7.7 拉动促销策略

营销实践：案例

毫无疑问，如果不是大多数，也是许多促销活动都把推动策略和拉动策略结合使用，相互协调以达到最好的效果。

瑞弗伦(Revlon)最近以“瑞弗伦种族影子”的品牌推出了一系列针对黑人和亚洲女性的化妆品。推广包括一些旨在鼓励进货和支持零售商销售该产品的销售促进策略，包括广告推销、售点宣传材料以及价格优惠，这些都是推式策略的工具。同时，公司还为了引起顾客兴趣和需求进行广泛的广告宣传，而这些是拉式策略的工具。

促销效果的衡量和控制

像其他营销活动一样，衡量促销活动的效果也非常重要。我们还知道，要通过对销售收入和利润的影响来衡量促销效果是很复杂的，因为影响销售和利润的因素非常多，因此，通过沟通效果来制定促销目标就得到运用。根据特定受众的反应，诸如产品知名度，来衡量促销活动的效果就要容易得多。促销效果的衡量从来就不是一件容易的事情，但我们必须努力衡量以保证促销活动具有成本有效性。

管理和计划促销组合的独立因素

营销人员不仅要计划促销策略，还要对促销组合使用的每个要素进行计划、执行和控制。换句话说，如果同时运用四种促销手段，营销人员就要对广告、销售促进、公共关系和人员推销进行计划。正如我们一再强调的，不能把各种手段孤立起来看待。然而，在初级考试中，考查销售促进的详细知识的可能性不大。考官可能要求大家对各种促销工具有所了解。可能除了人员推销会产生一些特殊的管理问题而比较特别以外，其他三种促销工具都至少可以运用下面的一些步骤进行计划。

在对这些促销工具进行计划的时候，我们可以运用下面的框架提供的步骤：

- 识别目标受众；
- 为每个工具制定促销目标；
- 确定沟通内容和主题；
- 选择媒体；
- 制定预算；

○ 制定、评价和控制。

拓展知识

你应该确保对如何计划每种重要促销工具有基本的了解。这方面的很好的读物有G.A.兰卡斯特(Lancaster)等人在2002年合著的《营销要素》(《Essentials of Marketing》)，第四版第十一章。

促销的发展趋势

像营销的其他领域一样，近年来，促销也发生了一些有趣的变化。尽管，我们在本单元中讨论的主要促销工具仍然处于支配地位，但下列促销工具的运用越来越多：

○ 公司广告；

○ 赞助；

○ 包装。

我们将对包装的促销功能进行讨论。

包装和促销

在第三单元"营销组合：产品"里，我们把包装看做是产品的一部分，其作用在于保护和容纳产品本身。但是我们同样要指出：包装还扮演着非常重要的促销作用，有时被称为"不说话的推销员"。近几年来，包装的这种促销作用变得越来越重要，论其原因有以下几个方面：

○ 自我服务的兴起；

○ 品牌以及品牌产品的多元化；

○ 消费者影响力的增加；

○ 核心产品差异化的问题。

这些因素以及其他一些因素促使包装和包装决策成了很多促销项目的中心问题，富有创意的包装往往会提高销售量和市场份额，使企业在对手赶超之前的一段时间内获得竞争优势。

活动 7.13

试着举例：有没有一些产品的包装在产品的引入阶段使厂商获得了竞争优势，把你的答案和任务报告中的答案相比较。

关于包装的决策应该在产品开发的早期阶段由企业高层管理人员做出，任何改动建议，无论他是如何微小，都应该根据客户感知和竞争状况慎重考虑。如果是一种新产品，那么其包装应该由厂商、消费者和经销商共同开发和研究决定，必须确保包装能够同时起到保护产品和促销的双重作用。

要想对“什么构成好包装”进行定义不仅是困难的，也是危险的。毕竟，目标市场的很多因素影响着他们的购买决策。把这点牢牢记住的同时，我们也可以归纳出：就促销的角度而言，有效的包装常常符合下列标准。

○ 与众不同；

○ 显得高档，并被消费者认知；

○ 与产品和公司的形象相符；

○ 与目标市场的感知和需求相符；

包装必须是吸引人的，这不仅仅只是对消费者而言，对中间商同样如此。消费者影响力的上升意味着消费者愿意为更好、看上去更有地位的包装多支付一点钱。

如果竞争品牌之间并无实质性差异， 这个时候包装就显得非常必要了，从而把本产品和竞争品牌区别开来。比如，某种猫食品牌 Felix 的包装非常独特，它的封口上有一个猫爪子正在拉开口的拉环，从而使消费者加深了对该品牌的印象。

包装决策会直接影响包装的促销效果，比如：包装必须显得诱人，特别引人注意，从而促进广告的效果，提升品牌形象，包装上的标识必须能清楚地辨认出来，必须有助于消费者自选。Ferrero Rocher 公司最近推出了一款巧克力，包装成简洁的金字塔的形状，其目的在于与别的产品相区别，同时吸引大量的消费者。事实也证明了该款巧克力在圣诞节期间一投放市场，立刻就成为英国市场最畅销的产品之一。产品包装的外形和色彩应该与消费者对该产品的定位相一致。比如品客薯片的包装色彩明快，成一个圆筒装，顶部有一层锡箔纸可以打开。

和营销相关的社会和伦理问题。我们在做市场营销时不仅要注意法律法规要求，更要注意当地的社会伦理问题。有一些消费者团体对包装的浪费非常反感。越来越多的提倡绿色环保的消费者正在寻找可循环利用的包装，并在此基础上做出品牌选择。另外，包装也不能够误导消费者，让他们误以为包装里装有比实际上要多的东西。最后，最近一些关于产品包装的争论也表明：厂商还应该注意产品包装上所用的促销的信息。比如某些泡沫酒精类产品就受到消费者批评，认为其包装上的文字和图片很容易诱导未成年人。

包装还可以被设计得能够促进冲动性购买。比如，很多糖果产品用这种方式包装大大促进了销售量。

包装应该传达或者加强与所进行的促销、赞助等相一致的信息。比如，Walkers 薯片用产品包装来支持其大规模的“辣妹奖”促销活动。

如上所述，包装应该和营销组合及所有促销因素相结合。比如 Ferrero Rocher 与众不同的巧克力包装，该包装同该产品在广告、定价策略和产品配料质量等方面对高质量的强调是相一致的。

信息技术和促销

也许你会认为过去 10 年通讯和信息技术的飞速发展已经极大地影响了市场营销的促销手段，事实也正是如此。信息技术对营销者如何做促销组合的计划产生了很大的影响，主要包括以下几个方面：

- 诸如因特网、电子信件、传真等电子通讯技术的发展使得信息的传递变得更快、更全球化。
- 无线技术的飞速发展使得移动通讯获得了巨大的增长，结果移动广告和营销也获得了很大的发展。
- 计算机的发展使得企业能够更有效地收集和分析关于其客户的信息，正如我们已经看到的那样，这是邮件直销崛起最主要的原因之一。这也同时促使企业能够同客户建立起独立的关系，有助于培养客户的忠诚度。
- 数字技术的快速发展促使互动数字电视的双向沟通成为可能。卫星、有线电视和数字电视机的发展使企业能够把自己的电视广告做得有效地针对目标细分市场。比如：针对 50 岁以上人口的养老金计划在英国黄金频道“天空”里播出。该技术同时也使得营销者能够更有效地衡量和评价其广告。
- 互联网作为一种促销工具的广泛应用为营销者提供了一种有效的促销手段，可以更有效地对促销沟通进行控制和评价。我们在前面已经讲到了互联网对直接营销的冲击。

信息技术的发展使得营销者能够在做计划时更互动，更注重双向的信息沟通，从而最终能够更了解消费者，进而根据消费者行为确定所要传达的信息，最后形成更加有效的促销战略。因此在本单元中，我们应该来看一看因特网作为一种促销工具发展的原因。

因特网作为一种促销工具

我们前面已经从渠道的角度考虑了因特网的作用，它同样也是一种促销的手段。而且，这种手段正在被越来越广泛地使用。其作为广告和促销手段而发展的原因如下：

○ 网络广告与传统的广告相比更具有动态性。

○ 考虑到消费者是自愿打开网站的，尽管有时候某些网站是偶然被打开的，那么我们也可以认为消费者对其所打开网站的产品或服务是感兴趣的。

○ 营销者可以根据网站的点击率来衡量消费者的反应程度。

○ 根据网站及其广告的性质，消费者常常会立即对网络广告产生反应，订购产品。

○ 精心设计的网站可以促进企业和目标客户之间的双向沟通，比如网上问卷和消费者信箱。

○ 与平面广告甚至电视广告相比，网络广告更持久。传统广告商常常担心消费者一看到是广告就把广告那页不加任何注意地翻过去或者把电视广告跳过去，而对很多用户而言，网络广告还比较新奇。

○ 网络广告的成本要比使用传统媒体渠道低得多。对很多企业而言，电视广告的成本，就算是覆盖全国范围，而不是全世界范围，也让人望而却步了。

○ 最后，网络所能传递的信息的光度和深度也比传统媒体更为可观，客户可以自由选择自己所关心的信息。

以下是目前企业利用网络作为促销工具的几个方面：

电子店铺

首先，营销者可以利用网络来创建一个电子店铺。这可以通过购买商业性在线服务的空间做到，也可以如越来越多的企业所做的那样，创建一个自己的网站。最基本的一类是创建公司网站，把它作为一种促进企业与客户之间互动的方式，使得客户能够了解企业及其产品，并将这种销售形式和企业的其他销售形式结合起来。这些类型的网站是由营销者所引导的，也就是说，由营销者而非消费者创建，常常通过传统促销活动，比如广告和邮件销售等来达到目的。

拓展知识

毫无疑问，你肯定已经作为一个潜在客户访问过一些企业的营销网站。时不时访问不同的企业营销网站，并用比较严格的标准去衡量它们，从你的个人体会而言，看它们是否达到了预期的营销目的。可能的话，不时地访问一下那些让你感兴趣地网站，并从一个营销学学生的角度，对这些网站营销的有效性做一下记录。显然，你实际上有成千上万的网站可以访问。如果你不知道哪些可以访问，你可以用下面的搜索引擎：

www.google.com

www.excite.com

www.yahoo.com

www.dogpile.com

www.metacrawler.com

在线广告

越来越多的企业正在使用网络进行在线广告。这可以采取诸如以下的形式：在线服务供应商的分类广告，比如Freeservecom；在商业网站的新闻组里做广告；还有一种越来越流行的方法是弹出式广告，当上网的人浏览网页时，这种广告就会跳出来。

营销实践：案例

在 Freeserve 的网页上做分类广告的企业有：www.sainsburys.com; www.virgin.com; www.argos.com

网络论坛，新闻组和公告板

这些是识别和获得特定顾客群体的非常有效的方法，比如，生产健康食品的营销者可以通过这种方法寻找到那些对健康问题特别关注的人群。因此，营销者可以获得非常精确的目标市场。比如减肥产品可以利用节食论坛，相关的新闻组织和公告板。这种方法非常有效，因为这种网络活动吸引了那些有着相同兴趣爱好的人群。

电子邮件和 webcasting

很多消费者现在对电子邮件很熟悉，并且也能方便地收发。企业可以利用网络发送电子邮件与客户沟通。有时企业可以在最开始的时候收集电子通讯录，甚至更好一点，有的客户已经通过网络同企业有所接触，对企业的产品服务表示出兴趣并提供了电子邮件的地址。与此相类似，有的企业注册了 webcasting 这种网络服务，这些服务可以自动下载关于个人电脑的个性化信息。

有些订购了 Webcasting 服务的人特别注明了自己的喜好，然后该服务就能为订购者自动下载相关信息。比如，某人可以订购娱乐服务或者体育服务，他们的个人电脑就能够从webcast直接获得关于这些方面的信息。在线营销者可以据此确定目标客户，选择目标webcast并在选定的Webcast上做广告。现在大部分商业在线服务为其成员提供Webcasting的功能。但是和其他很多网络广告和促销一样，营销者要注意必须避免主动向消费者提供这类邮件，以免导致消费者的反感。尽管消费者有很多方法可以避免这种邮件骚扰，垃圾邮件仍然是网民憎恶的事情。

营销实践：案例

电子营销正在引起法律部门的注意，以确保这种技术不被营销者滥用。2002年欧盟制定了适用于所有进行网络、移动电话和电子邮件营销产品或服务的法规。该法规包括：电子营销中SPAM的使用，关于利用第三方邮寄产品单进行营销以及建立客户数据库。企业要逐渐注意这些法规，并在进行电子商务前至少要先咨询一下专家意见。

拓展知识

目前提供webcasting服务的网址，你可以看一下它们都提供什么服务：

www.placeware.com

www.audiovideoweb.com

www.perfectstream.tv

www.pointcast.com

www.ifusion.com

显然，网络作为一种促销手段，确实有很多地方值得推荐，但是作为一种渠道其使用还是受限于客户是否能够上网。我们可以看到网络的发展在世界各地还是很不协调，比如在美国、日本、英国等国家，网络的普及非常广泛。而在某些国家，网络的使用，尤其是作为商品购物使用的网络还处于起步阶段。因此，那些国际营销者就在某种程度上很受限制。但是，这种限制在某种程度上又得到了弥补，因为网络至少就定义而言是全球性的。

通过网络广告促销和通过传统渠道做广告促销一样要注意同样的事情。因此，营销者仍然要对促销目的做决策，要识别目标客户群，要评价促销的效果等。除此以外，还有一些要求是专门针对网络广告和促销的，传统促销并不存在这些问题。比如，企业所要传达的信息需要好好设计，以便于能方便被搜索引擎搜索到。类似地，还有一些技术和法规网站设定了一些协议，也需要企业考虑。最后诸如安全性、数据和信息的保护等问题也是设计网站和促销信息的重要方面。正如我们前面在把网络作为直接营销的渠道时所讨论的那样，我们在这里再一次提出以下建议：除非营销者对网站设计是专家，不然的话，如何利用网络进行营销还是应该交给专家去处理。

话虽如此，还是有越来越多的营销者对网站设计和网络应用技术的复杂性变得熟悉起来，随着这种新的广告和促销媒体的发展，人们毫无疑问会对它越来越熟悉。

利用网络和网站作为促销手段需要考虑下列关键领域：

- 网站应该被设计成一种互动的营销工具，而不仅仅只是反应企业的情况和产品；
- 网站对其受众必须要有一个清楚的沟通目标，如：提高产品的知晓度，鼓励在线购买，教育目标市场，投放新产品，为直接邮售收集信息等；
- 要让消费者很容易找到网站；
- 网站要给访问者一种有意义的体验；
- 网站的设计应该和企业的整体促销战略相一致，也就是说，它们所传达的信息要一致；
- 对信息如何传达要有一个较好的设计；
- 如果可能的话，网站要确保安全的订购系统；
- 网站应该提供增值服务，比如以免费下载的形式；
- 网站要经常根据需要更新；
- 网站要根据其效率和效能进行评价和控制，为此目的，企业可以购买一些网站跟踪程序。

上述最后一点随着营销者对网站应用的熟悉正变得越来越重要。到目前为止，诸如点击接通率(访问者点击广告时能否打开)和访问者观看广告的时间等简单的衡量方法是衡量网络促销有效性的标准做法。但是，人们逐渐认识到这些衡量方法是很不精确而且具有误导性的。尤其是它们对于消费者在点击或者下载以后的行为所知甚少。正因为如此，很多能提供更多关于网站有效性的跟踪软件和衡量服务得到了迅速发展。在过去，用于支撑追踪系统的技术是基于 cookie 的，但是人们现在认识到这样的做法是不完善的，甚至是不恰当的。最近的追踪系统是基于在消费者访问网站时收集相关信息，能提供给企业更多客户的信息。这些信息然后逐步和随后的购买活动联系起来，比如订货状况、使用信息等等。很多企业，如 WCL，Broadbase 和 Accrue 开发了越来越精细的追踪系统。

学习提示

如果你能通过电脑上网，那么访问一些企业的网站，并从促销的角度来衡量其有效性。显然，这种衡量是个人的、主观的，比如评价下列因素：

- 网站是否很容易找到？
- 该公司或者其产品是否让你发生兴趣？
- 与上面相关的，该网站的促销因素是否很有创意？

○ 在该网站上要找寻进一步的信息是否很容易？

○ 你是否足够被吸引在该网上购物？

在这个单元的前面我们要求你访问一些企业的网站来看一下他们如何运用网站作为营销手段，还记得吗？如今营销者不仅仅把网络作为一种促销工具，还有其他很多用途。对所有促销工具而言，一个同样关键的问题是：网络在何种程度上是有效的。不必说，这个要去衡量自然是很困难的。当然，要衡量网站的访问量很容易，但是这种衡量是否有效？我们逐渐认识到人们对消费者在网上的行为所知甚少。最常见的用于衡量消费者对促销的反应率的指标是点击接通率(每当有人点击广告就记录下来)以及前面所说的广告访问时间。人们开始认识到需要更精确地反应追踪系统来跟踪客户在网上的行为。对基于通讯的信息技术的评价(包括网站)我们会在后面进一步探讨。

拓展知识

对于网站作为促销和其他营销用途应该如何设计、应用和评价的具体讨论超出了本书的范围。但是我们推荐你至少要翻阅一下这方面的专业书籍。这里列出两本必读书目《网络营销》(《Internet Marketing》)作者柴非(chaffey)等人和《数字行销》(《Cybermarketing》)作者比克顿(Bickerton)等人。

网站被认为是另一种销售设施，但是它其实可以得到更有效的利用，尤其是被用来发展更好的同客户和公众之间的关系。

与客户的关系

设计完善、运作灵活的网站可以使企业和客户之间达成很好的沟通。如果客户能很容易地找到企业的网站，并得到想要的信息，如果他们发现自己的访问不仅仅只是获得信息，而是有更多丰富的体验的话，客户很可能就会对该公司及其产品留下非常良好的印象。

与媒体的关系

网站也可以用来发展同媒体的关系，可以是最有效的公共关系工具之一。比如，新闻工作者可以在他们需要的任何时刻上网查询与企业相关的信息。

与投资者的关系

随着越来越多的金融机构熟悉网络，企业网站对于投资者获得有关于企业的信息就变得很重要。这包括陈列在网上的年报。

与社区的关系

网站还可以被用来发展与社区的关系。他可以发布关于与当地联合的项目信息：致力于当地艺术和文化事业，邀请参加开幕式以及教育相关网页。

综上所述：对网站的战略性设计和使用在如今的市场上正在变得越来越重要。这必须作为整合沟通战略的一个部分来考虑。

对网站和网络营销沟通的评价

和营销其他的沟通工具一样，对营销者而言，要清楚地设立营销计划中最昂贵的部分的绩效目标和标准是很重要的。这些目标和标准可以用来衡量不同的工具。在网站和网络营销应用的早期阶段，评价和控制并不是要点。然而现在这一切都在发生变化：评价正变得越来越重要和细致。下面是网络和网站可以被评价和衡量的几个方法。

目前最常用的方法是分析网站访问者的点击记录。

关键定义

HIT——被记录于服务器目录的一个下载文件。

尽管许许多多的人通过服务器访问站点，点击记录对于揭示网站的有效性作用还是比较小。因此，人们开发出了一些更精密的软件包和网络追踪程序，利用这些网络追踪程序，企业就可以识别和衡量诸如以下的问题：

- 网站访问者来自哪里——根据其 E-mail 地址；
- 访问者最开始是看的哪个网页？
- 分别访问了哪些网页，其顺序如何？
- 每个网页上停留时间是多少？
- 在每个网页上做了些什么？如：填写表格、下载文件、玩游戏。

目前，网络站点评价和控制能力在不停的提高。

拓展知识

关于在线营销，比尔·依格(Bill Eager)和凯西·麦考(Cathy McCall)写的《在线营销完全傻瓜指导手册》是一本很好的学习资料。

移动营销和广告

营销实践：案例

英国内衣制造商 Gossard 最近发起了一场移动营销活动，包括向消费者的手机发送文本信息，使他们获得购物优惠券，凭此他们可以获得任何 Gossard G 系列产品的减价 1 美元的优惠。这个被称为 G4Me 的活动是 Gossard 利用文字短信进行促销的第一次。该活动与电视台、新闻和平面广告合作，取得了很好的效果。

我们在第六单元里介绍了“移动营销”(m-marketing)这个概念，Gossard 的这个例子只表明了这种促销方式的一个类型。大概不到两年前，移动营销和广告已经成为当代最激动人心的营销手段之一。移动营销用移动电话和客户沟通。因此，这一领域的营销的快速发展一方面由于移动通讯的发展，尤其是被称为 WAP 即无线应用技术的发展。这使得基于这种强大的无线技术的移动电话也不断产生出新的产品。结果，营销者可以向消费者的手机发送更多的信息，包括促销信息和广告。移动营销发展的另外一方面原因是当今消费者生活方式的改变。如今，消费者们的生活越来越繁忙和奔波，他们有一种强烈的愿望：希望能在不停的奔波中仍然能够保持同外界的联络。正是在这种环境中，移动营销的作用越来越大。移动营销的方式有好几种，营销者可以以不同的方式运用于促销活动，并向潜在的目标客户的手机发送信息。如今，几乎每个手机都有内置的网络浏览器，使得客户可以直接通过手机访问企业网站。移动营销其中一种方式是试图吸引潜在客户群的注意，这其实就是一种“拉”的策略。用短消息这种移动营销其实是基于文本的系统，一般用 80～100 个文字发给目标客户的手机，和 E-mail 在本质上很相近。以前电信运营商对手机用户每收一条短消息都要收取额外的费用，但是现在这种费用已经被取消了，因此这极大地提高了这种手段作为促销工具的用途。

如今的手机用户不仅对文本信息系统非常熟悉，事实上这也是手机的主要用途之一。因此，客户对于接收到营销者的短信还是比较宽容的，尽管如此，营销者还是要十分当心，尽量避免客户收到并不想要的短信，以免造成他们的反感。因此，在这方面，所谓的“基于许可”的营销的发展就非常的有用。营销者要先获得客户的许可，同意企业向他们的手机发送关于产品或服务的信息。利用文本信息系统进行移动营销的另外一个方法是用“拉”的策略。每天忙碌奔波的客户用自己的手机上网寻找所需要的关于产品的信息。逐渐地，当他们在店铺购物时就会自然而然地用手机寻找诸如竞争者的价格和品牌等相关信息以辅助购买决策。

尽管移动营销一开始发展很慢，但是它注定是要成为营销促销和广告发展最迅猛的领域。尤其在亚洲，移动营销和广告非常的成功，这很大程度上源于亚洲的语言能够通过文字传递更多的信息。如今，短信系统的大范围使用意味着：在某种程度上移动营销是受到限制的，尤其在它所能传达的信息和细节上。但是，营销者们正在开发更有创意的移动营销手段。比如说：把电子优惠券发送到客户的手机里，客户可以用来打折购买商品。

营销实践：案例

Jiffylube 国际公司最近用移动营销来通过无线网站发送电子优惠券，收到这些优惠券的客户可以在购物时向经销商出示，凭此获得折扣。

www.jiffylube.com

另外一个创造性地使用移动营销的创意是：手机网络供应商向手机用户分发电子门票，包括音乐会、电影和演出等等，这些票原本是卖不出去的。这一方面是满足了票务代理商的营销需求，也同时满足了手机公司的营销需求。

营销实践：案例

一些公司开发了如上所述的票务服务。GoZing 就尝试了同一些影院、音乐会甚至是度假村的联合营销活动，赠送那些本来就卖不出去的票。

www.GoZing.com

移动营销确实呈现了可喜的发展状况，尤其是在营销组合的促销中的运用，我们期待着这个领域在未来将会发展得越来越好。

其他促销方面的技术发展

我们介绍了当代主要的一些促销技术，特别关注了信息技术的发展对促销的影响，尤其是网络和移动营销。但是，随着技术的快速变迁和发展，很多技术已经并且将继续对促销因素发生深远的影响。因此，作为一个职业营销工作者，时刻关注促销和其他营销组合方面的技术进步是非常重要的。

营销实践：案例研究

做不做广告：这是个未解决的问题。

对于广告的效果和威力，营销者们一直都在讨论。尽管大部分营销者认为：对很多企业而言，广告在营销和促销组合中都扮演着重要角色，还有一些营销者认为广告在促使消费者购买方面根本没有任何作用，就是一种金钱的浪费。还有一些人认为：广告的效果和威力是如此巨大，它是任何促销活动中最根本的手段。这些关于广告效果的极端化的论点越来越多。

认为广告无效的人举了像美体小铺、比萨快递和红牛饮料这些品牌做例子，他们从来没有做过任何广告。而那些认为广告及其有效的人则举了果珍、沃克薯片、Orange 和法国在线作为例子，表明广告是如何成功地影响这些品牌的。我们该如何解释这些差异的观点，从而决定到底该不该做广告呢？

那些不太用广告作为促销工具的公司可能对自己的品牌非常有信心。这些品牌往往是一些老品牌，有很强品牌忠诚度的使用者，因此广告只会增加客户的成本。有的人认为广告会贬低产品甚至企业本身，在某些情况下甚至使产品变得不合情理。还有的人认为其客户不会受广告的影响，客户事实上是倚赖于其他信息源来形成对产品和服务的看法并最终做出选择。

正如我们前面所说到的，那些认为广告是最有效也是最重要的促销手段的人用自身的经验表明：广告在他们的营销工作中确实在起作用，我们前面列举了这种类型的企业和品牌。总体来说，有这种观点的营销工作者认为消费者极少会购买那些没有做过广告的品牌，一个企业如果不做广告的话就会在竞争中处于弱势。

因此，在“做还是不做广告”的两难处境中到底谁是对的，答案也许两个都不是。有时，广告是最有效的促销工具，尤其是当广告设计和执行得都非常好的时候。另一方面，在某些情形下，广告不仅无效而且不合适。比如，某些情形下客户需要一种对产品的个性化的展示，或者某些人是某品牌的忠诚客户，其他品牌的广告对他们根本不起作用。毫无疑问，广告的高成本迫使营销工作者需要客观地考虑其有效性从而决定是否采用。在决定是否用广告的时候，营销工作者还必须仔细考虑广告是否与企业的其他促销活动相匹配，它作为促销工具的潜在效果以及广告在何种程度上与企业的价值和使命是否一致。

总结

- 本单元我们谈到了营销中促销的作用及其重要性。
- 我们考察了促销过程中的一些关键定义以及他们对营销者的含义。
- 我们确立了促销组合的关键组成因素。
- 做营销促销计划时的关键步骤和需要考虑的问题。
- 和在营销组合所有领域一样，技术的发展，尤其是网络的发展对促销有着重要的作用。

进一步研究和考试准备

现在考虑一些问题：

问题 7.5

解释下列词汇意义：

推动战略；

拉动战略。

问题 7.6

识别并简单解释促销组合的各个组成因素。

问题 7.7

与消费品相比，工业品或者技术品的促销组合应该考虑哪些问题？

问题 7.8

简单介绍并严格评价一下一个反应等级模型。

问题 7.9

解释最近的信息技术对营销者做计划和促销活动有何影响。

以前的考试题

参阅 1998 年 12 月的考试试卷问题 7，登录网站 www.cimeduhub.com 获取该问题的参考答案。

参考书目

P. Bickerton, M. Bickerton, U. Pardesi, *Cybermarketing: 2nd Edn,* Butterworth-Heinemann, 2000.

D. Chaffey, R. Maher, K. Johnston, F. Ellis-Chadwick, *Internet Marketing:* FT/Prentice-Hall, 2000.

S. Holtz, *Public Relations on the Net:* AMA, New York, 1999.

G. Lancaster, L. Massingham, R, Ashford, *Essentials of Marketing: 4th Edn,* Mc-Graw-Hill, 2002, Chap 11.

进一步阅读

F. Brassington, S. Pettitt, *Principles of Marketing: 2nd Edn,* FT/Prentice-Hall, 2000, Chaps 14, 15, 16, 17, 18 and 19.

S. Dibb, L. Simkin, W.Pride, O.C. Ferrell, *Marketing Concepts and Strategies: 4th European Edn,* Houghton, Mifflin, 2000, Chaps 15, 16 and 17.

B. Eager, C. McCall, *The Complete ldiot's Guide to On-line Marketing:* 2000.

参考书目

[illegible] Bateman [illegible] 2009.

[illegible] Q. Stuart [illegible] Wiley [illegible] Prentice [illegible] 2006.

[illegible] York [illegible]

[illegible] Hall, 2007, Chapter [illegible]

[illegible]

[illegible] 2nd Edition [illegible] Prentice Hall [illegible]

[illegible]

[illegible] Concepts and [illegible] 2004.

[illegible] 2004.

第八单元 营销组合：服务和顾客关怀

学习目标

通过本单元的学习你将会：

○ 理解服务的重要性，并且将它视为营销组合的基本元素(3.14)

○ 理解有助于提高服务质量的因素(3.14)

○ 理解服务质量和广义顾客关怀概念之间的关系(3.14)

○ 理解顾客关怀所扮演的角色及其重要性，以及如何计划和实施一项顾客关怀政策(3.14)

○ 理解消费者和公司员工在完成顾客关怀和有效提供服务过程中的重要性(3.13)

学习指南

在本单元中，我们将看到服务、服务质量(为满足顾客需求)、以及服务方式(其中顾客服务的概念已经扩大到顾客关怀这样一个更广阔的空间)之间相互关联的各个方面。在服务与顾客关怀的这些领域中，我们将看到人的因素，特别是一个企业中的员工，在服务与顾客关怀的这些领域中所扮演的角色。我们也将看到：为何服务和顾客关怀已经逐渐被视为一个企业成功的关键因素所在——这个企业或者为顾客提供服务，或者是向顾客销售产品。在一个企业中，服务提供、顾客关怀是建立在一个共同的理论基础之上的，那就是“人是企业中最重要的因素”。而包含这些服务在内的新的内容已经成为一个企业产品方案的核心内容。对于营销人员来说，这从某种意义上讲是一个他们所熟知的领域。许多营销团队早就在争论这样一个问题，即：具有附加“增值”的提供服务，顾客关怀和人的范畴在结构日益拥挤、竞争日益激烈的市场中是一个关键的竞争因素。实际上，我们已经看到，正是由于这些呈增长趋势的产品范畴，使得顾客在做产品选择时有了绝大多数挑选的参照标准。正如我们在第三单元“营销组合：产品”中所看到的一样，产品范畴的延伸有时是一个公司能把自身与其竞争对手区别开来的惟一办法。顾客寻找完善的服务和质量，久而久之，这也对市场中高水准的顾客关怀有所影响。正是由于这些领域在市场方面越来越重要，我们才会把注意力转向这一领域，写就了本单元。

满足顾客需求的服务的重要性

顾客们已经在慢慢地发生着一些转变，他们渐渐地把从商品提供者那里看来和听来的信息加入到他们对产品的需求中。对于流通者来说，仅仅把各个早已准备好的零散部件整合一下，当成一个令人满意的产品交给顾客，再把各部分的单价叠加起来，以此来产生一个富有竞争力的价格，这种做法已经不再适用了。顾客们正在对他们的商品提供者有了服务上的额外需求。正如我们所见的，这些附加的元素能够被认为是广义上产品概念的一部分，而且可以代表商品提供者用来吸引、把握顾客的重要因素。这些附加部分在一段时间内可能被简单的视为产品“外延”所包涵的内容，例如，售后服务、技术建议、投诉处理、系统修补和维护等等。但是随着时间的推移，服务项目事实上也包括了市场的每一个方面，举例来说有：预订系统和设备、提供服务、客户信用与金融服务、查询热线等等。这种转变有多方面的原因，其中服务方面的因素举足轻重，包括顾客们已经开始在日益激烈的竞争市场中对服务抱有较高的期望。然而，从商品提供者的观点来看，服务代表的是获得可持续的竞争优势的潜力巨大的方法之一。及时地，甚至是被最佳保护起来的产品设计和技术都能被拷贝，随之，便宜的价格、有效的升级和引导安排便马上问世与之呼应。然而，至少短期内竞争性战略中这些最麻烦的因素是那些需要包含提供高水平服务的顾客。为何顾客服务难以再次发生呢？这是因为有效的顾客服务反过来要求在组织机构中推行一套顾客关怀的理念。让我们想一下，一个企业要建设这样的一套理念需要花费长期的时间，且需要实际的行动来实现。不仅仅要有有效的系统与流程来保障，且最重要的是组织中要有合适的人选与正确的态度，所有这些因素都需要花时间来建立与完善。起初，市场的服务项目，尤其是其中人的因素，正如我们前面已经说过的，有效的服务传达正是建立在人的因素之上的，却只是被看做服务产品与服务中特殊的、额外的一部分。当然，在我们最后一单元中，我们将回到服务领域中那些额外因素的组合中去。但是现在达成的一个共识就是，所有的市场都需要高效的服务提供优良的服务质量，且这些都是深深根植于人，有无微不至的顾客关怀理念与系统作支撑。因为顾客服务的提供与广义的顾客关怀联系如此之紧密，因此在这个领域中我们先将我们的视线转移开去，我们将在本单元中开始另外一部分的学习，在学习的过程中，我们要时常提醒自己要注意：顾客服务和顾客关怀是怎样与我们对于已经增加的且正在增加的产品体系结构的讨论联系起来的。

顾客关怀的本质

关键定义

扩大化产品——指的是为了增加顾客满意度而附加的产品元素。比如：乐于助人且训练有素的销售人员、所能提供的产品的范围、提供服务的保证和对顾客需求的反应、让顾客有“就是它了”的感觉、色彩、价格，如此等等。

关键定义

潜在产品(potential product)——潜在产品指的是企业能够开发的顾客关怀的外延，不模棱两可的、返还所有的退款承诺政策；特有的高质量的装饰或在服务接触中提供的高价值行为。例如：服务环境中的音乐、鲜花或娱乐；对顾客需求的敏感性，对下属的充分放权，使得他们在管理手下员工时可以不用向高层管理者请示意见。这些都是“潜在产品”的方方面面。

学习提示

正如你已经在许多前面的章节中做过的一样，要运用你的眼睛和耳朵来为顾客设身处地地参与体验，来观察这些关于服务和顾客关怀范畴的正面或反面的案例。这将能够帮助你理解本单元中提到的观点和概念。下面所提到的事例就能极好地说明这一点：

英国，仍有使用比较传统的产品或服务方式的零售商，也有那些已经在向增殖产品和服务方向转型的零售商，他们非常注重顾客关怀范畴的新进展。我们可以很容易地对他们做一个比较。举例来说，Boots the Chemist 或 Timpsons Shoes，他们虽然是优秀的零售商，现在也仍然保持着相当传统的营销策略，在另一方面，一些公司如 Marks&Spencer，已经长期地引进了高质量设备和极佳的顾客关怀的内容。

顾客关怀是一个被广泛使用的词语，然而其完整定义中所涉及的内容非常多。在有的场合，这个词语可以与“顾客服务”互换——“顾客服务”这一概念更加为人所熟知，但是绝没有前者的内涵丰富。自从预订循环被人们关注以来，顾客服务才在更加广泛、更加完整的范围内发展起来，它包括了交易前、交易中和交易后各个阶段的活动。

活动 8.1

从你的角度来看，作为一个顾客，有某种特定的产品或服务。若您对所受到的服务感到不满意，请列出最一般的原因。考虑：

- 如何来改进它们；
- 问题未被解决的可能原因。

顾客关怀是当我们被迫于考虑这个领域之外的活动，而超出与顾客的直接接触。一个评论家描述它是“营销手段的最后一招”和在区分产品或服务过程中一个关键的因素，被用来产生一个竞争性的边缘区域。它要求某些被称做管理和“真相时刻”识别的活动存在——在企业和顾客之间的接触，这与一个企业的名誉息息相关。交互性仍然是一个关键的范畴，而且焦点已经从特定的活动转移到对顾客满意度的全局考虑出发。

在顾客关怀中，有一个重要的方面就是态度，态度包含了顾客/服务提供者之间关系的各个方面。顾客关怀是为了消除顾客对消费所抱有的期望值与他们在消费过程中的实际体验之间的差别。顾客关怀也是一种策略和一整套的行为，这已经被广泛认同。

活动 8.2

简述你所知道的关于“顾客关怀”概念的主要特点。在完成你自己的阐述后，请将其与任务报告中列出的内容对照。

要掌握顾客关怀概念，其中重要的一点就是：这不单单表示我们要能对顾客的不满意感觉做出反应，而且也告诉我们要对顾客“青睐”的因素有所预测，以及预先想到该产品与其竞争产品之间的区别所在。

顾客关怀和组织文化

许多评论家都把顾客关怀视为在商业中所必需的一种文化的转变。这不仅仅是对企业战略的一种辅助，而且也是孕育、制定所有政策和战略所要思索的核心价值基础所在。

在顾客关怀和较为传统的概念“顾客服务”之间的区别似乎存在于一个较为中心的位置，它在系统的表述整个团体的政策、目标和战略的过程中属于中间层次。通常，在“质量”或“以顾客为导向”的纲领指导下转变一个企业的操作流程，是它们自发的任务。

然而，关于顾客关怀的不同的描述都认可了一点，那就是方针政策中的顾客冲击行为或者作为一个引导概念在企业中推行顾客关怀的过程中形成的核心因素。

许多创业者都认为在现代的战略式营销的开端和结束都从顾客开始，然而，在追求更广泛、更抽象目标的过程中，顾客关怀却又可能被忽视。在我们处理大体看来相似的和重复的目标时，就需要注意到它们在观察角度和观察顺序上存在着的一些轻微区别，这对于问题的处理非常重要。

活动 8.3

让我们返回去复习一下“营销和营销导向的发展”这一单元，并列出顾客关怀的概念在下列方面与营销概念的关系：

○ 相似性

○ 区别性

营销的概念告诉我们的是一种特殊的商业理念，它提供了一种对于消费的本质、消费者和当前的市场的分析，它还显示了在将战略系统化而又突出各自特点这一方面的重要性。

顾客关怀概念是指导服务过程系统化和企业员工行为整体化的原则。在某种意义上，顾客关怀概念传达给我们的是一个企业任务中以营销为导向的战略目标。

质量在顾客关怀流程中的重要性

在英国，质量被认为是企业与它们的国外竞争者之间成功区分的关键因素，随之而来的，对质量的追求已经成为了英国企业能够脱颖而出、占领市场先机的主要原因。努力尝试去与优秀的国外企业竞争的一个后果是：国内市场将会被侵入。这是一种现代化的进程，在许多情况下，这种过程将导致(国外)投资数量的减少、规模的缩小、薪资的降低等等——也会给顾客带来较差的服务。这些是努力寻求劳动力高水平、生产率和产出更大化的权利和灵活度，以及一种广泛的“文化变革”所带来的直接后果。

在英国，许多研究结果表明，产品的质量或服务的感知有显著性的下降，顾客的满意度也稍见低下。当来自外国的竞争迎合了质量改进的目标时，这代表了一定程度上的灾难正在酝酿。

活动 8.4

使用一种你所熟悉的产品，列出一个指标对照表，使之能够把一种非常好的品牌与非常差的品牌区别开来，然后通过这张表来获得优质的系统表达式。

日本和德国的竞争者之所以能够成功，其主要原因之一就是：他们能将整个组织机构都调动起来，为达到提高总体质量这一共同目标而奋斗。例如，整个机构对提供服务质量的关注度。这似乎与顾客关怀概念有着或多或少的联系。它们之间的关系，可以打个比方来说，就像离开一个必要而关键的方面去谈论另一个方面一样，是没有什么实际意义的。

潜在顾客需求的另一个原因是：在经济日益发达的社会里，服务的重要意义日益明显。如今比起过去的20年来，在服务方面的消费已经越来越多了，国民生活的日渐富裕极大地刺激了消费，这使得以人为本的企业如雨后春笋般纷纷涌现。在这个“服务的时代”，靠质量取胜的竞争观念正在各行各业蔓延，无论是在自助或是快餐、休闲场所、招待行业、娱乐场所或现今的医药和其他公众服务领域如教育行业中。

例如，许多大学现在已经在组织任务课程的讲述中，加入了顾客关怀的因素在内。曾几何时，顾客关怀流程被纯粹地认为是商业组织特有的概念，而今，正逐渐被非盈利机构和公众服务领域所采用。

TQM(全面质量管理)是为了企业使用顾客关怀来提供更优质服务，或者说是“为了在第一时间或任何时间满足顾客需求”。

由此可见，顾客关怀和TQM关系相当紧密，因此我们往后可把TQM想像得更为具体一些。然而，质量流程包含了除处理与客户关系的其他许多方面，顾客关怀流程主要集中力量于获得顾客深层信息方面，而且主要是为了辨别他们的需求以及提高对他们的服务质量。关怀是这个过程的产物，且“满意的顾客”是顾客关怀流程的最终目的所在。我们遇到的挑战是：如何在整个质量过程中保持这个重点。当顾客关怀应该关注于顾客亲身体验产品或服务的提供过程之中时，正是由于质量流程，才使得整个进程组成了相应的服务或产品。

一个好的例子就是：Virgin PLC公司，它在质量流程方面已有显著的成绩。在此基础上，其在顾客关怀和TQM上投入了大量的关注。这个公司已经把顾客关怀理论及其实践深刻地贯穿于他日常商业活动的每个层面：从手机到空运。

而质量流程是如何来影响顾客关怀的呢？TQM的目标是什么呢？而它又到底能实现什么呢？显而易见，这些问题对于进入市场的商家来说，只要他们对推行顾客关怀流程感兴趣的话都是意义非常重大的议题。

活动 8.5

> 描述你所期望的 TQM 和顾客关怀所应包含的普遍因素是什么。将你列出的项目与接下来的一节做个比较。

从前面的内容，你应该已经知道了如何去辨认以下的基本因素：

- 对过程的重视；
- 对系统细节的重视；
- 在态度、焦点和定位方面的基本变化的必要性；
- “核心理念”的思想对实践的改变；
- 质量概念的由来。从顾客的视角、态度、期望和需求几方面来解释质量这个特定的产品或服务。

全面质量管理 TQM

简单说来，管理中的“质量”可被定义为联系满足顾客需求与完成企业目标的纽带，二者联系紧密，相辅相成。所有在这个题目上有过论述的文章都支持这一论点。

为了获得企业成功和效益最大化，把顾客放在所有企业活动的中心，在这样的前提下，以下的项目是互相联系着的：

- 质量；
- 可利用率(在开发初期与之后)；
- 服务；
- 支持；
- 可靠性；
- 在资金上的花费 / 价值。

这些流程一定是“整体”的，它们可向前延伸到这条链的底端，也就是分销商，向后可以延伸到产品制造的原料供应商，这已经被普遍地公认。这些流程能够保证原材料的质量以及确保产品能完好的被送达顾客的手中。因此，我们称其为全面质量管理。

TQM 现在已经在许多公司流行开来。起初，它在较大型的制造企业中形成了一定的流行趋势，如已实施了 TQM 的福特和 IBM，但是正如较早前提到过的，认识到 TQM 的重要性意味着不考虑企业类型、企业规模和其目标市场，因此 TQM 是被逐步实践起来的。

在 TQM 理论中，顾客和供应商的关系的确非常重要。这种关系是整个关系长链中的重要一环，在这条顾客和供应商的长链中，每一个顾客紧接着一个供应商作为其往下延伸的环节，因此我们甚至不需要区分一个角色与另一个。TQM 的目标是为了扩张与分销有关的、用传统方式表达的关系所占的比重，而不是为了追求自身利益，创造一种互逆的关系。

这些流程的建立已经带来了许多组织的令人震惊的成功案例。

营销实践：案例

几年以前，JaguarMotor 经历了一场严重的危机，由于产品质量问题丢失了大部分市场份额。然而，对其进行详细的调查之后，发现这些质量问题绝大多数都要归因于外部供应商提供的配件的匹配及质量问题。Jaguar 意识到他们需要对其供应商的关系做一次全新的调研，特别是对他们提供的配件的质量要做一次彻底的调查。在一系列的工作之后，Jaguar 计划要在企业内部推行一套 TQM 理念来建立有效质量控制和测试体系，并以此来确保整个价值链的质量水准，提高最终产品的质量。通过这一系列的努力，他们终于重新达到之前的销售业绩并且夺回了失去的市场份额。

质量和顾客关怀

就像普遍意义上的质量流程一样，TQM 把顾客置于最中心的地位。既然 TQM 是一个企业能继续生存下去的保障，使顾客满意就是其首要原则。赢得顾客就意味着在获得个人和团体购买者支持的竞争中获得成功。而满足个人的特定需求则意味着跨越消亡，获得生存和发展。

以顾客为驱动的质量体系被视为美国的 Malcolm Baldridge 国际质量奖核心价值。Baldridge 奖所评价的客户有分布在不同区域、不同市场的制造公司、服务机构、甚至是非盈利性机构如教育部门，他们声明“质量是由客户来评判的”并以此来评选最优者。这看似简单的声明实际上并未得到实现，所有产品或服务的产生都是因为其可以为顾客带来价值，使他们获得满足感，而顾客的偏好则更应该是企业质量体系建立的基础。在顾客选购、使用产品和体验服务的过程中，价值、满足感和偏爱有可能被许多因素影响。

活动 8.6

想一想你所看过或听说过的商业公司，把它们列出来，并从各种可能的途径收集顾客对于公司的服务或产品的态度和信任度的看法，了解他们是赞成还是反对该公司。描述这些公司与命题有关的长处和短处。

在 TQM 指导下，处理顾客与供应商的关系的原则性指导有：

○ 认可顾客和供应商的战略重要性；

○ 顾客和供应商的双赢关系的发展；

○ 建立基于信任的关系。

这些原则被应用于如下实践：

○ 不断收集关于顾客期望方面的信息；

○ 在企业中广泛地传播这些信息；

○ 运用这些信息来设计、生产和提供企业的产品和服务。

TQM 流程要求有如下所示的前提条件。

员工的整体责任感

变化在一个质量流程的完成过程中是非常基本的，这是谈论有关结构和文化变化的另一种方式。有时，这些计划被表述为“生活的哲学”或者“思考的整体方式”，而不只是一种管理的技术。这些系统有其显著的特征，那就是它们有一个宗教的或者救世主似的质量——有主张认为，它们是“福音传道者”或者更为普遍的说法是“宗教老师”。19 世纪 60 年代以玩弄沉思和旺盛能量的一代应该关注 19 世纪 90 年代不同种类的宗教老师，或许这一点都不吃惊。

然而，为了这个系统能真正运作，需要所有的员工都能以实际行动参与进来。提供产品或服务的员工才是最能体现工作质量的部分。系统中部分工作质量的提高将一直面临着一些问题，这些问题是由那些没有经过改革的部分所带来的。当那些员工们一直在致力于提高他们提供给顾客的服务质量。

以顾客为导向

前面我们已经提到过，在质量链中的每一个内部小组都是由其他内部小组的顾客和(或者)供应商组成，有时直接和市场中的因素相关。尽管我们提到的流程能在整个质量链中的任何一个节点开始，甚至如果供应者所提供的产品质量相对较低，在他们把这些质量问题陈述给这些供应者之前，整个组织也要力求建立他们本身的质量体系。

要注意到在全面质量管理理论下一套“顾客导向体系”是如何建立起来的，他们不仅仅关注企业外部的顾客而且也要着眼于顾客—供应商关系(营销过程中的整体特征)。顾客关怀流程，尽管关注于外部顾客，对于这些流程形成与实践的方式的影响也是很大的。

定义顾客权利和义务

从一个组织的视角来看，我们可以把顾客看成一种权利和义务的结合体。顾客有可能是来自外部的消费者、本身的员工、企业股份持有者、高级管理者以及政府等等。权利也可以被视做一个组织强制性动力以及奋斗目标的来源，它一定要合乎现实，且有可行性。义务也务必要被清楚地制定，权利要被具体的量化，也要和义务合理地结合起来。要使一项顾客流程行之有效，则权利和义务双方都要清楚地界定出来。

公开学院（Open University）是一个组织如何实施扩大顾客群范围的案例，公开学院对顾客关怀理论非常关注，已经实现了包括不光学生而且包括他们的聘用者、导师、当地社区、甚至政府在内的顾客关怀。我们甚至可以称其为"公众"关怀。

活动 8.7

解释：

- 当我们关注顾客和供应商时所能给我们的战略体系带来的影响；
- 本篇中所描述的"双赢"关系的价值；
- 在这些关系中，信任的重要性。

测量方法

当我们谈及顾客关怀时，对任何质量流程来说，测量方法的持续性和整体感是非常重要的。我们预期要求的业绩目标要被清楚地制订到底如何去评测它，而且必须要设立提供清晰指示标准的机构。而这些工作要在整个流程开始前就已经准备就绪。

顾客关怀流程将需要从企业的内部和外部的用户那里获得调查数据，比如，有关顾客行为的信息，有关顾客需求被满足的程度如何等方面的信息。这些称为许可技术的应用，比如关键比率和趋势分析，而且要适合于评估的循环体系的计划、实施和监视。

高层管理者的责任感

高层管理者需要保证顾客关怀是否提供到位，且在顾客服务中质量的改进是要被计入薪水当中的。

坚持标准处理过程和手续

处理过程和手续被视做是全面质量管理顾客关怀流程的最终产物。这些指导可以保证具有坚实的并经过证实的质量，应该明确管理过程、定时、职责、专门技术的领域以及收集反馈的数据。当坚持这些指导时，产出就会保持稳定，处理过程就会被适当的监控，数据会为学习和持续的改进提供基础。

支付顾客目标

任何流程的最终产品必须满足支付顾客的需要，目的是为了实现特殊的商业、金融或战略目标。最终，顾客关怀流程里的所有分析、过程中的开发以及这些流程里的手续必须涉及这些目标。举例如下：

- 提高销售额和利润；
- 降低提供服务的价格；
- 提高服务的顾客感知；
- 缩短等待列表和根据顾客需求制定优先级。

成为企业目标基础的组织使命和企业价值必须清楚地、直接地涉及到这些目标。否则，TQM 流程将不符合既定的战略方向。

活动 8.8

在引入 TQM 时，以你所熟悉的组织为实例，来识别操作流程中那些可能产生大部分问题的部分或方面。为什么管理者或者工人们抵制 TQM 的引入？

本活动的目的是让你思考理想的 TQM 和需要引入 TQM 公司的现实环境的反差。当这个系统被引进时，谁会受损失或者谁会被认为受损失？

顾客关怀——与顾客合作的综合途径

存在于市场核心的“面向顾客”和顾客关怀的观念之间的紧密关系是显而易见的。顾客关怀可以被看做在每一个计划阶段和安装启用过程中都密切关注与顾客的合作。在任何类型的产品或服务市场中这是非常重要的。它是服务的一部分，也就是说，它具有服务市场的特性。例如，它是：

- 基于人的；
- 易毁坏的；

- ○ 依靠大顾客的参与；
- ○ 以感知为基础；
- ○ 形象的敏感性；
- ○ 高度依赖于消费的背景；
- ○ 交付时间。

然而就像我们看到的，市场是以面向顾客为基础的。在追求市场目标中，它可能失去那些会满足顾客需求的东西。

在交付一项服务时遵循市场计划可能在以下方面会导致顾客关怀的缺陷：

- ○ *不切合实际的团队使命* 当企业的管理者所做的承诺可能会导致企业服务终止，当企业为顾客提供了错误的关注级别，或者例如企业把顾客拒之门外。
- ○ *顾客和市场的信息匮乏* 连续混淆顾客需求的关注等级可能会导致顾客关怀的降低。这可能因为信息系统只关注顾客满意的普通方面，而忽视识别那些有优先级需求的顾客领域。商业的优先级，例如实行提供服务的过程，可能会超出顾客优先级。汤姆·彼得（Tom Peters）经常强调顾客满意的这个方面：好的产品或者服务可能因为顾客少而重要的需求(在旅馆的早晨能够得到一杯咖啡，在一辆昂贵的汽车中设计放食物或者易用小物品的空间)被忽视而失败。
- ○ *不能适时调整* 当过去收集的顾客需求的信息被长时间利用会导致匹配错误出现。顾客的优先级是不断发生变化的，随着诸如产品的日益成熟、竞争的加剧和差别的出现，以价格销售或者以功能产品属性销售变得不合适了。另外，通过提出顾客最初自己都没意识到的需求，好的市场可能会寻求标识一些用户都不能意识到的需求；在销售产品时为了满足这些需求我们将更多的价值加入到产品中。
- ○ *缺乏与员工沟通* 在提供特定的服务时，员工应该意识到需求提供者需要他们来满足这一点是非常关键的。当员工没有经过彻底培训或者没有适当地被告知市场流程的目标时，他们可能就会提供错误服务级别。即兴发挥可能导致产品质量和服务提供的矛盾以及变化的产生。通常员工通过求助于他们所操作的防御系统对问题做出反应。
- ○ *缺乏员工激励* 当员工不能正确知会、培训或者提交顾客关怀时，他们将没有足够的激励。这种情况总会影响到顾客。
- ○ *缺乏控制* 控制系统对于在一个组织内建立和维护顾客关怀标准是至关重要的。当这样的系统缺乏或不足时，顾客关怀质量的级别就会发生变化。在某些情况下，这种变化可能以破坏性的矛盾出现。这也会影响到该组织的其他部分的好的行为，或者在其他时间里对相同员工或顾客也起不到好的影响。
- ○ *混淆的优先级* 当员工遵循服务提供的特定实践时，例如处理一个订单或者执行一个顾客任务时，他们可能会发现有太多的优先次序以致于不能有效地开展工作。对市场任务或顾客关系的关注在某些组织中被认为是额外的，这样做会导致牺牲的危险。

- *组织混淆* 许多组织不能有效地为市场和顾客分配责任。从理论上说，这是每个人工作的一部分，同时快速分配责任。提升优先级系统的建立和提供的责任必须在组织内明确定义。
- *市场和顾客关怀的不可接受性* 为了满足效率或者生产力目标，提高产出的水平，员工可能会因提供实践工作存在太多困难而被施加压力，他们就会感觉到满足用户的需要不是他们应该最关心的事情。
- *短期重点* 也有许多反馈或者满足需求的利益以长期的形式出现而不仅仅是短期的形式的例子。在这种情况下，因为给供应商带来短期报酬的需求满意行为是通过顾客的正反馈而加强的，所以服务或产品提供的失误可能会增加。
- *权利的冲突* 当一个组织中不同职能的处理权力不均衡时矛盾将会发生。这里，关怀顾客的级别是根据顾客接触的组织部门的不同而提供不同级别的。当顾客需要接触的系统部门多于一个时，他们就可能给予不适当的服务级别。

活动 8.9

思考市场计划的实施中阻止顾客关注的提供途径，对每一个这样的途径，思考一下通过何种修改或替换市场计划的某些方面可以克服战略问题的方法。

这一活动的答案应该给出计划中关注范围的对比。显然市场计划通常隐含着顾客关怀活动，并且可能隐含在诸如产品范围内的价格、质量或者分类上的冲突或矛盾。需要重要掌握的一点是公司政策需要在这些目标中间通过创造力来面对和解决这些问题。他们之间是相互沟通的，而不应该把它们分离或者孤立的来看待。

提供顾客关怀的适当级别

给出一个合适的合作使命的定义

如果没有一个清晰的合作目标的定义，公司就会由于缺乏清晰的关注和持久的目标而浪费资源和努力。然而作为基本目标之一，使命对于组织的每一个成员来说具有沟通的目的(必须被每一个参与者清晰地理解)，并且它还必须告知其他个体在组织中实现使命的各自作用。因此，动机中存在一个关键作用，如果该作用不能被清晰和有效地表述，在组织内建立一个顾客关怀的风气和文化的可能性就会大大减小。在使命陈述和顾客关怀之间的界线如此重要，因此我们应该简短回顾一下该领域。

活动 8.10

为以下定义一个使命陈述：

○ 你自己；

○ 你的家庭；

○ 你的国家领导人；

利用最新的且比较可靠的信息

关于顾客需求的假设和产品属性对于顾客来说是最重要的，这是个显而易见的概念，它们都是经常导致不满意的一般原因。有关顾客的信息应该来自顾客，或者来自于与顾客相关的那些提供产品和服务的人。竞争活动的信息、市场条件变化信息、以及公司活动和理念信息应该来自于那些与之密切相关的现实环境。而不应该依赖于那些远离或者潜在的个体或者组织。

除非公司在收集、分析和传播信息时有一个非常高的优先级来左右市场的决策，公司还应形成一个信息自由流动的文化，这一信息可以被市场决策者在任何级别上容易使用。能够看到组织开发过程中开放度和作为顾客关怀概念中一个整体部分的敏感度是非常困难的。

利用信息形成决策和计划

许多信息是很容易或按常规收集的，因为这样看起来像在做一件好的、有用的事情。当关于顾客需求信息被收集时，必须使用这些信息做出有效的决策，并且应该把它放在计划过程的核心位置。如果通过这种方式收集的信息不可用，组织需要自问为什么会收集到这样的信息。信息系统的一个重要部分是依靠收集、存储、分析、传播信息，以及以与决策者特定观点相关的形式反馈信息。尽管顾客关怀在本质上是以“倾听”、“度量”、“反应”或者从那些可以告诉我们用户想要和需要什么样的信息为基础的，但是决策的制定还必须以大多数有经验的管理者的信息为基础。

活动 8.11

描述下列人员所需要的信息：

○ 管理主管人员；

○ 仓库管理员；

○ 销售人员。

满足服装店顾客的需要，他们的需求是相同的还是不同的？为什么？

信息可以共享的范围有多大？经济数据对于一个商人来说有怎样的相关度？它是什么？如何使组织扁平化以及做到劳动力的技术分工？

迅速行动

信息的老化速度很快，如果不以当下的可用信息为基础进行行动，而当信息已经变得没有任何相关性时再行动，这无异于破坏或滥用。顾客需求和标准在有些市场情况下变化得很快，如果需要采取行动，就必须当机立断。

使用易于理解和实施的书面计划，并为员工提供激励机制

书面计划应该以满足交流为目的。如果用于指导员工的实施工作，计划应该提供实质性的行动基准，提供可以标识和度量的绩效评价标准，并且能够阐述员工的成就。如果实施计划者认为其不能被满足或者满足他们没有得到承诺，或者他们的挑战得到满足但是却没有得到回报或者没有成就感，那么计划就不可能实现。

这里有另外一种学派关于书面计划的概念。一位作者反对传统的 MBO（目标管理），并认为这种目标的生成的确约束着前进的动力，并对高质量的服务以及产品的形成产生负面影响。设置目标就是设置要达到的目的，因此质量的上限也就提前设置好了。设置这样的目标变得越来越困难，并且随着时间的推移，这些预定目标的作用越来越不明显。从这一角度看，书面计划可能会给潜在的改进带来阻碍，这种改进对于质量运作来说就是持续的过程改进。

一般认为将美德、质量以及对顾客需求的响应根植到团队文化中的系统更可取。这一点，在不同级别和不同过程中和追求质量、寻找增加价值的方法，以及满足顾客需求成为一个永恒的和具有特色的企业运作特征。员工应该将其看做工作的本质，而不仅为顾客关怀做计划。这些详细过程分析和在每一个过程中产生的规格，都需要以观察、描述和分析为基础。在这一点上书面计划和过程的清晰定义是每一个寻求有益改变流程的本质基础。

对市场计划的实施做定期进展报告

这些报告必须是可靠的、详细的，不能只是对结果做简单的汇报。对于进展的持续关注，对环境变化和新用户需求调整的关注以及理解改变的关注都要求市场计划应该以此为背景制订。

以实施过程为中心进行度量

度量尺度和度量系统为过程提供了宝贵的衡量基准，提供了满足或不满足的可见目标。

活动 8.12

考虑在一个旅行社中试图改善服务的顾客关怀点。写下哪些方面的服务可以度量，简单指出可以使用的方式，例如问卷调查。除此之外指出度量的哪些方面是非常困难的或者不可行的，并说明原因。

将你的答案与任务报告中的进行对比。

散布市场的基本原理，但是也要为市场功能明确分配责任。

如果每一个人的工作都与市场的某一方面有关，那么倘若没有人能够为市场发生的情况负责的话就会有麻烦出现，因此必须明确定义责任。也就是作为一个核心承诺根植到不同层面组织运转的方式上。

活动 8.13

为下面的例子描述你认为所需要的活动以建立顾客关怀：

○ 一个汽车销售店；

○ 一个超级市场。

在市场过程中的顾客关怀

市场需要结构化的方式并且利用顾客需求信息以达到战略目标，典型的步骤包括：

○ 制订共同的使命、目标和战略；

○ 分析环境；

○ 制订市场目标；

○ 开发市场战略；

○ 制订行动方案；

○ 测量结果；

○ 对结果的反应。

上述的每一个步骤都会提出或者遇到顾客关怀问题，考虑这些问题经常会从本质上影响追踪市场过程中的目标。我们将从以下部分给予详细的考虑。

商业使命的定义

当定义一个企业所从事的领域、服务的对象以及经营方式时，对于从事商业的每一个人来说都是不可避免的本质问题。他们提出的作为商业活动基础的简易模型是很难达到的。随着组织规模和任务的扩张，于是复杂性也随之增加，并可能偏移中心任务。

在定义商业使命时，看谁是我们的顾客，我们如何服务才能满足他们的需要，我们需要考虑大量的因素。实际上，起初可能公司不能满足顾客的需求，在这种情况下就需要重新定义市场。

不合适的顾客忠诚度的建立，以及不把提升顾客关怀作为主要目标，都注定会失败。同样地，从本质上说使命的定义支持促进了有效的计划和在公司操作框架中维持顾客关怀的级别。

下面举一个很好的例子：Interflora 国际花卉提供公司，该公司明确地认识到顾客关怀的重要性，并与公司的理念融为一体。我们可以把顾客关怀认为是 Interflora 组织的目标，包含在如下的使命定义中：

公司的使命是确保 Interflora 将永远是顾客买花和选择礼物的第一选择。这意味着：公司需要不断认识和响应顾客变更的需求；向顾客提供无微不至的服务；在本行业内不断创新领导潮流；在质量、服务、加工和价格方面不断提高；使员工比同盟做得更好。

市场审计

市场审计必须努力确定和定义可以提高顾客满意度和忠诚度的外部环境的因素。这就需要对不同的政策作比较，对提升顾客忠诚度的不同程度作评估，以及对差别的产生作分析。

审计还应该对公司内提高顾客满意度的因素，以及在市场过程中起到重要作用的不满意的不同因素的性能作出评估。

行动方案的明确表述

从顾客关怀的观点来看，当这些方案集中关注短期的目标时，销售额和利润的提高问题就发生了。这也正反过来证明基于顾客关怀的战略的主要目标应该是长期的，不仅仅迎合风俗，而且通过促进好的关系赢得顾客，通过维持顾客忠诚度需求坚实的长期利益。

市场运作的行动方案

许多问题与市场过程中的功效和效率有关，例如，给一个公共场所提供有价格竞争力的啤酒，远远胜于顾客对最终产品的感知和反应的关系。做一个不太恰当的比较，有两种不同的方式来提供啤酒，一种是用自然的、老式木桶运输，另一种是用现代的、价廉铝罐运输，后者之所以存在一系列不受欢迎的产品属性主要归因于化学的味道、添加剂、劣质的感觉等原因。

结论

当太多的强调销售额和利润，而忽略顾客行为时，有可能会导致不能及时为组织实现长期计划提供有效的反馈的结果。

活动 8.14

从列举的六个阶段举例说明顾客关怀问题。

注意力应该集中在顾客关怀的提供。当然，还需要清楚地意识到顾客的需求是什么。既然许多公司的部长职务已扩展到相同类型产品的不同类型的市场，或者不同的品牌和产品类型，那么就需要一个系统的方法来收集和评估大量不同类型的顾客信息。

确定顾客需求和感知

要成功地使用基于顾客关怀的战略，需要回答两个问题：

○ 对于我们的公司来说什么样的顾客关怀的政策是最合适的？

○ 这个政策将会对我们的运转造成多大的影响？

为了取得成功，顾客需求的知识是至关重要的。公司的目标将会满足什么样的期望？在这个真实的世界里，这些期望将和公司的感知方式有关。例如，对于一个理性的人来说，他的期望是有限制的，这与他所处的公司具有的资源以及雇佣资源的明显程度的现实有关。

独立于那些约束，顾客相信他们最小的权利也应该被尊重，因为他们是顾客关怀的主体。所有顾客具有以下绝对的权利：

○ 顾客关怀的一个最基本的、最小级别；

○ 员工给予的公共礼貌；

○ 对抱怨的有效响应。

根据关怀的顾客需求可能会因供应商的每一个交易的重要性而改变。当顾客感觉到与供应商的联系日趋重要时，他们就期望获得更高的关怀级别。

当顾客来自市郊或者很小的地区，那么许多产品就以包裹的形式卖出，因此下面的因素就显得格外重要：

○ 取货时间；

○ 在不同时间里相对于其他因素，包裹的服务因素的重要性；

○ 对于顾客来说可控性的重要性；

○ 对供应商的依赖程度；

○ 对顾客服务的重要性；

○ 与提供服务相关的风险程度；

○ 与工作人员或设备相关的服务；

○ 工作人员的联系方式；

○ 工作人员感觉到的受控程度；

○ 与其他顾客的联系；

○ 工作人员的技术 / 经验；

○ 遭遇的惯例程度；

○ 发展进程和服务遭遇的数量和复杂度；

○ 不同发展阶段顾客期盼和经历的情绪。

混合因素也同样会受到不同顾客自身的性格和经历的影响。总之，不同的人对服务有不同的看法。对于某一个人来说很新鲜，或者感觉有潜在压力的事，对另一个人而言可能会觉得很平常。

考虑一个很重要的因素，似乎对于顾客而言，随着其阅历的丰富，或者其使用服务系统以及购买产品时所遇到的意外事故的数量的增加，其作用也会增加。

因此，有充分理由说明顾客关怀水平会受到影响。当顾客一成不变地期待最小关心水平时，他们很可能还有一个渴望水平。这个渴望水平会受到他们的经历程度的影响。他们的经历越丰富，他们越可能接受感受到的给予他们的关心水平。

这些感受到的水平和实际水平相对比是有差异的，例如：供应商所谓的水平是由顾客关怀行动提供的。感受到的关心水平深深影响着满意水平。

定义一个顾客期望的最小关心水平是很重要的，在很多方面这可以很有效地量化。例如：修理工响应顾客要求所用的时间，一般的顾客对期望的最小标准有一个很清晰的概念。但是这些标准如何被感知，很明显将会因为顾客的不同而不同。对于一个公司来说区分最小水平和理想水平是很重要的。这将避免浪费，并且避免由于提供过多的顾客关怀而潜在的坏处。例如，公司里某个员工不断提供帮助而打搅了顾客。

区分对何种顾客提供何种级别的顾客关怀水平尤其重要。我们都知道，公司或其竞争者提供服务或产品的经验相对于成型的期望值和提供评估而言提供了基准。

基于以下方面区分和分析顾客的需要：

- ○ 选择顾客；
- ○ 调查和模拟需求；
- ○ 决定关怀水平；
- ○ 建立灵活性。

活动 8.15

如果我们要为一个位于忙碌的市中心的酒吧收集信息以决定用户对服务水平的需求，简要描述事件以及可能出现的问题。

把你写的大纲同任务报告中所提供的大纲相比较。

建立一个顾客关怀流程实际步骤的要点

为达到期望的顾客关怀水平，建立一个实际的处理步骤是很重要的，现在就总结一下其中最重要的几个步骤：

区分顾客需求和顾客欲望

这是建立一个顾客关怀流程例子的第一步，起点是顾客需求。我们必须清楚地知道顾客的需求是什么，以及如何设计我们的顾客关怀流程以满足顾客的需求。我们也必须评估当前顾客或潜在顾客对我们公司以及对顾客关怀的标准的感觉。

建立一个任务综述

任务综述指的是本单元中的早期工作，顾客关怀步骤以及公司里的顾客关怀重要性必须是综述的关键部分。对于顾客关怀步骤，我们也需要一个能被广泛地接受的任务综述。

设置服务水平标准和规格

必须为顾客关怀水平及其包括的关键因素设置清晰的标准，例如：礼貌标准、可信性、交流、响应度、顾客的感情转移和机密性。

建立管理步骤以及向所有的工作人员传达该管理步骤

应该清晰地规定：为达到顾客关怀的目标，工作如何进行，例如，应该包括下面几个方面：

○ 谁该在什么时候做什么？——合理的工作分配和进展回顾；
○ 实施顾客关怀流程所需的信息流动和系统；
○ 在顾客关怀流程中对人的激励、监控和管理；
○ 必须向所有员工传达他们的责任，以及工作中必须遵循的流程和步骤。

根据时间因素定义任务

这些因素包括：循环工作的时间，季节因素等等。这一步骤必须正确全面地完成，同时顾客关怀流程必须按照下列要求创建系统：①为满足顾客需求可以进行哪些工作；②有效利用资源和有效地花销。

建立一个最低基础等级

尽管顾客关怀流程应该围绕顾客的需求来建立，应该尽可能地让顾客关怀水平达到最高标准。但是，建立一个最低顾客关怀标准的基准也同样重要，不应该出现低于此基准的顾客关怀水平。

确保系统可以有效地响应投诉

尽管顾客关怀流程是为了减少投诉，或者更理想地说是为了除去所有的投诉。但是采用该方法不可能除去所有的投诉。因此顾客关怀流程应该有明确的系统和具体的措施来确保有效地响应顾客的投诉。

营销实践：案例

有一个概念使得为减少甚至除去投诉而建立的顾客关怀流程存在一个很有趣的缠绕现象，这个概念是：一个好的顾客关怀流程会激发更多的投诉，实际上，这个与投诉相关的，看起来很奇怪的顾客关怀流程是建立在一个似是而非的概念基础上的，这个似是而非的概念是：对于公司而言，最麻烦的顾客同时也是最有价值的顾客。从某种意义上讲，有价值是指这些顾客的需求最多，因此可以帮助促进公司提高顾客关怀流程的标准，而他们的价值体现在，一旦他们的需求得到满足，他们便会对公司很忠诚，会为公司或品牌充当宣传大使。Dell 电脑公司就是一家在 CRM 流程中采用该方法处理顾客投诉的公司。

确保管理的实行

正如前面好几次强调的，确保顾客关怀流程的实行是非常重要的，尤其重要的是在各个管理层建立一个执行委员会，尤其是必须在最高管理组织中建立一个这样的委员会。

实施有效并且连续的评价和控制系统

同样，我们已经强调过好几次，估量和控制顾客关怀流程是很重要的，若对顾客关系只提供很少的服务是无用的。顾客关怀必须得到有目标的、可以严格进行估量和控制的系统的支持。

成功的顾客关怀流程

要使一个流程可以工作，必须满足以下条件：

员工必须：

- 对流程很了解，并且知道他们在流程中的作用是什么；
- 对流程负责；
- 根据流程需要接受了很好的训练；
- 有足够的能力发挥他们的作用；
- 有足够的技术发挥他们的作用。

流程必须：

- 为员工提供明确的利益；
- 由最高主管的行为补充有效的实施体制、明确的优先次序，以及认可和酬劳。

管理必须：

○ 了解员工执行的进度和效率；

○ 了解定期的合适的信息；

○ 过程必须支持市场的目标以及促进员工朝着目标前进。

有效顾客关怀流程的优点

一个有效的长期顾客关怀的流程有很多优点，作为市场部门主管和最高主管必须了解这一点。前面我们已经讲到其中的几个优点。这里，我们再次做一个总结：

○ 帮助建立顾客关怀标准；

○ 减少组织对于需要什么以及为什么需要这些的迷惑不解；

○ 潜在地提供一个竞争边界；

○ 帮助建立一个 TQM 质量控制体系；

○ 向顾客提供更多的价值；

○ 增进对顾客的了解；

○ 可以激发员工的积极性；

○ 帮助建立顾客关系以及提高顾客保持力。

尽管所有这些优点都很重要，但是上述列表的最后一条中提及的帮助建立顾客关系以及提高顾客保持力，这一作用已经越来越受到市场管理者的重视，正如我们已经看到的那样。因为顾客服务提供和顾客关怀的扩大对于帮助建立良好的关系以留住顾客很有效，所以顾客服务和顾客关怀是市场关系中很重要的方面。我们将再次来谈论这些。

服务提供、顾客关怀以及扩大营销组合

我们已经讲过服务产品的市场与常规产品的市场是不同的。我们认为对于服务市场商人而言，最主要的不同点是三个附加的营销组合因素："人"、"外在体现"以及"过程"。尽管我们应该在第九单元"不同背景下的市场营销"中讲这些，但是对于一个市场商人而言，了解服务提供、顾客关怀以及三个附加的营销组合因素的含义和相互影响是很重要的。下面是其中的一些概要。

○ 人（*内部员工*） 让所有员工承担顾客关怀的责任以及激发他们的积极性是很重要的。"人"的因素是有效的服务提供的中心，涉及到顾客关

怀的全部级别。因此，为了达到预先确定的服务提供和顾客关怀的水平，投资对员工进行训练是至关重要的。现在不仅对于人事部门而言，雇员的选择和动员是首先需要考虑的事项，对于市场商人也是如此。如果一个组织的员工没有经过很好的训练、很好的选择、士气不振也没有调动积极性，他们是不可能有兴趣提供合适水平的顾客关怀的。通常，差的服务提供和顾客关怀追溯其原因，最终是由于该组织的营销组合因素中人的因素很差而导致的。因此，例如应该指导员工怎样做才是对顾客有礼貌。为了确保 TQM 的实行，应该建立和管理内部质量小组。许多不同行业的市场领导都意识到人的因素在提供有效的顾客关怀方面很重要，而且将该认同反映在了他们的任务书中。

○ *过程*　过程应该考虑顾客对于适当水平的服务提供和顾客关怀的需求和感觉。应该有顾客支持系统、TQM 系统以及很好的交流。应该写明详细规定确保对投诉有明确的响应，确保最小的浪费时间，确保最少的瓶颈现象等等。“麦当劳”就是一个好的例子，他们对“过程”因素非常注意，他们已经设计好过程以保证最小等待时间、瓶颈的标准化。

○ *外在体现*　应该计划并且执行一些因素，例如好的标志、员工的制服、通讯器材，以确保能维持有效的顾客服务提供，能及时获得顾客关怀信息。Interflora 在此又是一个很好的例子，尽管 Interflora 是由 58000 个花卉种植人组成的，通过他们自己的贸易协会，他们有极高效的贸易机制，例如每笔交易都是独立的花卉栽培技术的交易，外在体现因素全世界统一，例如：使用 Interflora 标识、商店形象、员工形象等等。甚至 Interflora 的商标罗马神 Mercury 也充当了外在体现的共同元素，因此全世界的网络花卉种植人形成了一个共同团体。同时提供了让顾客放心的全世界商标。

总之，这三个扩展营销组合因素的综合，对于最大程度地发挥顾客服务提供和顾客关怀流程的优点很重要。反过来，这些决定了顾客满意水平，也决定了顾客保持力的所有重要水平，对于买卖关系很重要。

学习提示

再阅读一次前面介绍过的有关 Interflora 公司的案例。

服务提供、顾客关怀以及关系营销

记住，对于任何组织，应该将更多的精力集中在留住老顾客上，而不是在寻找新顾客上。我们注意到，在“营销和营销导向的发展”单元中，这是使得买卖关系很重要的关键的原因之一。简单地说，一个高兴的顾客会再光顾。另一方面，有证据表明如果顾客觉得他们得到了不同的顾客服务水平，将近70%的人都会去其他的地方。这很明显地表现了顾客服务、顾客关怀以及重要的买卖关系之间的联系。尤其是：

○ 组织需要观察所有交易作为长期目标的一部分；

○ 如果顾客对产品/服务很满意，觉得他们的付出得到了应有的回报，他们极有可能再次惠顾；

○ 短期低水平的顾客服务可能会在短期内获得比较高的利润，但是以长远的眼光来看，利润可能会减少；

○ 对于买卖关系而言，信任是很重要的。因此它应该是顾客服务中很重要的一个成分。如果一个顾客信任一个组织，他们很可能再次惠顾它。但是，我们也不能忘记，信任是双方面的，不仅顾客要相信企业组织没有利用他们，而且经营者也得学着信任他们的顾客。

企业组织和顾客之间良好的关系是顾客服务的基础，好的顾客服务可以使得买卖双方实现“双赢”，而不是一方“赢”了另一方“失”。

服务市场的服务质量：SERVQUAL 模型

服务质量是否达到足够水平是很重要的，有效的顾客关怀和买卖关系也必须运用到所有的市场和产品上，不论是物质产品，还是服务产品，也不论是物质市场，还是服务市场。然而，服务产品有一些特殊的特征，这些我们将在第九单元里讲到。这些特殊的特征使得一些因素，如服务质量的组成成分、服务质量中重要的领域、以及怎样测量和评价服务质量的水平，比切实的、物质的产品市场更难确定了。例如，我们可以比较容易地测量一个物质产品的功能，然而，对于一个不切实际的服务产品，要测量其产品功能是很困难的。意识到这一点，经济学家们提出很多模型，这些模型都是与服务质量的评估标准、抽样数据的选择有关。这些模型中，最有影响的是派里苏里曼(Parasuraman)、蔡斯(Zeithaml)和比利 (Berry)提出的一个名为“SERVQUAL”的模型。下面将具体介绍该模型的概念和主要因素。

该模型提出了10种不同标准或不同范围的服务质量水平的评价方法，它包括了所有可能的顾客需求，这些顾客需求都是从服务经历和顾客感觉中收集而来的。这些标准中有五个与顾客和服务提供者之间的“过程”质量有关。如下所列举的：

○ *响应*　何种级别的服务提供者负责处理顾客的需求；

○ *礼貌* 负责提供服务的员工的礼貌度、友好度、细心度以及愉快度；

○ *能力* 负责提供服务的员工在提供适当服务时的技术和专业水平；

○ *交流* 负责提供服务的员工倾听顾客倾诉、向顾客做解释，提出建议时，必须达到的友好程度；

○ *切实* 服务中切实的可见因素的程度，如员工的外表、商业地段、设备条件都令人满意；

SERVQUAL 模型中第二套质量标准与服务经历的结果有关。如下所列举的：

○ *接近性* 顾客获得服务或服务提供的难易程度；

○ *可靠性* 服务的连贯性和可靠性；

○ *可信性* 服务提供者看起来值得信任的程度；

○ *安全性* 服务看起来很安全的程度；

○ *理解力* 服务提供者理解和适应顾客的需求的程度。

进行服务质量评估时，从顾客的角度来考虑什么是关键标准，SERVQUAL 模型为此提供了一个全面的框架。当然，对于应该在哪个关键领域执行高效的服务，它也做出了建议。最后，与前面两方面联系，SERVQUAL 模型对市场服务质量流程和评估控制系统的实现具有指导作用。

该模型强调，如果顾客感觉他们得到的服务质量与他们所期望的有差距时，该公司的服务质量存在问题。可能有四种原因导致这一差距的产生，我们可以想办法将其去除。

首先，差距之所以存在，是因为公司没有了解什么是顾客想要的，什么代表关键服务品质和实现水平。即他们只是单纯没有了解顾客的需求；第二，即使公司了解顾客的需求，但他们不愿意或者无法满足顾客的需求；第三，服务提供者可能了解顾客的需求，并且企图满足顾客的这些需求，但是因为员工或者质量提供系统缺乏效率而未能做到；最后，顾客可能对服务质量的期望太高，例如，公司可能夸大了他们的承诺导致顾客的期望过高。

营销实践：案例

当 Virgin Train 最初成立的时候，Virgin 做了很多关于服务规则的承诺。这些承诺包括：准时、可靠、清洁、安全等等。Virgin 公司经历了很多有关服务质量投诉问题，之所以有如此之多的投诉问题，是因为他们当初做了过多的承诺导致顾客的期望过高，而他们又无法满足顾客的期望。至少在短期内，他们在很多方面都无法实现他们的承诺。

服务提供、顾客关怀和新技术

正如我们所看见的，技术正在改变市场和市场惯例。在服务提供和顾客关怀方面尤其值得注意的是，许多市场技术的发展使得我们并不是通过实际的物质途径与顾客联系起来的。而是通过互连网，甚至有的直接以电视作为市场渠道，例如电视直销。

注意到，只有当个人与其他团体的关系是基于私人交情时，例如直接接触、确实地直接联系等，他们的关系才是最牢固的。在很多方面，市场的个性越少，导致服务提供和顾客关怀出现的问题就越多。营销者与其考虑如何利用与顾客的这种私人关系开发顾客关怀流程，还不如考虑如何使用其他能确保高水平顾客服务和顾客关怀的方法，发展与顾客的长期关系。在这里有关顾客的信息和特定的数据库是很有用的。

数据库和顾客关怀

顾客数据库是顾客信息记录系统，当然，这些数据库是由计算机支持的。该记录系统将包括一些信息，例如：顾客购买的产品、顾客的花销、顾客的信贷分类、顾客的投诉等等。显然，这些信息不但可以帮助开发有效的营销组合流程，而且在开发高效的顾客服务提供和顾客关怀系统方面非常有用。数据库是顾客关怀流程的核心，尤其当与顾客的关系建立在互联网上时，数据库就显得更加重要。

数据库在以下几个方面可以帮助顾客服务和顾客关怀：

- 数据库可以用来保存顾客的联系方式和顾客的投诉；
- 数据库可以用来评定顾客的需求，因此市场流程可以更紧密地与顾客的联系；
- 我们可以利用数据库领先顾客以及他们的需求，例如，预计顾客将来的需求；
- 通过分析数据可以发现各种模式，例如，产品的缺点、顾客的外形等；因此可以提高顾客的交换过程中的经验。

毫无疑问，目前实现功能全面的数据库，以及使计算机有能力翻译数据库里的数据，已经成为发展和提高顾客关系管理系统中最重要的帮助机制。因此，建立、维持以及使用数据库管理系统对于顾客关系管理来说是必要的。在顾客关系管理领域，有很多指的是电子 CRM 或者更常见的是指 E-CRM。我们将在第九单元中详细讨论这方面的内容。

服务提供和顾客关怀的国际发展

很明显，跨国公司要在公司内部建立类似的顾客服务提供和顾客关怀标准。注意我们举的例子 Interflora 公司，在全世界不同地方不同市场，整个公司负责顾客关怀是如何帮助建立公司形象，发展更有效的顾客关系，为员工提供流程操作的标准。如果某顾客在某个国家的一家公司的经历让他相当满意，当该顾客去了其他国家后，很可能在其他国家寻找此公司，购买他们的产品。另一方面，如果对于同一家公司，顾客在不同的国家体验了不同水平的顾客关怀和顾客服务，这也会使得该顾客很热衷于购买该公司的产品。然而，顾客关怀流程是市场流程标准化最难的部分，这里顾客关怀流程包括必要的、适当的顾客关怀水平的选择。原因很多，最主要的原因是不同的地区有不同的文化背景，对于顾客服务和顾客关怀的期望也不同。毫无例外，美国的顾客普遍认为他们应该得到最大程度顾客服务和顾客关怀，而且他们也得到了这些，但是在欧洲的一些地方，包括英国，顾客不会有美国顾客那么高的期望。实际上，对于某些顾客服务和顾客关怀因素，美国顾客觉得很平常，而其他国家却不喜欢。因此，在设计顾客服务和顾客关怀流程时，营销者必须考虑这些文化差异，并且把这些差异反应到顾客服务和顾客关怀流程中。尽管如此，国际营销者应该试着确保不同地区顾客服务和顾客关怀的一致性。并且，在这里人、过程以及外在体现的这三个因素很重要。设计一个国际有效顾客关怀流程时，可以找到很多相关国内顾客关怀流程的设计方案和步骤。基本上，想起这些方案和步骤时，应该考虑到以下几点内容：

○ 区分每个市场的顾客需求和顾客感觉；
○ 建立任务综述；
○ 设置服务水平标准和详细规格，并且在全体顾客宪章的指导下完成，要反映各个国家的不同要求，这里全体顾客宪章反映了任务综述并且概述了应该达到的可测量标准；
○ 建立管理过程，并且将其传达给所有员工；
○ 将每个国家的特殊的任务定义成顾客关怀的成分；
○ 建立顾客关怀基本最小水平；
○ 确保有效响应系统辨别、追踪和处理投诉；
○ 确保管理和员工对流程担负的责任，例如，有效的培训和报酬流程；
○ 确保对顾客关怀流程有效的、连续的管理。

营销实践：案例研究

高级顾客关怀和服务——承诺还只是空话？

虽然许多公司已承诺或声称他们将提供高级的顾客关怀与服务，但不幸的是很多时候这只是一句空话罢了。

这里有一个好的样例示范如何提供真正意义上的顾客关怀与服务流程。Marconi 是一家全球化的通讯与信息技术公司，尽管现在面临困难，但 Marconi 仍坚持提供高级顾客关怀与顾客服务的思想。的确，坚持奉行这一思想看起来是 Marconi 未来恢复发展的重要动力之一。

虽然从多个方面都可以感受到一个公司的高级顾客关怀和服务策略，但其中最主要的指示是来自于公司高层的价值观，特别是体现在其对于公司的任务和前景的陈述之中。通过这些陈述，简明地表达了公司对于顾客关怀与服务的政策与承诺。下面所列的是 Marconic 对其任务和前景的陈述中，表达关于顾客关怀和服务的观点的一些例子。

Marconi 相信人们有话直说，Marconi 试图把与顾客的关系建立在互相信任与互相尊重的基础上。

Marconi 热切关心的不仅是公司自身的成功，还包括它们的顾客和其他的商业伙伴的成功。

Marconi 试图通过倾听顾客意见、理解顾客的需求并且快速和高效地满足其需求来赢取顾客。

Marconi 每时每刻都对顾客、商业伙伴、员工同事和社会负责。

对 Marconi 来说最重要的是，顾客可以依赖 Marconi，因为 Marconi 重视顾客的需求和期望。

当然，这些话说起来写起来都很容易，并不意味着在实际的顾客关怀和服务工作中就能做到。然而，在 Marconi，上面所述的这些价值观和思想被转化到了整个公司的工作中，从公司员工的工作到公司的政策运转，都努力为顾客提供高级的顾客关怀和服务。

所以在 Marconi，这并不仅仅只是空话。

总结

在本单元，你将学到顾客服务的重要性和范围，以及顾客关怀更广义的内涵——它从某种程度上对顾客服务方面的决策产生了影响。如下所示：

○ 在顾客选择过程中及其后，顾客服务越来越重要了；

○ 顾客关怀是一个全封闭的过程，它不仅涵盖与顾客交易前、交易中和交易后阶段的活动，而且还包括顾客服务。顾客关怀是企业文化的一部分；

- ○ 全面质量管理是顾客关怀流程的一个重要部分；
- ○ 顾客服务和顾客关怀的适当级别应该与市场目标和市场战略密切相关；
- ○ 市场服务和关怀流程需要以顾客需求信息为基础；
- ○ 顾客服务和关怀流程的执行应该遵循一系列既定的步骤和阶段；
- ○ 每一个参与者从有效顾客服务和关怀流程的建立中获取物质利益；
- ○ 扩展的因素在考虑顾客服务和顾客关怀时变得异常重要；
- ○ 为国际级别的顾客服务开发流程将会增加额外的复杂度，但需要特别指出的是，市场人员必须考虑到文化环境差异以及国际市场中设计和实施顾客关怀流程时的因素差异；
- ○ 当利用新技术和渠道为顾客提供市场服务时，有效的顾客关怀也可能带来问题，例如，因特网；
- ○ 顾客服务和顾客关怀流程，以及顾客保持力和关系市场中日益增长的重要因素之间相互关联，存在相当多的交叉部分。

进一步的学习和考试准备

现在回答下面的问题：

问题 8.1

指出顾客关怀度不足的主要原因。

问题 8.2

制定一个顾客关怀流程的计划，它应该包括哪些主要步骤。

问题 8.3

一个成功的顾客关怀战略的主要好处是什么？

问题 8.4

解释全面质量管理的重要性。

问题 8.5

三个扩展的服务组合元素是什么？在顾客关怀关系中的意义是什么？

以前的考试题

参阅 2000 年 12 月的考试试卷问题 5，登录网站 www.cimeduhub.com 获取该问题的参考答案。

参考书目

F. Brassington, S. Pettitt, *Principles of Marketing: 2nd Edn*, FT/Prentice-Hall, 2000, Chap 18.

进一步阅读

D. Chaffey, L. Maher, L. Johnston, F. Ellis-Chadwick, *Internet Marketing*, FT/Prentice-Hall, 2000.

S. Dibb, L. Simkin, W. Pride, O.C. Ferrell, *Marketing Concepts and Strategies: 4th European Edn*, Houghton, Mifflin, 2000, Chap 1.

G. Lancaster, L. Massingham, R. Ashford, *Essentials of Marketing: 4th Edn*, McGraw-Hill, 2002, Chap 13.

第九单元　不同背景下的市场营销

学习目的

通过本单元的学习你将会：

- ○ 理解在进行市场营销组合工具及与环境相适应的附加组合成分的选择，在决定孰轻孰重时，背景因素所起到的重要作用(4.1,3.3)
- ○ 理解不同类型营销背景之间特性的差异(4.2)
- ○ 对于组织在不同的背景因素下所进行的不同营销活动，能够将其进行比较对照(4.3)
- ○ 理解当前一些影响营销组合的关键背景因素，诸如信息和通信技术、国际化和全球化、以及在虚拟市场上现存的和潜在的影响(3.15，4.4，4.5)

学习指南

这一单元试图从许多方面把前面几个单元中谈到过的一些关键观点和概念联系到一起。我们将看到，尽管有必要对于营销组合中的单个元素进行个别的讨论，可实际上，在营销活动中至关重要的一点是卖方要确保这些个体元素之间是相互联系并且协调一致的。有许多因素影响这种联系的合适性以及各个体元素在营销活动中的应用。这些因素包括在第二单元“营销计划和预算”中提及的机会和威胁、公司优势和劣势、以及包括目标市场选择和定位策略的营销决策的选择等等。并且，我们现在还认识到，营销组合中各元素的运用以及它们之间的相互联系也极大地受到这些营销工具发生作用的背景环境的影响。这些背景环境包括特定的快速流通消费品(FMCG)背景，企业对企业(BTOB)(供应链)背景，基于重大项目的背景、服务背景、非盈利性的背景以及中小企业(SMES)背景。因此，我们要将在这些不同的背景环境下进行经营、展开竞争的组织的营销活动，尤其是将它们对于营销组合工具的运用进行比较。在这一单元中，我们也会探讨一些有关营销活动和营销组合确定等方面的最新发展。特别值得注意的一点是，我们还会把信息和通信技术带来的许多重要影响归纳到一起。关于这些技术，本书的每一单元都有所涉及，并且它们正在影响着营销组合在组织中的发展和应用。我们也会考虑所谓的“虚拟市场”对不同背景下的营销活动的现存和潜在的影响。

我们希望你花 4 小时的时间来通读本单元，再用 3~4 个小时来尝试书中所提到的各种活动。除了纸和笔以外，你不需要做其他的准备。

营销背景因素的本质和重要性

正如你会预料到的，对于一个基本的市场营销程序，在本书的各单元中我们所考虑的多是营销策划及应用的工具和技术、市场营销的最基本原理，这些方面都不约而同地缺乏对于组织或市场类型的思考。因此，打个比方说，营销计划过程中的一些基本元素，营销目的的重要性，有效的细分，目标及定位等各方面，对于所有的组织和市场来说都是相同的。然而，正如你还有可能预料到的，由于营销活动所发生的背景环境的不同，它们真正实施起来也会有所不同。就不同的背景环境而言，其中尤为重要的是实际进行营销活动的不同类型的市场和组织。在对于营销组合工具及其重要性排序方面的选择，以及在不同市场和组织中对它们的运用和组合这些方面，我们可以更加明确地肯定这一点。考虑到这些因素，我们就不可避免的面临如下问题：哪些是营销背景环境的重要类型，我们该如何对这些背景环境做出分类，以便知道如何根据背景的不同而选择不同的营销工具并知道重点运用哪些工具。对于背景环境的分类多种多样，下面我们给出几种主要并广为接受的分类：

- 快速流通消费品(FMCG)；
- 企业对企业(BTOB)的营销模式；
- 基于重大项目；
- 中小企业(SMES)；
- 非盈利性组织；
- 服务。

学习提示

你会注意到这些不同的背景环境是按照市场营销基本原理的课程大纲来进行区分的。在本单元我们也会围绕这些各不相同的背景环境来展开讨论。

快速流通消费品(FMCG)背景

我们要讨论的第一类背景环境就是快速流通消费品市场(FMCG)。消费品市场是指顾客购买产品或服务以供自己或家人使用的市场。购买的主要动机从本质上来说是出于个人需要，这和为组织或机构进行采购的 BTOB 模式下的买主是不同的。BTOB 模式下的买主，是出于组织的需要来购买原材料或零部件，或者是基于大型的重要项目所需的产品或服务。

实际上，快速流通消费品市场仅仅是消费品买卖市场的一部分。在 FMCG 环境中，顾客出于个人目的购买产品或服务，一般来说它们是非持久性的，需要反复购买。这些产品或服务的花费相对而言也比较低。具体说来，这些产品或服务包括：牙膏、糖果、食品杂货，一些需要经常购买的电力方面的物品，如电池、灯泡等等。这不同于冰箱、汽车、计算机等一些耐用消费品，也不同于那些短期的、不经常发生但一次开支就很大的消费，如度假、买房等等。既然有那么多不同种类的消费品背景环境，因此，在针对不同的消费品来选择市场营销工具的时候，我们必须仔细考虑。相对于 BTOB 模式或基于重大项目的营销背景环境而言，我们可以说，消费品市场中快速流通消费品的营销，在运用营销组合工具时是明显不同的。在运用营销组合工具方面 FMCG 已经做到了极致。记住这一点，对于理解下面我们将要谈到的 FMCG 背景环境的关键特征以及营销工具的应用都大有好处。

我们前面已经提到，在 FMCG 的市场环境中顾客通常是购买花费较低的产品，而且是反复购买，并且也不掌握多少信息来帮助挑选物品。在这种类型的背景环境中，虽然各个公司可以根据不同的定位战略等来选择不同的营销组合模式，但从整体上来讲，FMCG 企业的营销组合各要素具有以下特征。

在 FMCG 背景下，企业市场营销组合中的产品要素是非常重要的一个方面，它包括商标、包装、品牌、式样等等。商标及商标形象很重要，因为这为顾客的选购提供了便利，也使他们的购买有了保障。考虑到对于顾客购买行为的促进作用，我们似乎更应该着重强调广告这一手段，而非人员销售。广告通常是针对大量市场来进行宣传，而且也能一遍一遍反复加深人们对于商标形象的印象，向人们提供极具说服力的广告信息，而非细节性的事实信息。在 FMCG 背景环境中，价格的作用及其重要性会由于产品和市场的不同有很大不同，但是，顾客在进行选择的时候，所花每一分钱获得的价值大小仍然是他们考虑的主要因素。在 FMCG 环境中，买卖双方的讨价还价行为不会经常发生。商品的招标投标也不会被广泛采用，但是这些谈判的重要性和普遍性会因市场的文化不同而各不相同。因此，在有些文化背景下，对于快速流通消费品而言，甚至关于商品的订购日期也会是一项谈判内容。通常，在消费品市场上，能否赊销及合理的支付条款是决定价格的一个重要方面，但由于在 FMCG 环境中交易往往只是涉及相对较低的费用开支，因此，这一点倒并不是非常重要。许多 FMCG 产品和商标的生命周期非常短暂，这是因为跟不上潮流或是由于消费者已对之感到厌倦。因此，在 FMCG 环境中，新产品的开发和革新也很重要，可以通过重新定位、更换包装等手段来保持顾客对产品的关注。FMCG 商品常常需要密集的分销渠道，多通过中间商，特别是零售商来进行分销。虽然关系营销，尤其是通过品牌来进行营销在 FMCG 环境中依然十分重要，但是这种环境下的品牌转变程度常常使得开发并维持与顾客之间的关系变得困难许多。最后需要指出的一点是，虽然我们并不能完全忽视客户服务的作用，但是，相对于 BTOB 模式、基于重大项目的营销环境或服务营销环境而言，客户服务这一项在 FMCG 环境中的作用并不重要。

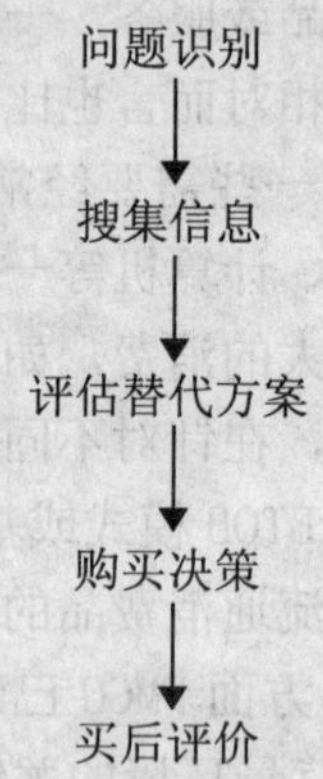

图 9.1　消费者购买行为模型

在 FMCG 市场，制订市场营销计划过程中（正如在所有的市场营销计划中一样），理解顾客购买决策过程的特征以及影响这一流程的因素是非常重要的。至于快速流通消费品顾客购买决策过程和影响这一决策过程的因素，一个简单的模型非常适用。

○ *问题识别*　对于某个快速流通消费品而言，这是购买过程的起点。购买在本质上是个解决问题的过程。所以，如果消费者没有意识到存在的某个问题，那么购买就不会发生。所以市场营销人员需要理解问题识别过程，而且有时候要尽量促成这一过程的发生。举例来讲，策划广告和促销有可能是要使消费者相信他们目前所使用的产品和品牌能够进行改进。记住，在快速流通消费品市场中，广告和促销是营销组合要素当中使用次数较多的一个。

○ *搜集信息*　在意识到消费者有问题需要解决之后，购买过程的下一步是寻集能够解决该问题的有关产品和品牌的信息。举例来讲，搜集信息过程可以建立在消费者记忆中现有信息的基础之上，但是有时候消费者会寻求从各种其他不同的渠道来获取信息，包括朋友、亲戚、销售人员、杂志和其他市场营销人员所主导的信息渠道。很明显，快速流通消费品的市场营销人员必须确保已经向消费者提供了做决策所需的足够的信息，而且，这些营销人员还必须保证这些信息能诱使消费者乐于接受他们自身所提供的产品和品牌。

○ *评估替代方案*　通过信息搜集过程所搜集回来的信息将会用在评估所提供的各种替代方案方面。从本质上来讲，这是消费者做出选择过程的一部分。市场营销人员必须明白消费者是如何评价各个替代方案的，尤其要理解在这一过程中消费者所采用的选择标准是什么。在购买过程中，影响营销组合工具的选择的最重要的诸因素当中的一个就是评估标准。很明显，如果消费者在选择时最先考虑的因素是价格，那么我们在营销组合当中就必须反映出这点。

○ *购买决策*　这是购买决策过程中消费者真正做出购买选择的阶段。人们可能会觉得当消费者在做出决策时，市场营销人员不可能施加任何影响，其实不然，在这个阶段，市场营销人员实际上仍能够对消费者的行为施加影响。比如，一个消费者可能已经决定了要购买某个产品和品牌，但是如果该产品因为某些原因(如渠道不畅)而缺货，那么，消费者仍可以在这个阶段做出不同的购买决策。

○ *买后评价*　一旦购买了某种产品，那么，消费者会紧接着对这项行为进行评价。举例来讲，消费者会评价他们是否对此项决策感到满意。我们知道，消费者往往急于想知道他们是否做出了正确的决策。所以，市场营销人员必须尽全力让他们现有的顾客感到满意。例如，市场营销人员可以通过以下这种方法来做到这一点，即写信给消费者确保他们做出了正确的选择并提醒消费者，如果他们有任何问题或者是有任何的担忧都可以与供应商进行联系。

学习提示

消费者参与这一购买过程的每一个阶段的程度差异非常大。记住有三种决策制定类型或三种购买情况是非常有用的。扩展型决策制定包括上文中所罗列出的购买决策过程中的所有步骤，而且这种决策制定类型通常使用于昂贵的和／或风险型购买（如购买一辆小轿车）。决策制定的第二种类型是限制型决策制定，在这种决策制定类型下，虽然消费者也要经历决策过程的所有阶段，但是他们能够在某些阶段只花费相对少的时间和努力。所以，例如，消费者可以花费相对较少的时间搜集信息和／或评价替代方案。当消费者有一些这方面产品或者服务的经历时，或者是由于其他一些原因消费者不准备花费很长时间用于这项购买决策，这种类型的购买决策制定往往会发生。最后，决策制定流程的第三种类型是例常反应行为。这种决策制定类型通常与频繁地购买低成本物品相联系，在这种情况下，购买过程几乎是自动的。在这种情况下，消费者即使有用于搜集信息或评价替代方案方面的时间，也会相当有限，此时，他们会直接从问题识别过渡到做出选择决策（如某个品牌）。大多数快速流通消费品的购买决策制定属于例常反应行为。

哪些因素影响 FMCG 购买行为

除了了解快速流通消费品的购买决策过程所涉及的步骤之外，市场营销人员还必须了解影响购买行为的其他因素，这里存在的问题是有太多潜在的因素会起作用。但是，那些最重要的影响快速流通消费品购买决策的因素包括以下方面：

○ *个人因素* 这些因素包括人口统计方面的因素，例如，年龄、性别、种族、收入。同时也包含环境因素，如消费者做出购买决策时可以利用的时间数量。最后，个人因素还包括购买行为过程中消费者个人的投入和参与程度。

○ *心理因素* 心理因素包括一系列属于个人的一般行为和购买行为方面的因素。我们知道，这些因素中一些更为重要的因素包括：感觉、动机、学习、态度和个性。从本质上来讲，这些因素在人体的内部起作用，但是，市场营销人员仍能对这些方面施加影响，或者是，至少市场营销人员会将这些因素纳入考虑。例如，我们知道个性不但会影响产品的选择，还会影响品牌的选择。外向个性的人更有可能选择一个与内向个性的人不相同的品牌。

○ *社会/文化因素* 这些因素在影响购买过程以及产品和品牌的选择过程中也是非常重要的。我们知道，最重要的影响消费者的社会因素包括角色和家庭影响、参照群体、社会阶层、文化和亚文化。举例来讲，我们知道，一份报纸的选择决策像休假、汽车、化妆品等等一样会深受社会阶层的影响。在很多市场中，社会/文化因素在购买决策中的作用是非常重要的，但对于国际市场营销人员来讲更是如此。

营销实践：案例

雀巢在世界上不同地区对他们的咖啡类产品进行改进以适应各地的社会和文化因素。在英国咖啡和咖啡饮用越来越趋向于有很强的社交含义，所以，对咖啡品牌做广告就必须选择在特定的社会环境或者社会场景下，举例来讲，如朋友聚会时所需的饮品。然而，在德国和法国，虽然很明显咖啡饮用仍受社会因素的影响，但从文化的角度来讲，咖啡的选择和饮用所考虑的重要趋向于咖啡的口味。

上述这些是对 FMCG 市场背景所做的一些主要考虑。现在，我们可以将注意力转移到企业对企业的背景之中来。

企业对企业的营销模式背景

正如你早已经知道的那样，在这里市场营销人员的目标群体是其他的组织或机构。请记住，企业对企业这种市场当中的顾客不同于消费者市场当中的顾客，该市场中顾客主要是出于组织的目的和动机而不是个人的目的和动机来购买。和 FMCG 营销一样（任何背景下的营销也都一样），在营销组合的计划过程中，市场营销人员能够从了解消费者特性，尤其是对购买过程以及其影响因素的了解中获益。正如我们在 FMCG 营销中所建议的那样，市场营销人员了解企业对企业市场中顾客的行为是有用的，而且他们也的确必须做到这一点。为了达到这一目的，市场营销人员经常向自己提出以下有关企业对企业市场当中的购买者行为方面的问题会大有助益。

购买过程中涉及哪些人？

和 FMCG 市场相比较，在购买决策制订的过程中，企业对企业市场中往往有很多人参与。但更重要的是这些不同的人所扮演的不同的角色。

为了帮助你更好地理解这些不同的角色，我们将引用一个企业消费者购买一台新生产机器的例子。

- *发起者*　发起者指的是启动购买过程的人。例如，购买过程可以由企业中的生产部门发起，他们觉得现有的某台生产机器快要到达它的使用年限了。
- *影响者*　影响者能够以各种不同的方式影响购买决策，例如，技术人员会或多或少地帮助生产部门确定新机器的产品规格。
- *决策者*　这些人是真正做出购买决策的人。在这个例子中，决策者可能是(举例来说)生产主管，或甚至是首席执行官。
- *购买者*　这些人有签署订单和在企业中进行实际采购的权力。他们也可能会帮助设计产品规格，但是，他们的主要角色是在与供应商谈判和供应商的挑选方面。在我们的例子中(而且确实在大多数情况下)这类人很可能是企业的采购部门。
- *使用者*　使用者是要运用或者是要与所购买的产品或者是服务一起工作的人。在我们的例子中，使用者是机器的操作人员。采购机构去询问操作人员他们过去在使用某种特定机器时碰到过什么问题或者是询问他们计划采购的新设备应该具有什么特征才能帮助他们更有效地开展工作是很有意义的。

后面我们会看到在企业对企业环境中购买行为会包括几个个体和角色，它们结合起来以实现群体目标。所以，市场营销人员要识别出这个群体中所包含的个人和／或部门，并确定这些人或部门分别扮演上述的哪种职能，这一点是非常重要的。在市场营销中我们将购买过程所包含的个人／部门称为决策制定单位(DMU)。

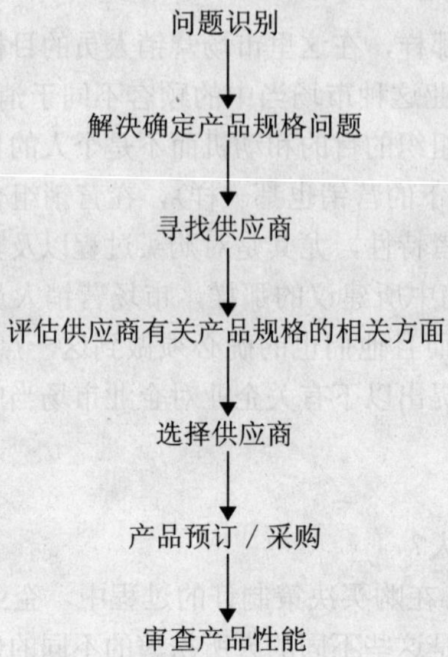

图 9.2 一个产业购买行为模型

企业对企业背景下的市场营销人员应当清楚有关 DMU 中的成员并将他们的营销努力付诸于相应人员。

他们是如何购买的：一个工业购买行为模型

和 FMCG 购买一样，企业对企业市场当中的购买行为也可以看成是一个解决问题过程中的一系列步骤或阶段。这些步骤或阶段如图 9.2 所示。

我们可以看出，这个过程在本质上与描述消费者产品购买的那个过程十分相似。然而，在这个过程中所涉及的步骤更多一些，而且通常过程本身更正式一些。再一次，市场营销人员可以通过理解过程中所涉及的步骤进而为各个阶段开发合适的营销战略。举例来讲，了解企业采购人员设定了哪些具体的产品规格，以及可以从哪里尽可能地影响这些规格以使它能否适合你的特定产品或服务是很重要的。同样地，我们也需要再次了解采购人员是如何寻找产品和供应商的，而且他们所采取的评价标准是什么。

学习提示

正如消费产品的购买一样，并不是所有的产业购买过程都包括了上述的所有步骤，或即使包括了但至少各个步骤的涉入程度也不尽相同。你可能会回想起我们先前在消费产品市场当中区别的扩展型决策制定、限制型决策制定和例常反应行为这三种购买类型之间的不同。在产业购买行为中与这三种类型相对应的购买行为分别是：新任务购买、修订重购和直接重购。

他们为什么购买

此时你应该能够会想起我们早已经强调过的产业和消费者购买之间的一个重要区别就是产业购买者是为了促进他们组织的目标和计划。所以，产业购买者购买的动机就稍有不同。大体上说，产业购买者的动机比对应的消费者的购买动机更加理性，例如，他们很少或者就没有冲动性购买。同样地，因为产业购买者往往主要对成本和利润感兴趣，所以，价格以及价格和条款方面的谈判对他们而言就更为重要了。

受哪些因素影响

如果有一些因素影响产业购买者购买过程的话，那么，这些因素的影响范围要比消费者购买过程所受的影响大得多，而且更加复杂。这主要是因为，尽管个人和心理方面的因素很可能不太重要，但是，产业购买行为发生在企业背景下，所以，在购买过程中，有几个新的因素会引入进来。市场营销人员通过市场研究所必须分析和了解的那些最重要的影响产业购买过程的因素如下：

○ *环境因素* 影响所有市场营销人员及其顾客的一系列不可控制因素。这些因素包括政治因素、法律法规、经济因素和技术因素。例如，新立法可能会影响顾客需要供应商提供产品的规格。这方面一个很好的例子是，在汽车行业，发动机零部件供应商必须要满足日渐严格的有关方面(例如尾气排放水平)的立法。

○ *人际因素* 决策制定单位的概念意味着在该单位中存在着太多的人与人之间的关系，而且，这些关系能对购买产生重大的影响。例如，采购机构中营销部门和生产部门之间的冲突可能会影响到某个供应商的选择。举一个有关这种冲突的例子，在一个企业中，市场营销人员可能倾向于使用一个能提供最新技术的供应商，这能使企业获得一个能在市场竞争中领先于竞争对手的机会。但另一方面，企业的生产管理人员可能更倾向于采用一个虽然技术不是十分先进，但其产品或服务的生产技术都经过试验和测试的供应商。

○ *组织因素* 购买行为发生在企业当中这一事实意味着，市场营销人员必须评估和理解诸如企业采购政策以及采购体系之类的事情。例如，一些企业会要求供应商首先通过一个封闭的投标系统来竞标。这类企业最好的例子包括政府或者是机构购买者，例如，国防产品在采购时，封闭竞标已经成为行业标准。

○ *个人因素* 最后，虽然产业购买从本质上来讲比相对应的消费品购买受限更多且更为正式，但我们也决不能忘记产业用户也是个体，所以，他们也必然受自身的教育和背景、他们对供应商的偏好以及他们企业中销售人员等各方面的影响。

这些因素在有很强的专家网络的组织中可能尤为重要。这方面的例子包括向医药行业或律师行业营销产品。

产业购买者与消费品购买者在自身特征、购买过程以及购买动机方面的差异，导致在企业对企业市场中营销组合的应用方面也与前者存在一些差异。我们将这些差异在下面部分都分别罗列并一一加以讨论。

企业对企业市场中的营销组合要素

在企业对企业市场中，在供应商和品牌选择上以下因素可能会起到更大的作用：质量保证、配送、速度和可靠性、价格以及售后服务和技术服务。在企业对企业市场当中，产品的可靠性以及支撑服务的提供程度都是营销组合的关键组成部分。在营销组合中的促销要素方面，更多地会强调人员销售而不是广告。我们切忌不要自以为企业对企业产品总是按价购买。其实不然，这当中真正起作用的是价值。但是，很明显，价格在营销组合中也总是一个关键因素。在企业对企业市场中，价格很可能通过协商决定，而且，我们可能会获得不同的定价流程，尤其是报价流程，如投标。最后，在企业对企业市场当中，渠道方面虽然会使用中间商(尤其在出口和国际市场上更是如此)，但应用更多的往往是直接销售。

在我们继续讨论其他背景营销之前，我们先来总结一下我们先前对 FMCG 和企业对企业市场进行营销的讨论，我们重申一下这两种背景的一些主要的不同点并讨论这些差异对营销组合工具的选择分别意味着什么。

表 9.1 是对在 FMCG 市场和企业对企业市场上进行营销所存在的差异方面的一个简短的总结。

表 9.1 FMCG 市场和企业对企业市场的比较

FMCG 市场	企业对企业市场
购买者 / 购买环境	
个人 / 家庭	群体 / 组织
个人动机	组织的需要
经常是无计划的 / 缺乏理性的	有计划的 / 理性的
非专业购买者	经过培训的 / 专业的
信息量很少	信息量丰富
谈判力弱	谈判力强

续表

FMCG 市场	企业对企业市场
营销组合产品	
往往是标准的	往往是订制的
技术含量低	技术含量高
服务较少	较多的服务
价格	
不重要	更重要
很少谈判	经常谈判
几乎不投标 / 竞标	经常投标 / 竞标
促销	
重点在非人员方面	重点在人员推销
渠道	
很少直销	通常都是直销
物流比较重要	物流是关键所在

活动 9.1

试着找一个同时在产业和消费品市场上都销售的产品的实例，例如，清洁产品、书写用纸和信封、咖啡等。比较一下该产品在这些不同的市场中营销方式有哪些不同，尤其是在营销组合的使用方面有哪些不同。

基于重大项目的背景

相当数量的营销活动都是围绕着大型的或者是基于重大项目的产品而进行的。实际上，这种背景的营销我们基本上都已经在企业对企业背景下进行了总结和讨论。许多影响企业对企业市场营销人员的因素、决策过程的复杂性、群体的影响以及购买的动机也都影响基于重大项目产品市场当中的营销人员。所以，如果营销基于重大项目的产品与前面两种背景下的产品营销有差异的话，那么，差异也就是它突出并强调了我们已经讨论过的 FMCG 市场和企业对企业市场在营销组合要素方面的一些不同点。

举例来讲，在这种背景下，营销组合当中的促销要素方面，人员推销的作用更加重要且能起到决定性作用。大多数重大项目都需要很多的专家，所以，销售人员不但需要具备商业技巧，而且，还须具备技术方面的知识。尽管广告，尤其是公司广告以及公关都可能会发挥一定的作用，但是，人员推销仍将占据主导地位。另外，价格谈判再次变得更加重要。毕竟，这种背景下的用户所考虑的大量化费要在长时期内维持他 / 她的组织。正是由于这个原因，用户会关注诸如供应商的售后服务等方面的长期持续性。与此相联系，用户可能期望供应商能履行全面合同或“交钥匙”合同，即供应商履行所有必要的工作安排，如设计、安装以及服务和维修机器和设备。即使顾客期望供应商提供高技术的产品，但服务还是尤为重要的因素。这一营销背景下的分销渠道几乎必然都是直销。

中小企业背景(SMES)

尽管有种趋势认为营销往往为大公司所使用，这一点可以理解，但我们不应当忘记，在很多国家占主导地位的商业单位往往是规模较小的企业。另外，人们也逐渐认识到未来的大型跨国企业也往往是由现在的一些中小创新型企业成长起来的。所以，很多政府对扶持中小企业，即对他们的设立以及最终的成长很感兴趣。

然而，即使到最近一段时间，中小企业在吸收和使用现代营销概念和工具方面进展相当缓慢。客观来讲，这部分是由于很多教科书可能没有意识到这一点，在这些教材中营销的运用往往只局限在大公司的背景下进行讨论。然而，小公司往往比大公司更需要营销导向，而且，市场营销的各个方面小公司没有一个不能采纳吸收。无论是用于一个人的公司还是大型的跨国公司，市场营销的基本概念和工具在本质上都是相同的。然而，期望这些工具在两种类型组织中都通过完全相同的方式来使用是不太现实的。以下是中小企业在运用市场营销工具尤其是在运用营销组合方面的一些建议。我们首先罗列一些与大公司相比小公司自身所固有的局限因素，然后再接着讨论这些局限性对计划并运用我们截止到目前在本书前面单元所讨论过的营销工具都意味着什么。

资金限制

很明显，完全可供中小企业使用的资金往往是非常有限的。反过来这也意味着全面和昂贵的市场研究或者是广告活动是不可能的。简单地说，也就是中小企业负担不起这些活动，例如，全国范围的电视广告或全面的市场试验，所以，你应该注意在合适的情况下(如小型案例当中的问题)考虑此问题。

人员 / 专家限制

在大型公司中专业化是每天的正常工作。营销职能被分解为越来越多的专门领域，如专家营销、调研人员、公司计划人员、分销专家等。而在中小企业中往往一个人就能够负责起所有的这些职能，而且在一个人的公司中，它还会承担所有其他方面的职能。

这意味着中小企业在内部求助于专门营销专家方面存在着更多的限制，所以，他们在计划和控制方面不得不更多地向外部寻求帮助和建议。

竞争限制

很明显，有很多中小企业在和大企业进行竞争。我们不得不再次强调，中小企业几乎没有资源同他们强大的对手进行面对面的竞争的能力。特别是当竞争集中在价格方面时，他们处在劣势地位，而且，也正如我们所能看到的那样，中小企业在它们所能参与竞争的市场的范围和类型方面也经常受到限制。

所有这些限制都意味着，如果中小企业仅仅通过使用类似于大企业的那些营销方式就能够获得成功并获取利润是不可能的。正如你早已经看到的那样，中小企业虽然有很多内在的优势，但是，这些限制也的确意味着他们在营销工具的选择方面应当采取一种稍微不同于前面单元已经讨论过的方式。

活动 9.2

在继续学习之前，看一下你能否想出任何一个由于中小企业自身的限制使得他们在营销工具的运用方面必须做出修正的例子。

市场分析和调研

虽然中小企业在市场调研的各方面和前面所讨论的是类似的，但是，他们在资金和营销专家(如调研技术方面)所受的限制可能都很大。但是，这也并不意味着不应当开展市场分析和调研——它们的确非常关键。即使没有复杂且成本高昂的市场调研，中小企业也能做很多事情来改进它的市场情报机构。以下是一些对他们很有用的消息来源和调研技术。

中小企业尤其要尽最大的可能来使用二手资料，在大企业中资料研究往往是分析某个营销问题的第一步，而在中小企业中这可能是惟一的步骤。

对中小企业进行市场调研有用的信息来源包括：

○ 内部来源：销售战略、客户信息、会计信息、销售报告等；
○ 中心图书馆；
○ 黄页和贸易行名录；
○ 商会、地方政府、银行；
○ 当地的学院 / 大学；
○ 政府资源。

事实上，在大多数国家，对中小企业而言政府信息渠道可能是最重要的而且潜在的最有用的二手信息来源。

辛迪加研究

辛迪加研究主要研究的是一群调研购买者来共同分担调研成本和资金的情况。由于这个原因，辛迪加研究尤其适用于中小企业，由于他们负担不起那些为他们量身定做的研究报告，但是又需要一些二手信息以外的信息。大多数的这种辛迪加研究服务实际上是由大型的营销调研机构进行的，任何人都可以购买他们的研究成果。在英国辛迪加调研服务包括：

○ 零售审计(A.C.尼尔森公司)；

○ 目标群体指数(英国市场调研局);
○ 全国读者调查(研究机构 Ltd)。

活动 9.3

以上是英国可获得的辛迪加调研机构方面的例子。如果你不是来自于英国，看看你能否能在你自己的国家找到相似的辛迪加调研服务机构。

近些年来，很多市场调研公司已经开始提供专门的“多客户”研究报告，该报告是为一定数量的公司专门准备的，他们事先已经同意共同委托调研且同意他们之间可以共享该调研结果。

共享调研

这种类型的调研对中小公司而言能够有效地节约成本。调研过程中的一些成本和现场调查工作是由很多公司共同负担的，但调研结果却不是这样。“公共汽车”调查是使用预先决定的样本框架和抽样技术所做的定期研究，但一个小公司通过加入自己的一些问题使得他们能够在这辆公共汽车上“对号入座”。

由于现场调查成本是由所有加入的公司共同负担，公共汽车研究最大的优点是成本较低。但是，公共汽车研究所能增加的问题数量是有限的，一般限定在6~10个之间，因为应答人员在同一个访谈中会被问及有关各种产品的问题，所以，问题要保持简短、真实以避免应答者疲倦。

产品决策

即使是在中小公司，产品决策仍是公司所需决策中最重要的一个。

再次我们又需提及，资金的限制通常会阻碍中小公司开展成本高昂的调研和设计项目，但是，他们仍能够从很多渠道来获得新产品创意，例如:

○ 顾客;
○ 竞争者;
○ 贸易出版物;
○ 专利经纪人;
○ 产品许可信息服务机构。

除了市场营销调研之外，政府的帮助也往往是很容易获得的。例如，在英国产业贸易部会帮助创新或新技术的推广。

问题 9.1

我们以上所总结的中小企业的诸多局限性给他们在新产品开发方面带来了许多不利因素，然而，和大公司相比他们在新产品开发和创新领域也的确有很多优势。

写下你认为这些可能的优势有哪些。

定价决策

中小企业必须对它的产品进行定价以达到它的长期营销目标和财务目标。这一次，他们在定价战略方面所需考虑的一般问题和定价方法与大企业相同，但是，他们往往会忽略一个或两个基本的点，即：

- 我们以前已经讨论过，定价应当和市场而不是仅与成本相联系。中小企业往往过于依赖基于成本的定价方法；
- 中小企业与大企业相比，虽然日常开支可能会更少，但是，低价策略还是比较危险的。有证据显示，因低定价策略失败的企业要比因高定价策略失败的企业多。中小企业应当寻求能索取超额价格的方法，例如，更好的配送以及更好的售后服务等。

促销决策

正是在营销组合的这一要素中我们发现了大企业和中小企业之间的一些最大的不同。这些差异主要源于中小企业有限的财务资源。在中小企业中，一个协调的促销组合所包括的所有要素——人员推销、公共关系和公众、广告和销售促进——都能而且也应当使用。然而，正如前面所提到的那样，中小企业确实没有资金来推行成本高昂的促销活动。电视广告及一些更贵的杂志和彩色增刊更不可能。而可能的是，他们需要运用那些较为集中的活动和媒体，再加上那些经过很好组织的公共关系所带来的“免费”促销。以下是一些更适合于中小企业的促销方式和媒体：

- 地方报纸；
- 地方商业广播；
- 贸易杂志和行名录；
- 黄页；
- 资助地方事务，如运动队等；
- 展览；
- 新闻发布；
- 直接邮寄；
- 网站。

渠道决策

在促销组合中的渠道要素方面，中小企业会发现它们不得不更多地使用“代理商”和“经销商”，而不是建立自己的销售队伍。

中小型企业的市场营销战略

现在大量的证据表明，市场营销战略是由各公司的规模和在行业中的地位所决定的。所以，可以理解，大公司能实施一些中小公司所负担不起的战略。

对中小企业而言，一个集中的战略往往会非常有效。而不应该去实现低成本或高度的产品差异化，他们的业务最好集中在某个专门的细分市场方面，这样才能有效地进行竞争。

这种类型的战略也叫做“利基营销”，公司将注意力集中在那些大公司可能忽略的、更小的、更独特的市场细分部分。这种利基营销不但使企业动作更有效率，而且使得公司在开发顾客满意度和忠诚度方面也更有效率。

营销实践：案例

Octagon 跑车是一家公司，他们专注于兴趣爱好市场当中，他们在独特细分市场方面有个很好的例子。该公司的主要目标客户是那些想为其搭档购买户外运动产品(如参加一次赛车或在某著名的赛道试跑)的顾客。顾客可以从驾驶法拉利、超级跑车、单座赛车和 4×4 越野车中选择。该公司的目标客户只是那些寻求冒险和高刺激体验的一小群消费者。

www.octagonmotorsports.com

问题 9.2

中小企业是通过哪些方式或基于那些因素来选择他们所专门经营的利基市场的？

非营利性组织背景

营销正日益应用到传统的营利性部门之外。医院、慈善机构、剧院等都是义务性和非营利性组织使用营销工具的例子。这些组织中市场营销的组合方式以及使用方式与盈利性组织完全不同。可能这些组织在营销组合方面最明显的不同之一是他们的营销组合中没有价格这一要素。尽管他们的产品和服务往往有成本发生且必须有人支付这些成本，但实际上，这些组织并不为他们的产品和服务真正进行定价。往往义务性和非营利性组织所强调的是组织的或者是公司的形象而不是营销组合中的品牌形象。最后，很多这类组织直接将产品“销售”给顾客，所以，他们有完全不同的分销渠道。

很明显，义务性和非营利性组织存在的主要目的是为了达成非传统的利润、资本利润率等商业目标以外的目标。然而，这个描述，包括了一系列非常广泛的各类组织，例如，从公共机构，诸如军队、地方消防服务机构、地方政府等，到医院、慈善机构、教堂和宗教事业以及政治团体等。可以理解，我们能够期望从这类组织中找到他们在使用营销工具方面的不同点。但是，前面单元讨论过的大多数概念和工具都能适用于这类组织。这类组织在制订营销计划和程序的时候所需考虑的一些特性如下：

- ○ 这类组织所提供的产品类似于服务，往往是无形的，所以，在对他们进行营销时大不相同。
- ○ 这类组织中的“顾客”往往比盈利性组织中的顾客更难以识别。而且他们的目标群体往往是好几个不同的群体。这类组织定义一个目标公众或一系列利益相关者往往比定义目标客户更合适。
- ○ 义务性和非营利性组织的市场营销目标一般设定为要实现一种预期的响应，诸如，一次财务捐赠，服务的使用次数增加，一次选举等等。

活动 9.4

写下你认为的以下义务性或非营利性组织的合适的市场营销目标可能是什么？

- ○ 某个国家的公安部门；
- ○ 地方慈善机构；
- ○ 教堂。

下面是对那些引起义务性和非营利性组织在营销组合的工具使用方面存在差异的特征的一个简短的总结：

- ○ *产品* 通常是无形的而且有可能是一个创意或者是服务。
- ○ *价格* 往往很难加以定义，而且它的交换往往可能是与诸如帮助一个慈善事业或一个政治团体的努力和时间相联系，而不是资金交易。
- ○ *渠道* 较少的关注与货物的转移，而关注更多的是思想的交流。营销渠道趋向于短平化。
- ○ *促销* 从某种意义上来讲，这是义务性和非营利性组织的营销组合中最重要的要素。所有的促销工具都有可能被使用，但人员推销的重要性可能稍低一些。

营销实践：案例

近些年来，开展营销最有效的非营利性组织当属英国的工党。毋庸置疑，工党在最近的两次普选中获得成功至少在部分上是由于他们理解并运用了营销工具和技术，例如，有效的市场营销调研以及很好地设计并执行促销活动等等。

服务背景

我们前面提到过，很多相关产品及其管理方面的概念既和有形产品相似也和服务产品相似。由于服务营销的发展及其重要性，再加上服务的特征，服务产品的市场营销组合需要进行扩展以增加额外的三种营销组合要素，即另外的 3P：人员(people)、过程(process)和外在体现(physical evidence)。在本部分我们将对这三种额外的营销组合要素进行讨论，但是，我们也会讨论将传统的 4P 要素运用到服务中。

我们首先来了解一下服务部门的飞速增长以及服务产品的独一无二的特性是非常有用的。这能让我们看到在制定服务产品市场营销战略的过程中所发生的问题，尤其是这些问题与我们所找出的服务产品的特性之间存在什么关系。这也会使我们了解我们的营销组合要素(包括额外的 3P)是如何与服务产品相结合的。

服务部门的成长和规模

你可能已经知道，服务部门是很多经济体中成长最快的部门之一。的确，由于服务部门为经济活动做出了较大的贡献，所以，世界上相当数量的发达国家现在可以称做“服务经济”。例如，现在在英国随着制造业和农业所占相对比重的持续下降，服务业已经发展到占据整个英国总产出的大约 65%。这个趋势仍在继续，我们的社会也在向后工业社会发展。

活动 9.5

想一想你自己作为一个消费者消费服务产品的经历，在学习新内容之前，尽可能地列出你所能想到的服务“产品”的例子。

服务的定义和特性

你去翻一翻市场营销的教材，几乎每本教材对什么构成服务的定义(如果提及的话) 都不一样。不幸的是，到现在为止仍没有一个为大家广为接受的“服务”的定义。而且，在这么多不同的定义当中，也没有一个能为我们所接受。出于我们的需要，我们应当给出一个更加准确的定义。

关键定义

服务——是一个团体所能提供给另一个团体的一切活动或者是益处，这些活动或益处是无形的而且不会导致任何所有权的转移。

尽管服务的行业和产品多种多样，但这个定义强调了服务的一些被公认的特性。这些特性将他们与那些有形产品分离开来，而且能使你在对他们进行营销计划和控制时有其他不同的考虑。

以下是上述有关服务产品的“特性”：

○ 不可存储性；

○ 无形性；

○ 可变性；

○ 不可分割性；

○ 无所有权性。

为了更深入地解释这些特性，我们就每种特性将服务和有形产品进行对比和比较。如表 9.2 中所示。

表 9.2　服务和有形产品的比较

服务		有形产品
高 ←	不可存储性	→ 低
高 ←	无形性	→ 低
高 ←	不可分割性	→ 低
高 ←	可变性	→ 低
无 ←	所有权	→ 有

现在让我们对这些特征逐一进行分析：

○ *不可存储性*　可能在所有提及的服务产品的特性中这是最难理解的一个。从表 9.2 中可以看出，服务和有形产品相对比表现出更高的不可存储性。但是，举例来讲，一个航班的服务怎样可能让人以为比新鲜食物和蔬菜等有形产品更加不可存储？

原因在于，和大多数的有形产品不同，很多服务不可存储。例如，如果某个航班没能销售完所有的座位，那么坐满这些座位应该能获得的收入就很快而且是不可回转地丧失了。

○ *无形性*　回想你最近一次去当地的商店或者是超市。产品可能是开放陈列的。在决定是否购买之前，你可以将它们拿在手中，感觉它们的重量，甚至可以去闻它们的气味。

将这个例子和一项服务如保险政策选择比较。在选择之前你不能摸、不能看或者不能闻产品，虽然很明显你可以通过过去的经验、口碑或者是保险办公室的地点以及环境装修来做一些评价。大多数服务的无形性特征给供应商和消费者都带来了一些特殊的问题。

○ *可变性*　在有形产品的生产和营销方面，公司花费越来越多的精力来保证产品质量、功能、包装等方面的一致性。往往消费者能够确定他买的每一听海因茨烤豆，甚至他一生所购买的烤豆，都不会改变。然而，服务的提供却总是包括大量的“人为因素”。的确，我们所购买的很多服务只是供应商的机能。正是由于这点，无论是对供应商还是对消费者而言，要确保能获得某种一致的“产品”或恒定品质的服务是非常困难的事情；

○ *不可分割性*　服务市场的一个关键的特性是提供的服务以及提供者与服务的消费和消费者是不可分离的。例如，我们不能将宾馆的房间带回家消费；我们必须在服务提供的地点来“消费”。同样地，美发师必须亲临现场才能使该产品的消费得以完成。我们在后面将会讨论这一点，即不可分割性意味着分销渠道和运营场所合二为一；

○ *无所有权性*　服务和有形产品的最后一个特性是，不同于有形产品的消费，消费者不拥有该项服务的最终所有权。消费者支付价格只能获取并使用服务。再次，宾馆的房间是这方面的一个很好的例子。同样，银行的服务也是如此，虽然消费者可能获得一本支票本、一些信用卡等，但是，他们只允许消费者使用他/她真正购买的东西，即银行的服务。

服务方面的市场营销问题

虽然服务产品在营销概念和营销管理方面的基本原则在本质上和有形产品没什么差异，但是，在对服务进行营销时，服务的特性会导致很多重要的问题。

活动 9.6

就我们刚刚概括的服务的特性，试着评价和每个特性相联系的一些营销方面的含义可能是什么。例如，你认为对服务是无形的这一事实所蕴含的营销含义有哪些？等等。做完之后，将你的答案与书后任务报告中的提示进行比较。

市场营销组合和服务

我们现在可以更详细地讨论营销组合是怎样应用到服务产品上的。我们首先会看看传统的 4P 要素的运用情况，然后再讨论其他三个只在服务营销中出现的组合要素。

服务产品

服务产品营销组合中的“产品”要素要求决策的制定基于以下几点：

○ 服务的类型和范围；

○ 服务的质量和属性；

○ 保证条款，售后便利等。

在产品生命周期管理和新产品开发方面，所有有形产品营销的概念和工具都同样使用。虽然，正如我们前面所提到的那样，由于服务的无形性特性，对服务新创意进行概念测试就显得尤为重要，而且测试的难度也非常大。

服务的定价

制订价格的基本方法以及可供选择的定价战略，如市场撇脂战略和市场渗透战略都同样可运用到服务上。但是，你会回想起服务的不可存储性意味着服务的需求和供给的谨慎匹配是十分重要的。正是由于这点，我们会发现一个更加灵活的定价方法和利润确定方法对服务是较为合适的。例如，在第五单元中我们知道，在对服务进行定价时，细分／差异定价方法广为使用以保证需求和供给之间的匹配。

你会注意到，服务的无形性特性使得消费者愈来愈将价格作为质量的指示器。

渠道和服务

请记住，服务产品的不可存储性起源于他们不能存储这一事实。这意味着除了一两个例外情况，绝大多数服务产品的有形分销不是主要问题。在渠道方面，我们也应当注意服务的不可分割性要求很多种服务将由制造商直接卖给消费者。但是，财务或旅行服务的营销会使用某些种类的代理商或经纪，例如，特许经营已经逐渐成为很多种服务，尤其是快餐市场拓宽分销和市场扩展的重要方式。

服务促销

我们发现服务产品的无形性引发了对其营销的特殊考虑。你会回想起服务产品的市场营销人员需要强调他们服务的有益性而不仅仅是他们服务的特色。比如一个学院需要做一次促销活动，那么它除了宣传它所提供的课程的细节之外，还需宣传它的毕业生的就业前景。

人员推销在服务产品的营销组合中尤为重要。消费者所购买的往往是服务提供人员的个人品质和技能，所以能够与客户建立起密切关系并赢得客户信任的能力是非常重要的。

你还应当注意一些服务的提供者要么是自己不情愿要么是被禁止通过广告来促销他们的服务。举例来讲，如在英国的一些地区，医药行业的职业道德就禁止通过广告来促销他们的服务。

服务营销中额外的营销组合元素

除了以上概括的传统的营销组合的4P要素之外，我们曾经提到在服务营销这一组合中还需要加以扩展以包括三个更多的P，即人员、外在体现和过程。

○ *人员*　由于服务产品的无形性和不可分割性的特征，顾客在感觉服务以及消费者在认知其满意程度过程中的一个关键的因素是实际接触过程中提供服务的人。往往一个顾客对某项服务的满意程度取决于当消费服务时顾客所接触到的人的态度、技能和形象。实际上，大多数情况下客户购买某项服务主要因为与他们进行交易的人。

例如，很多人经常光顾某个特定的美发沙龙主要是因为某个美发师。类似地，虽然任何一个牙医都能够修补我们损坏的牙齿，但我们经常只光顾某个诊所是因为我们喜欢某个特定的牙医。

*人员因素*在服务营销组合中的重要性绝不能被低估。因此，我们需要对营销组合的这一要素进行规划，这一点非常重要。时间和资源应当花费在诸如员工培训、形象、销售技巧等方面。

○ *外在体现* 是一个不太常见的词，它指的是那些能帮助塑造客户对服务提供者的感知和印象的因素。例如，你可能已经注意到，现在很多的宾馆都会在它们的卧室中提供书写纸、钢笔、娱乐节目、信息等——以此来塑造一个关心顾客及高品质的形象。类似地，很多快餐店都非常关注店面的设计和陈设，而且对装修也非常重视。

服务市场的营销人员日益将他们的注意力集中在设计和提供一个完整的服务设想上，通过这个设想他们想实现一个事先计划好的氛围或印象。

○ *过程* 服务营销组合的最后一个元素是基于这样一个观点，即服务提供的方式(如配送系统)也是非常重要的。服务营销组合的这一要素可以涵盖许多方面，如订单处理系统、顾客疑问和抱怨处理系统、泊车设施、订货系统以及处理超常需求的系统等。

这些就是服务营销组合的 7P 要素。实际上，人们现在已经逐渐认识到服务是所有产品的组成部分；而且对于很多有形产品而言，服务要素的确是客户在选择过程中是最重要的决定因素。因此，服务营销的一些概念，包括一些组合要素，正在为一些有形产品的营销所采用。例如，很多有远见的公司已经开发了完整的客户关怀和品质保证系统，覆盖他们营销的各个环节并处理有关顾客的问题。我们已经在第八单元：“营销组合：服务和顾客关怀”中讨论了这些有关顾客关怀和服务要素方面的内容。

背景营销方面所面临的问题

纵览本书的各个单元我们知道，营销思想和营销实践都在不断地发展变化。营销活动是在一些非常动态的环境中开展的，而且，这些动态环境中所出现的机会和威胁正是通过这些营销活动来响应的。在本单元的最后部分我们将讨论对营销和营销组合决策所在环境影响最大的两项发展。

第一个指的是营销实践过程中对新技术的持续使用。本单元的前面部分已经涉及了一部分内容，下面我们会勾勒出这些发展的主线并突出市场正逐渐朝着被一些人称做为“虚拟”市场的方向发展。在此过程中，我们还会重申一下信息及通讯技术对市场营销组合的制定和实施方面的主要影响。

第二个与背景营销当前以及未来相关的发展问题是全球化在市场营销当中的日益重要性，随着公司规划和营销视野的不断开阔，就必须将注意力集中到国际营销方面上来。

信息和通讯技术对市场营销的影响：向虚拟市场发展的趋势

我们特别需要强调一点，即信息和通讯技术对市场营销的影响正日益变得重要。毋庸置疑，这些发展正急剧地改变着市场营销的面貌，尤其是改变了营销计划的制定和营销工具的运用。我们先前在讨论市场营销组合的各个主要组成要素时也间接提到了这一点。然而，以下所罗列出来的是更详细的信息和通信技术方面的发展，以及朝虚拟市场方向发展所引发的一些更为重要的问题。

学习提示

以下主要讨论的是信息和通讯技术对市场营销的影响。在阅读和思考时，希望你把前面市场营销组合的各个要素中所涉及的对信息和通讯技术的使用结合起来进行。

电子商务(e-commerce)的发展

受技术进步影响最重要的一个领域是电子商务的发展，它常常被称为“e-commerce”或者是“e-bussiness”。电子商务指的是那些大量使用电子处理和数据传输技术的各种各样的商业交易的总称。

关键定义

电子商务——运用电子技术和系统来促进并增加价值链不同各方之间的交易。

这个定义所强调的是电子商务的目的——改进交易过程，而不管它是哪种类型的电子商务，而这正是市场营销的核心所在。如果电子商务未能对营销流程起到促进作用，那么它就还没有发展到它应有的程度，它还会继续发展。我们之前早已经提到过，这些强化往往表现为降低了营销者的成本，但是更为重要的是这些强化使顾客的数量得以自然增加。也就是说，没有“电子顾客”的发展就不可能有电子商务的发展。请记住，市场营销这一概念表明营销就是识别并满足顾客的需要。所以如果顾客认为电子商务没有必要，那么各种各样的电子商务技术将会衰退并最终消失。最终，我们的定义指出，电子商务及其支撑技术能够（而且实际也是这样）包括整个价值链，即不但包括顾客，还包括中间商、供应商以及其他外部代理机构如广告公司和市场调研公司。事实上，我们后面会了解到这一点，连接并协调价值链中所有成员的能力是电子商务获得发展的一个重要原因。此外，电子商务所涉及的范围非常广泛，它囊括了任何一项可以用来增强营销流程的技术和系统。

电子商务包含了许多影响营销者的各项重大技术的发展，例如因特网、电子数据交换(EDI)、内部网和外部网、万维网、数据库营销等。

电子商务革命的第一个阶段开始于20年前，当时企业开始使用计算机以使他们的配送和供应系统更有效率。一开始，这一发展主要发生在企业对企业的交易活动中，因为人们总认为这类交易当中的顾客和供应商之间的关系是非常重要的。一开始是人工的订货和供应系统，逐渐地，随着计算机的加入，这些流程的自动化实现了。这种自动化是建立在计算机能交换客户和他们供应商之间配送和供应方面的电子信息的能力基础上。最后，这些系统发展为全自动化的电子数据交换系统(EDI)。例如，这种电子数据交换系统能自动地发出一个零件的订单到供应商的系统中，而供应商的电子库存系统监控着该零件的最低库存量以及该零件的重复购买次数。订单要求将会通过电脑连接直接发送到供应商的计算机当中，而供应商的计算机系统将自动检测是否有足够的库存以及交货日期等。在供应上的终端电脑会自动处理顾客的电子订单，而且在订单确认之后，发票也会以电子的形式返回到顾客的电脑系统中。这种 EDI 系统目前在企业对企业市场上很普遍，但是在电子商务发展的环境中。这种发展再加上便利技术的进步催生了一种全新的交易和市场营销的电子方法。

我们前面已经提到过，由于电子商务是所有以电子为基础进行交易的系统和技术的总称，所以，它包括各种各样的独特的技术和程序，这些技术和程序每个都具备促进营销过程的优势。下面我们会列出一些电子商务技术所带来的优势及其快速发展的原因。

电子商务的一些优势

请再次记住，运用某项电子商务技术所能带来的独特优势取决于每次运用的实际情况。但从总体上来讲，那些使电子商务得以迅速发展的优势包括：

○ 市场营销人员和客户之间更好的沟通；

○ 更快捷且更灵活的交易；
○ 能联系到并能为各个不同地方客户服务的能力；
○ 有助于更好地控制并协调价值链当中的所有活动；
○ 改进与客户之间的关系；
○ 增强客户的稳定性和忠诚度；
○ 提高交易速度，预测并能对快速变化做出反应的能力。

当然，这些优势使市场营销人员所在的组织获益，不用说，电子商务之所以能发展到现在的程度，还因为它也为客户带来了极大的益处。电子商务所能为客户带来的优势包括：

○ 一站式购买；
○ 更便利的购买，例如在家里购买；
○ 能比较多个供应商所提供的产品并进而获得最大价值；
○ 更快捷且更灵活地购买；
○ 能够直接就需要、付款条款、抱怨等和供应商进行直接的交流。

受电子商务影响的产品/市场方面的例子

学习提示

注意以下的例子只做说明之用。由于现在电子商务的应用过于普遍，所以不可能一一列出每种独特的应用情况。

消费品营销领域应用电子商务的例子包括：

○ 旅行/度假；
○ 理财服务——银行、保险等；
○ 音乐/娱乐；
○ 食品/酒；
○ 书籍；
○ 计算机硬件和软件；
○ 体育比赛门票；
○ 饭店预订；
○ 汽车；
○ 玩具。

从以上我们可以看出，即使是在这个例证性的列表中，受电子商务影响的行业和市场的范围已经是多种多样了，更何况这个列表随时都在扩充。最初的电子商务只在企业对企业市场中使用，而现在，电子商务及其支撑技术的影响面越来越广了。

活动 9.7

试着罗列出其他一些使用电子商务技术和活动的产品/市场的例子。做完之后，将你的结果与任务列表中的答案进行对比。

很明显，电子商务和新技术正在对市场营销以及市场交易产生着重大的影响，所以，现在让我们更深入地讨论电子商务和新技术，如无所不在的互联网、内部网和外部网。

互联网

最重要的电子商务技术和工具可能要数互联网了。

关键定义

互联网——是一个互相联接起来的计算机网络，这样，其中某台计算机的使用者就可以和系统中的其他计算机使用者进行交流。

互联网一开始的发展是为了使在不同地方工作的研究人员和科学家能更快且更容易进行交流，它现在已经发展成为一个连接全球计算机的网络，通过这个网络个人能够从事各种各样不同的活动，如搜索网上有哪些东西待售，可以购买到世界各地的任何一家与互联网相联接的公司所提供的在网上销售的产品和服务，还可以访问该公司网站，在网络上从虚拟的购物选区订购产品、音乐会的门票、宾馆和飞机票、以电子的方式交换信息、观点和货币等等。对营销者而言，互联网提供了一个从世界任何地点接触客户的机会。而且，我们后面也会看到，互联网逐渐发展使市场营销人员能够直接和个人客户进行交流，建立一个强大的有关客户需求和愿望的数据库，并且能够非常有效地与客户建立起关系。互联网意味着一家公司的规模不必要很大就可以在全球市场上进行经营活动。所以，互联网使得企业之间的竞争越来越激烈。毫无疑问，互联网在相当大的程度上改变了客户以及市场营销人员的活动和习惯。逐渐地，客户越来越多地在家里通过他们的个人电脑来购买产品或服务。这几乎对市场营销的每个方面（例如，产品开发、定价、促销和分销）都有一定的含义。随着所谓的“.com”公司的增长，通过互联网进行营销可能是增长最快的营销领域，而且我们距离虚拟市场越来越近。

然而，可能很多人并没有意识到的一点是，实际上，在大多数国家造成我们朝虚拟市场发展的原因应更多地归结为较老的企业。的确，很多吹嘘的所谓“com”公司迄今为止已经证明它们在成功和盈利性方面非常让人失望。造成这种情况的原因可能有很多种，但是，其中一个重要的原因可能是，客户大概觉得通过互联网与那些已经建立起良好品牌和长期拥有交易记录的公司来交易或购买会更加安全，虽然在过去使用一些比较传统的方法。例如，一些主要开展零售业务的银行已经成为第一批而且是最成功的在虚拟市场中进行经营的主角。目前，在发达国家中，那些传统的营销者都建立了自己的网址，这样客户可以从中查取信息，而且，他们也逐渐开始提供一定程度的网上购物设施。那些已经认清互联网潜力和重要性的公司现在经常通过互联网来提供他们的产品，很明显，这种方式必须配有合适的支付、配送以及分销途径。

学习提示

如果你能够上网，试着访问一些公司的网站以了解他们是如何设计互联网产品和服务的，记录下那些能从营销角度给你一个深刻印象的公司和那些没能给你留下印象的公司，比较一下这两组公司之间的区别有哪些？

与早期的一些.com 公司相关的一个很有趣的现象是，一些这类公司已经从纯粹的基于网络上的营销者转变成为真正开发自己的零售分销终端来营销他们的产品，即这个领域的发展有两个方向——一些传统的零售商正更多地通过互联网来为他们的产品或服务开展营销活动，而与此同时，一些早期的虚拟营销者正在建立较为传统的营销渠道和技术。

这方面的一个很好的例子是“Think Natural Dotcom”互联网公司。该公司一开始是一家互联网营销商，两年来，它已经通过它的网站成功地销售一些健康方面的产品。但现在，部分是由于过去的成功吧，该公司与该领域的一家传统的零售商 Superdrup 正在协商一项交易，即通过 Superdrug 的零售终端在整个英国地区销售并存贮它的一些产品和品牌。

这说明我们在考虑在线/虚拟营销和传统营销的时候，不应该将它们视为是两个相互替代的方案，而应更多地将它们看成是越来越被公司联合使用的一系列营销途径和工具。而互联网仅仅是在营销过程中的另一个工具，虽然这个工具非常强大且变得越来越重要。反过来，这也意味着一个公司营销当中的互联网活动必须作为公司整体营销战略和公司营销组合的一个部分来进行规划，而不能像过去那样仅仅是企业在事后的一个想法或是一个临时使用的方法。

关于互联网和虚拟市场营销方面的一个需要进一步考虑的因素是它正日益改变着市场的传统边界和结构，而且也改变着市场中的竞争行为。英国 Sky 广播集团(BSkyB)，正如它的名字所显示的那样，在本质上是一家电视通讯公司。但是，在未来随着该公司互动服务的增长，它会逐渐转化为一个与传统零售商竞争的潜在的主要竞争对手，因为它正通过互联网向身居家中卧室的顾客销售该公司的产品和服务。

所以，逐渐地在未来没有一个市场营销人员会忽视互联网的存在，即使（这一点变得越来越不可能）他们的公司并不真正通过互联网开展营销活动。

通过为客户、供应商和分销商提供直接的联系，而且通过促进交易、处理以及信息转移，互联网将会从根本上改变市场营销的开展方式。

出于营销的目的我们有成千上万种使用互联网的方式。互联网可以作为一个外部的调研工具以获得有关市场和竞争对手的信息。它也可以作为一个直接的营销渠道和一个家庭购物场所。它还可以用来引起人们的注意并为某次具体活动中其他的沟通工具起到支撑作用。例如，一家大型家用电器制造商日前在发布其一项新产品的时候，将使用它的网站作为主要的促销工具，因为它们认为互联网能够提供更多的客户在做出购买决策之前所需要的关键信息。

在企业对企业市场中，企业也可以通过互联网来发送电子邮件与其他企业进行交流。随着个人电脑拥有量的增加、可移动性的提高以及互联网使用成本的降低，企业也可以直接通过电子邮件来联系更多的个人消费者，而不必使用传统的直接邮寄广告形式。

内部网

关键定义

内部网——是整个组织都可以使用的一个内部沟通的电子系统。

内部网和互联网相似，但是它是在一个组织系统内部运作，内部网将一个组织内的所有部门和活动都连接起来，所以能促进组织的内部交流系统高效快捷。例如，内部网允许公司其他部门的员工来获取企业的信息，虽然很明显这些行为可能会受到一些限制。这使得企业可以更好地对沟通加以管理，而且它也非常有利于发布有关企业外部进展方面的一些信息，如竞争对手的活动信息等等。内部网也非常有利于公司内部宣传材料的发放，如内部新闻报道等。

外部网

关键定义

外部网——是一个能将一个价值/供应链网络中的成员连接到一起的电子交流系统。

外部网将价值链之中的企业连接到一起，例如，原材料／零部件供应商、制造商、分销商和中间商，在一些情况下还包括客户。之前所提及的 EDI 网络和 EDI 营销的发展就是外部网运用的一个例子。外部网使得在价值链中各成员之间发展更亲密和更复杂关系成为可能，这种信息的获取和使用使得共同体经济的发展成为可能，并加强了这些企业相互之间的交流。这一战略也促进了两个组织之间的信任和承诺，诸如供应商和客户。举例来讲，外部网使得一个客户可以在线获取该企业的一些内部信息。外部网正为越来越多的企业所使用，这些信息的获取有助于在线计划销售和物流。很明显，为了使这些系统能够高效运转所需的投资水平方面会有一些潜在的问题。当一个组织希望结束合作关系时，还必须考虑信息获取的问题。

数据库

严格地说，数据库并不是一项技术而是将许多技术结合到一起以增加并提高有关客户的信息，紧接着，公司会在市场营销过程中运用这些信息。然而，由于数据库在当代市场营销中是如此重要，而且尤其是在向虚拟市场方向迈进的过程中更为重要，所以，我们在这里对它进行更深入的讨论。

关键定义

数据库——是指对客户信息的存储，这些信息可以用来制定市场营销战略。

请记住，市场营销概念的核心是要了解客户的需求。目前在信息搜集、存储和分析方面的发展使得信息成为一个企业所拥有的最重要的竞争资本之一。

我们可以从许多渠道来建立一个客户数据库，例如，我们可以从客户订单、订阅单、保证书回馈表格、忠诚卡、企业销售人员、客户抱怨、客户问询、传统市场调查以及专门从事提供客户信息的外部公司等方面来获取客户信息。我们从以上这个清单中可以知道有关客户的信息，既能从企业内部获得也能从企业外部获得。随着人们存贮并使用大量数据的能力的增加，过多的客户数据来源意味着人们很可能时常被数据淹没，为了防止这种数据过负，与此同时为了确保一些有价值的客户信息不会被忽略或是丢失，数据库管理需要进行精心的规划。成功的数据库营销实质上是需要注意以下几点：

○ 数据库的特定目的，包括需求信息的种类和原因；
○ 有效的数据获取系统同时须具备相应的战略；
○ 合适的数据存贮系统同时须具备有效的数据库维护；

○ 围绕着为决策制订提供信息的有效的数据分析和解释系统。

如果不认真考虑数据库的目的和用途，搜集数据往往很容易就演变为为了收集信息而搜集。市场营销人员和数据库规划人员需要悉心合作以决定为了支撑决策制定到底需要什么样的数据。数据捕获包括为数据库提供和搜集信息的系统，还包括许多前面已经提到过诸如的市场调查、忠诚卡等渠道。由于数据提供的方法通常都比较复杂，所以，企业在数据搜集方面做得越来越好。记住在搜集和使用客户数据方面有相当多的立法，这一点非常重要。最重要的立法是 1998 年美国颁布的数据保护法案，该法案涉及了人工和计算机两个系统，并从数据收集等方面保护客户的权益。建立一个能保证重要的客户信息不会被遗漏的数据库是非常重要的，许多公司经常受这一问题的困扰，即企业中的不同部门都有它们各自的数据库，而且这些数据库从来不能被其他部门所使用。现在，企业越来越多地使用所谓的“数据仓库”来处理这个问题。

关键定义

数据仓库——是指在一个企业内搜集所有顾客的信息并将这些信息集中到一个数据库的过程。

活动 9.8

罗列出那些企业在执行其职能活动的过程中所产生的不承担市场营销职能的各类客户信息。做完后，将你的结果与任务报告中的答案进行比较。

一旦数据库建立了，下一步就是使用这个数据来改进我们的市场营销。这包括确认数据的分析和使用来为营销决策的制定提供信息。又一次，出于这个目的信息技术的进步和计算能力的提高能够对数据进行更复杂的分析和解释。复杂的统计分析和模型技术使得市场营销管理人员能够找出在各种数据要素之间因果关系的重要模式。这有时候被称为“数据挖掘”。

关键定义

数据挖掘——是分析和处理数据以找出全新且更有见地的顾客的行为模式，并进而改变市场营销决策的过程。

近些年来，这些对数据库的分析和处理使得市场营销人员能以更强大的方式来使用数据库信息，这些方式包括细分和目标市场战略、关系营销战略、客户保持和忠诚战略、改进的促销以及尤其是直接邮寄战略。这些数据库运用的一些方面我们会在本单元的后面部分做详细的讨论。

在客户数据库的管理方面，非常重要的一点是要确保数据库能定期得到维护，或是定期得到清理。很明显，客户以及客户信息总是在变化的。如果数据库中包含不准确的信息，我们就承担了做出错误决策的风险。例如，很多公司浪费金钱来直接邮寄信件材料给早已经搬家的客户，还有更糟的是，有的公司甚至向已经过世的人派发营销宣传册，因为这些人的资料仍保存在他们的客户数据库中。很明显，使用不准确的信息好的情况是浪费金钱，而最坏的情况是公司有可能冒疏远顾客或者是潜在客户的风险。我们这里不可能详细讨论如何能确保清理数据库的技术，但是，举例来讲，现在很多企业将他们的数据和第三方的数据进行对比以确保数据的准确性。在最低的程度上，企业也应当定期地检验数据库的信息以尽可能地确保数据库得到了更新而且信息是准确的。

数字化沟通

又一次，不是某一项技术，而是一项技术支撑着其他一些技术的发展共同在影响着市场营销，例如，一些电子商务的发展。数字技术的发展，特别是那些支撑当前通讯发展的技术非常重要，所以我们要对它们进行分别讨论。

数字技术正改变着营销活动的很多方面，并且，在将来这一趋势会愈演愈烈。在通讯领域更是如此。例如，数字技术正改变着电视机的面貌以及家庭购物等活动，这些活动都会越来越多地建立在数字化基础之上。

最近几年一个增长的领域是直接响应电视广告(DRTV)的发展。这使得市场营销人员可以有效利用促销活动，这些促销活动设计可以立即直接得到顾客的反应，这些反应可以是问询，但更多的情况是订单。

这一领域中发展最迅速的当属建立在新的数字技术基础上的互动电视了。这项发展不仅使得客户可以直接在家里进行购物，而且在未来逐渐可以用来上网并从事一些相关活动，如电子邮件服务等。有些人相信，在未来，在互动市场活跃的将是电视机而不是电脑。

同样，我们也已经看到了多媒体技术的发展，例如CD-ROMs和DVD系统，这些技术正改变着市场营销当中的广告和促销要素，而且还导致了一些全新产品的问世，尤其是在音乐和娱乐行业影响更为明显。当然了，市场营销人员并不需要成为数字技术方面的专家，但是，他们必须意识到，市场营销领域会越来越多地使用这些技术，而且社会上其他领域也是如此。

移动营销（M营销）

在第六单元中我们简单介绍了最近在移动（通常被称为M营销）领域的快速发展，而且，在第七单元我们研究了这些发展在市场营销当中的主要应用，即在市场营销组合当中的市场沟通或促销要素当中的运用。下面我们将重点放在移动营销方面的讨论：

伴随数字通讯技术发展的是无线技术、移动技术以及和它们相联系的一些通讯技术的发展。举例来讲，无论市场营销人员和顾客在世界上的任何角落，也无论他们正在做什么，他们都可以互相进行交流。虽然互联网使得市场营销人员可以和全世界的顾客进行交流，但是，顾客必须要有电脑才行，而且要使用互联网必须待在家里。而在未来，无线技术将意味着市场营销人员和客户将会通过移动电话进行交流。新一代的移动电话已经可以直接上网，并能够使用诸如收发电子邮件之类的工具。毫无疑问，市场营销人员对这项技术的使用以及它对市场营销人员的重要性在未来会持续增长，而且，它也会成为我们向虚拟市场发展的另外一个促进因素。

其他受信息和通讯技术（ICT）影响的例子

请记住，我们之所以要讨论信息和通讯技术以及在这些技术领域的发展是因为他们正在从根本上改变着很多营销活动的流程和使用。的确，这正是本门课的CIM课程提纲包括本部分的原因。所以，我们已经讨论了信息和通讯技术发展特别是互联网的发展所带来的主要影响，以及向虚拟市场发展的这一趋势。但是，信息和通讯技术发展所带来的影响是如此普遍，以至于几乎营销活动的每一个方面都受其影响而且在一些领域甚至已经发生了改变。很明显，我们不可能详细讲述该领域的所有可能的影响和含义，但是，除了之前已经概括出来的影响之外，这里还列举出一些信息和通讯技术对营销实践的影响。

营销概念的运用

信息和通讯技术使市场营销人员比以往更有效地运用营销概念的基本原则，正是其市场营销调研和数据库技术使得市场营销人员可以比以往更有效地对顾客的需求和愿望做出理解和反应。

市场营销计划过程

我们在第二单元"营销计划和预算"中讨论了新技术和技术发展对市场营销计划过程上的影响，从中我们注意到，从市场营销审计到评价和控制几乎营销计划过程的每个因素和步骤，都受到技术发展的影响。

> **学习提示**
>
> 请再次阅读第二单元"营销计划和预算"，以让你想起信息和通讯技术是如何影响营销计划过程的，这可能是一个比较好的主意。

市场营销调研

市场营销调研从某种程度来讲可能是受技术进步影响最明显的例子。信息技术的发展对市场营销研究人员的帮助非常巨大，尤其是它使得以往非常困难的国际营销调研过程变得更加简单。它也使得许多二手资料的研究变得更加简单且更加经济。以下是一些信息技术的发展在营销调研中运用的方式：

二手资料研究

除了印刷品之外，现在我们可以通过一系列不同的技术形式来获得外部的二手资料信息。调研人员可以通过因特网来获取信息，在线形式使得研究人员能够通过合适的软件来获得并处理数据；数据通常也可以通过订阅的方式来获得。这种渠道的信息往往比印刷格式的信息更快更新。很多好的大学有一些网站，这些网站通常会提供一系列非常广泛的基于互联网的信息渠道。

内部二手数据渠道，尤其是先前所提到的数据库，也日益成为强大的信息来源。请记住，内部数据库使得市场研究人员能够在一定深度上识别并分析客户行为。而且，这种信息能够很快得到更新。

初级研究

信息技术的使用能够从多个方面有助于开展研究。

例如，在信息汇总方面，在互联网的某个站点上通过使用一个研究工具或问卷就能够获得量化的数据；而且，只要能获得潜在响应者的邮箱地址，也可以非常容易地将这些工具或问卷直接寄给他们；我们也可以通过在线扫描装置观察客户的购买行为以获得量化信息，扫描装置以及电子设备可以用来监测商店内的人员流量；数字电视也逐渐会使研究人员能够直接从研究目标中获得更加量化的信息；而至于定性信息，互联网上的聊天室或者是论坛上的讨论区会非常有用。

由于人们可以用互联网来从事很多事情，使市场营销人员变得更加理性了，他们对互联网在营销研究方面有哪些能加以运用，而哪些不能运用逐渐有了清醒的认识。市场营销人员慢慢意识到互联网的使用可能需要新的营销研究工具和新的态度以及新的营销研究方法。而营销调研公司和市场营销管理人员只是刚刚开始学习怎样在这个方面使用互联网，但只要他们这样做了，这种工具对市场营销人员的帮助会越来越大。

拓展知识

国民舆论调查公司(NOP)是英国的一家领先的调研企业。最近NOP已经将他们数据库技术和基于网络的报告系统连接起来，这使得客户可以在数据收集到的24小时内获得并使用调查结果。NOP也可以通过他的遍布英国的100个网上聊天室来集合各种信息，例如，通过与潜在客户进行访谈来验证新产品创意。

只要市场营销人员能够非常谨慎并有创造性地对这一新工具加以使用，那么，互联网在营销研究中的潜力就非常巨大。一些调研公司正在开始使用聊天室和网上相机来开展诸如在线的团队讨论和深度访谈等活动。当然，在线研究永远不可能取代一些较为传统的营销研究技术，例如，难以想像一个人如何能够通过计算机来进行品尝测试。但是，毫无疑问，互联网会对传统的营销研究技术提供很多有利条件。例如，调查问卷能够通过互联网上某个特定的站点来发布，也能够非常简单地通过电子邮件邮寄给潜在的受访者，只要有他们的电子邮件地址就行。总而言之，我们能够肯定，出于营销研究目的而对互联网的使用将会持续增长。

关键定义

聊天室——是一种网络设施，通过它个人能够和其他的网络用户在网际空间“会面”并讨论问题。往往这种聊天室会围绕某个主题或兴趣来展开，例如，美酒。

信息技术的发展在市场研究的分析阶段也会很有帮助，例如，在面试中，可以将被访谈者的回答信息直接输入电脑，这样就能立即对这些信息加以分析，这种方式也可以在电话访问中加以使用。现在有许多不同的软件包，他们在分析数量化数据时也非常有用。

促销活动和促销组合

技术进步尤其是信息和通讯技术的发展已经、而且仍然会对营销组合的促销产生重大的影响。考虑以下技术在促销要素中被应用的例子。

广告

直接响应电视广告(DRTV)已经使得广告的效果远远超出了唤起注意这一目的。它不仅能获得数据，而且直接响应会导致顾客信仰的改变。卫星电视和数字技术的引入已经使得传统的广告能选择更复杂的目标客户。通过互联网设计一个广告窗口或广告标语与其他网站相链接这一手段已经在过去五年中得到证实，通过互联网来发布广告这一途径正在飞速增长。

活动 9.9

卫星电视如何使得更加复杂的广告目标成为可能？列出所有你能想到的原因，完成后将你的结果与任务报告中的答案进行对比。

销售促进

数据库的完善以及直接邮寄的促销方式使得一些企业的影响力变得非常强大。网站的使用以及“免费下载程序或免费屏幕保护”使得市场营销人员变得更富创造性。

人员推销

正如我们将要在本单元后面部分所看到的那样，自动化客户触摸技术已经开始侵蚀个人推销的一些作用。的确，一些人相信新技术意味着人员推销的角色会逐渐下降。当然了，新技术以及企业对呼叫中心使用的增加能在很大意义上降低销售成本。然而，当一个企业在降低人员推销作用的时候需要注意，不能侵蚀对客户的服务。新技术当然会增强对现场销售活动的控制，这方面最明显的例子是移动电话网络的使用、通过膝上型电脑发送电子邮件等。内部网技术(通过和销售人员进行更快速且更灵活的交流)，如果使用得当的话，能够增强销售团队在与客户打交道时的动力和效率。卫星和数字技术所推动的电视会议使得销售会议得以召开，即使销售人员遍布世界各地。很明显，随着计算机功能的强大以及价格的降低，销售人员在每个销售口结束时就可以很快地对当天的销售数据和销售业绩进行分析，而且可以通过一个调制解调器将这些数据发送给总部。

公共关系

新技术也正在对促销组合的公共关系(PR)这一要素产生影响。通过网站作为构建关系的工具对许多企业而言是非常有效的一种方式。无论是对内站的(员工)还是外部听众(客户、评论家、社会公众等)通过内部网、互联网和移动技术使得他们与企业的沟通更为简单。例如，内部时事快报能够在内部网上传播，而且，新闻发布信息以及数码照片可以通过卫星技术以电子邮件的形式立即发送给评论家。而且，在危机管理中，当准确且及时的变化信息对公众非常关键时，网站被证明是一个非常有用的沟通工具，如灾难、事故、政变和污染发生时。

直接邮寄

技术进步对促销组合中的直接邮寄要素也产生了重大的影响。尤其是数据库的发展以及市场营销人员改进数据库当中信息的准确性和复杂性的能力，正使得他们能更有效地使用直接营销，尤其是直接邮寄。例如，市场营销人员可以通过数据库中的有关客户的购买习惯、兴趣和态度以及观点等方面的数据来识别其主要的目标客户。通过这种方式来运用数据库，市场营销人员可以向那些真正需要的顾客开展直接邮寄活动，这样不但降低了成本，而且同时也提高了顾客的反应率。

拓展知识

详细讨论出于促销或其他市场营销目的而对网站进行设计、应用和评价并不是本书所要讨论的范围。但是，我们建议你至少应阅读一些这个领域的专业文章。本课程提纲中的必读书目给出了两本非常优秀的教材，即 Chaffey 等人所著的《互联网营销》(《Internet Marketing》)和 Bickerton 等人所著的《网际营销》(《Cybermarketing》)。

网站往往被人们看成仅仅是另外一种销售工具，但是网站能够以更为积极的方式来使用，特别是在企业与客户以及公众更好的开展关系方面。

客户关系

一个精心设计且运作良好的网站能够与客户进行非常有效的交流。如果客户能够容易地找到公司网站并能轻松地获取其中的信息，而且如果当他们发现他们的访问所获得的并不仅仅是信息还有其他产品方面的收获，客户就很有可能对该公司及其产品留下深刻的印象。

媒体关系

网站也能够用来开发与媒体方面的关系。它可能是最有力的公共关系工具之一，例如，如果精心准备，并且采取一种非常方便适用的格式，那么，记者就能够在一天的任何时候获得他们所需要的信息。

投资者关系

随着财务公众逐渐习惯于使用互联网，一个公司的网站也成为投资者获取信息的重要渠道。这可能包括在公司网站上公布的公司年报。

社区关系

网站也能用于发展社区关系。这个站点包括与地方联合项目的宣传信息、艺术和文化方面的贡献、接待日的邀请以及教育网页等。

于是，从以上我们可以看出，从战略的角度来设计并使用网站在当今的市场中变得越来越重要，而且它也必须作为整体沟通战略的一部分来考虑。

新产品开发

技术进步和信息技术的发展对营销计划尤其是对新产品开发的影响在前面的单元中已经讨论过了。

学习提示

> 我们再一次对你头脑中这一部分的知识进行补充。
>
> ○ 记住，虽然我们认为技术进步增强并改进了新产品开发过程。于是，互联网的互动本质允许市场营销人员将顾客纳入产品的设计过程，而且还加速了设计委托程序。特别是网络技术使得新产品开发过程可以采取一种更为灵活的方式，而且同时能将客户纳入到这一过程中。

电子客户关系管理（ECRM）

我们在本书中已经多次提到这一点，即营销理论和实践中一个重要的发展就是朝所谓的“关系营销”方向发展。记住我们说过关系营销建立在组织和它的客户所构建起的信任的基础之上。关系营销是建立在交换双方之间的建立长期关系这一概念基础之上，而不是将企业和它的客户之间交易看成是一次性的买卖。与此类似，客户关系管理(CRM)日益强调价值链中成员之间的合作、协调和沟通。它也更加强调发展客户忠诚度以及保留客户的重要性。虽然有效的关系营销需要正确的态度、心理以及组织文化(这一点是最重要的)，但是，技术进步已经逐渐将这些因素转换到有效的关系营销程序当中。不足为奇，这个关系营销程序通常被人们称做是电子客户关系管理，简称ECRM。

特别是在过去的五年里，我们已经看到一系列信息系统领域的发展，从基本的信息系统到发展和管理客户关系程序，再到复杂的电子关系管理程序，该程序使用最新且最强大的信息和数据管理方面的技术。例如，使用复杂的数据库和直接沟通方式能加强和客户建立的关系。现在，许多财务服务部门以及快速流通消费品企业在使用电子方式上变得更加有效，以此来确保他们与客户之间的关系更加牢靠且在保护双方利益方面更有效率。的确，出于终生保留客户的目的，他们使用技术和其他营销技巧来努力构建忠实的客户。举例来讲，通过使用数据库市场营销人员能够制定客户忠诚计划，这些计划已经被一些超级市场所使用，而现在已经普及到一些耐用消费品的营销当中。

你会回想起关系营销最初主要是在企业对企业市场当中使用的，而且还在增加。外部网连同电子数据交换系统(这二者都在本单元的前面部分提到过)能为一个价值链中不同成员提供准确及时的信息，他们可以在计划过程中使用这些信息。通过这种方式来使用外部网能够在价值链中各成员之间建立起并维持强有力的纽带，而且这也有助于建立客户忠诚度并留住客户。外部网不仅能带来更多的信息流以降低成本，而且还有助于在客户和供应商之间达成信任和承诺。

现在有很多专注于ECRM管理的企业。大多数企业在为他们的顾客制定并实施ECRM系统的过程中使用复杂的信息和数据库技术。

营销实践：案例

“体育软件”公司除了其他业务外还向足球俱乐部提供客户关系管理软件和系统。本案例中对ECRM的运用显示了在实际市场营销中关系管理到底发展到何种程度。一度，很多人认为CRM尤其是ECRM在足球俱乐部管理上几乎没什么用处，例如，人们不可能从支持一个俱乐部转向支持其他的俱乐部，也就是说，大多数球迷都忠诚于他所喜爱的足球俱乐部。然而，俱乐部已经认识到，如果他们不努力保留这些即使是品牌忠诚的客户也是有危险的，比方说，人们可以从观看他们喜爱的俱乐部直播转向观看如Sky频道的转播。他们也可以从一项运动转向另外一项新的运动，例如冰球似乎更加刺激。换句话说，即使是在这个品牌忠诚的堡垒中，企业不能满足他们和客户之间的关系。运动软件将季票持有者信息、俱乐部商店交易信息、俱乐部文娱设施的访问等信息集中在一个独立的数据库中。通过这样做，足球俱乐部能够建立球迷和企业客户方面的信息，这会有助于营销他们的俱乐部和体育设施。除了这些数据库软件之外，一些足球俱乐部还使用了智能卡技术，该技术能用来帮助改进门票申请流程而且可以用来监控季票持有者的信息。

毋庸置疑，朝现代 CRM 系统发展的主要途径是电子化系统的不断发展。大多数现代 CRM 系统都是建立在复杂信息技术的基础上。总而言之，这种技术由于其所拥有的复杂的数据库所以能提供更多的市场和客户方面的知识，而且，它反过来能支持更高水平的服务以及更准确的目标客户确定以增加客户忠诚度。然而，存在着这样一种危险，即 ECRM 系统的技术变得比设计系统的目的，即改善客户关系更为重要。在过去，有太多的企业犯了这样的错误，他们认为他们所要做的就是设计并购买复杂的数据管理系统，这样自然就能改进客户关系管理了。这是对 CRM 真实意义和技术在 CRM 系统中所起的作用的误解。该系统最重要的是要建立在客户需求的基础上，在实施过程中管理层和员工要具备正确的态度。当然 ECRM 系统本身并不是一个改进客户关系管理的万能药。

客户服务和客户关怀

最后，我们在市场营销中应用技术进步的例子是客户服务和客户关怀领域。技术进步正在影响该领域发展的例子包括：

- 通过有效缩短客户和市场营销人员的物理距离，使得企业和客户之间的关系变得越来越紧密。
- 改进的数据库有助于追踪客户满意度并对客户任何抱怨进行追踪，所以大大改善了客户服务。
- 很多新技术的互动本质使得客户能更多地涉入市场营销活动的制定当中，所以能更好地满足他们的需要。信息技术的进步使得客户能够很容易地评价和购买产品以及服务，如家庭银行和家庭购物等，这些都有助于提高客户服务的水平。

自动化的客户控制操作

新技术影响顾客服务的一个例子是自动化顾客控制操作的发展。

自动化的顾客控制操作已经存在了好多年了。这种系统使得企业可以处理大量的顾客问询和抱怨。大多数系统建立在当客户给企业打电话时的自动声讯和按钮指令的基础上。通过自动声讯的提示来按一系列按钮，顾客就可以直接联系到企业中合适的部门或人员，或者是直接找到所需信息的正确渠道。

举例来讲，巴克利银行的客户现在一天 24 小时都可以通过电话了解有关他们账户的信息。顾客通过电话键键入他们的账户和密码就能够得到这些信息，而且通过按钮技术他们能够获得诸如账户余额、订支票本、资金转账等方面的信息。新技术使得企业能够提供之前所不能提供的服务水平，这尤其体现在非工作时间对信息和服务的获取方面。

过去我们已经提到过这点，就是当涉及到客户关怀的时候，一个企业必须非常谨慎以确保它是出于合理的原因而引进新技术。例如在某些情况下，公司引进自动化的顾客控制操作主要是为了节省成本而不是为了改进顾客关怀。另外，现在一些自动化的顾客控制操作的关注点越来越偏离了改进顾客服务这一目的，即这些操作缺乏顾客所追求的人性化界面。此外，按键过程中的长时间等待以及由于流程不顺畅所浪费的时间也往往使顾客感到非常恼火。所以，企业在考虑引进一项自动化程度更高的顾客控制操作技术时，需要注意这个系统不应偏离他们的顾客基础而且应增强而不是削弱顾客关怀的水平。

活动 9.10

试着解释为什么很多客户越来越觉得自动化的客户操作流程令人恼火和沮丧，列出你所能想到的原因。

现在，整个电子商务领域以及新的贸易和营销技术的应用已经成为热门话题。所以，可以预见的是，你将在教科书、报纸和报道中遇到大量有关该领域的信息和发展研究报告，不用说，因特网本身也算一个。你要不断搜寻这一领域的信息，尤其是关于营销技术的开发和应用方面的事例。最后，请记住，这是一个巨大的研究领域，因此，你至少要阅读一本 CIM 课程提纲中所推荐的相关领域的参考教材。

国际和全球维度

我们在营销领域的第二个主要进展——关注营销实践中国际和全球维度日益增长的重要作用——对于组织所采取的营销实践状况以及它们对形形色色营销组合工具的使用具有重大意义。

学习提示

正如你们意识到的，国际营销和全球营销本身已经成为一个研究领域。虽然本章的目的仅是探讨营销组合工具中的国际化和全球化影响，但是我们也不可能——幸好也没有必要在一章当中将营销中的国际和全球维度的各个方面都面面俱到地谈到。因此，下面我们将列举几个例子来说明国际和全球维度对营销领域所产生的影响，以此证明这些维度对于当今营销的重要性。

拓展知识

根据上面的学习提示，我们建议你选取一本介绍国际营销知识的优秀的基础教材作为参考书。我们推荐 G.A.Lancaster 等人(2002)所著的《营销的本质》(《Essertials of Marketing》)，第四版，第十四章。

下面列举了几种国际和全球维度对某些营销领域发挥作用的方式，特别是对我们在这几章中一直在讨论的营销组合中的要素的影响。

产品和包装方面的国际事务

在产品和包装方面，相对于纯粹的国内营销人员来说，国际和全球的营销人员要面临更多的复杂情况，需要做更多决策。特别是 STEP 要素，它们是影响产品和包装决策非常重要的决定要素。对于不同的国家来说，这些 STEP 要素可能会存在差异，因此，营销人员必须在营销组合的产品和包装问题上考虑到这一点。比如，在包装设计上，有的国家可能会更关注可回收规定。同样，在不同的国家中同一产品的产品生命周期阶段也可能不同。很明显，一种产品在性能、设计、成分等方面的决策都必须体现不同的国家需要。也许对于国际营销人员来说，他们所要面对的最重要的事务之一就是如何为不同的国际市场尽可能地确定令人满意的产品标准化程度。另一方面，当然就是如何使产品更加完善或适应不同国家的需要。事实上，对于国际和全球营销人员来说，这种标准化 / 适应性问题贯穿于整个营销组合决策的始终，不过这对于产品和包装问题来说更为重要。之所以会这样，主要原因就是，对于公司来说，营销组合里产品和包装的标准化可能是最有可能节省成本的领域。简单地说，一家公司的产品的标准化程度越高，它就能取得越大的规模效益。但是另一方面，潜在的标准化障碍和产品标准化的劣势会抵消它所带来的好处。比如，在很多非洲市场上的消费者就是不想要、不能使用或是负担不起那些销往西欧或是北美市场的产品的很多性能和设计特性，如，功能最基本的洗衣机或是电视机可能最为合适。简单地说，这里存在着产品和包装标准化的障碍。成功的营销人员必须在标准化和适应性之间取得一个平衡，在花费成本提高适应性与迎合个体市场中的客户需要之间进行选择。

当提到品牌时，我们已经看到近年来出现了一些国际品牌，这是很多因素造成的结果，例如，客户最近更多地在全世界范围内流动，而且受全球化的影响比以往要广泛得多。在这个环境中，再加上跨国公司的资金和努力，全球性品牌很快就繁荣了起来。当处在一个国际 / 全球背景下，我们在“产品决策”单元所总结的所有的有效品牌以及品牌管理方面的优势都同样适用。全球品牌使得顾客可以安全放心地在世界上任何地方购买他们所喜爱的品牌。虽然无可否认要支撑全球品牌需要大量的资金和资源投放，但是，市场营销人员可以从低成本的品牌支撑当中获益，尤其是低成本的广告和促销。

至于市场营销活动的新产品方面，逐渐地，人们在新产品开发的过程中都开始注重全球化营销的理念。在产品开发的早期阶段就考虑其他市场需求所需要的改动要比在产品开发完毕再进行改动要容易得多。这意味着市场营销人员在考虑新产品的规格时，必须认识到那些在国际市场中需要考虑的因素。特别是任何法律法规方面的因素必须要考虑到。更不必说是购买者需求的不一致很可能会引起产品开发程序的重大变化。回到我们的标准化适应性这一话题上，很多企业试图开发一些全球化的新产品，例如，福特汽车公司曾尝试过设计并制造一个“世界汽车”。这个产品的基本创意对象是底盘、发动机等部件有个标准化的核心设计，然后再对这一核心设计进行修改以适应世界上不同市场和地区的需要。可以理解，开发全球化产品是非常不容易的而且需要一些全球性的投入，如全球性市场调研等。

国际市场定价

无论是单纯的国内市场还是国际市场，定价的工具、输入变量以及战略都是同样适用的。举例来讲，主要的输入变量包括成本、需求、竞争者、顾客和企业顾虑等。定价可以以成本、需求或竞争者为基础，而且定价战略可以包括撇脂战略或者是渗透战略。然而，和营销组合中的其他要素一样，当在国际市场上进行定价时会有一些其他的复杂性和考虑因素。我们下面列出了这些复杂性和考虑因素当中的一些方面：

- 市场营销人员必须考虑到任何额外的成本，如跨境交易所带来的关税。
- 国际营销人员在国际市场中营销时经常面临产品“价格放大”的问题，也就是说，有一些因素如关税不但使价格提升，而且还增加了运输或分销的成本。
- 要考虑各种不同的货币以及汇率波动的问题。在一些情形下，即使汇率只有很小的一个波动，但却对企业利润产生很大的影响。
- 当国际营销人员在考虑价格和交货安排的时候，需要想出各方都能同意的条款和条件。例如价格可以按离岸价格(FOB)来定，这个价格包括将货物运送到顾客船上的价格，也就是说，包括运输费用。另一方面，价格也可以按照到岸价格(CIF)来制订，即包括将货物运达顾客工厂过程中所发生的所有成本。

毫无疑问，今后国际市场上的定价会更加复杂一些；然而，随着我们逐渐向全球化市场以及自由贸易区的发展，这些复杂性还是会将低一些的。

渠道和分销的国际化

和营销组合的价格要素一样，而且和营销组合中的其他任何一个要素一样，渠道和物流的基础原则、问题以及管理在国内和国际市场当中都是一样的。然而，当在国际市场中对渠道进行规划时，这些基本原则和决策会更加复杂一些。另外，在规划渠道时，国际营销人员会碰到一两个复杂性考虑，而这些问题在国内市场根本不可能碰到。

在做国际渠道决策时会碰到的额外的复杂性考虑包括以下：

- 在国际渠道中产品配送的距离往往要远得多，这使得物流计划以及产品分销要素更为重要。例如，由于产品经常要运输很长的一段距离(包括海运和空运)，所以运输中产品的物理保护就非常重要。
- 国际渠道中所涉及的几种中间商类型在纯粹的国内营销中往往看不到，例如，国际渠道中有各种不同类型的出口代理商、国际运送者和飞行者、专业政府中间商等。国际营销人员需要意识到这些不同种类的中间商，并能够对这些中间商进行规划而且能跟他们进行很好的合作。
- 国际营销人员在对渠道中各个成员的职责和报酬进行决策时应该更为谨慎，例如，谁应拥有产品的所有权，而且它的所有权能延伸到渠道中的哪一点。
- 在国内市场上非常满意的渠道安排到了国际市场当中很可能行不通。例如，英国具有全世界最集中且最发达的零售部门。但它的这种渠道安排在世界上许多其他国家尤其是发展中国家就行不通。
- 最后，与在国际市场上所做的所有其他市场营销决策一样，在国际市场上市场、竞争和宏观环境因素往往相差迥异，而这些可能会对渠道和产品分销的安排产生重大的影响。例如，即使是在欧洲，各个国家汽车分销的市场竞争结构也大不相同。例如，在英国，汽车分销在很大程度上仍受那些大型汽车制造商的控制，而欧洲其他国家由于分销安排不同，他们的汽车生产厂商对价格的管理能力就没有英国生产厂商那么强了。

促销的国际化

如果考虑在国际市场上使用促销工具时，有几个额外的考虑因素，其中的一些因素和那些已经讨论过的影响产品、价格和渠道工具的因素相类似。主要的考虑因素如下：

- 由于促销的很多方面，包括广告词的设计、媒体的可获得性以及最近的技术因素如互联网接入和通讯技术等，都颇受政策、经济、社会、文化和技术因素的影响，而这些因素随着世界地理位置的不同又会有很大的差异，所以，当计划开展国际促销活动时，对这些差异加以考虑是十分重要的。
- 随着信息技术的发展，国际沟通在本质上变得更加全球化了。所以，在国际营销中开展全球性的促销和沟通活动就更加现实了。
- 在营销组合的所有要素一样，当计划国际促销时，国际营销人员要考虑的一个关键的问题是，使用标准化的(还是可修改的)促销活动的可行性和合理性。有很多因素影响这一决策的制订，如产品的性质、目标市场、可利用的资源以及客户需求和行为相似性或异质性(这一点可能是最重要的)。然而，目前大体存在着这样一个趋势，即国际营销人员所适用的营销工具正在标准化。促销活动中的一些要素尤其如此，如品牌名称、企业形象以及公司定位和企业使命所要传达的主要信息。一些公司如可口可乐公司和麦当劳公司已经尝试构建全球性的促销活动，这些促销活动只是出于信息接收的原因而改变媒体和广告中所使用的语言。很明显，标准化可以提供很多优势：
  - —— 开发一致的企业和品牌形象；
  - —— 促销素材(如广告活动)制作方面的规模经济潜力；
  - —— 吸引那些日渐全球化客户的潜力。

不过，这些潜在的优势仍然需要根据特定市场中的需求和环境进行比较和评价。

顾客关怀的国际化

很明显，在国际市场上经营的企业想在它们所有的活动中开发相似的顾客关怀标准。注意我们在 Interflora 的案例中是如何说明的，在世界不同国家的不同市场上都在整个公司范围内使用同一个顾客关怀的承诺是如何有助于建立公司形象、如何有助于开发更有效的和顾客之间的关系以及如何作为一个所有员工在操作过程都遵从的标准。如果一个顾客在某个国家与该企业有一次满意的服务经历，那么，当旅客在世界的任何地方购买时，他／她可能还会购买该企业的产品或服务。另一方面，如果一个顾客在世界上的不同地区从一家企业获得了不同水平的服务和顾客关怀经历，那么，当顾客再次购买该公司的产品或服务时会感到不安或担忧。然而，顾客关怀程序，包括选择必要且适当的顾客关怀水平，是市场营销程序中进行标准化最困难的领域。造成这一点有几个原因，但是其中最重要的一个是在世界不同地区文化习惯的不同会造成顾客在顾客关怀方面的期望值不同。几乎毫无例外，美国的客户期望获得极高标准的顾客关怀，而且在美国他们也的确获得了这种水平的关怀。然而，在欧洲的一些地方，包括英国，客户可能不会期望，并且事实上肯定不喜欢，获得在美国被认为是非常正常的一些顾客关怀因素。所以在设计顾客关怀程序时，营销人员需要考虑这些文化的不同点并在程序设计中得以体现。尽管如此，国际营销人员还是应当试图确保在世界上的不同地区使用一致的顾客关怀方式。又一次，人员、过程和有形展示在国际化顾客关怀中的作用非常重要。在设计一个有效国际化顾客关怀程序过程中，很多设计国内顾客关怀程序所需考虑的问题和步骤也同样会出现。基本上，在回想以前问题和步骤的同时，还应当考虑以下因素：

- 识别每个市场上的客户需求和感受；
- 确定一个使命陈述；
- 设定能反映各个国家需求服务水平标准和具体说明，但是要有一个整体的客户章程，该章程要能反映该公司的使命陈述并要能列出具体的衡量指标／标准；
- 建立管理流程并将这些流程传达给公司的每个员工；
- 为每个国家制订客户关怀方面的具体任务；
- 确定基本的顾客关怀的最低水平；
- 确保有效的响应系统以对顾客的抱怨做出识别、追踪并采取行动；
- 通过有效的培训和报酬程序以确保管理层和员工对顾客关怀程序的承诺；
- 确保对顾客关怀程序进行有效且持续的评价。

营销技术进步的国际化含义

营销技术进步已经对国际营销活动的很多方面产生了影响。然而，主要是信息和通讯技术的发展已经或者是正在对该领域产生最深刻和深远的影响。客户和企业能快速地获得并评价信息已经导致了更激烈的全球竞争。当一个客户只需登录万维网并通过按他们键盘上的一个按键就可以在世界上任何地方获取信息并购买产品时，很明显，这意味着企业已经处于一个全球竞争的环境下。在前面的单元中，当我们讨论互联网对市场营销的影响时，这意味着市场营销人员必须从一个更广阔的范围来考虑竞争对手，而且也必须为顾客提供最好的服务以及最高的价值。

很明显，由于技术进步而导致的全球竞争的加剧对企业而言既是机遇也是挑战。现在技术，尤其是信息技术在新产品开发和发布方面给市场营销人员带来的主要是机会和益处。新技术能帮助削减成本并能够提高开发和发布全球新品牌的速度，特别是通过使用以新技术为基础的营销调研工具。

当企业在全世界不同地区有分部时，新技术也促进了内部的沟通。例如，市场营销管理人员能更容易地了解公司以及市场方面的最新进展，而且市场方面的情报信息也能够被共享。从这个意义上来讲，内部网类似于外部网也为全球性的市场营销人员提供了机会和好处。

正如前面已经提到的，信息和通讯技术加速了全球化营销，或至少是泛地区营销的发展，包括全球品牌的发展。

一些企业现在正开发泛地区甚至是全球性的网站。Schweppes 公司刚推出了该公司的一个泛欧洲地区的网站，该网站详细介绍了该公司遍布欧洲各地的酒吧的详细情况，如设施、价格等。该网站鼓励访问过该公司酒吧的顾客通过“鼠标语言”来对这些酒吧进行评价，并且将对某个酒吧的经历和意见在所有的酒吧得到共享。事实上，如果你喜欢，它有一个酒吧消费指南，沿着他的顺序你可以喝遍整个欧洲。在未来我们能够预期会有更多的企业以同样的方式来使用他们的国际网站，即使用全球性技术对全球性的顾客做出反应。

这些是我们在国际和全球化背景下对各种营销组合要素的运用和管理方面的一些主要的额外考虑因素和含义。请再次记住，我们仅仅只涉及了该领域中所有问题的一小部分，并且提醒你应至少阅读一本(越多越好)CIM 课程大纲中所推荐的书目的相关章节。

营销实践：案例研究

不仅仅是一个号码——开始了解你的顾客

近些年来，企业账面上已经花费了数十亿英镑、欧元、美元、日元等资金来制定并执行顾客关系管理(CRM)战略。大多数的花费都用于改进顾客关系的电子系统和技术，如数据库、互联网以及设计用来更容易地识别客户及其需求的营销自动化技术。然而，很多企业发现，他们在改进 CRM 电子系统上的花费并没有达到他们预期的在改进顾客关系方面的效果。造成这种状况的原因有以下几个方面：

首先是对什么是 CRM 的误解，特别是经常以为支撑 CRM 系统的技术就是 CRM。例如，一些企业认为仅仅靠购买或者是开发“复杂的”软件和数据库就能够“自动地”改进顾客关系。有效的 CRM 并不仅仅是拥有广泛的数据库系统。数据库只是有效 CRM 系统的起点。更重要的是企业中员工对待客户关系的态度，尤其是他们改进客户服务的愿望。

和以上相关的一个事实是，许多客户实际上并不想和市场营销人员发展关系，他们只想获得服务，这可能会让你觉得有些奇怪，但至少初次交往中肯定是这样。在设计 CRM 系统及选择支撑技术时必须在头脑中记住这一点。

其次，往往客户关系系统及其组成要素(如数据库)并不是出于改进客户服务并进而开展更好的客户关系这一目的而设计和实施的。

一个成功克服这些造成 CRM 程序经常令人失望原因的企业的例子是英国的不列颠建筑物协会。

在设计和实施它的 CRM 系统过程中不列颠公司十分清楚这个系统应当围绕改进顾客服务来进行。所以，他们努力去挖掘客户对哪些服务项目或服务水平比较感兴趣且比较重视。紧接着，对 CRM 系统就着手设计来实现这些服务项目或水平。在 CRM 系统的重要性和目的方面，不列颠公司也十分强调有效的培训以及员工的动机。公司劝导他们的员工通过有效的服务来开发正确地改进顾客关系方面的态度。最后，他们非常谨慎地选择和使用支撑 CRM 活动的技术与数据库，以使 CRM 系统能够在关键客户方面以及互动点(如分支机构、电话销售部门以及呼叫中心)改进客户服务。这些做法使得不列颠建筑物协会让他们的顾客觉得他们被作为一个人而不是一个号码来看待。

总结

- 在本单元中我们讨论了背景环境在影响营销组合工具选择时的重要性；
- 解释了各种类型的市场营销背景特性的差异及其在营销组合决策中的影响；
- 比较了在不同背景环境下进行经营和竞争的企业的营销活动；
- 了解了信息和通讯技术以及朝虚拟市场发展这一趋势对市场营销组合制定和实施的影响；
- 了解了在国际化和全球化背景下经营的市场营销人员在运用不同的市场营销组合工具时需要考虑的因素。

进一步学习和考试准备

现在回答下面的问题：

问题 9.3

举例解释背景环境在影响营销组合工具选择方面的重要性。

问题 9.4

简要概述服务营销当中构成营销组合的七个要素。

问题 9.5

通过例子来解释当市场营销人员在国际环境中经营时，营销组合要素是如何反映不同国家之间差异的。

问题 9.6

技术进步在沟通组合的促销要素中是如何运用的？

问题 9.7

解释以下词的含义并请陈述市场营销人员是如何在战术层面上使用以下各个工具的。

1. 互联网
2. 内部网
3. 外部网

以前的考试题

参阅 2000 年 12 月的考试试卷问题 7。登录网站 www.cimeduhub.com 获取该问题的参考答案。

参考书目

P. Bickerton, M. Bickerton, U. Pardesi, *Cybermarketing: 2nd Edn,* Butterworth-Heinemann, 2000.

D. Chaffey, L.Mayer, L. Johnston, F. Ellis-Chadwick, *Internet Marketing:* FT/Prentice-Hall, 2000.

S. Dibb, L. Simkin, W. Pride, O.C. Ferrel, *Marketing Concepts and Strategies: 4th European Edn,* Houghton, Mifflin, 2000, Chaps 7, 20 and 21.

G. Lancaster, L. Massingham, R. Ashford, *Essentials of Marketing: 4th Edn*, Mc-Graw-Hill, 2002, Chaps 12 and 14.

进一步阅读

F. Brassington, S. Pettitt, *Principles of Marketing: 2nd Edn*, FT/Prentice-Hall, 2000, Chaps 22 and 23.

D. Jobber, *Principles of Marketing: 3rd Edn*, McGraw Hill, 2001, Chaps 14, 20 and 21.

附录 1 考前准备指南

考前准备

现在，你已临近学习的最后阶段并且该为考试做准备了。在学习期间，你已经吸收了大量的信息，虽然提供的一些信息可能都是你以前熟悉的知识，但是更要理解和应用这些知识中较新的方面。你还要完成很多课程里指定的活动，这些活动能使你所学的知识在实践中更好地应用。但是，不管你的知识掌握得怎样，你都不能觉得自己已经知道得足够多了，了解得足够多了，更不能认为理应是这样的。

绝对不要低估 CIM 考试的压力。准备这篇教材的目的是确保你能顺利地通过考试，而不会出现对 3 个小时的考试无所适从的局面。有一件事要注意：这里没有速成方式，没有捷径，也没有只要挥一挥就会使你什么都会的神奇拐杖。

不管你是自学，在 CIM 学习中心学习还是通过远程教育学习，现在你需要确保学习过程的最后阶段要紧张地进行安排、结构高度紧密且目标明确。作为一个考生，你的角色就是要使主考官相信在这个题目上你是可信的，需要向考官展示你能够让人信任地接受一系列营销方面的挑战，并展示出你善于捕捉机会且能够应对各种威胁。你要向主考官证明你能够应用学到的知识做出决策，对事态做出反应，并能够解决问题。

下面我们将非常简要地浏览一系列的复习、考试准备的技巧和时间安排方面的问题，以完善和补充你的复习计划，但在这之前，我们先来看一下主考官的角色。

关于主考官

读到这里你可能很激动，虽然考官们看起来是“无情的人”，其实他们希望你能回答出问题并通过考试！实际上，他们从失败的考生那里是得不到任何满足和利益的；恰恰相反，他们编制教学大纲和试卷以促使你去学习并有效应用你所学到的知识并进而通过考试。很多考官都说从心理上来讲，不让考生通过比让考生通过更难让他们接受。这篇附录的很多忠告和窍门都是主考官和教科书的作者所提供的，因此，你应该认真考虑，尽可能多地去解决他们所建议的各个方面的问题。

CIM 中心的考试部门有一系列的流程和系统确保考官团队具有普遍的公正性和一贯性，确保能一直设定并阐释学术标准和职业规范。通过这些，CIM 确保那些获得 CIM 证书、高级证书和研究生文凭的人名副其实，使他们的雇主和潜在的雇主也认同。在考试中需要做的一步是使考官成为“友好的考官”——那就意味着考官的问题得到了明确的回答，这会使你和考官都变得轻松。

以下是“友好考官”的一些忠告和窍门：

○ 通过准确地回答问题（而不是仅仅回答你所记得的该题目包括的所有细节）来显示你理解了该问题的基本原理；

○ 读懂他们的要求——你回答的问题应包含几个要点；

○ 对问题做些适当的反应。是否要求你扮演一个角色。如果是，扮演这个角色并从角色的立场回答问题，例如，你会被赋予以下角色：

你身为耐克英国公司的营销助理或者作为一个工程公司的营销经理或者作为营销经理向管理伙伴写一份报告。

以下角色扮演要求的例子是从以往的试卷中挑选出来的：

○ 以要求的格式回答问题，如果考官要求的是备忘录，就写一份备忘录；同样，要求的是报告，就写报告。如果你没这样做，就得不到应得的分数。

○ 以商务性的方式回答问题，这会增强你回答题目的可信度。不整齐、不洁净，缺少结构、标题、副标题会使人不感兴趣，这在工作当中是不能接受的，同样，在考官的眼里也是不可能接受的。

○ 确保有考官能够给分的地方，通过给出大意、主题、定义、例证来展示你的知识和对这个题目所涉及相关领域的理解。

○ 把考官看成是你潜在的雇主或者最终用户，整个营销的目的和文化就是满足客户的需求。试试这个方法，有时能创造奇迹。

○ 在回答问题时要显示出极大的热情和职业化，用最新的相关例证来支持并在适当的地方加以应用。

○ 试着使你的试卷与众不同——在众多的试卷中脱颖而出。

所有这些要点对你来说都是合理的，但在考试紧张慌乱时经常容易被忘记。因此我们考官提醒的重要性是十分有益的。他 / 她是我们的“最终用户”——我们都知道用户是不喜欢失望的。

接下来，一些要点还会被再次提及并进一步充实。

关于考试

除了证书级别的营销实务和文凭级别的分析决策考试外，其他的考试都分成两部分：

○ A 部分——迷你案例研究——占 40 分；

○ B 部分——自由选择问题(从 7 个问题中选 3 个)——占 60 分。

我们来看一看每一部分的基本内容。

迷你案例研究

这部分为包含一个问题的迷你案例或某一特定场景，也可能再分为两个或四个要点，但总共占总分数的 40%。实质上，作为考生，通过完成某个简短的特定场景，你被定位为解决问题者的角色。有时，该场景是从相关著名杂志，例如，Interflora、EasyJet and Philips 等摘录一篇文章作为迷你案例的基础。另外，它也可能虚构一个公司，考官会对此进行很好的安排以使知识、理解力、应用能力和技能等各方面都被考查到。

完成迷你案例研究的方法

在做迷你案例时，需要考虑以下一些关键问题：

结构/内容

每张试卷的迷你案例都有轻微差别，每个考试跟其他考试的科目也有一些差别。通常一个案例说明只有 400～500 字，集中于某一个特别的企业和它所存在的问题或有时甚至和某个特定的行业相联系。

迷你案例的长度意味着通常只给出背景、企业和它的营销问题的简要概况，因此你必须学着在细节非常有限的情况下分析资料并准备答案。

时间安排

对时间安排有很多不同的观点，在考试时安排时间的方法也很多。你必须找到一种适合你自己的方法，但是记住，不管你怎样做，都要保证有足够的时间答完考卷，没有答完肯定会丢分。

以下是一个典型的时间安排方面的例子。

试卷是按照3个小时来设计的。迷你案例占了总分的40%，也就是说，要在大约75分钟的时间里阅读并答完迷你案例。然而有的学生更喜欢在迷你案例上花将近一半的时间（90分钟），以便阅读并更充分理解案例以做出答案。只要你确信能在剩余的时间里完成全部试卷，这种安排也是可以的。

不要忘记，虽然迷你案例只有一个问题，但是它有几个部分，必须回答问题的所有部分，这是时间分配上必须要注意的。

知识 / 技能测试

通过整张CIM试卷来测试你的知识、技能以及应用这些技能的能力。然而，迷你案例特别倾向于测试应用能力。如：考查在某一个给定的场景下以某种结构应用你的知识能力。考官们也会考察你制订决策方面的分析和交流能力（根据证书级别的不同）、作为经理处理某些特定营销问题的能力。

当考官在判阅试卷时，他 / 她会看你是如何使自己区别于其他应试人员，哪些是你自己个人的“独一无二的卖点”，考官也会看你是能够应用学到的知识呢，还是仅仅能够复述教科书上的材料。

答案格式

很多情形下，所有考试一般都会给定某一个特定的表述方式，如果是这样的话，你就必须遵从考官的要求，这也是满足客户需求的一部分。

以下是可能用到的交流工具：

○ 备忘录；
○ 备忘录 / 报告；
○ 报告；
○ 摘要记录；
○ 陈述报告；
○ 新闻发布会；
○ 广告；
○ 计划。

确保自己熟悉这些特定的沟通工具并加以练习，在考试时能够自信地对考官的要求做出回答。复习证书级别的考生可以回顾一下《顾客交流》的相关教材以熟悉上述方法的潜在要求。

同样道理，尽管沟通的方法比较重要，但是满足问题的特定要求也是很重要的，这意味着你必须准确理解题目当中各个要求的意思，仔细牢记下面这些术语：

○ *识别*　挑选关键事件，指出关键学习要点，清楚地确定什么是考官所希望你识别的；
○ *举例说明*　考官希望你提供例子、特定场景和主要概念来说明你所学到的知识；

○ *比较和对比* 在两个给出的情景、背景甚至企业中找出相似点，然后比较它们，如查明、列举行为和特征等，同意或不同意。对比所强调的是二者的不同点；

○ *讨论* 讨论问题为你提供了大量的机会就题目进行辩论、争论和论证你的方法以及对相关知识领域的理解——注意，不是让你耍嘴皮；

○ *简要解释* 要求答案中的解释要简洁、有条理且非常精确，使你的观点清楚、透明、相关；

○ *陈述* 以清楚、简短的格式表示；

○ *解释* 对给定的资料通过你的理解阐述它的意思；

○ *概要* 给出主要概念和特征，要避免细小的技术细节。在这里结构是重要的，否则你会发现很难囊括你的答案；

○ *关联* 课程大纲中的不同方面是如何连接在一起的；

○ *评价* 复习并思考课程大纲中的某个领域、某个特定的营销实践、一篇论文等，考虑它作为一个工具或模型的总体价值以及它在所扮演角色方面的有效性。

资料来源：Worsom,Mike (1989) 如何通过营销考试。

解决迷你案例的方法

处理并解决迷你案例并没有某一个正确的方法，实际上在处理某个给定的任务时往往取决于每个人运用自己的创造力，你必须用自己的判断力决定解决迷你案例的最好方法。虽然如此，也有一些可供采纳的基本步骤：

○ 在做出任何判断、开始分析所给信息或者作答之前，至少通读两遍全文。

○ 在第三次阅读迷你案例时，用显著的符号，开始对内容或情景中的重要的相关信息做标记。然后，把注意力再次集中到相关问题上来，这一次慢慢地仔细地阅读，估计考官希望你做什么。记下任何考官给的提示，然后计划如何回答问题。不管什么样的问题都要有一个结构：一个开头，一个有条理的中心部分，通常最后有一个结论。

○ 在心里一直保持问题的情景：也就是说，案例的特点和你所扮演的角色。

○ 由于可用的材料有限，有时需要做假设。不要怕这样做，这能显示出你的主动。假设在处理案例时是非常重要的一部分，它让你的答案带来创造力。然而要在答案里解释你做假设的依据，使考官明白它的本质和你为什么能得出这个结果，要保证你的假设是现实的。

○ 到现在为止，才是你写出问题答案、处理问题、做出决策、对案例提出建议的时候。如以上所述，如果考官没有要求特定的交流方式，你的要点最好以备忘录或者报告的格式给出。

○ 要使你的答案简洁，不啰嗦，直接针对所提的问题。

B 部分

除了分析和决策案例研究之外，每一个 B 部分都包括 6~7 个较为传统的问题，每个问题 20 分。你要从中选出 3 个作答来完成剩下的 60 分。迷你案例的解题方法同样适用于这一部分，沟通格式、通读问题、结构、角色、情景等等，每一样都是相同的。B 部分包括的问题更广，从教学大纲所要求的内容到教材中的其他方面。这些问题全部由考官做决定，之前不会告诉学生会考什么。

在时间安排方面，如果迷你案例用了 75 分钟，还有 105 分钟。每个问题你可以用 30 分钟的时间来计划并作答，这样每个问题你还有 5 分钟的检查并修改的时间。注意平时多练习——用一个烹饪计时器或者闹钟作为计时器，尽量在规定的时间内完成作答。

试卷和范例答案

为了帮助你准备并理解试卷的特征，请登陆 www.cimeduhub.com 网站查阅试题的范例答案和考官的建议。在学习期间，教科书的作者偶尔也会要求你参考这些试卷和问题答案。你应当去做这些练习并利用每一个机会练习以满足考试的要求。

范例答案是非常重要的学习工具，但它们并不都是完美的，因为它一般都是由学生做的又经考官加以注解，但是它们能够给你一些好的方法提示，并且考官的注解会使答案进一步改进。帮助你学习的其他信息来源是通过虚拟中心中的“热点话题”，它们能给出一系列与教学大纲和学习范围相关的活动实践，在你复习时也非常有用。

考前准备的关键要素

一个考官领导给出了关于准备考试三要素的建议，归纳起来就是：

○ 学习

○ 记忆

○ 复习

下面我们依次来讨论各个要素。

学习

学生们经常觉得真正学习起来非常困难。被动地读书、阅读一些材料、复习一点，在考试之前再复习全部。这是一种非常不好的学习方法，它毫无意义，而且在实际中没有用处。要使学习有效率就必须主动和应用。在学习过程中要聚精会神，想着我学到些什么，通过仔细考虑在营销中如何用这些观点，如何通过应用这些观点改进自己的行为方式的方法来与你的经验做验证，要让这种方法融入你的日常生活中，这就是那句老话"实践促进学习"。如果做到这一点，你会发现被动学习在你的学习生活中不存在了。

以下的建议将在你复习时会有所帮助：

○ 要记笔记并且理解，确保能把信息资源和活动实践结合起来；

○ 要把学到的与你的企业联系起来；

○ 尽可能地确保你能准确的定义关键术语；

○ 不要努力记忆你的观点，要理解它的基本原理而且更重要的是要会应用；

○ 想一想可能出现的问题——利用教科书的问题和答案证实将来可能出现的一些典型问题；

○ 试着做每本教科书的问题，因为它们是你主动学习和理解的重要验证。

记忆

如果你做好准备来使用主动的学习方式，那么你的知识会进一步得到提高。因为知识的理解和应用会存在于你的"长期记忆"里。被动学习到的知识仅存在于"短期记忆"中。不过不要用知其然而不知其所以然的方式，那是没用的，更重要的是，考官们对辨明各种不同的记忆技巧是很有经验的，很容易就能觉察。

说到这里，熟记各种简略词如：SWOT、PEST、PESTLE 和一些模型如 Ansoff、GE Matrix、Shell Directional 等等是很有用的。在某些问题里，可能会要求你使用简略语来支持你的答案。

复习

第三个也是最后一个要考虑的就是"复习"。我们在下边会更详细地介绍，这里只是提供一些关键的窍门。复习应该是经常性的而不是考试之前所采用的慌乱方法。在整个学习过程中应该做笔记，它是复习步骤的一部分，要保证你的笔记足够全面，从而能有效地使用。你要能够通过学习和自己的经验区分每一个学到的概念，至少有两三个可以使用的例子，这在考试时能拓宽你的判断力。当然，也能帮助你在考试时因为你的主动性而得到一些加分。

知识不可能在一夜之间获得——如我们前面说的，没有速成方式，它是一个学习的过程，在这个过程基础上你可以通过长期理解和应用来加深学习的基础。这个在将来，而不仅仅是考试时，也会使你受益匪浅。实际上，在开始集中复习之前你应该保证做到以下几点：

- 有条理地整理你的学习夹，要包括最新的报纸和杂志剪辑，这样在考试时才能帮助你在心里计划出一些简明例子；
- 练习定义一些重要的术语并记住简略词；
- 准备题目大纲和答题计划；
- 当开始集中复习时，要确保你已经计划周详而且是按照下面所给的方法组织的。最后，在考试的前一天晚上再看看压缩的笔记。

复习计划

你目前正处在一个非常关键的时期——虽然在这个时候不是最关键——在考试之前的四到六个星期是这样的。下面的忠告和窍门会帮助你制订出你的复习计划。

- 如以上提到的，你要非常有条理，因此，在做任何事情之前，把文件、案例和阅读材料有次序地进行摆放，这样将来当你在需要时能找到它们并弄清楚它们的意思；
- 找一个安静的地方学习，这样在准备考试时你就能很容易地做到聚精会神；
- 按照课程提纲找出你的文件并把你学过的而现在需要复习的关键题目列出一张表，要从课本的基本内容做起，一次做一个单元；
- 仔细计划所用的时间，最理想的是在考试之前至少六个星期开始，计算出复习要花的时间，再把它分配到每一天，不要重复；
- 短时期内放弃你的社交活动，俗话说“不劳无获”；
- 把每个科目轮流看一遍，能清楚哪个是你的强项哪个是弱项，哪些是你明白和掌握的，哪些是还需要努力的，把它们分列到纸的两边。

计划和控制	
强项	弱项
审计—PEST、SWOT、模型	比率分析
投资组合分析	市场探测
	生产率分析
	趋势线外推法
	预测

○ 将上表进行划分，把弱项再细分。最弱的地方要优先复习，这会使你掌握学习的难点。要把剩余复习时间的60%用在这部分，你会发现要另外再做些阅读，如果在CIM授权学习中心学习，也许还要求助于老师。

○ 剩余的时间要花在增强知识和对强项的理解上，花些时间测试你究竟懂得多少。

○ 如果一次做两个或两个以上科目的考试，分门别类和时间安排会更重要。

○ 一次选一门课，全面复习笔记，把他们分成次一级的学习方面，最后找到学习的要点和术语，这些要一遍一遍地重复做以吸收消化这些知识，你自己能发现如何更好地记住要点。有的人努力扩充简略词、流程图、矩阵、MIND MAPS、FISHBONE DIAGRAMS 等等。或者能够帮助回忆起模型特定方面的各种连接图表。你也应该扩充能帮助你在各种选择中记起方法的步骤（但是一定要注意我们之前提到的不动脑筋的重复和知其然不知其所以然的记忆）。

图 A1.1 给出了一个你如何通过使用一个“爆炸型”的图表(这个图表突出了广告的作用)来帮助你记忆学习中的要点方面的简单的例子。

○ 最终要把学习集中到关键点上。举例来讲，假设你正在学习时间安排的概念——你应该逐渐把学习集中到包含以下各点（按优先次序排序）的列表上来：

—— 组织

—— 费时

—— 委任

—— 复习

这些标题其中的任何一个都能使你想起需要讨论的相关主题方面。

○ 在这一阶段，要避免过多地阅读教材，否则你就会被搞糊涂了。

○ 回顾以前试卷中的试题，接着密切观察考官在每道题中都希望你扮演

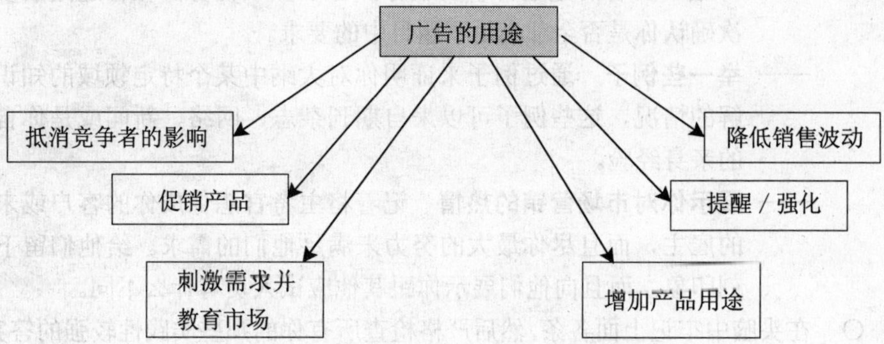

图 A1.1　用图表来概括一个概念的主要部分

哪些角色并完成什么任务，而且更重要的是要找出该问题所涉及的相关内容。

○ 通过样本试题和样本答案来支持你的学习，并试着找出怎样通过他们来真正提高你的成绩。

○ 当你学习并复习到某个课程领域时，找出相关的考试试题并完成这些试题(有可能的话多做几遍)。

○ 在不看笔记或教材的情况下，试着先在草稿纸上列出要做完该题所需要的关键概念、知识点、模型和信息，接着跟示范答案进行比较看你的答案与真实答案之间有多大的差距。把你的答案加以组织以确保所有重要部分都涵盖在内，而且要保证结构严密，最后，你的整体答案要成为一个你能够执行的非常有意义的实践活动。

○ 现在将你的答案用笔详尽地在某个时间段内写出来，不要使用电脑等数字产品（在现阶段，考试试卷仍然是寄发的而且也要求考生用笔来回答问题。由于现在人们对电脑的应用越来越频繁，所以有许多人发现在用笔来表述信息非常困难。尽你最大的努力来保持卷面清洁，如果笔迹非常潦草的话会让阅卷人员非常反感)。

○ 当你将作答练习作为你复习的一部分时，你还得保证练习下列这些必要的考试工具：

—— **确定并使用出题人员**所要求的沟通方式。

—— **答案一定要具备三个主要组成部分**　背景介绍部分、使答案比较完整的中间部分以及最后结论部分。合适的话，确保答案包括背景介绍、主题、总结 / 结论部分，而且，如果题目要求或你觉得有必要的话可以再加上建议部分。

—— **要保证按照上下文**　的要求回答问题或按照设定的角色回答问题。

—— **要留出页边空白处**　不要把页面全覆盖了，在段落之间要留出空隙，而且要保证句子之间清晰连贯(不必担心——考试中的纸肯定够用)。

—— **计数**　要看清楚题目中要求你执行多少项任务，在答题最后要再次确认你是否全部满足了题目中的要求。

—— **举一些例子**　通过例子来证明你对大纲中某个特定领域的知识了解的情况，这些例子可以来自期刊杂志、网络、新闻或是你自己的亲身经验。

—— **展示你对市场营销的热情**　记着将主考官想像成你的客户或未来的雇主，而且尽你最大的努力来满足他们的需求。给他们留下深刻印象，而且向他们展示你跟其他应试人员有什么不同。

○ 在头脑中牢记上面各条，然后严格检查所有你的那些实践性较强的答案。

实际行动

随着考试的逼近，关键路径现在变得更重要了，下面列出了一些关键点：

- 你在CIM中心注册了吗？
- 你知道你的具体考试地点吗？CIM中心应该大约提前一个月左右的时间通知你；
- 你知道你的考试中心在哪里吗？如果没找到的话，亲自前去一趟并记录下时间——不管怎样考试当天绝不能迟到；
- 确保你已经准备好了所有的考试工具。一本字典、一个计算器、钢笔、铅笔和尺子等。尽量不要使用多种颜色的钢笔，但你可以尽量让你的答卷看起来比较专业。*不要使用红色或绿色笔来答题，因为这一般是批卷所用的颜色。*

总结

首先，你必须记住这点，即你已经为准备这次考试花费了大量的时间、精力和金钱，因此你有必要对这一部分所给出的建议加以思考以使你的投资回报最大化。

这里所给的提示和窍门都有共通性，而且会适用于CIM中心的大多数考试科目。我们将尽量挑选那些能使你的学习和复习更明智且更有计划性的方法。你要获取成功的关键是做好准备将所需的努力和时间、复习计划以及答题计划(这一点也同等重要)以某种能确保你通过最终考试的方式组合安排起来。

其次，这里所给的建议目的是想从实践的角度来给你指引，对大纲内容和学习进度的指引会使你在学习本书的过程中时刻保持清醒，每本书的作者都给出了该科目如何通过考试的方法指引和如何满足最终考题内容要求方面的指引，这些考虑因素是对我们整个附录中所一直讨论的结构化问题的一些补充。每本书的作者和主考官都会给出他们所倾向的答题方法，所以，在学习的过程中或某一单元结束之后，一旦有机会去做一些活动实践或考试真题，你都不能错过这些机会。这不但能帮助你来准备最终的考试，而且还能帮助你以我们上面所讨论过的、应用的方法来学习。

接下来，我们列出一些最后的注意事项：

- 确保你的大多数学习过程保持流畅；
- 要保持一贯系统且有条理地记录笔记，并通过它来组织复习；

- ○ 要制订复习计划——不要顺其自然；
- ○ 答题过程中要举一些例子以支撑你的答案；
- ○ 练习你的书写技能以保证你答案的表述清晰且字迹工整；
- ○ 尽可能抓住一切机会来验证你的知识并衡量你的学习进度；
- ○ 对如何答题以及答案的结构做出计划；
- ○ 要经常按照问题的要求答题，尤其是要按照上下文的要求和沟通方法来答题；
- ○ **绝对不要临阵磨枪！**

作者借此机会预祝你在学习、复习以及最终的考试过程中都能取得成功。

Karen Beamish

学术开发顾问

附录2 着手CIM考试任务和整合工程

导论——任务和整合工程的基本原理

在CIM考试的第一和第二阶段，都有几种可供选择的评估选项，详见如下模数纲要。某一个任务的目的是给那些想要将模数中的教学大纲概念应用到自己的企业或某个选定的企业中去的学生们提供另一种完成模数的模式。对于两种资质，都有三个通过任务来提供评估的模数和一个通过整合工程评估的模数。通过整合工程进行评估的模数是每一种资质中的总括性模数。

<table>
<tr><td></td><td>模数条目</td><td>调查与分析</td><td>规划</td><td>实施</td><td>营销管理</td></tr>
<tr><td>第三阶段</td><td>模数条目
第三阶段</td><td colspan="4">2004年9月实施新教学大纲
目前所有模数只通过考试方式评估</td></tr>
<tr><td rowspan="2">第二阶段</td><td rowspan="4">模数条目
第二阶段</td><td>营销调研和信息</td><td>营销计划</td><td>营销沟通</td><td>营销管理实践</td></tr>
<tr><td colspan="3">所有都通过考试或任务评估</td><td>考试／整合工程</td></tr>
<tr><td rowspan="2">第一阶段</td><td>营销环境</td><td>营销法则</td><td>客户沟通</td><td>营销实战</td></tr>
<tr><td colspan="3">所有都通过考试或任务评估</td><td>考试／整合工程</td></tr>
<tr><td>引导证书</td><td colspan="5">支持性营销流程
(研究与分析，规划与实施)</td></tr>
</table>

资料来源：摘自CIM标准教学大纲纲要，2002年10月。

使用任务的方式并不比考试容易，两种格式都经过仔细评估以便使任务／整合工程中的B登记和考试中的B登记相同。考试时间为3小时，但任务方式允许学生完成模数评估的时间更长，这就意味着任务必须在模数的时间范围内完成。

对于那些考试临时抱佛脚的学生来说，用几个小时写一篇总共包含 4 个独立问题的任务是一种截然不同的方式。

资质中每一模数都包含为其量身定做的任务，这一方面是为了测试你的理解能力，另一方面也提供给你一个通过理论联系实际来展示自己能力的机会。尽管每个模数任务的模式和结构完全相同，但所问的问题和任务的具体类别则各不相同。任务中的问题会与具体模数的教学大纲直接相关，因此，给学生以展示理解能力和应用能力的机会。

任务结构

每个模数的任务都可以分解为一系列问题，这其中包括一个中心问题和一个详细陈述问题。中心问题常常与每个模数的教学大纲的主要方面相关。此外，还有四个选做题；这四道题的任何一个都是从大纲的不同部分总结得出的，每个学生都须从 4 个选题中选做 2 个。此外，详细陈述要求学生从模数角度对他们所学到的知识进行评价，上述各方面组合在一起时，形成整个模数的评估，通过模数的总分和考试相同，都是 50 分，登记结构也与考试相同。

中心问题

这是你要完成的任务中最长因此也是最重要的部分。中心问题构成大纲的主要部分，是为了提供一个具有挑战性的任务而设计的。这一任务不但测试理论部分，也允许将理论应用到某一个选定的企业或特定情形之下。要求大约 2500 字(第一阶段)或者 3000 字(第二阶段)的书面答案，另外，你还可以进一步提供任何需要的信息。这种附加信息应该使用附录的形式，不宜过长，在建立附录时，相关附加信息不应超过 5 页。

选做题

在第一阶段和第二阶段的大纲中，总共有 4 道选做题，学生应选择其中两道。尽管具体任务的要求不同，每道题的答案都应具有挑战性。字数要求也比中心问题少，第一阶段 1000 字，第二阶段 1500 字。

选做题所考查的内容为测试大纲中没有被中心问题所考查到的部分。因此，尽管任务中使用一个以上的结构对你大有裨益，但你仍可能把所有的问题都构建于相同的结构上。一些问题尤其特别要求选择不同于中心问题的结构，但这是在该选做题所考查的内容与中心问题所考查相同的情况下才会发生，而且还会在问题中注明。

在该任务可能会问到几种问题，包括：

○ **报告** 该问题要求完成一个正式报告，详细回答一个具体问题，通常会是就一个具体事项向一个人作报告。

- ○ **简要情况汇报或便条** 准备一张纸写上简要情况，或准备一系列便条，留待介绍时使用。
- ○ **介绍** 你可能只须准备陈述或陈述和准备工作同时要求，介绍的听众应仔细选择，如果可能的话使用一些信息通讯技术。
- ○ **讨论报告** 问题要求准备一份学术讨论报告，在该报告中你要列明一系列信息出处和概念，你也可将讨论作为问题的一部分提交。
- ○ **项目计划或行动计划** 一些问题要求展示计划技术，因此，该计划要符合所给时间表并且尽可能降低成本，为直接创建图表式计划，在此推荐使用信息通讯技术。
- ○ **规划一项研究工程** 进行市场调研时，问题通常要求在给定情况下做简要规划，包括时间表、所用研究种类、抽样调查、数据收集计划和分析。
- ○ **进行研究** 紧跟着研究规划，下面的问题是要求学生进行研究收集练习，研究问题是个人活动还是小组活动依问题而定。通常是报告调研结果，和对结果的建议。
- ○ **信息收集和报告** 很多问题都需要收集信息，信息要求能组成问题的一部分或全部。这些要求可能包括企业、问题中的活动或者外部市场和环境信息的背景，建议对所用信息种类、来源和调研结果的报告予以评述。这种问题通常需要对组织进行推荐，但建议应由资料推导而出，而非仅仅是个人观点。
- ○ **一个建议性文件** 这一问题要求学生对环境进行评估，以理论和调研结果为依据提出建议。同时，任何建议都应有事实予以支持而不应仅仅是个人观点。
- ○ **练习** 设计练习或陈述练习或设计并陈述练习 第一阶段和第二阶段，练习都以选做题的形式提出。这提供给学生一个设计练习题的机会，并且可能要求学生对其进行陈述，这一做法要尽可能以证据加以证明。
- ○ **用提供的相关文件进行角色表演** 一些问题要求学生进行诸如组队的决赛权等表演练习，这通常会进行录像，提供的文件会表明该练习的目的。

上述问题中的任何一个都与需要调查、评估和回答的具体事项直接相关。此外，一些问题也需要考虑现实状况，这提供了找到与所问问题直接相关的具体答案的机会。

为了帮助学生完成任务，每个问题都有一个评分指导大纲。这与不同的类别有关，每道题都是通过类别评分的。你完成任务的评分人员也会得到一份详细的评分方案，该方案是依据提供给学生评分指导设计的。

对于中心问题和选做题来讲，在资料被引用的地方使用注释标注很重要。这一点过去一直未得到强化，并且一直也是个问题。在评分和考试中，有过剽窃的情况发生，并且很显然没有列明参考书目和文献。这一点在第二阶段就更重要了，大纲的本质是使其更适合于学术研究。强烈建议每个问题中都列明参考书目，资料出处在正文中列出。使用资料的方式并不重要，重要的是引文应该指明。

思考陈述

这是每个模数任务的最后一个方面。陈述的目的让每个学生考虑模数对他/她个人会产生怎样的影响，怎样反映在其实践中。此处文章要求的长度比其他方面的文章短，第一阶段500字，第二阶段750字，并且也会更随意些，因为你的答案是要依据你个人将从模数所学的知识应用到你的工作和其他方面的情况而定。

一篇好的详细评述应包括几个方面，即：

○ 对模数中你认为有益的理论部分的评述和理由，如果你认为一些特别的资料有益，应加以说明并解释理由；

○ 作为一个实践者，这些概念是如何影响你的，以你将模数中概念应用到工作和其他活动中的事例加以证明；

○ 完成模数任务后，你将如何进一步学习。

当审阅详细陈述时，你的导师或评分人会给你打分。评分一方面依据通过模数时你所展示的理解能力，另一方面依据你是如何将理论应用到实践中的。他们会找寻你学习和实践的证据，而不是看一个学生因为期限将至而匆忙地完成问题。评分的结果通常是较早应用模数中的概念的学生总体上得分较高。

整合工程结构

整合工程的设计目的是评价学生的团队能力而没有具体的任务。使用每级大纲中的总括性模数的要素，给学生提供了一个为解决一个具体问题而完成某项工作的机会。只有完成几个模数后才能完成整合工程，因为整合工程的完成需要模数中的信息作为指导。整合工程在2002年9月份引入第一阶段，大约5000字左右，2003年9月，引入第二阶段，并开始使用新大纲。整合工程由营销认证评估员进行评分而非由你的导师进行。

第一阶段任务——营销基础知识

营销基础知识构成第一阶段其他诸多方面的基础，该部分共分为4个要素。模数任务的内容很多都是来自于营销综合要素——要素3（营销组合和相关工具）。在每一要素中，都会给出一道样题和这一阶段该样题答案的评价。

要素1——市场营销和市场导向的发展

模数的第一要素的各方面包括了营销在组织和市场发展方向中的作用，因此，这一要素还需要从更宽的角度考虑营销活动的效果。这一要素的问题为：

你的经理要求你准备一份简要的资料，在其中对本组织和三家主要竞争对手的营销发展方向进行对比，这是他/她向高级管理人员所做介绍的一部分，你的资料应包含与本企业相关的建议。

为了回答上述问题，就必须从众多竞争对手中找出本题中最为合适的三家。其他在此需要完成的问题包括：调查人们对本企业营销导向的判断和对不同的竞争对手进行评估。示范答案包括如下内容：

○ 选择该竞争对手的原因和被选对手的背景资料作为问题的基础；

○ 对本企业经营所在的整个市场进行评估，同时确定众多竞争对手；

○ 对这些竞争对手进行简要评估，并选出三家主要竞争对手，完成该问题最好用表格方式表示布局。应给出选择这些竞争对手的理由；

○ 每一家竞争对手都会被更详细地研究，并提供其营销方面的说明，给出调查结果的原因和可能的事实资料的出处；

○ 为完成比较，需要收集信息以便提供一个所选竞争对手营销导向的示意图。这可能以基础调查的形式从现存数据或众多其他渠道得出。本企业的营销导向应与所选三家主要竞争对手中的每一家都进行比较；

○ 最后，以从调研结果得出的信息为基础，提出建议，这不是个人意见而应以所找出的证据为依据；

○ 这是一份简要报告所应遵循的格式。

要素 2——营销规划和营销预算

模数的第二个要素是营销规划和营销预算。尽管问题通常以规划为中心，但同时也包含了很多方面。为了给某个市场营销问题制订一个有效的方案，应涵盖范围内的诸多方面，正如如下样题所示：

你已经在营销部门工作近两年了，你的经理让你帮助向一个新聘用的毕业生介绍工作流程，还要求你准备一份简单的报告以详细解说营销规划进程并说明营销规划如何是公司规划不可或缺的一部分，同时该报告也作为培训计划的一个基础。

这个问题初看简单，然而，“详细解说营销规划流程的各个阶段”要求答案反映该要素的所有方面，一份典型的示范答案包括：

○ 选一个企业，以它为基础完成任务，这为讨论营销规划的制订提供了平台；

○ 下一步是明确营销规划流程和营销规划中的阶段。在此使用营销规划模数会帮助你得出答案，在可能的地方使用图表形式来表现，这点恰恰包括了营销规划与企业规划的契合点，两者间的联系和差异应该予以展示。你所选组织的营销规划流程的例子应该能说明这点；

○ 在该问题中，营销规划的方方面面均应考虑到。这包括宏观和微观环境分析，营销审计和营销调查。除此之外，就你所选择的企业是如何进行市场细分进行讨论也会很有助益；

○ 答案的一个主要方面应该是预算问题，你要明确设定和管理预算的流程，并通过在你所选的企业是如何对预算加以使用来证明你掌握了这一点；

○ 这份简要资料报告是给新员工准备的，因此，在每次作答中都不应该忘记上下文的要求。

要素3——营销组合以及相关的工具

这一要素在营销基础知识中的讨论最详细，而且也是最综合的部分，因此，在模数大纲中占较大比重。要素中作为基础性的问题不但与标准营销组合相互关联，而且和外延营销组合也息息相关，同时，也要有相关的信息和通讯技术来支撑市场营销活动。

你的组织最近接管了一家公共服务部门的运营，作为整体流程的一部分，你的经理要求你带领两个营销助理加快工作进度。很明显，他们对一些经常使用的营销模数的知识掌握不完整。因此，你得准备资料介绍你们组织对拓展营销组合的使用以及使市场整体行动更为有效的支持工具。

这一任务要求你的陈述应符合于所指定的听众，此外，这一要素包括方面很广泛。现存很多发达的公共服务部门都是由私人部门运营的。因此，找出一个适合的例子并不难。所给情况要求有一个总的设想，该设想应提供出营销组合的概念以及在本组织内的实施情况。

○ 问题答案的第一个方面就是设置一个场景，提供本组织和企业活动的信息，这边需要提供出公共服务部门的详细情况。

○ 任务的下一个阶段是进入陈述部分，要用信息通讯类产品准备，提供讲义和存有答案的磁盘。

○ 要对市场营销组合予以说明，也要对拓展市场组合加以说明。对非营利组织(要素4的一部分——营销状况)营销规划的说明会提供一些参考点，这种方式非常有助于将新员工带入活动领域。

○ 陈述当中除了要包括在本组织中使用信息通讯技术来协助完成营销要素活动的益处外，本组织内营销活动的一些具体案例也应包含在内。

○ 陈述应以一个有效的总结和思考题来结束，结尾可包括如下内容：一个提问、一道问题及答案、一次记忆力测试、未来目标的设置以及其他方面。

要素4——营销状况

营销基础知识的最后要素是不同状况和营销课题的应用。跨越于营利和非营利部门、BToB和BToC、在线和离线部门之间，为了实现恰当的活动组合，营销的同一概念在这些不同部门之间有不同的应用方式。因此，与本部门相关的问题也是如此。

你的常务董事把一些"劳动时间"捐赠给当地一家慈善机构以使他们的市场导向性更加强烈。指派给你的任务是用一个下午的时间给你所选的慈善机构的代表解释营销基本概念，展示常用的营销工具的使用方式。这一机构正在考虑通过营业和非营业方式筹集资金，而不再使用当前的在街上设置捐款箱的方式。你的部分时间会用来完成指导手册，说明在不同情况下营销的使用。

这是个既有趣又有挑战性的问题。选择一家慈善机构，此处的任务是评价他们当前的营销活动和当前对不同情况下的营销和环境的建议，同时，对使用营业方式的营销进行评估。示范答案包括如下内容：

○ 背景知识，慈善机构的选择和以及选择该机构的原因，这可以作为介绍包括在指导手册中，因此，答案应以指导手册的形式做出；
○ 对营销组合的评估和非营利部门对营销组合的应用应包括其中；
○ 作为慈善机构，这应包括拓展营销组合，营销组合概念应与慈善机构相关联，在此以图表的方式来陈述会比较好；
○ 指导手册中应包含对在线和离线方式的不同考虑，此外，使用术语时应考虑知道手册的受众，即他们都不是市场营销专业人士；
○ 指导手册应打印出来并作为答案予以提交。

任务规则

与前几年相比，今年的任务结构发生了一些变化，与新大纲的介绍在时间上保持一致。不论学生通过考试完成模数评估，是为了任务进行评估，还是为了整合工程完成评估，这些都给学生们在评估方式上提供了一致性。变化较大的部分包括：

○ 目前，每学年导师要在CIM中心给任务评分，这些工作由CIM评分人员予以调节，整合工程只由CIM评分人员进行评分。
○ 不允许再次提交作业。在前几年，学生们提交一系列的作业，如果没有达到50分，就会要求他们通过考试、作业或整合工程重新完成模数评估。
○ 评估方案一旦选择就确定下来，就没有到最后再改变的自由了。过去的纪录表明学生有时开始选择评估方案，因为不能赶在期限内完成而在最后时刻改为考试方式，因此在考试中得分很低。完成评估或考试的途径不同，因此改换方式也是不明智的，这点也是改变规则的原因。
○ 在2002~2003学年，问题和作业中引入字数限制，原因是因为提交的作业长短不一，从不足2000字到超过2500字。学生通过评估完成4个模数，就超过10000字——相当于一本中等厚度的教科书或一篇中篇小说。如果同时考虑两篇作业就有些不太可能。因此，为了给通过作业进行评估的学生提供平等的竞争条件，就引入了字数限制规则。

○ 考试方式每年要求两篇作业。做出此变化后，要求学生在最近的考试学期完成作业。以前，作业是在9月份布置次年6月底前完成或是3月份布置6月底前完成，学生有3~9个月的时间来完成。而按照新的考试方式，决定给所有学生相同的时间完成作业。

○ 如上总结了因作业／整合工程引入新大纲而发生的主要改变，改变的目的是使学生在所有的级别都在同等条件下进行评估和使用所有的格式。无论变化重大还是微小，都经过深思熟虑，都是为了学生的利益。

案例研究的使用

对于目前没参加工作或对他们的或其他企业的信息进行评估有困难的人，可以使用一系列案例研究，案例研究允许用案例为基础的方式完成模数而不一定非得以学生选定的企业为基础。案例研究只有通过向被授权的CIM中心申请才可以提供，并且只能作为最后的手段使用。使用案例研究作为你作业的基础并不意味着它是完成作业的一种更容易的方式，尽管当没有其他办法时，案例研究确实提供了一个完成作业的机会。每个案例研究都有一定量的信息，这些信息可用来完成某些特定问题，为了完成一份综合作业，你还需要获取或调查其他的信息。

提交作业/整合工程

下面的信息对你、对给你的作业评分的老师以及调节你工作和整合工程的CIM中心评分人员都能起到帮助作用。此外，下页的流程图表示了作业／整合工程从开始到最后评分的过程。

完成和提交作业或整合工程时，可以以下面的内容作为指导：

○ 答题前通读每个问题，尤其是中心问题，会有大量工作完成，明智地选择你的选做题；

○ 回答问题时使用所给的与评分大纲相关的评分指导；

○ 写出作业内每个问题的参考资料，并列出参考书目；

○ 彻底完成每个证据，这不仅有助于你答题，也有助于CIM中心进行评分；

○ 确保作业按照每个指令装订好。当前，要求作业不能用塑料封皮或文件夹提交，因为作业可能散开而丢失。提交后，指令不仅会有助于CIM中心行政主管，也帮助评分（整合工程）或审核（作业）你工作的CIM中心评估员；

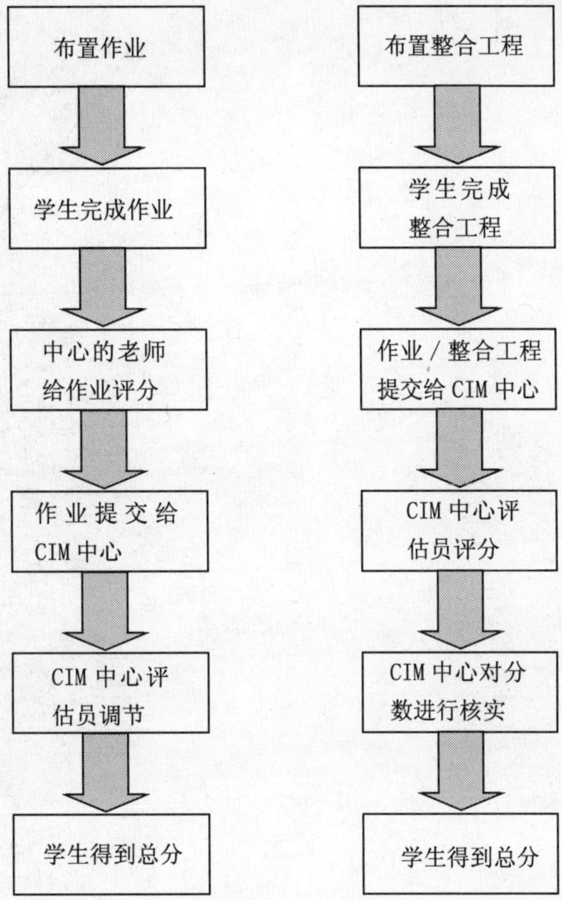

○ 完成考生声明表，表明是你独立完成该工作。注意：如果你希望你作业中包含的信息不被泄露，你必须在作业封页上予以声明。尽管CIM中心可能希望把你的答案作为示范，一份作业先由你CIM中心的导师评分，然后由CIM中心评估人员进行调节。整合工程由CIM中心评估员进行评分，但考试则由CIM中心调节。为确保评估人员的客观性，在评分前会召开评分会议，以统一评分标准。每个题目的高级评估人员会对考试和作业进一步核实，以确保不同类别的评估平等。

附录 3　任务报告答案

下面的答案只是指示性的，未必很全面，一些活动的答案都深植于课程材料、基本教材、网站或更简单地存在于读者的头脑中。

第一单元

活动 1.2 任务报告

从该活动中你得出什么结论？

该活动中每句话的目的都是为了找出企业对这几种不同导向的管理态度和观点。你的答案应该如下：

公司 A=No. 4　该公司是产品导向的，他们的观点是如果产品质量好的话自然就会卖出去。

公司 B=No. 2　该公司是销售导向的，他们的看法是公司需要积极主动的销售努力。

公司 C=No. 1　该公司是市场营销导向的，他们的观点是即使存在一些难度，但是公司的每一个人都应该努力使顾客感到满意。

公司 D=No. 3　该公司是生产导向的，他们的态度是全部的注意力要放到生产效率和能力方面。

活动 1.3 任务报告

虽然你的用词可以稍有差异，但你的答案至少要包含以下要点：

因素	营销导向时代
需求	潜在需求较低
平均可支配收入	高
总体教育水平	高
大众媒介 / 信息的可获取性	开发较好 / 高
供给 / 生产能力	生产能力过剩
竞争	激烈 / 全球性的

活动 1.7 任务报告

考试提示中用了首字母大写 APIC 来帮助你记忆市场营销管理人员的主要任务：

A：分析——对顾客、市场、竞争者和公司的优劣势等方面必须进行分析。招聘广告的例子中包括“市场分析”/“构建客户数据库”。

P：计划——包括目标设定、选择目标市场、市场营销战略和战术。招聘广告例子中的相关方面包括“制订长期市场营销计划”、“新产品 / 服务开发”、“竞争对手确定”。

I：执行——这一阶段包括安排员工、分配任务、制订预算并组织。招聘广告例子中的相关方面包括“安置新进员工 / 新生产线”、“领导变革流程”。

C：控制——按照目标和任务对过程进行评价，对任何出现的差异进行纠正。招聘广告例子中的相关方面包括“强烈的成本底限导向”。

问题 1.1 任务报告

肯尼迪总统 1962 年的讲话中所涉及的四项消费者权益如下：

○ 安全权；

○ 知情权；

○ 选择权；

○ 倾听权。

因为肯尼迪总统概括出了这四项基本权益，所以，消费者运动首先是在亚洲紧接着在西欧得到了快速发展。消费者逐渐对那些在卖方市场中一些有问题的做法越来越挑剔了，而且也越来越意识到他们自身的权益，并且要求他们的这些权益必须得到保护。许多比较过分的市场营销活动在这些年当中都逐渐消失了，取而代之的是一些保护消费者的立法规定。首先，消费者在保护自身方面已经变得越来越有组织且很有技巧。举例来讲，比如英国对消费者的保护除了法律规定之外还有许多消费者组织来保护并促进消费者的利益。这些组织有一些是官方性质的，例如消费监督者的设立是为了监督电力、天然气和水等公用事业私营化以后的市场营销活动尤其是价格情况；还有一些是非官方性质的，如一些地方性的压力团体，他们会对任何地方性公司对消费者的侵权行为做出反应。甚至还有一些专门的消费者杂志，它会对公司的一些市场营销活动做出报道，而且尤其专注于让顾客获得最高的价值。在英国这种杂志的最佳例子会是什么呢？它由消费者协会编制并出版。

活动 1.10 任务报告

消费者主义的结果包括各种各样保护消费者权益的立法和规定的出台，还使得市场营销人员意识到需要保护消费者的观点和财富。聪明的市场营销人员不会把消费者主义看成一种威胁，他们反而将此视为一种机会并做出改变以响应消费者的需求。最成功的例子是那些对消费者变化反应积极并能前瞻性地制定市场营销计划来应对这些变化的公司。

现实中有很多这方面的例子：消费者的行为会通过不同的方式对产品的生产和营销产生影响——事实上他们才是营销的对象。比如，由于现在人们对健康越来越关注，所以很多国家的香烟广告都受到了严格的限制，有时还会被完全禁止。同样地，很多食品的营销策略都是建立在这样一个基础上：即它们比几年前的产品更为健康了，消费者越来越需要从营销人员那里得到更健康、更安全的产品，他们也确实得到了。

活动 1.11 任务报告

下面是一些因为消费者日益对健康和安全方面意识的增强而受到影响的产品和服务的例子：

○ 低焦油含量产品；
○ 低脂肪产品；
○ 低胆固醇产品；
○ 锻炼产品；
○ 防晒乳；
○ 轿车内的安全气囊防撞保护。

活动 1.12 任务报告

下面是一些因为引发环境问题而经常被引用的市场营销问题：

○ 那些使用 / 耗尽稀缺资源(如硬木森林)的产品；
○ 那些生产、使用或处理会污染河流的产品；

○ 会危及物种的产品；

○ 那些生产、使用或处理会污染空气的产品。

活动 1.13 任务报告

那些在营销中尤其考虑了绿色问题和顾虑的产品包括：无铅汽油、人造裘皮、无磷清洁剂、无氟气雾剂和制冷装置、分解塑料和可回收包装物等、通过有效营林加工的木制品。

问题 1.2 任务报告

市场营销的基本观点就是要想取得成功，企业就必须让它的客户满意、高兴，这样他们才会回来与企业签订其他的订单。这是一个交易的过程，交易的对象是某种有价值的东西，企业得到的通常是付款或是捐赠；顾客则得到某种能够满足其需要的产品或服务。

对于这个观点，我们可以参考以下三个定义：

1．市场营销是由个体活动和组织活动组成的，通过对产品、服务和理念进行创造、分销、促销和定价，这些活动帮助并加速企业在一个瞬息万变的环境中建立某种令人满意的交易关系。

2．市场营销就意味着在市场上进行交易，目的是为了满足人类的需求和欲望。在这个过程中，个体和群体通过创造和与别人交换产品和价值来满足所需所欲。

3．市场营销是一个管理过程，负责识别、预测和满足顾客的需求并获得盈利(市场营销特许协会)。

但是，这些定义都是针对产品和服务进行定义，我们不能忽视市场营销对于那些非盈利组织——比如慈善团体而言也非常重要，在那些地方，利润并不是它们的目标。这些组织为了其他的一系列事务来开展市场营销，比如唤起人们的关注，传递信息以改变某种行为等等。花些时间来思考你所熟悉的一系列组织和客户 / 顾客的交易过程。

问题 1.3 的任务报告

菲利普•科特勒详细区分了以下这些概念之间的区别：

1．生产这个概念就是指顾客希望能够获得产品并能买得起它们，所以管理层应该集中精力改善生产效率和分销效率。

2．很多组织尊崇销售这个概念。销售就是指只有开展大规模的销售和促销活动，顾客才会大量购买组织的产品。

3．营销这个概念就是指，组织目标的实现依赖于目标市场的需求和愿望的确定，以及能够比竞争对手更有效率更有效果地使顾客感到满意。

因此，我们可以看到，那些以顾客为导向的组织正在奉行营销概念，努力使顾客满意度最大化。但是，生产概念或是销售概念只会带来“市场近视”问题和短期内的成效。

问题 1.4 的任务报告

这个问题的回答建立在你对不同组织的理解上，但是，你还是要试图对这种组织加深认识，并找出它们存在的问题以及之所以没有采用市场概念的原因。英国的一些培训公司就是很好的现实例子。

问题 1.5 的任务报告

在一个组织中推广以营销为导向的概念需要以下几个步骤：

1．划分和确定顾客的需求；

2．最高管理层对营销导向的支持；

3．投入资源并建立信息系统；

4．改变产品／服务和／或内部结构以适应这一概念；

5．传达一种员工哲学（以顾客为驱动的价值共享），建立一个以营销为导向的文化；

6．建立营销战略和客户关爱系统；

7．度量并加以控制。

问题 1.6 的任务报告

一家组织在引入以顾客为导向的文化时可能会遇到以下一些主要困难：

1．管理者没有认识到或是真正理解这个概念。

2．组织结构需要变革，这可能会导致其他管理者的抵制和变革成本。

3．人们害怕变革，不愿变革。

4．组织内部不同部门之间的权力之争会阻碍这个过程——比如生产部门。

5．在一些组织中，制定和实施营销战略的责任被分离了，这往往会带来很多问题。

问题 1.7 的任务报告

信息技术的应用可以从以下几个方面对以顾客为导向的文化管理提供帮助：

1．对现有数据库的充分利用可以使组织了解顾客行为。

2．将因特网作为一个营销信息系统，比如可以用它来收集竞争者的情报资料。

3．使用万维网来提高顾客对产品的获得能力，即通过网上购物为顾客提供更多关于公司或产品的信息。

4．运用电子邮件和网络广播建立客户关爱系统。

5．浏览最近的或是特别设计的因特网网页，进行市场的细分，瞄准全球机会。

问题 1.8 的任务报告

根据迪比(Dibb)等人的说法（1997 年），一项交易的产生需要三个条件：两个以上的个体参加交易；每一方都拥有某种对方需要的价值；每一方都愿意放弃自己的“有价值的东西”来换取另一方所拥有的“有价值的东西”。但是，当我们在观察慈善机构时，这个过程就变得十分有趣了，因为“顾客”或是捐赠者所拥有的“有价值的东西”往往是用来帮助慈善事业的金钱或时间——而他们所获得的交换物则是自尊和心灵的平静。

问题 1.9 的任务报告

对于一家服务性组织来说，认识到服务的无形性、不可分离性、不可储存性和多变性是很重要的，这些特点意味着组织必须确保其能够成功地以营销为导向。

日常客户审计要求组织认识到顾客的期望和对服务质量以及交付情况的感觉。这就意味着组织必须对服务质量进行良好的管理，服务质量还包括组织的有形资产、可靠性、反应速度、安全性和执著程度。因此，营销人员必须将市场营销的概念进行延伸，将人员、流程和物理特征也包容进来。

因此，那些采用营销导向的服务性组织应该仔细斟酌其营销战略、管理风格、组织结构、信息系统、技能、人员配置以及组织共有的价值观，这样才能够以客户为驱动力，为顾客提供优质服务。

问题 1.10 的任务报告

这个问题与问题 1.5 很相似，主要的难点在于具体化，但是，你可以用你所熟悉的组织作为例子来回答这个问题。你应该习惯于在考试中引用实例，这样就可以充实你的论述，并向考官证明你对这一理论的理解。

问题 1.11 的任务报告

营销人员在扮演自己的角色时，要考虑很多因素。在现在的大环境下，当代营销人员应该对社会责任有更深刻的认识，他们应该承担起企业的道德和伦理责任。企业必须鼓励人们去了解市场营销对社会和环境所产生的影响，比如经济上的影响和法律上的影响，更重要的是伦理上的影响。整个社会越来越关心环境问题和安全问题，这已经远远超出了用户至上主义和绿色营销的范畴。顾客希望能从营销人员那里获得更为健康安全的产品。

将社会责任的概念和营销组合结合起来是很有趣的事，下面就是一些这方面的例子：

产品：安全、可回收包装，使用有利于环境保护的材料。

促销：真实可靠，采用一种符合伦理的沟通模式(比如 Body Shop)。

定价策略：确保公正、符合伦理的定价战略。

地点：使用“绿色”方式进行分销。

人员：组织对其员工及当地社区承担的责任。

流程：仔细考虑所要消耗的能量，降低废品率。

政策：公司应重视员工精神方面的需求，并考虑如何为社会带来更多价值。

问题 1.12 的任务报告

近来，营销管理上出现了一个新的概念，那就是关系营销。关系营销就是组织用来建立、维持和发展客户关系所采取的所有活动，这些活动将为公司留住客户。关系营销通过确保营销活动、客户服务和质量的完美结合来赢得客户和留住客户。它关注于与客户和供应商发展一种长期的互利关系，这就要求组织进行双向沟通，并建立一种个性化的营销战略以确保组织享有独特的竞争优势。这个概念涉及到组织所有的合作者——供应商、分支机构、内部机构以及买家 / 客户。为了成功地进行关系营销，组织就要建立一种支持性的文化，开展内部营销，并对客户期望有清晰的了解。在这里，也可以利用信息技术，通过精密的客户数据库来进行关系营销的管理。

2000 年 6 月，考试题 6 的任务报告

首先请注意，问题每部分所占的分数，在考试中，你应该据此来分配你的时间。

在这个问题的第一部分中，你要对你认为成功奉行营销概念的企业和非营利性组织进行论述。考官要看的是你所列举的事例和原因，比如：研究客户需求、

为了满足这些需求对营销组合作出修正，以及一项良好的客户关爱政策的实施。

第二部分占 8 分，不要求你对信息技术有很深刻的了解，但是要求你能够理解信息技术能够怎样帮助一家企业更加以客户和营销为导向。一份优秀的答案应该包括如下内容：建立客户及其需求方面的数据库；使用万维网和因特网来使更多的人们能够买到产品，以及使用电子邮件技术来与客户进行沟通，并建立更好的客户关爱系统。你可以在答案中列举很多例子，这些例子可以适用于企业也可以适用于非营利机构。

第二单元

活动 2.2 的任务报告

下面是波特三大核心战略及其意义的简要概述：

1．成本领先战略　这是一种建立在本行业最低成本基础之上的战略。因此，这就要求公司通过各种方法来削减成本，比如实现规模经济、提高设计和生产效率等等。从本质上讲，这不是一种营销战略，而是一种财务战略。这种战略的问题在于它不是以市场或顾客为导向的，这样的公司在面对那些以营销为导向的竞争者时就会不堪一击。

2．差异化战略　这种战略的基础是为市场提供某些独特的、与竞争者不同的商品。比如这种差异化可能是具有本行业中最好的质量，或是最快的交付速度。与成本领先战略相比，它以营销为导向的程度更强，但是要保证这种差异化对顾客而言是有价值的，而且是竞争很难模仿的。

3．聚焦战略　正如聚焦这个名称所形容的，这种战略瞄准的是某个细分市场而不是整个市场。那些采取聚焦战略的公司能够成为某一特殊市场上的供应专家，但是这种公司很难适应市场发展趋势和应对大型竞争者。

活动 2.3 的任务报告

用各种例子来对顾客和产业市场进行细分，如下所示：

○　消费者标准的人口特征统计：比如年龄、性别、种族、宗教。社会经济方面：比如收入、职业、社会阶级。地理方面：比如国家、地区、住房类型。个性和生活方式方面：比如外向、内向。购买时机：比如日常购买、特殊购买、降价购买。用户状态：比如初次使用、经常使用。使用率：比如重度、轻度和中度。希望获得的好处：比如质量、服务、经济性。

○ 行业标准的人口特征统计：比如产业类型、最终用户、公司规模。地理方面：比如国家、地区。组织购买方面：比如集中化、分散化。用户状态：比如从未使用过的用户、初次使用、经常使用。使用率：比如重度、轻度和中度。希望获得的好处：比如交付速度、质量、服务、经济性。

活动 2.5 的任务报告

每种目标战略都有它的优势和劣势，如下所示：

○ 非差异化定位

1．优势：比如低成本、规模经济、实施简单。

2．劣势：比如没有以客户为导向。

○ 差异化定位

1．优势：比如以客户为导向，分散风险。

2．劣势：比如潜在的较高的成本水平。

○ 集中化定位

1．优势：比如以客户为导向、专业化技术。

2．劣势：比如风险较大、无法应对市场变化。

问题 2.1 的任务报告

营销经理们应该能够了解他们所处的环境，这一点很重要，它意味着他们要定期做一个系统的 PEST 分析。PEST 分析包括以下内容：

○ *政策因素*（P）：例如政府变更以及不同政府在政策上的分歧，诸如税收水平、污染政策和教育问题；

○ *经济因素*(E)：例如贸易周期、可用收入和通货膨胀的影响；

○ *社会／文化因素*（S）：例如成熟客户、单亲家庭的增加、价值观的变化以及对吸烟的态度和信念；

○ *技术因素*(T)：例如使用计算机进行生产比率的提高。

对环境进行审视或是进行 PEST 分析能够帮助公司找到机会和认识自身以及产品／服务的优势，这对于 SWOT 分析也很重要。公司可以通过 SWOT 分析来进行营销组合的计划，包括：

○ 产品／服务／组织所具有的优势；

○ 组织的劣势；

○ 组织所能够获得的机会(外部因素)；

○ 来自竞争或是其他外部因素的威胁。

这项分析可以帮助营销人员了解组织所处的环境，并据此设计营销计划。

问题 2.2 的任务报告

为了有效地设计营销组合，组织必须定期进行系统的营销规划。这种规划包括以下步骤：

- 确定公司使命和目标；
- 市场审计分析、市场机会 / 发展趋势、客户需要和感受、市场环境和趋势、竞争和竞争者的战略；
- SWOT 分析；
- 设置营销目标；
- 确定营销战略、成长战略、全面竞争战略、市场细分、目标市场和市场定位战略；
- 策略——营销组合规划；
- 实施；
- 监督和控制。

问题 2.3 的任务报告

在营销人员确定营销组合的时候，这个问题具有重要意义。波特提出了三种核心营销战略：

- *成本领先战略*　公司可以通过削减其成本，比如生产成本和运输成本，来实施成本领先战略，技术投资对于降低成本和实现规模经济来说十分关键；
- *差异化战略*　这种战略取决于组织为顾客提供某种独一无二、与众不同的好处的能力，比如创出某一名牌；
- *聚焦战略*　这种战略就是公司聚焦于非常特殊的细分市场，该战略可以与成本领先战略或是差异化战略结合使用。要想实施这一战略，组织必须对具体的细分市场非常了解并与其建立十分牢固的关系。这一战略要求企业建立起专业信誉。

营销组合应该能够反映这些基本的营销战略，并对其延伸战略提供支持，比如，一家奉行成本领先战略的企业的营销组合可能与一家奉行差异化战略的企业不同。

问题 2.4 的任务报告

安索夫提出了一个关于发现新的增长机会的有用框架，叫做产品 / 市场扩展框架：

第一，企业要考虑是否可以利用现有产品在现有市场上获得更大的市场份额——即所谓的市场渗透战略；

第二个可能的战略就是为现有产品开发新的市场——即所谓的市场开发战略；

第三个战略就是企业可以为现有市场开发新的产品——即产品开发战略；

最后，企业可以考虑采取多样化战略，开发新产品或新市场。

2000 年 6 月，考试题 2 的任务报告

这个问题第一部分的答案应该以 SWOT 分析为主，特别是营销审计的内部审计部分中对优势和劣势的分析，这些都是可控因素，而 PEST 要素中所包含的外部审计中的机会和威胁分析在本质上则是不可控的。问题中“脚踏实地”这个词的意思是希望你能认识到，在环境中的众多机会中，企业只能根据自己的优势和劣势情况抓住其中的一部分并加以利用。

很明显，这个问题的第二部分要求你对营销计划有一个全面了解。请注意，这一部分并不是在问你新产品开发的问题。答案中应该包括对营销环境和企业优势和劣势的分析，论证为新产品确定目标细分市场的重要性，并对目标和战略进行描述，包括营销组合和实施控制系统的支持作用。

这个问题相对直接，要求你对整个营销规划过程进行概述，从确定公司目标开始，一直到计划的监督和评价。请注意在描述每一步时要应用实例来进行说明。

第三单元

活动 3.1 的任务报告

很明显，这里共有两种不同的立场：顾客们想要寻求某种满足；而那些卖东西给顾客的人通过提供这种满足感来获取某种回报。尽管顾客是为获得某种具体的物品而付钱，实际上，他们所付的钱还支付了促销、分销和感知价值的费用。这被称为“满足组合”，既可能是有形的也可能是无形的，图 3.1 对此进行了充分描述。

活动 3.2 的任务报告

我们可以给出很多例子，比如，家庭主妇所订制的窗帘是为了在晚上保证隐私不受侵犯，但是，窗帘同时也是家居用品的一部分，在大多数情况下，家庭所购买的窗帘要与屋子里其他的装饰相配。一个屋子的装饰能营造出一种“朴素的”家的感觉，订制窗帘可能来自于一家质量良好然而价格昂贵的商店，如果是这样的话，那么这个家庭主妇的朋友们就会对这种窗帘印象深刻。“满足组合”可能有很多种可能性，这取决于家庭主妇的动机和目的。

简单满足的例子可以是一个八岁的孩子购买了一个冰激凌，使他享受到了即将到来的极度喜悦！

重要的是请记住，由于购买人的行为不同，他们所获得的满足也可能不同。换句话说，买者进行购买的目的不同，实际上这使得营销活动要琢磨复杂的人类行为，这十分有趣。你也可以找出很多各种各样的需求满足的例子。

活动 3.13 的任务报告

在世界上不同的国家里，同一产品可能而且经常处于不同的生命周期阶段，认识到这一点很重要，国际营销人员在运用生命周期概念进行战略规划时尤其要认识到这一点。这一点适用于产品生命周期的每个阶段，但是如果我们以导入期为例的话，我们可以看到，一个绝佳的例子就是家庭电脑或 PC 机，它们在全世界的不同地方处于不同的生命周期阶段。在美国，根据其在市场上的扩散程度来看，这些产品已经完全进入成长阶段，而在东方国家和许多发展中国家里，家庭电脑刚刚进入产品生命周期中的导入期。

活动 3.14 的任务报告

参照我们之前对那些在不同国家处于不同生命周期阶段的产品的论述，现在，数码电视在英国处于成长阶段，而在日本则已经发展到了成长顶点，甚至开始进入成熟阶段了。

活动 3.19 的任务报告

如前所述，以英国市场为例，现在，家用个人电脑在市场上的扩散已经进入了成长阶段。在这一过程的早期，革新者这类最先购买家用电脑的人是相对较小的一个群体，他们具有很高的技术知识水平，对计算机很感兴趣。简单地说，他们是一群“计算机怪才”，更多的是对这种产品的技术方面感兴趣。但是，当这种产品开始进入市场时，我们就看到了早期采用者的出现，现在这些人的范围扩大到了主流消费群体。那些早期采用者往往同样是技术导向的客户，但是这一群体中的很多人是对 PC 机的游戏功能感兴趣。主流消费群体虽然也仍然对这些娱乐功能感兴趣，但他们也开始将计算机当做一种工具，用做家庭或是工作生活之中。简而言之，这个群体对计算机的日常功能更感兴趣。当价格进一步下跌而产品功能扩展之后，最后的使用者进入了市场。最后，落后者仍然不大情愿地进入了这个市场，开始看到家用 PC 机的潜在好处。

活动 3.20 的任务报告

毋庸多言，你可能已经认识到了这两者之间事实上是有关联的，从本质上来说，它们就是一个硬币的两面。采用过程为扩散过程以及产品沿着生命周期发展奠定了坚实的基础。但是，产品采用过程是由个体接受或是放弃某种新产品的步骤和阶段组成的，而另一方面，扩散过程是对个体采用过程的一个总结或是集合。很简单，采用某种新产品或新服务的个体数目越多，速度越快，这种产品在市场上的扩散速度就越快。扩散过程就是一段时间内的采用过程的总和，产品生命周期模型对其进行了累积。

活动 3.22 的任务报告

很明显，你的答案取决于你所选择的事例，但是如果你选择了产业产品，那么包装的主要功能可能就与包装本身功能有更密切的关系，比如，保护和方便使用。如果你选择的是非食品类消费品，比如衣服，那么包装的功能也会是保护和方便使用，但还要加上一些其他的功能。如果是一件衣物，那么包装还能够使产品在购买之前易于处理，可能还附有衣物保养的有关信息等等。最后，如果我们要处理的是一家典型的超级市场中出售的食品，那么包装除了保护和防止损坏之外，还必须便于堆叠和陈列。总之，对于不同的产品来说，包装必须发挥不同的作用，做一个“不会说话的推销员”。

活动 3.23 的任务报告

有很多例子表明营销人员可以通过努力延伸某种品牌的生命周期，使它们永葆活力、引人注目，从而取得成功。也许这方面最好的例子之一就是拉克扎得这个品牌，最开始，拉克扎得被定位为供病人饮用的葡萄糖饮品，当越来越多的消费者知道这一点后，拉克扎得这个品牌就开始走下坡路了。认识到这一点后，品牌管理小组就开始将其定位为“提神”饮料并进行促销，让疲倦的家庭主妇在上午的家庭杂务过程中饮用。随着产品生命周期的改变，尤其是随着发达国家的人们对健康和健身的日益重视，公司又将这一品牌进一步定位为功能饮料。拉克扎得的品牌经理在广告中请来著名的运动明星，成功地把这一品牌树立为功能饮料市场上的领军人物。

问题 3.1 的任务报告

在进行营销规划和确定产品组合时，营销人员要考虑产品的不同层次，每个层次都会增加一部分顾客价值，所有这些层次加起来就组成了一个顾客价值阶梯。最基本的层次就是核心价值（比如当你买一本书的时候，你所获得的核心价值就是“知识”）；第二个层次就是基本产品（比如书页和封皮）；第三个层次是期望产品，比如你在购买产品的时候通常会期望获得的一系列产品属性；第四个层次是附加产品，产品必须能够满足并超出顾客的期望，比如，书籍出版商可以使购买书的人能够在因特网上获得赠刊，而且只有那些买了书的人才能得到这种待遇，这就是一种附加产品。今天，竞争主要就是在产品的附加价值层次展开的。产品的附加价值促使营销人员纵览购买者的整个消费体系，但是，营销人员必须意识到这一点：产品的附加价值战略要花费成本，而且这些附加价值将很快变成顾客们的期望价值。第五个层次是潜在产品，它包括该产品在未来所可能具有的一切附加功能和所发生的一切转变。

问题 3.2 的任务报告

企业在进行新产品推广时要考虑的一个重要问题就是：根据他们采用新产品时所处的产品生命周期来区分不同的消费者，我们把这叫做采用者分类。采用者可以分成以下几类：

1. *革新者* 这些人往往比较年轻，受过良好教育，相对富裕，与其他消费者相比社会地位较高。他们更可能是社会关系广泛的、思想开放的善于接受新事物的人。革新者十分重要，因为他们是第一批采用新产品的人。

2. *早期采用者* 早期采用者是继革新者之后采用新产品的人，在很多方面他们与革新者很像，但是更为“本地化”。他们可能是所处群体的观念领导者，在群体中影响力很大。

3. *早期主流消费者* 大众市场中第一批采用新产品的人。这个群体处于中等稍稍偏上的社会—经济等级，很大程度上，他们会受到早期采用者这些观念领导者的影响，并在采用新产品的过程中借助营销人员的帮助。

4. *后期主流消费者* 正如本类别的名字所表示的，这个群体只有在产品接近生命周期尾声的时候才采用它们。他们往往相当保守，很大程度上会受到社会舆论和经济考虑的影响。

5. *落后者* 这些人是所有群体中最为小心谨慎的，所以他们最后采用新产品。他们一般年龄较大，社会—经济地位相对较低，品位保守，是风险厌恶者。

问题 3.3 的任务报告

包装往往被称为营销组合中的第五个“P”。近来，包装已经成为一种非常有效、有潜力的营销手段，因为越来越多的产品要在超级市场以自选的方式进行销售，所以包装互相抄袭的情况也越来越严重了。

包装的作用有以下几点：

○ 包装内容的保护和保存；
○ 便于机械处置；
○ 法规和用法的昭示；
○ 为企业提供了一个革新的机会；
○ 不会说话的推销员——通过尺寸、形状和颜色来吸引注意力；
○ 促销产品；
○ 加强促销信息的传递，与当前的广告相互配合。

问题 3.4 的任务报告

每种产品都有其生命周期，它勾勒出了产品不同的销售阶段，每一阶段都为营销人员提出了不同的挑战（见模型示范），通常包括开发期、导入期、成长期、成熟期和衰退期。人们通常用 PLC 概念来解释产品和市场的动态，并把它当做一种战略规划工具。科特勒提出了每一个阶段所具备的特征：

开发期	导入期	成长期	成熟期	衰退期
无销量	销量低	销量快速增长	销量大	销量下降
研发成本高	亏损	利润增长	利润高	利润下降
市场测试	革新者	早期采用者	比较成熟的顾客	落后者
	竞争对手少	竞争对手增加	竞争对手减少	少量竞争对手

问题 3.5 的任务报告

有很多针对产品生命周期概念的批评，包括：

○ 阶段与阶段之间并不总是能够很容易划分清楚；
○ 并不是所有的产品都会经过每个阶段，比如像“电子宠物”（一种儿童玩具）这样的时尚产品；
○ 战略决策会改变周期，比如产品的重新定位就可能会对每个阶段的周期产生影响；

○ 不同行业的产品生命周期是不同的。

1999 年 12 月，考试题 3 的任务报告

○ 实际上，在问题的这一部分，不管我们考虑的是哪种产品／市场，其特征都是一样的。所以，在这里，考官是想让你认识到产品生命周期的衰退期所包含的特征并对其加以论述，它们包括：销售量和利润萎缩，市场缩小，顾客行为的改变，可能还有后期采用者及落后者进入这个市场；竞争者很多，很难提供有差异性竞争力的产品。

○ 在这里，杂志市场更为适合讨论，所以我们应该选择这个市场来作为讨论范围。考官希望你能够证实你知道如何在产品进入衰退期之前就采取措施延伸产品生命周期。你还可以选择榨取战略，最终退出这个市场。在这种情况下，你就要在答案中说明，如果企业希望继续经营，那么就应该进行新产品的开发和投放。

第四单元

活动 4.1 的任务报告

你可能会觉得产品生命周期是一个长期战略工具，而产品组合对长期和短期战略都有用，也许你也会把产品采用这一大多数顾客都会介入的过程与短期战略联系到一起。

在你学完这个单元后，你就能够使用更多的产品工具，并在你的答案中恰当地引用它们。

活动 4.5 的任务报告

对于所有的模型来说，其获取到的信息的质量直接决定了模型的有效性。波士顿矩阵模型需要大量准确的市场和公司信息，只有这样，这个模型才能成为一种有意义的管理工具。如果准备充分的话，它除了能提出战略选择方案之外，还能促使人们对每种方案中的组成要素进行客观评价。

但是，波士顿矩阵作为一种营销管理工具也招致了很多批评，尤其是以下这几点：

○ 这个矩阵过于简单，只有两个变量——市场份额和市场成长率；
○ 通常很难测量某个“现实中的”市场的成长率；
○ 它对利润率和市场份额的假设并不适用于所有行业；
○ 往往无法得到市场上最大的竞争者的准确信息。

活动 4.7 的任务报告

由于通用矩阵使用多个维度而不是两个维度来评价战略经营单位，用投资回报而不是简单的现金流来进行方案评价，所以人们认为它是对波士顿矩阵的一大改进。尽管如此，通用矩阵方法也有其局限性：

○ 它只为人们提供了宽泛的战略指导，并没有详细说明为了实现这一战略需要做些什么；
○ 在权衡市场吸引力的各个因素时或是为经营优势定级时并没有精确的指标；
○ 评价和定级都是主观的，矩阵中的分数段都分为高、中、低三部分；
○ 使用技术比波士顿矩阵要复杂，需要收集和处理更广泛的数据；
○ 这种方法没有明确反映出不同的战略经营单位或是产品市场之间可能存在的关系；
○ 没有证据能够证明在市场吸引力和经营定位之间存在任何关系，也没有证据证明它们与投资回报之间有什么关系。

活动 4.8 的任务报告

这种方法与常用的产品生命周期概念相同，划分出各个阶段，提出每个阶段的特征，并为每个阶段提出适用的战略建议。波特将这一方法与个体组织的战略定位结合起来，提出了行业生命周期的概念。根据个体组织的战略定位，可以把它们分为领先者或跟随者。

活动 4.9 的任务报告

缺乏实验证据作为支撑是对这种观点的最主要的批评，而且它在进行战略选择的时候过程也过于简单。毫无疑问，行业也会历经几个不同的阶段，在这些行业中的公司个体也有不同的竞争地位。但是，这个模型提出，仅仅对这两个因素进行分析就足以制定和选择出正确的战略，这当然是不正确的，因为战略决策过程要比这个模型复杂得多。

活动 4.10 的任务报告

与波士顿矩阵相似，它假设同一组因素通用于所有产品或业务。公司的产品不同，每家公司的特征不同，这些相关因素以及它们的相对重要性也就不同。另外，与通用矩阵类似，这个矩阵没有为矩阵的每个方格提出战略实施的具体建议。

活动 4.11 的任务报告

扩展模型为我们提供了一个经过改进的工具，我们可以用它来对市场情况进行全方位的分类和分析，不管是哪种层次的分析（公司、经营部门或是产品／市场分类）。根据这个扩展模型进行产品分类意味着找到每种产品的相对竞争地位，确定市场成长率，并在总体上改进战略选择方案。

问题是，它只给出了基本指导而没有具体建议，而且它也无法完全解决如何准确判断产品和市场成长率的难题。而对于其他战略规划工具来说，公司能从这些工具中得到的好处完全取决于它们进行分析的信息质量有多高。

但是，这个矩阵还是为我们提供了一个较为完善的分析框架，它为我们指出了每家公司的现金流潜力以及每种产品的投资机会，它还帮助我们对组织中所有的产品／市场分类进行战略选择。

问题 4.1 的任务报告

革新对于一家组织的生存来讲至关重要。现实中有很多这方面的例子，组织由于无法跟上时代的脚步而惨遭失败。在我们的生活中，新技术层出不穷，顾客需求越来越复杂化，所以很快地，产品就会过时，服务也会变成多余的。比较新的实例就是磁带、录像机和 45 转／分的唱片。

在公司产品沿着产品生命周期向前推移的同时，公司就要进行新产品的开发以保证公司利润水平。

问题 4.2 的任务报告

过去的考卷中，学生在回答新产品开发阶段的问题时总是表现不佳，因为很多学生把它与产品生命周期概念混淆了。因此，你必须能够理解新产品开发的每个阶段：

○ 初始评价或产生理念；

○ 理念筛选；

○ 概念开发和测试；
○ 商业分析；
○ 产品开发；
○ 市场测试和投放市场；
○ 商业化。

问题 4.3 的任务报告

波士顿矩阵或 BCG 矩阵根据企业相对于其竞争对手的市场份额以及市场整体的成长率进行产品或战略经营单位的划分。这个矩阵分为四个部分："现金牛"拥有很高的市场占有率但是市场成长速度较慢；"明星"区的产品市场占有率和成长速度都很高；"问号"区里的产品市场份额较低，但是市场成长速度很快；"瘦狗"区里的产品市场份额和成长速度都很低。矩阵的横坐标是企业相对于该行业中最大的竞争对手的市场份额。

在这个矩阵中，产品用圆圈表示，圆圈的直径代表它们的销售收入。矩阵中还包括每种产品的销售预测数字，这个数字表明产品可能向矩阵的哪个方向移动。这样我们就能以图表的形式清楚地看到产品或业务组合的情况，并针对它们进行战略决策。每家公司都在寻找一种平衡的产品组合，与单纯的数字列表相比，你可以在波士顿矩阵中清楚地看到应该如何进行组合。

问题 4.4 的任务报告

这一概念的主要弊端在于：

1．这个矩阵将产品分析过程过于简化了，只依靠两个变量——市场份额和市场成长率；

2．通常，我们很难确切地对现实中的"市场"的成长率进行测量；

3．它所做出的关于利润和市场份额的假设并不适用于所有行业；

4．无法得到最大的竞争对手的确切信息。

1998 年 12 月，考试题 7 的任务报告

尽管这个问题并没有在分数上进行划分，但实际上这个问题分为两个不同的部分。根据这个问题的表述方式来看，可能问题的第二部分所占的分值更大。所以我们建议你花 20%～25%的时间来阐述新产品开发的重要性，而用剩余的时间来探讨构成新产品开发过程的各个阶段。

答案的第一部分应该说明为什么新产品开发是很重要的，包括产品生命周期的运作方式，所涉及到的市场和技术变革的影响等，新产品的本质是要维持销售

量和利润水平。问题的第二部分就是对新产品开发过程中的各个组成阶段进行直接论述。这份答案最好采取报告的形式。

第五单元

活动 5.3 的任务报告

很明显，你所举出的例子可能是你自己所在的组织中的具体实例，但是下面列出了不同种类的成本的一些典型例子：

1．固定成本：比如租金和不动产税、租赁、资金成本。

2．可变成本：比如原材料、劳动力、电费、运输费。

3．两者皆非的成本：你可能不明白这种成本的含义，有的成本既不完全是固定成本，也不完全是可变成本，即它们是半固定 / 可变成本，在一定范围内，这些成本随着产出量 / 销售量的变化而发生变化。比如，某种设备的租金可能既有固定成本的一面也有可变成本的一面，比如一台影印机。

活动 5.4 的任务报告

1．运用题目中的信息，边际贡献 = 销售价格 - 可变成本 =20 英镑 -10 英镑 =10 英镑

2．盈亏平衡点 = 固定成本 / 收益 =100000/10=10000 单位

活动 5.5 的任务报告

盈亏平衡点的计算结果如下所示：

1．=6667 单位

2．=20000 单位

如下页的盈亏平衡图中所示：

问题 5.1 的任务报告

对图表你应该做出如下回答：

1．导入期(价格几乎没有弹性)；

2．成长期(由于竞争日趋激烈，价格弹性增强)；

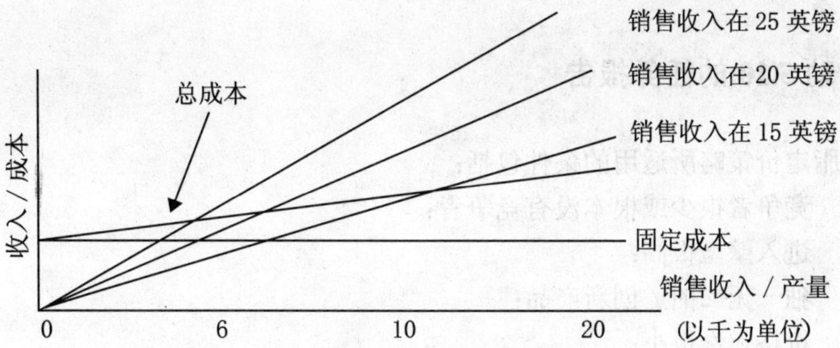

图 A3.1 盈亏平衡图

3. 成熟期(由于品牌忠诚现象的存在,价格弹性较小);
4. 衰退期(价格弹性恢复较高水平)。

活动 5.6 的任务报告

符合本单元描述的市场可能有以下几种:

1. 完全竞争市场,比如食品零售业、日用品市场、航空旅行业、假日市场。
2. 竞争程度适中的市场,比如酒精饮料、咖啡、牙膏、清洁剂市场。
3. 竞争程度很低或不存在竞争的市场,比如私有化的公用事业。

活动 5.7 的任务报告

诚然,这只是一些非常广义的概括,但是根据所给的信息,我们的定价策略是:

ABC 公司希望实现较快的市场增长	较低
XYZ 公司希望能够较快地收回投入的资金	较高
LPT 公司希望推出一种高质量的品牌	较高
NYZ 公司的目标市场是社会—经济群体中的 D/E 组	较低

活动 5.8 的任务报告

如果你列出的活动与我们下面所列出的不同,请不必担心,但是除了成本、竞争、竞争对手和公司因素之外,我们还应该考虑一下其他因素,比如:

- ○ 法律 / 法规因素;
- ○ 经销商和分销商因素;
- ○ 税收,比如增值税(VAT);
- ○ 政府补助;
- ○ 关税。

活动 5.10 的任务报告

撇脂定价策略所适用的条件包括：

○ 竞争者很少或根本没有竞争者；
○ 进入壁垒很高；
○ 独一无二的 / 创新产品；
○ 价格弹性很小；
○ 没有明显的规模经济效应。

活动 5.11 的任务报告

渗透定价策略所适用的条件包括：

○ 竞争范围广泛；
○ 几乎没有进入壁垒；
○ “模仿”类型的产品；
○ 价格弹性很高；
○ 具有潜在的规模经济效应。

活动 5.12 的任务报告

当你花一点钱却获得了很高的价值回报时，可能营销人员把价格定得太低了，你本来愿意付更多的钱来换取那些价值。当你花了很多钱却没有物有所值时，可能营销人员把价格定得太高了，或者至少你花的钱太多了。

问题 5.2 的任务报告

在成本外加一定费用定价或是成本加成定价法就是指企业在产品的生产成本之上加上一个利润百分比，比如 10%。

成本加成定价法的优势在于：

○ 这种方法可以保证所有的管理费用（比如固定成本和产品成本）都得到补偿，另外，这种方法也可以首先保证企业获得利润回报；
○ 这种方法易于计算，因为组织对成本的了解要比对需求的了解清楚得多；
○ 用这种方法不必根据需求的变化不断进行价格的调整；
○ 在行业中采取这种定价方法，各个厂家的价格都一样，所以就实现了价格方面竞争的最小化；

○ 这种方法对买者和卖者都相对公平。

劣势有：

○ 这一定价政策没有考虑到营销组合中的其他要素，比如产品，地点；

○ 它没有反映出顾客的感受，如果一名顾客觉得产品很便宜，他通常就会觉得这种产品质量不好；

○ 这是一种以成本为基础的定价战略，它忽视了其他的要素，比如同样产品的回报率，同时，它也没有考虑到不同的细分市场等因素；

○ 它没有考虑顾客的“需求”和“希望”，这种方法也没有考虑竞争对手的价格；

○ 使用这种方法很难分辨出每种物品的直接成本和管理费用；

○ 成本加成定价法没有考虑产品的需求弹性；

○ 只有在价格能够实现期望中的销售水平时，这种方法才有用。

问题 5.3 的任务报告

在制订定价战略之前，应该考虑一系列要素，如下所示：

○ 实现公司财务目标的能力；

○ 预期的需求水平；

○ 竞争水平以及竞争者的定价策略；

○ 价格对产品或服务的感知定位所产生的影响；

○ 产品目前所处的产品生命周期阶段；

○ 实际成本，比如生产成本、分销成本等；

○ 细分市场和目标市场及其收入水平；

○ 任何法律限制；

○ 定位战略；

○ 价格策略的传播方法；

○ 关税和税收；

○ 政府补助；

○ 经销商和分销商信息；

○ 经济因素，比如目前的贸易周期，利润水平。

问题 5.4 的任务报告

市场渗透定价策略就是组织为产品或服务制订相对低廉的价格，从而刺激市场的增长并获得较大的市场份额。

其优势有：

○ 它能够给企业带来较大的销售量；

○ 这种策略能给组织带来较大的市场分额；
○ 这一策略能够避免竞争者进入市场。

其局限性有：

○ 通常，一旦实施这一策略将很难提价；
○ 这一策略与撇脂策略相比，灵活性较低；
○ 如果考虑到研发成本和竞争对手的定位，这种策略可能并不适宜。

问题 5.5 的任务报告

在产品生命周期的每个阶段，组织可以采取很多种策略。具体如下所示：

导入阶段	成本阶段	成熟阶段	衰退阶段
高价撇脂策略，但因为固定成本高，所以利润较低	降价以进一步扩大市场份额	制订价格以与竞争对手相匹配或击败竞争对手	如果不重新定位的话就降低价格
低价渗透策略以进入市场并快速获取市场份额，或防止竞争对手进入		在某些细分市场中维持高价策略	在衰退的最后阶段有时可能会提高价格

问题 5.6 的任务报告

通常，由于不同的客户差异和情况的变化，公司会调整其基本价格，下面是三个例子：

○ *折扣和补贴定价*　公司采取这种政策对基本价格进行调整以奖励那些提前支付、大批量采购或在淡季采购的顾客。这种政策的基本形式可以是现金折扣、为批量采购提供数量折扣、为淡季采购提供季节性折扣等，以旧换新和促销折让是鼓励购买的一些降价形式；
○ *细分/差别定价*　公司常常会修改他们的基价以适应顾客、产品、地理位置等方面的差异。从本质上来讲，它指的是公司以两种或两种以上的不反应成本比例差异的价格来推销一种产品或提供一种服务。不同的顾客为同一种产品支付不同的价格的例子之一就是铁路旅行的头等车厢和标准车厢，另一个例子就是时间定价法，每天或者每小时价格都可能发生变化，比如电话公司的业务和“非高峰期”的通话；
○ *促销价格*　有时公司会暂时将价格订得低于价目表，有时甚至低于成本价。制定促销价格——比如为招揽顾客而削本出售的商品——能够吸引顾客，在某个季节进行特殊的促销定价能够吸引某部分顾客。促销价格的形式有：现金折扣、较长的担保期、免费维修、低息定价政策。

2000 年 6 月，考试题 5 的任务报告

a. 在这个问题的第一部分，请注意对“财务”事务和“经济”事务进行说明。比如，财务事务包括生产成本、盈亏平衡点、收益和利润。特别要注意的是，经济事务与需求、需求弹性和竞争、可用收入甚至政府干预有关。

b. 在这个问题的第二部分，考官希望你能将定价策略与其他的营销组合要素整合起来。请注意，有时考题可能会涵盖课程提纲的几个部分。其他组合变量和决策的例子包括：渠道决策、产品质量和品牌对定价政策的意义，促销组合则与定位和定价策略有关。

第六单元

活动 6.2 的任务报告

我认为分销渠道的关键要素可能包括：

○ 供应商：在本案例中是制造商 / 营销人员；

○ 顾客；

○ 中间商：在本案例中是零售商；

○ 输出：在本案例中是产品和服务；

○ 输入：在本案例中来说是支付货款和信息。

活动 6.3 的任务报告

你很可能已经猜到，“零级渠道”是指没有中间商的渠道，即生产厂商 / 市场营销人员运用“直销”方式。渠道长度 / 层级的概念可以参考图 6. 2。

活动 6.4 的任务报告

营销人员之所以运用中间商有很多原因。比如：

○ 行业中的习惯；

○ 中间商控制客户关系；

○ 中间商有优秀的专业技术、技能和资源；

○ 顾客过多，营销人员无法应付。

活动 6.5 的任务报告

在这里，你要举出四个直销类型的例子，比如：
○ 上门推销；
○ 室内营销，比如聚会销售；
○ 邮购目录；
○ 直接邮递；
○ 电话营销；
○ 营销人员自己的直销点。

活动 6.6 的任务报告

直销的快速扩张有很多原因，其中主要有四个：
○ 降低成本 / 提高利润水平的潜力；
○ 交付速度；
○ 有利于增强营销人员的控制能力；
○ 能够更好地收到顾客反馈。

问题 6.1 的任务报告

下面为每种产品列出了我们所认为最合适的市场覆盖范围：
○ 劳力士手表 = 排他性市场
○ 香烟 = 密集市场
○ 中等价位的高保真音响 = 选择性市场
○ 卷装卫生纸 = 密集市场
○ 高级女式时装 = 排他性市场

活动 6.8 的任务报告

有很多因素会影响到渠道的设计和选择，但是其中有些是最重要的：
○ 组织目标和资源；
○ 市场 / 买家类型，比如买家是产业还是顾客个体；
○ 营销目标和战略；
○ 顾客需要 / 期望；
○ 产品类型，比如产品是易于腐烂还是不易于腐烂；
○ 渠道的可获得性，比如，最“合适”的渠道可能无法获得；

○ 竞争者因素。

活动 6.10 的任务报告

下面列出了一些你所可能列出的活动：

○ 存货(库存)管理；
○ 订货流程；
○ 仓库贮存；
○ 运输管理；
○ 材料处理。

从这些活动中，你可以较容易地看到实现节约的可能性。

活动 6.11 的任务报告

你可能会想到很多公司的实物分销系统对顾客服务产生影响的例子，下面是其中几个主要例子：

○ 订货周期；
○ 最小订货规模；
○ 处理特殊订货 / 紧急订货的能力(柔性)；
○ 交付时间的一贯性；
○ 所发送产品的破坏程度。

问题 6.2 的任务报告

实物分销系统的主要目标就是在增加顾客服务的同时降低成本。管理者需要综合考虑订货流程、原材料处理、仓库贮存、库存管理和运输事务，他们追求的是服务、成本和资源之间的完美平衡。因此，有效的规划是十分重要的，它要根据现实的成本水平确定可接受的顾客服务水平。由于实物分销系统会影响到营销组合的每个方面，所以在这里，顾客需求是最重要的。

○ *顾客满意度*　一套有效的实物分销系统所能够产生的关键好处就在于它能够提供高质量的服务，并由此对顾客满意度产生重要影响。实际上，公司可以通过仔细比较自己与竞争对手在实物分销系统上的差异并保证良好的服务水平来实现差异化。比如，有的公司保证“第二天”支付。如果能够进行有效的管理，那么就可以根据公司所提供的服务水平来进行公司定位，这样就会产生持续的竞争优势。

○ *公司效率*　如果公司对这个项目进行了有效的管理，那么就可以在满足顾客需要的同时，来实现库存成本的减少，这样就会带来利润的增加。

问题 6.3 的任务报告

我们在确定公司的目标和买者的特征 / 行为模式时，要考虑不同的市场覆盖范围，所以营销经理必须考虑如下事宜：

- ○ 独家分销就是指在一个相对较大的地理区域内只有一个销售点。使用独家分销的企业可以对分销商和零售商进行较为有力的控制。通常，当产品——比如劳斯莱斯汽车——的市场范围有限时，企业会采用这种方法。但是，豪华冰激凌哈根达斯投放市场时，这一分销策略的作用是为了向公众宣传这种产品的高品质定位。
- ○ 密集分销是指在分销中运用所有销售网点。通常，这种策略适合于普通消费品——比如报纸——对于这种产品来说，销售量直接取决于销售网点的个数。
- ○ 选择分销就是在一个区域内只选择一些销售网点进行分销。这种策略适合于类似电器的耐用品，因为这些产品与普通消费品比起来更为昂贵，顾客愿意花更多时间多走几家零售点以买到最合适的产品。

问题 6.4 的任务报告

一名营销经理在确定或选择新的分销渠道时，要考虑以下关键要素：

- ○ 组织的目标和资源；
- ○ 顾客特征、需求和服务水平；
- ○ 产品特征，比如尺寸、重量和耐久性；
- ○ 售后服务；
- ○ 竞争者的分销渠道；
- ○ 渠道特征，比如可获得性等；
- ○ 与组织有关的风险、控制因素和成本；
- ○ 物流管理事务，比如库存水平、操作事务、仓库贮存和运输；
- ○ 对其他营销组合要素的影响。

问题 6.5 的任务报告

分销渠道的成员组织可以联合起来，这样会使供应关系更为稳固、降低成本，并加强成员组织之间的协作关系。

1. 垂直渠道整合就是指统一管理分销渠道中的两个或更多阶段。营销渠道的成员组织之一可能会从另一家成员组织那里进行采购或是履行其他成员组织的职能，这样就会减少中间商。完全的垂直渠道整合将涵盖从生产到最终购买者的所有职能，比如像英国石油公司这样的公司就有它们自己的服务加油站。垂直营销系统(VMS)是一种营销渠道，其中单个的渠道成员组织互相合作或是共同进行渠道活动管理，这样就能够建立一种有效、成本低廉的分销渠道，其目标是满足目标市场顾客的需求。特许经营组织就是这方面的范例，比如麦当劳就是一种契约式垂直营销系统。

2. 水平渠道整合就是指同一运营层次的机构结合在一起并进行统一管理。组织可以通过与同一营销渠道层次上的其他组织进行合并来进行水平整合，比如一家学院与一家大学的合并。水平整合能使企业提高销售水平，并进而进行垂直整合。这种整合能够使企业实现采购、市场研究等方面的规模经济，并提高公司效率，当然，它也会降低企业的灵活性，并增大企业间进行协作的难度。

问题6.6的任务报告

近来，随着信息技术的进步，直销这种营销方式发展得很快。组织已经能够运用复杂的数据库来确定顾客行为和特征，并据此来调整其产品或服务以提高顾客满意度。关系营销概念和新媒体，比如因特网、数字液晶反射式大屏幕高清晰度电视、电话营销和数字电视的应用使得组织能够与客户建立更为坚固的直接关系。直接与客户进行既有效率又有效果的沟通的能力使得很多组织能够对它们的直销措施进行监督和控制，从而在渠道分销中减少中间商的使用。

查尔斯•蒂里特公司就是这方面的一个例子，它制造并通过因特网和直接邮购目录来销售高品质衬衫，该公司通过使用新技术实现了迅速成长。对于所有的营销人员来说，直销是一个成长中的重要领域。

2000年6月，考试题7的任务报告

a. 在回答这个问题时，你可以这样开头：思考如何评价和分析一个现存的分销渠道，这样做会帮助你认识到对评价备选方案而言很重要的因素有哪些。对于现有的分销渠道来讲，下列项目尤其重要：当前的成本、利润率、竞争程度、新的开发项目和市场情况的适宜程度。在评价分销渠道的备选方案时，下面一些因素很重要：每个备选方案中分销渠道的长度、中间商的数量、分销链的任务和系统、风险、控制能力和影响目标市场的能力以及它们对其他营销组合要素的影响。

b. 这个问题的第二个部分——直销业务的发展——同样包括很广泛的因素，但是那些具有强大数据库的部门可以确定它们的客户是谁，并直接向客户销售产品而不通过中间商。另外，运输技术和信息技术的进步促进了直接邮购业务、电话营销以及无所不在的因特网的发展。

第七单元

活动 7.3 的任务报告

营销人员可以通过很多方法从客户那里获得关于市场沟通效率的反馈，有关的方法 / 技术包括：

○ 认可测试；

○ 半自动召回测试；

○ 独立召回测试；

○ 顾客态度调查。

收集这类信息的方法包括：

○ 顾客调查问卷；

○ 销售人员反馈；

○ 聚焦群体。

活动 7.4 的任务报告

以广告为促销工具的主要优势有：

○ 降低单位目标顾客接触（施加影响）成本的可能性；

○ 信息可以重复发送；

○ 公司及其产品可以进行戏剧性的表现（产生影响）；

○ 可以用来建立长期形象。

活动 7.5 的任务报告

以人员销售作为促销工具的主要优势有：

○ 与目标顾客进行双向沟通；

○ 可以立即获得反馈；

○ 灵活性——可以对顾客的特殊要求做出反应；

○ 有助于客户关系的培养。

问题 7.1 的任务报告

1. *自我兑换奖券*　一种促销手段，指由顾客的收入 / 所付款项来支付促销成本，比如，一把餐刀以 1 美元加五个标签的“特价”出售，而营销人员的成本也是 1 美元。

2. *免费样品*　一种免费的礼物，比如产品中附赠的玩具。

3. *商家优惠券*　顾客可以从杂志这类产品中得到奖券并用它来购买折价产品。

4. *额外奖赏*　免费供应的物品或是以最低成本购买产品，比如购买香水赠送肥皂。

5. *经销商赠品*　一种贸易促销手段，指购买某种数量的商品的零售商可以获得礼物。

6. *回购折扣*　也是一种贸易促销手段。比如，一家零售商在促销活动中进行了大量采购，那么他就会得到一定数量的现金折扣。具体地说，如果这家零售商以特价购买了 100 单元的商品，在第一宗买卖之外，他还可以得到额外的奖金。

活动 7.6 的任务报告

以公共关系作为促销手段的主要优势有：

○ 可以将企业作为一个整体推销出去——包括它所有的产品；

○ 目标顾客通常觉得这种方式与广告那类促销手段比起来比较公正；

○ 降低成本的潜力。

问题 7.2 的任务报告

AIDA 的首字母代表：

A——注意

I——兴趣

D——欲望

A——行动

问题 7.3 的任务报告

在创新—采用模型中，顾客要经历的阶段：有感知—兴趣—评价—试用—采用—采用后确认。

活动 7.10 的任务报告

这里是一些独树一帜的促销信息的一些例子：

1. “我们的巧克力只溶在口，不溶在手”。
2. “中间有洞的薄荷糖”。
3. “可以在两餐之间吃并不会破坏你的食欲的小吃”。
4. “把一只老虎放入你的油箱”。

问题 7.4 的任务报告

进行促销预算时最常使用的四种方法是：

○ 承受力；
○ 销售百分比；
○ 竞争平价；
○ 目标和任务。

活动 7.12 的任务报告

以下是影响促销组合选择的一些最重要的因素：

1. 目标市场／顾客类型，比如是产业客户还是个体客户；
2. 每种促销工具的特征和成本效益比；
3. 营销／销售战略，比如是推动战略还是拉动战略；
4. 产品生命周期；
5. 促销工具的可获得性；
6. 公司资源／预算。

活动 7.13 的任务报告

在下面这些例子中，革新型包装在这些产品的导入期发挥了重要作用，并为营销人员提供了竞争优势：

○ 易拉罐；
○ 手动气泵牙膏管；
○ 香烟的翻盖式纸盒；
○ 牛奶和果汁的纸包装；
○ 不含氯氟烃的烟雾剂。

问题 7.5 的任务报告

营销人员在策划促销活动时，要制订沟通战略，包括推动战略、拉动战略以及两者的结合。

1. 推动战略　这种战略就是指沟通信息以渠道中间商（贸易渠道）为目标，比如经销商、批发商、代理商、分销商和零售商。这样，渠道成员就会向顾客或是最终使用者来推动产品的分销——即将“产品”推向顾客。沟通信息可能发表在行业新闻中，比如大宗订货，例如 500 件所能获得的折扣，经销商中间的最佳销售数字等等。见图 7.6。

2. 拉动战略　这种战略就是指直接面对最终消费者或买家来进行沟通。这一战略的目标通常是吸引公众注意、建立形象并刺激买家的购买动机。由于买家可能会因此对中间商或贸易渠道成员提出购买此种商品的需求，所以这种战略被称为拉动战略。实际中的例子有：电视广告、直接邮购、5 折促销等等。见图 7.7。

在现实中，很多组织将这两种战略结合起来使用，但是，根据沟通活动的预算可能会在推动或拉动战略之间有所侧重。

问题 7.6 的任务报告

构成促销组合的因素或工具有如下几种：

○ *广告*　有各种形式的广告，分别针对行业、消费者和公司。广告是一种有效的工具，它能够增强顾客对某种产品或服务的认识，但是对于实际的销售量来说，它并不会产生很大的影响。为了保证销售量的增长，就要将广告和其他促销因素结合起来使用。

○ *促销*　促销的目的是采取激励措施以鼓励购买，比如“买一送一”、八折、免费赠品等等。这些措施可能针对贸易渠道、销售人员，也可能针对消费者。在现实中，这是刺激人们试买和再次购买的最有效手段。

○ *个人销售*　这种沟通类型可能效果显著。个人销售就是指营销人员与顾客进行一对一的接触，比如产业市场上的推销员、电话销售、零售助理等。这是推销产业产品最有效的方式之一，因为可以为每个买家提供为它们量身定做的沟通信息，因为这样的市场所提供的产品或服务往往非常复杂，技术性很强。同样，这种方法对于促进实际销售量的增长很有效。

○ *公共关系*　公共关系法就是指策划一些活动来在公众之间树立组织的良好形象，促进公众对组织的了解。公共关系活动可能包括很多种类，比如发布会、新闻稿、接待日等等。但是，这种方法往往很难进行评价和控制。然而，顾客通常认为，新闻稿比广告要可靠，所以前者可以有效地唤起公众的注意，这在公司将某种新产品投放市场或是进行某种产品/服务的重新定位时尤为有用。

○ *直销* 科特勒把直销作为传统的营销组合之外的第五个因素，它也被视为最有效的沟通方式之一，因为它可以与公司的数据库相连，建立公司的忠实用户群。这种方法能够加强公司与客户之间的关系，而且很容易控制和评价。

问题 7.7 的任务报告

营销人员在为产业产品制定营销计划时要考虑一系列因素。通常，由于产业产品和一般消费品比起来技术水平更高，所以要采取不同的沟通战略和营销组合。下面就是营销人员在筹划产业营销活动所要考虑的一些关键问题：

○ 目标可能有很多种，比如使买家了解产品的新功用，收集客户信息和竞争者信息等等；

○ 这些活动的目标对象可能有很多种，比如决策单位(DMU)的成员；

○ 要考虑产业市场上买家的行为特征，即年交易量、最低订货水平等等；

○ 通常，一家产业产品制造商的促销预算较低；

○ 选择合适的媒体，对产业市场上的目标买家施加影响，确保信息被接收到了。

大多数情况下，对于产业或技术产品来说，个人销售这种方式更为有效，因为他们可以根据买家的需要来确定所要传达的信息。因此，广告的作用就没有那么大了，在行业新闻中可能只有少量的广告。促销也是很重要的，捆绑购买折扣、免费试用等方法都能够有效地提高购买水平。

问题 7.8 的任务报告

最基本的反应层次模型就是 AIDA 模型。该模型提出，买者在购买过程中要经过四个主要阶段——注意到、有兴趣、产生欲望和采取行动，营销人员可以用这个模型来设置沟通计划的目标并最终确定营销组合。

但是，这是一个非常陈旧的模型，它没有考虑到很多对于营销人员而言十分重要的因素。比如，它没有考虑到可感知的风险、参与程度、环境因素——比如经济因素中的可用收入、买家对产品的使用经验、竞争者的战略等对顾客的影响。实际上，该模型没有将那些营销人员必须考虑的问题纳入分析范围，所以 AIDA 在帮助我们理解这个问题时作用很有限。

问题 7.9 的任务报告

在过去的 10 年里，信息技术的发展突飞猛进。实际上，这将对营销人员规划产品 / 服务的营销组合产生巨大的影响。下面列出了一些关键因素：

○ 电子沟通方式的发展，比如因特网、电子邮件、传真等，这使得信息的传递更为迅速和全球化；

○ 计算机的作用越来越大，这使得营销人员可以更为有效地收集和分析客户信息，直接邮购和会员制使得公司可以与客户建立个人关系；

○ 数字技术也发展得很迅速，互动数字电视使得双向沟通变为可能，卫星电视的发展使得营销人员能针对具体的细分市场做电视广告，比如在英国金色频道(Sky)上做一个 50 秒的养老金广告，另外，它还能使营销人员更有效地对广告进行评估；

○ 因特网的普遍使用使它成为营销人员更为有效的促销工具，他们可以对沟通过程实施更多的控制和评价，针对个人和公司进行促销，另外，它也给直销及直接销售额产生了影响。

我们已经看到，大量 IT 技术的发展使得营销人员可以与客户进行互动性更强的双向沟通，并加深了他们对客户的了解。这种信息的充实使得营销人员可以根据客户行为为他们提供不同的市场信息，最终帮助营销人员制定出更为有效的促销战略。

1998 年 12 月，考试题 7 的任务报告

a. 问题的这个部分要测验考生对促销活动规划中的各个阶段的分析能力，答案应该能够证实你的系统分析能力。考官希望考生对下列阶段进行论述：确定目标客户、确定活动目标并确定 USP、选择媒体、制定媒体日程表、预算、评估和控制。

b. 请注意这个问题问的是为什么产业产品的促销工具与一般消费品不同，原因可能有以下几点：客户数目较少，规模较大；需要更多的技术信息；分销渠道较短。对于这些产品来说，可以选择个人销售这样的沟通工具，而不要选择非个人的方式——比如广告。

第八单元

活动 8.1 的任务报告

你为采取这一行动所提出的理由可能有很多，你可能觉得某种产品有缺陷（比如部件故障）或是帮助或支持水平很低（比如在购买计算机或是高保真设备时）。但是采取这种行动往往会遇到很多困难，因为它会与公司战略的其他方面相冲突，比如，提高部件质量、付钱雇佣或培训技术娴熟、信息灵通的员工可能会带来市场上的成本损失——尤其是在那种价格竞争激烈的市场上。这一练习的目的就是让你看到这些事务之间的联系；保证客户满意并不仅仅指处理好与顾客个体的关系，还要在制订政策时全面考虑“营销组合变量”之间的相互作用。

活动 8.2 的任务报告

简单地说，“客户关爱”概念的主要特征如下：

- 公司及其客户之间的互动关系；
- 公司的“形象”或是客户所感受到的公司形象；
- 收集关于客户需求和期望的信息；
- 采取行动以满足这些需求和期望；
- 使这种产品／服务概念成为一种竞争优势。

活动 8.4 任务报告

产品的质量取决于产品的生产过程。从这项练习中我们可以看出，优质产品与劣质产品的区别并不在于产品的一般特性，而在于产品在被选择、购买和使用的过程中一些细小环节是否能够得到重视。例如，在提供有效的服务时，顾客的口味和产品实际使用的细节都会被注意到。产品能够依靠对细小环节的重视存活下来吗？产品是怎样通过细小环节为厂家赚取利润？这个问题会有很多个答案，但是有一点是可以肯定的，那就是它根据产品的不同而不同。这项练习还告诉我们，质量对于做好这些细小的工作具有十分重要的意义，而不仅仅是一种检验的行为方式，质量是行为哲学所产生的必然后果。

活动 8.6 任务报告

这项活动的目的是迫使你对为公司提供信息的渠道进行思考，他们是如何被公司所使用的？例如，传统的处理顾客投诉的办法是使用安抚、压制和平息等方式来对付那些制造事端的顾客。然而，在这里，处理顾客投诉方式被要求公开、在组织内交流并且作为收集商业信息的渠道来使用。不应该被认为是“制造事端”，顾客的投诉应该被看做为“错误发现的过程”，这样，通过第一次正确的处理，错误就不可能再一次发生。而且，通过这种方式，顾客的资信程度也被传递给了公司。公司的员工不能只意识到顾客可以为他们制造麻烦，还要明白顾客还是衡量他们工作成绩的尺度。

活动 8.7 任务报告

这个问题的答案是：

○ 在指定战略、政策和设计处理过程时，使用统一标准的重要性；

○ 鼓励提出有利于取得成就的建议和进行有利于强化有效行为方式的行为，而不是尽量去避免被投诉、失败和负面的反馈；

○ 努力建立各种联系，而不是一成不变地遵守规章制度，信息是这些过程赖以生存的血液，但是它只在相互信任的基础上才能发挥作用。

活动 8.8 任务报告

这个活动中问题的答案如下：

○ 失去地位和权利；

○ 技术不过硬和没有授权；

○ 担心不熟悉的事物。

活动 8.10 任务报告

使命的作用是什么？它要完成的任务是什么？在把各种不同但经常发生冲突的目标结合在一起、对活动的优先权和最终目标进行决策的过程中遇到的困难是什么？这项活动促使你对上述问题进行思考。

活动 8.11 任务报告

这项活动尽力促使你去思考以下内容的含义：

○ 共同关注的问题；
○ 角色分工；
○ 权利差异；
○ 信息的角色。

活动 8.12 任务报告

在“服务冲突”这个案例中我们可以测量的要素包括：
○ 顾客的数量；
○ 职员的数量；
○ 询问的种类；
○ 整个过程的时间；
○ 等待时间；
○ 一周中顾客出现的时间分布；
○ 投诉事件发生的数量；
○ 投诉的种类；
○ 投诉的结果；
○ 顾客的态度。

以上内容还可以大幅度地扩充，但是上面所列的各项要素都是十分容易被测量的。事实上我们在“营销工具：研究”一章中提到的所有工具在这里都可以被使用，它们包括：
○ 观测；
○ 实验；
○ 调查。

然而，还是有一些发生在服务冲突中的因素是无法测量的。例如，不同顾客(社会经济状况，种族，性别，年龄的差异）的不同反应；肢体语言和非语言的交流同样非常重要，但是也难以测量。

活动 8.13 任务报告

这个问题的要点是：一方面要认清商业活动特点的重要性，因此对环境的特点进行调查、识别自己需要的信息和所要达到的目标，是得到一个好的结果的第一步；另一方面，要认清根本的改变要涉及到组织的各个部分，也就是制订一套各种活动都要遵循的核心原则。

活动 8.15 任务报告

在这个酒吧例子中，有可能需要收集信息的事件是：

- 调查在哪里进行？如果信息的搜集只在酒吧进行，那么你就不会搜集到那些因为你的调查而离开的顾客的信息。
- 另一方面，这样将会引出如何去识别那些潜在顾客的问题。
- 我们应该使用哪些调查方式？如何在定性和定量信息之间进行取舍。
- 调查将会花费的成本是多少？哪些资源约束将会影响信息搜集的过程。
- 搜集到的信息对计划中的顾客关系项目起到什么作用。

问题 8.1 任务报告

在组织中，有很多问题是因为顾客需求得不到满足造成的，比如说低下的服务水平等。导致顾客需求得不到满足的原因如下：

- 低下的计划水平和缺少管理投入；
- 管理层缺少与员工的交流；
- 缺少有效的激励手段；
- 缺少顾客和市场的信息；
- 市场营销策略欠缺考虑；
- 对项目的控制不力；
- 目光短浅；
- 权利冲突。

问题 8.2 任务报告

对客户服务活动进行有效管理和理解全面质量管理的含义都是非常重要的，这将对服务的数量、质量和可靠性都会产生很大的影响。下面列举的步骤应当被考虑：

- 识别出顾客需求和感觉；
- 对使命进行清晰的描述；
- 服务水平标准和规格必须要十分详细；
- 建立管理制度并把它传达给所有员工；
- 每项任务都要注明时间；
- 设立一个底线；
- 保证所有的投诉都能得到有效的解决；
- 全员参与；

○ 有效持续地对项目进行测量和控制。

问题 8.3 任务报告

通过一个成功的顾客关怀流程的计划，厂商会得到很多利益，这些利益如下：

○ 有助于建立标准；
○ 最大程度减少冲突；
○ 获得竞争优势；
○ 建立全面质量管理控制机制；
○ 客户可以得到更多价值；
○ 有助于更好地了解顾客；
○ 激励员工；
○ 有助于建立并维系同顾客的关系。

问题 8.4 任务报告

全面质量管理是顾客满意和公司实现目标二者的结合，因此顾客处于全面质量管理的核心地位，顾客满意是最重要的因素。对于制造业来说，全面质量管理的概念贯穿整个价值链，供应商和分销商都在其控制之内，这样，原材料和最终用户得到的产品的质量就得到了保证。

顾客导向的质量经常被作为核心价值引用，供应商和经销商理解所有产品和服务品质都会对顾客贡献价值，并使顾客满意是十分重要的。确实，顾客导向的全面质量管理把顾客—供应商关系提升到与外部顾客同等重要的水平。

因而，对于所有希望真正建立一个顾客导向的组织，全面质量管理模式作为顾客服务的中心环节都是非常重要的。

问题 8.5 任务报告

对于供应商和经销商来说，理解市场营销组合的三个扩展的服务组合元素是非常重要的，这三个要素在服务营销和顾客服务中都处于关键地位。这三个扩展的服务组合元素是人员、过程和有形标识。

○ *人（公司员工）* 所有员工对公司进行承诺和激发人员的工作热情是十分重要的。通过培训和发展客户关系，实际上是对员工进行投资，这个过程十分重要。为了确保全面质量管理的有效实施，必须设计并成立一个内部质量团队。
○ *过程* 过程应该考虑到客户的需要和感觉。组织中应当存在顾客支持系统、全面质量管理系统和良好的沟通系统，应当制订各种规范来正确处理顾客的投诉，确保顾客的等待时间最小和最大限度地改善薄弱环节；

○ *有形标识* 例如好的图标、员工制服和资讯沟通方式必须列入计划，并进行有效的实施来确保顾客服务的实施。

以上三种市场营销要素的融合对于最大限度的提升顾客服务的价值和顾客的满意度都是非常重要的。

2000年12月，考试题5的任务报告

a. 在问题的第一部分，你的答案应该包括一般顾客服务和商务旅行者服务的实际操作方式，还应包括对延误进行的及时沟通、对处于困境中的旅客进行的帮助和及时或事后赔偿措施的使用情况等等。

b. 在问题的第二部分，你需要识别出并解释建立一个有效的客户服务项目的实际步骤。答案将会包括以下内容：

识别顾客的需要和感觉、对组织的使命进行描述、设定服务的等级、建立并在全体员工中推行管理程序、根据时间确定任务、设立最低服务水平、确保处理顾客投诉的系统始终处于工作状态、获得管理层和员工的全员参与，最后一步是有效和持续措施的实施。

第九单元

问题9.1 任务报告

在新产品的研发和创新方面，许多小公司比大公司更具有营销优势，这些优势包括：

○ 速度；

○ 灵活性；

○ 在管理层之间进行更好的沟通；

○ 更具有创造力。

问题9.2 任务报告

小公司可以用来进行市场细分的方式包括：

○ 按照最终用途不同进行市场细分；

○ 按照客户类型不同进行市场细分；

○ 按照产品类型不同进行市场细分；
○ 按照地理区域不同进行市场细分。

活动 9.4 任务报告

志愿者组织或非盈利组织正确的市场营销目标可能会包括：
○ 国家安全局——"与公众合作并获得公众支持"；
○ 地方性的慈善团体——"增加地方社区的捐赠数额并得到当地志愿者愿意增加服务时间的承诺"；
○ 教堂——"增加集会的规模和捐赠的数额"。

活动 9.5 任务报告

服务产品的例子：
○ 银行；
○ 保险；
○ 旅馆；
○ 饭店；
○ 航空；
○ 美发；
○ 医院；
○ 家政服务，例如，管道服务；
○ 管理咨询；
○ 工业清理。

活动 9.6 任务报告

下面列出了服务业的一些特点和与此对应的市场营销含义：

特点	市场营销含义
非持久性	供给与需求的平衡十分重要。在服务营销中，用来使供给和需求达到平衡的手段有：降价／低价销售过剩的商品，例如，利用高峰定价策略（Off-peak Pricing）；假日促销等。管理良好的预订系统；开发新的互补商品或者在新的市场上实行多样化经营，以此来达到供给与需求的平衡。 设施与机器的共享，例如，多家医院共同使用医用检测仪。
无形性	促销和品牌已经变得十分重要。 公司／品牌的形象十分重要。

续表

特点	市场营销含义
无形性	顾客需要得到的是实际好处，而不是产品在推广和销售中表现出的其他特征。 需要寻找能够使服务有形化的方式，例如，通过演示和促销中表现出的文化内涵等等。 实施新产品的市场调查是一件困难的事情。 对产品市场认可度的测试变得日益重要。
多样性	员工的挑选和培训十分重要。只要有可能，所有的系统、程序、组成部分都应该是标准化的。 只要需要，就应实行多样化的市场营销策略，比如，增加"顾客导向"的因素。
不可分割性	通常意味着直销只有一个可能的分销渠道。 除非服务供应商把顾客需求进行有效的分配，例如，实行特许和代理，否则规模经营就会受到限制。
不具有所有权	会给企业带来一些好处，因而可能会变成一种优势。例如，因为不需要顾客拥有自己的员工和资产，一个专门进行办公室清洁服务的公司因而取得在市场进行服务的优势。

活动 9.7 任务报告

事实上，每种产品 / 市场都在不同程度上涉及了电子商务。

最初电子商务主要应用在图书、旅游和票务等市场上。在这些市场上，消费者不需要见到商品或对商品进行试穿。除了我们刚才的举例，电子商务技术和活动其他的应用领域包括：

- 服饰；
- 礼品；
- 鲜花；
- 园艺用品；
- 家具。

总而言之，现在没有不能够利用电子商务进行交易的商品或市场。

活动 9.8 任务报告

下面是各类与顾客相关的数据，这些数据是营销职能的体现，而不是产生这些数据的营销职能。这些数据包括：

- 价格——会计职能；
- 产品要求——设计职能；

○ 运输和储运——调度部门的职能；
○ 顾客投诉——接线员和接待处的职能；
○ 质量要求——生产部门职能；
○ 特许经营和品牌保护——法律部门的职能。

活动 9.9 任务报告

卫星电视可以使广告和目标进行更加精确的连接，原因如下：
○ 尽管观众的数目较少，专业化的节目仍然能够被感兴趣的群体观看到；
○ 卫星电视可以在其他区域性的电视节目不能播出的时候播放，从而在这段时间里，可以使自己的节目被观众收看到。

活动 9.10 任务报告

很多顾客越来越觉得顾客自动操作系统是令人讨厌的，原因如下：
○ 在第一次使用时遇到了很多困难；
○ 必须回答一些顾客不感兴趣的问题；
○ 顾客最终与自己需要的部门或人员联系上需要很长的时间；
○ 这些系统非人性化设计；
○ 不喜欢令人讨厌的音乐；
○ 顾客会产生组织不愿与顾客直接对话的印象。

问题 9.3 任务报告

尽管市场营销的各种基本原则没有考虑应用的环境和范围，但是这些营销工具组合的使用仍然会因为环境的不同而有不同的应用。不同的环境会包含很多不同的因素，但是就市场营销活动而言，以下这些环境具有与众不同的特点：
○ 快速运动的消费品；
○ 企业对企业；
○ 大型的资本密集型项目；
○ 服务业；
○ 志愿者组织和非盈利性组织；
○ 小型或中等规模的企业；
○ 国际化企业。

从以上这些环境中我们可以看到，不同的环境特点不同，因而需要不同的市场营销工具。例如，企业对企业(BtoB)销售方式的重点是个人销售、技术信息和建议的提供和有效的售后服务。对于服务业来说，传统的 4Ps 组合会加以拓展，把人员、过程和有形服务包括进来。

在国际市场上，营销工具的组合要反映出不同文化环境的特点。在大型的资本密集型项目中，人员和服务要素将是营销组合考虑的重点。在志愿者组织和非盈利组织的营销策略中，价格就不是考虑的重点，他们有可能根本就不会给产品进行定价。中小型企业由于受到自身资金和人员的限制，根本不可能在广告上进行大量的投入，而且一般都不组建自己的销售队伍，而是利用中间商来进行销售。

问题 9.4 任务报告

提供服务的经销商的市场营销策略必须包括更多的组合要素，来确保市场营销计划可以得到有效的执行。除了传统的 4Ps(价格,产品,地点,促销)，还包括其他的三个 Ps：人员、有形产品和过程。下面将对其进行详细讨论：

○ *价格* 这指的是在整个公司战略指导下制订价格战略，例如，市场渗透战略会导致低价策略的实施。

○ *产品* 服务业的产品是无形的，例如，养老金计划和教育计划。

○ *地点* 服务业营销中的分销策略通常都与营业时间和可能的地点相联系。

○ *促销* 促销是一个对于服务业非常重要的概念，这是因为它通常被认为是服务的有形表现，它通常利用有效的沟通来解决产品的定位问题。

○ *人员* 服务的提供者或公司的员工是提供服务过程中的关键要素，他们是顾客满意度和服务质量的主要决定因素，公司能够实施有效的客户服务项目以建立良好的客户关系是十分重要的。

○ *服务环境* 这是可以体现服务有形特征的概念，例如，员工制服和收款台。另外也是非常重要的一点就是，要确保服务环境，比如标识，要作为整个市场营销计划的一部分。

○ *过程处理* 这个概念与运输服务相关，例如，停车系统和预订系统。

问题 9.5 任务报告

从事国际化经营的公司考虑的问题要更加复杂和繁多，这就会对市场营销组合要素的使用产生影响。国际化经营的公司通常通过以下方式使用不同的市场营销策略：

○ *产品的差异化* 不同的国家对产品有着不同的限制，例如，产品的设计和规格。此外，产品的使用方式和消费者对产品的要求在不同的国家也是不一样的。最终，市场营销策略将会被改变来满足法律和顾客消费的要求。为了降低成本，许多公司在不同的国家销售标准化的商品和使用同样的市场营销策略。但是在降低成本的同时一定要考虑到不同国家的不同要求，两者之间一定要达到某种平衡。

○ *价格* 生产商在不同国家遇到的竞争环境是不同的，价格策略一定要反映出竞争的差异。此外不同国家的经济发展水平不同，这一点也要在制订价格时考虑进去。

○ *地点* 不同的国家有着不同的分销渠道、分销商和基础设施。除非采用直销策略，否则这些因素都应被考虑到市场营销策略中去。

○ *促销* 促销应当考虑到国家之间文化的差异。许多公司尽量使用标准化的促销方式，但是一定要注意标识、符号和语言等要素的使用。

○ *人员服务环境和过程* 在服务业中，这些因素一定要反映不同国家的各种要求。例如，在美国进行市场营销一定要注意服务的支持要素和运输过程的各个环节。

问题 9.6 任务报告

技术的进步会对一个公司进行的以下各种促销活动产生影响：

○ *广告* 高清晰度电视中的广告会给顾客留下更为深刻的印象，由此会改变客户的消费倾向。卫星电视和数字技术的引入，使得传统的广告可以更加精确定位于自己的目标客户。利用互联网网址的链接作为广告导入的方式在最近五年里迅速发展起来，利用 CD 进行广告宣传也已经变得十分普遍。

○ *促销* 对于一些公司，利用精确的数据库进行邮寄已经成为十分有效的销售手段；许多公司利用网站和可以免费下载的屏幕保护程序来进行促销。

○ *人员推销* 由于自动化客户服务系统的出现，人员推销方式的地位在逐渐下降。由于不再向顾客提供人工服务，因而看起来降低了成本，但是事实上这种降低成本的方式不总是那么有效，许多顾客仍然很喜欢人员推销的方式。

○ 公共关系 对于一些组织来说，利用网站来建立客户关系的手段是十分有效的方式。利用互联网和移动通迅技术，不论是公司内部员工还是外部的顾客、记者和社会团体进行交流都变得十分容易。例如，可以利用内部网络系统来传递消息；在卫星技术的帮助下，利用带有数码照片的电子邮件，新闻稿件就可以被传递给记者。网站可以在危机管理中作为一种有效传递信息的工具，例如在灾难和事故发生时，互联网及时向公众传递准确、及时、不断变化的信息。

问题 9.7 任务报告

1\. *互联网* 互联网在市场营销中具有广泛的应用，它可以作为一种外部研究工具获得市场和竞争者的信息；还是一种直接营销的工具，使在家里购物成为可能。在一些具体的营销竞争中，互联网被用来增加对市场的认识，并且对其他的通信工具形成支持。例如，一家领先的家电制造企业准备利用互联网来对其新推出的洗衣机产品进行促销，因为这家公司认为互联网能够提供更多顾客需要的重要信息。因此，顾客可以从互联网上对洗衣机进行全面的了解。公司还可以通过电子邮件与自己的客户进行交流。随着个人电脑数量的增加、移动通讯广泛应用和互联网费用的降低，更多的顾客会直接使用电子邮件而不是传统的信件进行商品的采购。

2. *内部网络* 这是公司用来内部通信的网络系统。公司员工利用内部网络获得信息，尽管这些信息的使用范围是有限制的。内部网络使得公司内部的通信管理水平更加先进，能够最大程度发挥公司内部信息的作用。

3. *外部网络* 外部网络是一个顾客可以通过其获得公司内部信息资源的电子系统。通过这个系统，公司与顾客的关系更加紧密、增加了沟通和互动。这种战略还增加了双方，比如供应商和他的顾客之间的信任。外部网络正在被越来越多的公司利用，这些公司利用外部网络提供的信息在供应链上进行物流和销售计划。为了使网络进行有效的工作就必须要进行一定水平的投资，在合作关系结束的时候必须终结信息渠道，显然，这样就会产生很多的问题。

考试问题7，2000年12月

a. 在答案的第一部分，要列举并解释服务与其他有形产品的不同特征，这些特征包括：无形、不可分离、非持久性、异质性和所有权。答案接着应该列举出由于这些不同的特征将会给公司带来的问题：形象问题、服务质量、顾客的期望和感觉、产品定位、价值和客户服务。

b. 答案的第二部分是关于扩展的市场营销组合概念的内容，包括：人员、过程和有形展示。即使没有咨询公司的帮助，小型服务公司也应该把扩展营销组合的概念放在一个非常重要的位置。

附录4　课程信息和阅读书目

课程安排

本书对市场营销、市场营销过程和市场营销工具组合进行了解释，加深了读者对这些内容的理解。这部分内容旨在通过市场营销各阶段模型和相关的课堂讨论，在读者脑海中建立一个关于市场营销知识和技能的框架。读者在读本书之前不需要任何市场营销的知识或经验。

与实践有关的内容包括

○ Bb. 2 制订市场营销计划和预算；
○ Db. 1 开发新产品和新的服务；
○ Eb. 1 制订价格策略；
○ Eb. 2 实施价格策略；
○ Fb. 1 开发有效的市场销售渠道；
○ Fb. 2 为销售渠道提供支持；
○ Hb. 1 进行计划和预算的准备。

学习成果

学习结束后，读者能够：

○ 了解如何进行市场营销以及市场营销可以为公司和业务带来哪些好处；
○ 能够指出在建立市场营销导向公司的过程中，有哪些主要的步骤和可能出现的困难；
○ 能够描述编制市场营销计划和预算过程，以及它们所包括的内容；
○ 了解市场细分，以及进行有效市场细分所依据的标准是什么；
○ 能够理解并描述市场营销策略所包含的要素和工具；
○ 能够指出在不同的市场环境下，使用市场营销工具组合的不同之处在于什么。

知识和技能要求

第一部分　市场营销和市场导向概念的发展过程（10分）

1.1 解释市场营销作为一个交换过程、一种商业理念和管理职能的发展过程。

1.2 指出市场营销作为一种创造客户价值和进行竞争的形式，有哪些贡献。

1.3 理解市场导向对于组织绩效的重要性，指出促进和阻碍实行市场导向过程的因素。

1.4 解释市场营销在协调组织内外部资源过程中所起到的作用。

1.5 市场营销活动对社会的影响以及厂商树立为社会负责的观念的重要性。

1.6 解释消费者—厂商关系在市场营销过程中的重要性，了解关系营销在保留顾客过程中所起的作用。

第二部分　市场营销计划和预算（20分）

2.1 解释进行市场营销计划过程的重要性，并指出该计划过程与公司总体规划的切合点。

2.2 解释市场营销计划制定过程的各个不同阶段。

2.3 解释作为外部市场营销环境和公司内部市场营销运作测评工具的营销审计概念(Marketing Audit)。

2.4 描述在市场营销审计过程中用到的各种分析工具。

2.5 解释在制订市场营销计划过程中，市场营销研究和信息所起到的作用。

2.6 解释目标设定过程、目标的影响和目标的重要性。

2.7 解释市场细分的概念，并且区分消费者市场和企业用户市场细分的不同标准。

2.8 描述一个市场营销计划的结构，并且指出其不同的组成部分。

2.9 描述实施市场计划所需的不同管理结构，并且要了解他们各自的优势与劣势。

2.10 能够辨别影响市场营销预算的各种因素。

2.11 理解进行市场营销活动管理和控制的必要性。

第三部分　市场营销组合和相关工具(50 分)

3.1 描述市场目标选择和定位的关键要素，以及如何设计紧密协调的市场营销工具组合。

3.2 描述可以使消费者需求得到满足和进行有效竞争的各种营销技术和工具。

3.3 解释制订扩展的市场营销组合概念所包含的各种紧密联系的要素：产品、价格、促销、人员、过程、有形展示和客户服务。

3.4 了解产品是一系列功能的组合，这些功能创造顾客价值并具有不同的特征和水平。

3.5 解释产品生命周期的概念以及对市场营销工具组合选择过程的影响。

3.6 解释并描述有关产品的一些原则：品牌、产品线、包装和服务。

3.7 解释进行新产品开发的重要性，并且描述新产品开发和推广的过程。

3.8 调查影响价格决策的内外部因素。

3.9 能够设计出一系列制订价格的工具和策略，用来作为公司进行有效竞争的方式。

3.10 定义分销渠道、中间商和物流的概念，了解他们对于市场营销所做的贡献。

3.11 陈述并解释影响销售渠道选择的因素，其中包括新信息和沟通技术的效果。

3.12 描述构成进行市场营销沟通组合策略的各种工具，并且找出对其开发和实施产生贡献的因素。

3.13 解释人员在市场营销，尤其是在服务领域的重要性。

3.14 解释服务在满足顾客要求方面的重要性，并说明构成服务质量的要素。

3.15 解释说明信息和沟通工具在开发和实施市场营销策略的作用。

3.16 说明评价市场营销策略有效性的重要性，并且在必要的时候进行适当的改变。

第四部分　情境营销(20 分)

4.1 解释情境因素对市场营销策略选择的影响。

4.2 解释各种市场营销环境特征的区别，这些环境包括：FMCG、供应链、大型资金密集型项目、服务、自愿者组织和非营利性组织、销售支持系统以及他们对市场营销策略决策的影响。

4.3　对比在各种不同情境下，市场营销活动的区别。

4.4　解释国际化因素对市场营销活动的影响。

4.5　解释在给定市场环境的前提下，市场营销模式对实际市场地位的影响。

对厂家至关重要的技能

○　使用信息通讯技术 ICT 和互联网；
○　利用金融信息和变化规律；
○　提高学习能力和公司绩效；
○　与其他人合作进行工作；
○　解决问题的能力；
○　运用商业法律。

考试

CIM 中心通常提供两种考试的方法供读者选择：文字考试和连续测评。CIM 中心还会和其他的市场营销机构或教育机构联合设立相应水平的考试。

复习和一些基本原理

方法

这部分内容的主要目的是向没有市场营销经验的读者介绍市场营销的核心概念。这部分所包含的市场营销理论知识和技能，可以把第一阶段的内容在横向和纵向上串联起来，为市场营销的实践和了解第二阶段内容打下基础。

向顾客传递价值和作为竞争的一种手段，是这部分论述市场营销的两条主线。它们被看做是对**市场营销理念**和**功能**的定义，从而刻画出了市场营销活动的特征。此外，这些因素被认为是市场营销计划过程的核心内容，市场营销计划的概念在这一部分被提出，在第二和第三阶段(市场营销计划和市场营销战略)被详细地介绍。在这部分知识和技能要求中规定读者要对市场营销工具的种类进行全面的理解，并能够清楚的知道各种工具所能取得的具体市场营销的结果。此外，这一部分还介绍了情境在决定各种市场营销活动重要性中所起的作用，并且说明组织特性是影响市场营销策略的一个关键要素。

从横向来看，这部分内容已经被缩减，用来降低与其他部分内容重叠的程度。它把社会营销、社会责任和关系营销作为市场营销开发的一部分，顾客行为和顾客服务包含在顾客沟通部分中，市场研究计划并入市场营销环境，而市场营销工具在实践中的应用在市场营销实践中讲述。

课程大纲的内容

根据对学习成果和绩效结果的贡献不同，课程大纲给其包括的四个部分安排了不同深度和广度的材料。尽管四个部分都被认为是相对独立的部分，但是他们所包括的内容不可能完全独立，还包括一些十分重要的重叠部分。

第一部分 市场营销与市场营销导向的发展

这一部分要求掌握市场营销发展的相关知识和实施市场营销导向需要的技能，内容还包括了社会市场营销（Societal Marketing）的知识：民族和社会责任，并对关系营销进行了介绍。

第二部分 市场营销计划和预算

在这一部分中，课程大纲规定了学习的内容是市场营销计划和预算过程以及市场细分的概念，对市场营销计划过程进行了描述和展示，内容包括：过程、收益、模型、组成部分和实施。在进行市场营销计划的过程中，要使用各种市场营销工具的组合，读者很好地理解以上内容将会对第三部分的学习和理解有很大帮助。同样，深刻地了解市场细分概念将有助于在面对不同消费者要求和不同的竞争环境下，选择不同的市场营销工具。

第三部分 市场营销组合和相关工具

这一部分的内容围绕市场营销组合展开，市场营销组合中的各项要素，都要由公式和一定的选择标准来决定。此外，本部分还对在不同市场营销组合运营过程中，如何使用信息沟通工具和技术提供了参考。

第四部分 情境营销

这一部分内容主要讨论了不同的组织和市场环境，如何影响市场营销活动的组合和实施，还就各种情境对市场营销策略选择的不同影响进行了比较，并对可能出现的问题进行了列举。此外，这部分还介绍了“市集”的概念，并描述了其对组合和消费者的含义。

教授的方法

这本书向读者介绍了市场营销理论的基本内容和核心知识，目的是使那些现在从事市场营销工作和为长期的职业发展做准备的读者，获得有价值的知识和技能。读完这本书，读者可以获得他们需要的知识、提高他们对于自己在组织中应当充当的角色的理解。此外，读者还能够从公司进行市场服务的各种方式中，加深对市场营销的理解。

考试是检验是否真正理解了这本书内容的最好方式，那么就要求老师在准备讲课思路的时候，就应该知道如何进行考试。

作为第一阶段的核心内容和第二阶段学习的基础，课程大纲的提示部分是很好理解大纲其他部分内容的关键。因此，本书开始部分的内容贯穿整个学习过程。读者在读完这本书之后就能够掌握本书介绍的知识和技能。具体来说，最后进行的测评将会围绕读者对于市场营销理论的理解和在不同情境中运用不同营销工具的能力展开的，测评还应检测读者通过自己或别人的工作经历、书中的案例来解释市场营销概念的能力。

教师应该努力使读者对本书的知识进行整体把握，而不仅仅是单条知识的理解。因而，教师应能够清楚地指出顾客价值和竞争状况、市场营销组合和各种组合要素之间的联系就十分重要。在进行市场营销计划时，市场营销的设计、策略和实施活动应给予高度重视。教师要把有关组织的各种知识穿插到本书内容的讲授之中。对本书内容进行持续和进一步学习，建议使用包括“进展评估”在内的各种学习方式。读者可以通过市场调研、解决问题和案例学习来加深对市场营销的理解并进行应用，进一步对市场营销进行学习。

阅读书目

核心教科书

Brassington, F. and Pettitt, S. (2000) *Principles of Marketing,* 2nd edition. FT/Prentice-Hall.

Dibb, S., Simkin, L., Pride, W. and Ferrell, O. (2000) *Marketing: Concepts and Strategies*, 4th European edition. Abingdon, Houghton Mifflin.

Palmer, A. (2000) *Principles of Marketing,* Oxford University Press.

工作用书

Lancaster, G. and Withey, F. (2003) *Marketing Fundamentals*. Coursebook. Oxford, Butterworth-Heinemann.

CIM Study Text: Marketing Fundamentals (2002) BPP Publishing.

补充阅读

Adcock, D., Halborg, C. and Ross, C. (2001) *Marketing: Principles and Practice*, 4th edition. Harlow, FT/Prentice-Hall.

Blythe, J, (2001) *Essentials of Marketing*, 2nd edition. Harlow, FT/Prentice-Hall.

Chaston, I. (2000) *Entrepreneurial Marketing: Competing by Challenging Conventions*. London, Macmillan.

Evans, M. and Mouthino, L. (1999) *Contemporary Issues in Marketing*. London, Macmillan.

Hill, E. and O' +Sullivan, T. (1999) *Marketing*, 2nd edition. Harlow, Addison Wesley Longman.

Kotler, P., Armstrong, G., Saunders, J. and Wong, V. (2001) *Principles of Marketing*, 3rd European Edition. FT/Prentice-Hall.

Lancaster, G., Massingham, L. and Asford, R. (2002) *Essentials of Marketing*, 4th edition. McGraw-Hill.

Smith, P. (1999) *Great Answers to Tough Marketing Questions*. London, Kogan Page.